Christian Timmreck

Kapitalmarktorientierte Sicherheitsäquivalente

GABLER EDITION WISSENSCHAFT

Christian Timmreck

Kapitalmarktorientierte Sicherheitsäquivalente

Konzeption und Anwendung bei der Unternehmensbewertung

Mit einem Geleitwort von Prof. Dr. Frank Richter

Deutscher Universitäts-Verlag

Bibliografische Information Der Deutschen Bibliothek
Die Deutsche Bibliothek verzeichnet diese Publikation in der Deutschen Nationalbibliografie; detaillierte bibliografische Daten sind im Internet über <http://dnb.ddb.de> abrufbar.

Dissertation Universität Witten/Herdecke, 2005 u.d.T.: Timmreck, Christian: Zur Konzeption und Anwendung kapitalmarktorientierter Sicherheitsäquivalente bei der Unternehmensbewertung

1. Auflage März 2006

Lektorat: Brigitte Siegel / Stefanie Loyal

Der Deutsche Universitäts-Verlag ist ein Unternehmen von Springer Science+Business Media.
www.duv.de

Umschlaggestaltung: Regine Zimmer, Dipl.-Designerin, Frankfurt/Main
Druck und Buchbinder: Rosch-Buch, Scheßlitz
Gedruckt auf säurefreiem und chlorfrei gebleichtem Papier
Printed in Germany

ISBN 3-8350-0166-3

In steter Erinnerung

für

Klaus-Dieter Timmreck

Geleitwort

Christian Timmreck stellt in seiner Arbeit einen innovativen Ansatz vor, der die Diskussion um die Methoden zur Unternehmensbewertung bereichern wird. Grundlage ist das Konzept der risikoneutralen Bewertung, auf dessen Basis sich die gängigen Discounted Cash Flow-Methoden herleiten lassen. Bei diesen Methoden handelt es sich im Kern um Bewertungsformeln, aus denen hervorgeht, wie spezifisch definierte Cash Flows mit dazu passenden Diskontierungsraten zu kombinieren sind, um einen begründeten Wert zu berechnen. In weiten Teilen der Bewertungstheorie scheint man sich damit abgefunden zu haben, dass eben jene Theorie keine inhaltlichen Aussagen zu den zu Grunde zu legenden Cash Flow Prognosen machen kann. Zu hoch erscheint die Komplexität, zu spezifisch sind die Anforderungen des Einzelfalls. Vor diesem Hintergrund wird in der Regel von gegebenen Cash Flows ausgegangen, die entweder als Erwartungswerte oder als einzelne Realisierungen des Cash Flow in verschiedenen Szenarien interpretiert werden. Struktur und Ausmaß der Unsicherheit hinsichtlich der zukünftigen Entwicklung der bewertungsrelevanten Cash Flows bleiben regelmäßig verborgen. Umso überraschender erscheint aus heutiger Perspektive der Versuch, Diskontierungsraten zu spezifizieren, die für die Diskontierung von auf ihren Erwartungswert verdichteten Cash Flows geeignet sind. Eben dies wird in weiten Teilen der Bewertungsliteratur unternommen, nicht selten durch Rückgriff auf das Capital Asset Pricing Model, dessen Parameter aus historischen Aktienkurszeitreihen gewonnen werden. Damit werden historische Renditen mit zukünftigen Cash Flows kombiniert, von denen lediglich der Erwartungswert als bekannt vorausgesetzt werden kann. Völlig offen ist hingegen, ob die hinter diesen Erwartungswerten verborgene Struktur der Unsicherheit mit den Verhältnissen der Vergangenheit im Einklang steht. Eine Überprüfung ist vollkommen ausgeschlossen, weil weder die Struktur der Cash Flows noch die zukünftige Entwicklung der Alternativrendite als Basis für die Diskontierungsfaktoren dargestellt werden. Beides ist notwendig, um eine Aussage z.B. über zukunftsgerichtete Betafaktoren treffen zu können. Hinzu kommt, dass die Anwendung des CAPM nur für börsennotierte Unternehmen gelingt, die aber bereits über einen Marktpreis verfügen.

Der von Christian Timmreck vorgestellte Ansatz löst wichtige Teilprobleme des skizzierten Problemfeldes. Zunächst wird deutlich, dass eine zukunftsgerichtete Bewertung die Prognose der Cash Flows sowohl aus dem Bewertungsobjekt als auch aus einer Alternativinvestition erfordert. Schließlich wird ein relativer Wert vor dem Hintergrund der Alternative gesucht. Nun kann man nur dann wissen, ob eine Investitionsmöglichkeit am Kapitalmarkt als Alternative zum Bewertungsobjekt in Frage kommt, wenn die zukünftigen Cash Flows der beiden Objekte in den jeweils für möglich gehaltenen Weltzuständen verglichen werden. Im Kern ist also eine verbundene Prognose notwendig, die zeigt, wie sich die Cash Flows des Bewertungsobjektes und der Alternative in den verschiedenen „Szenarien" darstellen. Die Erstellung derartiger Prognosen stößt schnell an Grenzen. Der im Folgenden dargestellte Ansatz bietet jedoch einen potenziellen Ausweg, wenn sich ein Zusammenhang zwischen den Cash Flows des Bewertungsobjektes und den Renditen der Alternative in der Vergangenheit identifizieren lässt und dieser Zusammenhang auch für die Zukunft unterstellt wird. Besteht zwischen Cash Flow und Alternativrendite ein empirisch ermittelter, funktionaler Zusammenhang, folgt aus der Prognose der Cash Flows die zukünftige Alternativrendite und umgekehrt. Damit ist die Basis für eine kombinierte Prognose gelegt.

Christian Timmreck überprüft, ob sich funktionale Zusammenhänge zwischen Cash Flows und den Renditen von Aktienindizes finden lassen. Dies gelingt zwar nicht in allen Fällen, verdeutlicht jedoch einen Aspekt, der in der Diskussion um die Anwendung von Bewertungsmethoden regelmäßig vernachlässigt wird: Die statistische Modellbildung, die auf die Analyse der Zusammenhänge zwischen den Cash Flows des Bewertungsobjektes und der Alternativrendite gerichtet ist, ist als Teil der analytischen Bewertungsaufgabe zu verstehen. Gelingt es nun, diese Zusammenhänge herzustellen, zeigt Christian Timmreck, wie damit die Bewertung vorgenommen werden kann. Dabei wird deutlich, dass der Bewertungsansatz auch auf Unternehmen angewendet werden kann, die nicht börsennotiert sind. Darüber hinaus unterliegt er nicht den engen Anwendungsbedingungen des Capital Asset Pricing Model.

Das Buch von Christian Timmreck ist in einer Sprache geschrieben, die es einem breiten Leserkreis zugänglich macht. Ich wünsche ihm eine entsprechende Verbreitung und positive Resonanz.

Frank Richter

Vorwort

Die vorliegende Arbeit wurde im Oktober 2004 von der Wirtschaftsfakultät der Universität Witten/Herdecke als Dissertation angenommen. Sie entstand während meiner Tätigkeit als wissenschaftlicher Mitarbeiter am Institute for Mergers & Acquisitions (IMA).

Ein besonderer Dank gilt meinen akademischen Lehrern, Herrn Prof. Dr. Frank Richter und Herrn Prof. Dr. Dirk Schiereck, die mir wissenschaftliche Freiheiten eingeräumt haben und mit wertvollen Hinweisen zum Gelingen beitrugen. Bedanken möchte ich mich auch bei Herrn Prof. Dr. Johannes Schneider für die freundliche Übernahme des Drittgutachtens.

Den Initiatoren des Institute for Mergers & Acquisitions (IMA), Herrn Prof. Dr. Stephan A. Jansen und Herrn Prof. Dr. Gerhard Picot, danke ich - ebenso wie den Sponsoren des IMA - für die Schaffung optimaler Arbeitsbedingungen und für die gemeinsame Umsetzung vielfältiger Projekte.

Danken möchte ich auch meinen Kollegen und Freunden, insbesondere Dr. Elmar Lukas, Dipl.-Oec. Jan Ising und Dr. Nils Crasselt, die Teile der Arbeit gelesen und kritisch kommentiert haben.

Schließlich gilt mein ganz besonderer Dank meiner Familie. Meiner Frau Kirstin, die mir mit unserem Sohn Louis Maximilian das größte Geschenk überhaupt gemacht hat, meinen Eltern Brigitte und Klaus-Dieter, die meinen bisherigen Lebensweg ermöglicht und mich stets bei meinen Aktivitäten unterstützt haben und meinen Schwiegereltern Gitta und Hans Deml, die sich nie beklagten, wenn ich sie um redaktionelle Unterstützung gebeten habe.

Leider konnte mein Vater das Erscheinen dieser Arbeit nicht mehr erleben. Sicher wäre er stolz gewesen. Ihm ist diese Arbeit gewidmet.

Christian Timmreck

Inhaltsverzeichnis

Abbildungsverzeichnis

Tabellenverzeichnis

Symbolverzeichnis

a	Konstante in der Regressionsanalyse
β	Betafaktor
b	Koeffizient in der Regressionsanalyse
B	risikolose Anlagemöglichkeit
BW	Barwert
C	Wert einer Call-Option
CE	Certainty Equivalent
CF	Cash Flow
cov	Kovarianz
D	Ausübungspreis
Δt	Veränderung der Zeit (diskret)
$down$	Veränderungsfaktor im negativen Zustand
dt	Veränderung der Zeit (stetig)
dz	Zufallsprozess (stetig)
E	Erwartungswert
E_P	Erwartungswert unter der statistischen Wahrscheinlichkeit
E_Q	Erwartungswert unter der Martingalwahrscheinlichkeit
ε	normalverteilte Zufallsvariable
F	Filtration
g	Wachstumsrate
g^*	risikoadjustierte Wachstumsrate
$\bar{g}$	langfristige Wachstumsrate
$\bar{g}$	konstante Wachstumsrate
GE	Geldeinheit
H_0	Hypothese
i und j	Zählindex
λ	Marktpreis des Risikos
μ	Schätzer für die Rendite
p	statistische Wahrscheinlichkeit
q	risikoadjustierte Wahrscheinlichkeit
Q	Martingalmaß
R^2	Bestimmtheitsmaß einer Regressionsgleichung
$\bar{R}^2$	Korrigiertes Bestimmtheitsmaß einer multiplen Regressionsgleichung
r_f	risikoloser Zins
r_i	Investitionsrendite

r_M	Marktrendite
ϱ	Korrelationskoeffizient
s	Preisvektor
S	Kurs des Underlying
SQE	erklärte Abweichungsquadratsumme
SQR	nicht erklärte Abweichungsquadratsumme
SQT	zu erklärende Gesamtabweichungsquadratsumme
σ	Standardabweichung
t	Zeitindex
U	Nutzen
up	Veränderungsfaktor im positiven Zustand
V	Unternehmenswert
var	Varianz
WS	Wahrscheinlichkeit
x	unsichere Auszahlung
X	Auszahlungsmatrix
z	Risikozuschlag
Z	Risikoabschlag

Abkürzungsverzeichnis

#	Anzahl der Analystenschätzungen
AG	Aktiengesellschaft
APV	Adjusted Present Value
BFuP	Betriebswirtschaftliche Forschung und Praxis
BGH	Bundesgerichtshof
bspw.	beispielsweise
BW	Barwert
bzgl.	bezüglich
bzw.	beziehungsweise
ca.	circa
CAPM	Capital Asset Pricing Model
CF	Cash Flow
CFROI	Cash Flow Return on Investment
CVA	Cash Value Added
d.h.	das heißt
DAFOX	Deutscher Aktien Forschungs Index
DAX	Deutscher Aktien Index
DB	Der Betrieb
DBW	Die Betriebswirtschaft
DCF	Discounted Cash Flow
DPS	Dividend per Share
DStR	Deutsches Steuerrecht
e.V.	eingetragener Verein
EBIT	Earnings before Interest and Tax
EBITDA	Earnings before Interest, Tax, Depreciation and Amortisation
EK	Eigenkapital
EPS	Earnings per Share
EUR	Euro
EVA	Economic Value Added
f.	folgende
ff.	fort folgende
FK	Fremdkapital
GE	Geldeinheiten
GmbH	Gesellschaft mit beschränkter Haftung
GuV	Gewinn- und Verlust-Rechnung

Hrsg.	Herausgeber
i.d.R.	in der Regel
i.e.S	im engeren Sinne
i.S.v.	im Sinne von
i.V.m.	in Verbindung mit
i.w.S.	im weiteren Sinne
I/B/E/S	Institutional Brokers Earnings System
IDW	Institut der Wirtschaftsprüfer in Deutschland e.V.
KGaA	Kommanditgesellschaft auf Aktien
M & A	Mergers & Acquisitions
MCAPM	Multiperiod Capital Asset Pricing Model
NI	Net Income
NPV	Net Present Value
Nr.	Nummer
o.V.	ohne Verfasser
ROIC	Return on Invested Capital
S.	Seite
SÄ	Sicherheitsäquivalent
sbr	Schmalenbach Business Review
sog.	so genannte
Stdabw.	Standardabweichung
u.a.	unter anderem
v.a.	vor allem
vgl.	vergleiche
vs.	versus
WACC	Weighted Average Cost of Capital
WiSt	Wirtschaftwissenschaftliches Studium
WISU	Das Wirtschaftsstudium
WS	Wahrscheinlichkeit
z.B.	zum Beispiel
ZfB	Zeitschrift für Betriebswirtschaft
ZfbF	Zeitschrift für betriebswirtschaftliche Forschung

1

Einleitung

„Es fehlt nicht an Aufsätzen und Büchern zu Problemen der Bewertung von Unternehmen und Beteiligungen."

Jochen Drukarczyk[1]

1.1 Problemstellung und Zielsetzung der Arbeit

Die Frage nach der geeigneten Vorgehensweise bei der Bewertung von Unternehmen oder Unternehmensanteilen besitzt hohe theoretische und praktische Relevanz.[2] Im September 2002 rückte das Thema Unternehmensbewertung ins „Zentrum betriebswirtschaftlichen Denkens"[3], als sich der 56. Deutsche Betriebswirtschafter-Tag der Schmalenbach-Gesellschaft in Frankfurt am Main ausführlich mit den unterschiedlichen Fragestellungen dieser Disziplin beschäftigte. Auch an Aufsätzen und Büchern zum Problem der Unternehmensbewertung fehlt es nicht, so dass Drukarczyk vom „Dauerbrenner der Betriebswirtschaftslehre" spricht.[4] In der Tat ist die Anzahl entsprechender Publikationen kaum noch überschaubar[5] und wird laufend sowohl von Wissenschaftlern als auch Praktikern weiter ergänzt.[6]

---

1 Zitiert nach Drukarczyk (2001), S. 1.

2 Vgl. Krag (1993), S. 683.

3 So der Untertitel in der Frankfurter Allgemeinen Zeitung, vgl. Coenenberg und Schultze (2001).

4 Siehe Drukarczyk (2001), S. 1.

5 Vgl. Tichy (1992), S. 13.

6 Auf der wissenschaftlichen Seite beispielsweise Ballwieser (2004), Drukarczyk (2001), Henselmann und Kniest (2001), Krag und Kasperzak (2000), Spremann (2002) oder Damodaran (1994) sowie die große Anzahl Dissertation und Habilitationen wie z.B. Ballwieser (1990), Hachmeister (2000), Richter (2002a) oder Schultze (2003). Bei den Praktikern sind beispielsweise die einzelnen Beiträge in den Sammelbänden von Peemöller, Volker H. (Hrsg.) (2001) und Richter, Frank und Timmreck, Christian (Hrsg.) (2004) oder Monographien wie Born (2003), Copeland u. a. (2000) und Ernst u. a. (2003) sowie das Handbuch für Wirtschaftsprüfer Institut der Wirtschaftsprüfer in Deutschland e.V. (Hrsg.) (1998). Umfassende Literaturübersichten

Die wachsende Bedeutung des globalen Kapitalmarktes[7] und die daraus resultierende Herausforderung für Investoren, die sich bietenden Investitionsgelegenheiten zu bewerten, verstärken den Trend zu kapitalmarktorientierten Unternehmensbewertungsverfahren.[8] Solche Bewertungen finden regelmäßig vor dem Hintergrund alternativer Investitionsmöglichkeiten statt. Dabei basiert der Alternativenvergleich nicht auf den subjektiven Einschätzungen einzelner Investoren, sondern auf deren Aggregat, namentlich der Markteinschätzung. Hierzu wird auf empirische Daten von am Kapitalmarkt gehandelten Investitionsmöglichkeiten (Wertpapieren) zurückgegriffen. Auch für deutsche Unternehmen wird die Finanzierung über den Kapitalmarkt immer wichtiger.[9] Die Änderungen in Bezug auf die Kreditvergabe durch Banken (häufig unter dem Begriff „Basel II" subsumiert) wird im Gegensatz zu den bisher häufig pauschal in Anlehnung an das Gesetz für Kreditwesen angesetzten Risikoprämien zu einem risikoadjustierten Zinssatz für Fremdkapital führen. Damit wird der Kapitalmarkt neben Private Equity[10] und strukturierten Finanzierungsprodukten (wie bspw. Mezzanine Kapital)[11] auch für mittelständische Unternehmen zur interessanten Finanzierungsalternative.

Die Verbreitung des Shareholder-Value-Gedanke[12], bei dem die Ausrichtung der Unternehmensstrategie auf eine Marktwertmaximierung zielt[13], führte in der zweiten Hälfte der 1990er Jahre vor allem bei börsennotierten Unternehmen zu einer stärkeren Kapitalmarktausrichtung. Soll ein Unternehmen nach dem Shareholder-Value-Gedanken geführt werden, ist eine (stetige) Unternehmensbewertung notwendig. Damit liefert der Shareholder-Value-Gedanke ein weiteres Argument, sich mit dem Thema der Unternehmensbewertung auseinander zu setzen.[14]

Neben der prinzipiellen Bewertung von Investitionen spielt der Handel mit ganzen Unternehmen oder Unternehmensteilen eine zunehmend wichtige Rolle. So war die Zahl

finden sich bei Tichy (1992), S. 133 ff. und (kommentiert) auf der Homepage von Henselmann http://www.tu-chemnitz.de/wirtschaft/bwl1/ub/lit.php.

7 Vgl. Nowak (2003), S. 11.

8 Zu den Bewertungsproblemen und entsprechenden Lösungsansätzen bei kapitalmarktbezogenen Unternehmenstransaktionen siehe Richter (2002a).

9 Vgl. KPMG (Hrsg.) (2002) und Coenenberg und Schultze (2001), S. 598 ff.

10 Darunter wird i.d.R. eine (Minderheits-)Beteiligung auf Zeit am Eigenkapital nicht börsennotierter Unternehmen mit dem Ziel der Wertsteigerung verstanden. Vgl. einführend bspw. Timmreck (2003a).

11 Mezzanine Kapital wir auch als hybride Finanzierungsform bezeichnet, da es eine Mischform zwischen Eigen- und Fremdkapital darstellt. Vgl. Franke und Hax (2004), S. 513 ff.

12 Zur Verbreitung des Shareholder-Value-Gedanken in Deutschland siehe z.B. KPMG (Hrsg.) (2003).

13 Vgl. hierzu stellvertretend Rappaport (1998), Copeland u. a. (2000), Stewart (1991) Richter (1999) oder Schellenberg (2002).

14 Zur Anwendung der Discounted Cash Flow-Methode im Rahmen der Shareholder-Value-Orientierung z.B. Hachmeister (2000).

an Unternehmenstransaktionen (Mergers & Acquisitions)[15] in den 1990er Jahren so hoch wie nie zuvor.[16] Für das Zustandekommen solcher Transaktionen müssen sich Käufer und Verkäufer im Vorfeld auf einen Preis einigen. Dieser Transaktionspreis wird auf Basis von Unternehmensbewertungen ausgehandelt. Die Höhe der bezahlten Preise (bspw. rund EUR 190 Mrd. bei der Übernahme von Mannesmann durch Vodafone im Jahr 2000)[17] verdeutlicht die ökonomische Relevanz der Unternehmensbewertung als Instrument der Wirtschaftlichkeitsanalyse solcher Transaktionen.[18]

Trotz hoher Relevanz scheint die Frage nach der geeigneten Methode zur Ermittlung des Unternehmenswertes bisher nicht abschließend beantwortet zu sein. So wurde in einer aktuellen Studie des Institute for Mergers & Acquisitions die Kaufpreisfindung immer noch als wesentliches Problemfeld beim Transaktionsprozess identifiziert.[19]

Einigkeit besteht weitestgehend darüber, dass der Unternehmenswert aus der Fähigkeit des Unternehmens entsteht, zukünftig Zahlungsüberschüsse zu generieren.[20] Diese Zukunftserfolgsgrößen sind auf den Bewertungsstichtag zu diskontieren,[21] um einen Kapitalwert zu erhalten, der dann z.B. mit den jeweiligen Preisvorstellungen im Rahmen einer M&A-Transaktion verglichen werden kann.

Damit ergeben sich zwei maßgebliche Probleme, die zur Bewertung von Unternehmen gelöst werden müssen. Zum einen besteht ein Prognoseproblem für die bewertungsrelevanten Zukunftserfolgsgrößen und zum anderen stellt sich die Frage nach der Bestimmung des geeigneten Diskontierungszins. Als bewertungsrelevante Erfolgsgröße ist bspw. der Cash Flow, also der Zahlungsmittelüberschuss, der sowohl Fremdkapitalgebern als auch Eigenkapitalgebern zur Verfügung steht, und entweder ausgeschüttet oder (re-)investiert werden kann, zu nennen. Im Folgenden wird hierfür die Kurzform CF synonym verwendet. Das Prognoseproblem solcher Cash Flows bildet nicht den Schwerpunkt dieser Arbeit und soll vorerst ausgeblendet werden, auch wenn sich später zeigen lässt, dass in bestimmten Fällen und bei entsprechender Datenkonstellation eine kapitalmarktorientierte

[15] Unter diesem Sammelbegriff werden Kauf bzw. Verkauf von Unternehmen, Unternehmenszusammenschlüsse oder auch die Abspaltung von Geschäftsbereichen verstanden.

[16] Vgl. Jansen (2000), S. 22 ff. und Jansen (2001), S. 3 f.

[17] Vgl. o.V. (2004).

[18] Vgl. Richter (2000).

[19] Vgl. Institute for Mergers & Acquisitions (Hrsg.) (2003), S. 29 f.

[20] Vgl. beispielsweise Ballwieser (1993), S. 152 sowie Grossfeld (1988), S. 32 und die dort angegebene Literatur.

[21] Dieses Vorgehen wird prinzipiell auch als Kapitalwertmethode bezeichnet, wobei sich die aus dem Anglo-amerikanischen stammende Bezeichnung Discounted Cash Flow-Methode durchgesetzt hat. Bei dieser Methode wird der Cash Flow als Zukunftserfolgsgröße verwendet und der Diskontierungszins aus dem Capital Asset Pricing Model abgeleitet.

Lösung innerhalb des Regressionsansatzes möglich ist.[22] Für die Bestimmung des Diskontierungszins[23] schlagen sowohl praxisorientierte Abhandlungen[24] als auch wissenschaftliche Lehrbücher[25] regelmäßig das Capital Asset Pricing Model (CAPM)[26] vor, welches den Diskontierungszins in Form erwarteter Renditen liefert. Diese ergeben sich aus dem Zins für risikolose Investitionsmöglichkeiten und einer Risikoprämie.[27] Die Risikoprämie basiert auf der Marktrisikoprämie (entspricht der Überrendite des Gesamtmarktes im Verhältnis zum risikolosen Zins), die mit dem unternehmensindividuellen Risikos (ausgedrückt durch den so genannten Betafaktor) gewichtet wird. Beim CAPM handelt es sich um ein Gleichgewichtsmodell, welches vor dem Hintergrund von zum Teil restriktiven Annahmen[28] die ex-ante Bestimmung einer erwarteten Rendite im Portefeuillekontext ermöglichen soll und daher nur bedingt für die Zwecke der Unternehmensbewertung übertragbar ist. Dennoch scheint die Discounted Cash Flow-Methode i.V.m. dem CAPM derzeit den Status Quo in der nationalen wie internationalen Unternehmensbewertung darzustellen.[29]

In der wissenschaftlichen Diskussion erzielt die so genannte Sicherheitsäquivalent-Methode in jüngster Zeit wieder vermehrt Aufmerksamkeit.[30] Dabei werden die erwarteten Cash Flows um einen Risikofaktor adjustiert[31] und so in ein entsprechendes Sicherheitsäquivalent überführt. Die Diskontierung kann dann mit Hilfe des risikolosen Zins erfolgen. Die Notwendigkeit zur Bestimmung von Kapitalkosten mittels CAPM zur (risikoadjustierten) Diskontierung entfällt damit. Dadurch kann auch auf einige, der für das CAPM notwendigen, restriktiven Annahmen verzichtet werden. Die Höhe des Risikofaktors lässt sich auf unterschiedliche Weise bestimmen. So könnte bspw. auf die Erwartungsnutzentheorie zurückgegriffen werden. Allerdings wird hier häufig die individuelle Risikoaversion mit einer marktkonformen Zeit-Transformation (durch die Diskontierung

[22] Siehe hierzu den in Kapitel V vorgestellte Regressionsansatz, der in dieser Form bereits von Richter entwickelt und publiziert wurde Richter (2002a).

[23] Der Diskontierungszins soll dabei sowohl die zeitliche Transformation, also die Übertragung der zukünftigen Zahlungsüberschüsse in einen Barwert, als auch die Entschädigung der Kapitalgeber für das übernommene Risiko abdecken, weshalb von Kapitalkosten gesprochen wird.

[24] Vgl. beispielsweise Born (2003), Copeland u. a. (2000), Ernst u. a. (2003), Institut der Wirtschaftsprüfer in Deutschland e.V. (Hrsg.) (1998) und Peemöller, Volker H. (Hrsg.) (2001).

[25] Beispielsweise Ballwieser (2004), Drukarczyk (2001), Henselmann und Kniest (2001), Krag und Kasperzak (2000), Spremann (2002) oder Damodaran (1994).

[26] Zu den Grundzügen dieses Modells siehe Kapitel II der vorliegenden Arbeit.

[27] Da die Risikoprämie bei vorliegender Risikoaversion der Investoren ein positives Vorzeichen besitzt, findet sich auch häufig die Bezeichnung Risikozuschlagsmethode.

[28] Siehe hierzu die Ausführungen in Kapitel II und die dort zitierte Literatur.

[29] Vgl. Richter (2001), S. 177 f.

[30] Siehe hierzu bspw. die Arbeiten von Richter: Richter (2002a), Richter (2001) und Richter (2002b).

[31] Da es sich bei vorliegender Risikoaversion um eine Reduzierung handelt, findet sich auch häufig die Bezeichnung Risikoabschlagsmethode.

mit dem risikolosen Zins) vermischt, was zu kontroversen Diskussionen führt.[32] Abgesehen von solchen Missverständnissen soll hier eine kapitalmarktorientierte Vorgehensweise präsentiert werden, weshalb die, auf individuellen Einschätzungen aufbauende, Erwartungsnutzentheorie nicht zielführend ist. Alternativ bietet sich die Mehrperiodenform des CAPM an,[33] welche größtenteils an die selben restriktiven Annahmen gebunden ist wie die Einperiodenform. Es lässt sich aber zeigen, dass die gleichen Ergebnisse auf Basis der Arbitragefreiheit[34] als fundamentalem Bewertungstheorem erzielt werden können. Dabei gibt es offensichtlich Parallelen zu der Replikation von Zahlungsströmen[35] bzw. dem Vorgehen in der Optionspreistheorie.[36] Bisher scheint sich diese Vorgehensweise nur langsam in der Praxis durchzusetzen.[37] Woran dies liegt, kann nicht abschließend beurteilt werden. Allerdings fällt auf, dass in der bisher verfügbaren Literatur fast ausschließlich die DCF-Methode i.V.m. dem CAPM vorgestellt wird.[38] Ziel dieser Arbeit (insbesondere im Kapitel III) ist es daher, zu zeigen, wie kapitalmarktorientierte Sicherheitsäquivalente auf Basis von Arbitragefreiheitsüberlegungen zu bestimmen sind. Außerdem fehlen bisher empirische Arbeiten, die sich mit der Ermittlung benötigter Parameter und der Überprüfung des Erklärungsgehalts solcher Bewertungsmethoden auseinandersetzen. Hier setzt der zweite Teil der vorliegenden Arbeit (Kapitel IV und V) ein, wenn die Bewertung mit kapitalmarktorientierten Sicherheitsäquivalenten anhand der Daten für die Unternehmen des DAX 100 empirisch validiert wird.

1.2 Untersuchungsrahmen

Zur besseren Einordnung des untersuchten Problems und zur Vermeidung von späteren Missverständnissen bzw. Fehlinterpretationen der Ausführungen sollen im Vorfeld kurz die konstituierenden Merkmale präsentiert werden. Im Kern beschäftigt sich die Arbeit mit der Bewertung eines Objektes (z.B. ein Investitionsprojekt oder ein Unternehmen) anhand der unsicheren Zukunftserfolgsgrößen, die dieses Objekt erwarten lässt. Dabei

[32] Vgl. insbesondere die Stellungnahme von Kürsten zur „...künstlichen Diskussion über Sicherheitsäquivalent- und Risikozuschlagsmethode“ in Kürsten (2002) sowie den vorausgegangenen Aufsatz von Schwetzler Schwetzler (2000b).

[33] Vgl. hierzu den einführenden Beitrag Laux (1999) oder den Überblicksartikel Röder und Müller (2001).

[34] Zum Begriff der Arbitragefreiheit siehe ausführlich Kapitel III und die dort zitierten Quellen.

[35] Dieser Ansatz wird insbesondere von Spremann in seinem aktuellen Buch zur Unternehmensbewertung vertreten. Vgl. Spremann (2002), S. 315 ff.

[36] Vgl. hierzu die Ausführungen in Kapitel III und die dort zitierte Literatur.

[37] Siehe bspw. Richter und Timmreck (2003b).

[38] Neben eher wissenschaftlich geprägten Veröffentlichungen in den einschlägigen Fachzeitschriften scheint bisher lediglich Richter (2005) und Timmreck (2004) sowie Spremann (2002) eine Ausnahmen zu sein.

werden die Zukunftserfolgsgrößen als Cash Flows und diejenigen, für die die Bewertung durchgeführt wird, als Investoren (oder synonym als Anleger) bezeichnet. Da sich die Bewertung auf zukünftige Cash Flows bezieht und die Zukunft stets unsicher ist, besteht wohl kein Zweifel an der Unsicherheit der Cash Flows. In Bezug auf die Investoren wird von einem risikoaversen Verhalten ausgegangen. Auch dies scheint eine plausible Annahmen zu sein. Weder bei Sicherheit bezüglich der Cash Flows noch bei risikoneutralem Verhalten der Investoren wäre eine Risikoadjustierung notwendig, da in beiden Fällen das Sicherheitsäquivalent dem Erwartungswert der Cash Flows entspricht. Ein weiteres wichtiges Merkmal ist die Korrelation zwischen Cash Flow-Entwicklung und Marktrendite, die positiv, negativ oder Null sein kann. Wird der (unwahrscheinliche) Fall sicherer Cash Flows ausgeblendet, ergibt sich folgende Matrix:

Korrelation zwischen Cash Flow und Marktrendite	**Einstellung der Investoren zum Risiko**		
	Risikofreude	**Risikoneutralität**	**Risikoaversion**
negativ	$CE[\tilde{CF}_t] < E[\tilde{CF}_t]$	$CE[\tilde{CF}_t] \hat{=} E[\tilde{CF}_t]$	$CE[\tilde{CF}_t] > E[\tilde{CF}_t]$
positiv	$CE[\tilde{CF}_t] > E[\tilde{CF}_t]$	$CE[\tilde{CF}_t] \hat{=} E[\tilde{CF}_t]$	$CE[\tilde{CF}_t] < E[\tilde{CF}_t]$

Abbildung 1.1. Kombinationsmöglichkeiten der Untersuchungsmerkmale
Quelle: Eigene Darstellung

Die Fälle in denen das Sicherheitsäquivalent ($CE[\widetilde{CF}_t]$) mit dem Erwartungswert ($E[\widetilde{CF}_t]$)übereinstimmt weisen kein Bewertungsproblem auf und werden daher ausgeblendet. Für die im Folgenden durchgeführten Untersuchungen wird von risikoaversen Investoren ausgegangen und eine positive Korrelation zwischen Cash Flow-Entwicklung und Marktrendite unterstellt. Akzeptiert man diese Rahmenbedingungen, ergibt sich im

Rahmen der DCF-Methode ein Risikozuschlag auf den risikolosen Zins und in der Sicherheitsäquivalentsmethode ein Risikoabschlag vom Erwartungswert des Cash Flows. Daher werden im Folgenden die Begriffe DCF-Methode und Risikozuschlagsmethode sowie Sicherheitsäquivalentmethode und Risikoabschlagsmethode synonym verwendet. Eine negative Korrelation würde diese Zusammenhänge entsprechend vertauschen. Prinzipiell kann also bei entsprechenden Rahmenbedingungen (z.B. risikoaverse Investoren und negative Korrelation) der Risikoabschlag ein positives bzw. der Risikozuschlag ein negatives Vorzeichen haben. Allerdings lassen sich, zumindest über einen längeren Zeitraum, kaum negative Korrelationen zwischen einzelnen Wertpapieren und dem Gesamtmarkt beobachten.

1.3 Aufbau der Arbeit

Im folgenden (zweiten) Kapitel wird die Entwicklung der Unternehmensbewertung in Deutschland überblicksartig dargestellt. Dabei erfolgt eine Einteilung in zwei Zeiträume. Zuerst wird die historische Diskussion in Bezug auf die generelle Herangehensweise bei der Unternehmensbewertung (objektive, subjektive oder funktionale Unternehmensbewertung sowie der Unterschied zwischen Substanzwert- und Ertragswertorientierung) skizziert, die bis Ende der 1980er Jahre geführt wurde. Die daraus resultierenden Grundsätze für eine ordnungsmäßige Unternehmensbewertung werden anschließend in Anlehnung an die grundlegenden Arbeiten von Moxter und den Verlautbarungen des Instituts der Wirtschaftsprüfer in Deutschland kurz vorgestellt. Danach wird die weitere Entwicklung unter dem Einfluss des Shareholder-Value-Gedanken aufgegriffen. In dieser Phase (ab Anfang der 1990er Jahre) etablierte sich auch in Deutschland die Discounted Cash Flow-Methode i.V.m. dem CAPM als Standardbewertungsverfahren.[39] Daher wird auf diese Methode zur Bewertung von Unternehmen genauer eingegangen und dessen Anwendungsprobleme, insbesondere mit Blick auf das CAPM, vorgestellt. Es zeigt sich, dass diese Methode keine zufriedenstellende Lösung darstellt.

Die Methode der (kapitalmarktorientierten) Sicherheitsäquivalente (in Form der arbitragefreien Bewertung) ist in der neueren Literatur häufiger zu finden. Auch wenn die Grundlagen dafür überwiegend aus den 1960er Jahren stammen, scheint sie zumindest zum Zweck der Unternehmensbewertung in Vergessenheit geraten zu sein. Um das Verständnis für die Vorgehensweise zu erleichtern, beginnt das dritte Kapitel mit einer generellen Gegenüberstellung von Risikozuschlagsmethode (zu deren Gattung auch die

[39] Den für die praktische Relevanz bedeutenden Durchbruch stellte die Aufnahme der DCF-Methode im „Standard zur Bewertung von Unternehmen“ durch das Institut der Wirtschaftsprüfer in Deutschland dar. Siehe o.V. (2000).

DCF-Methode zählt) und Risikoabschlagsmethode (die auch als Sicherheitsäquivalent-Methode bezeichnet wird). Die Erwartungsnutzentheorie bietet einen intuitiven Zugang zum Risikoabschlag, stellt aber aufgrund der Betrachtung einzelner Individuen keine kapitalmarktorientierte Lösung dar.[40] Um die subjektive Welt zu verlassen und sich einer Marktbewertung zuzuwenden, wird daran anschließend die Ermittlung von Risikoabschlägen in der Mehrperiodenform des CAPM kritisch gewürdigt bevor die Bewertung durch Replikation als Alternative vorzustellen ist. Grundlegend für die Replikation von Zahlungsströmen ist die Abwesenheit von Arbitragemöglichkeiten. Daher wird die Arbitragefreiheit als fundamentales Bewertungstheorem erläutert.

Damit ist man von der Definition des Risikoabschlags respektive des Sicherheitsäquivalents über die subjektive Vorgehensweise der Erwartungsnutzentheorie zum kapitalmarktorientierten Risikoabschlag im mehrperiodigen CAPM gelangt. Dasselbe Ergebnis lässt sich auch mit Hilfe der Replikation erzielen, allerdings ohne die CAPM-bedingten restriktiven Annahmen treffen zu müssen. Ein äquivalentes Ergebnis ergibt sich mit dem Konzept der so genannten risikoneutralen Bewertung,[41] welches ebenso wie die Replikation auf der Arbitragefreiheit aufbaut. Als bewertungsrelevante Momente lassen sich der Erwartungswert und die Standardabweichung der Cash Flows identifizieren. Liegen diese Daten vor, kann die Unsicherheit (in Bezug auf die Cash Flows) in einem Binomialmodell abgebildet werden. Die Vorgehensweise der risikoneutralen Bewertung lässt sich im Binomialmodell anschaulich darstellen. Binomialmodelle sind dadurch gekennzeichnet, dass sie lediglich zwei Zustände mit entsprechender Wahrscheinlichkeit in der Zukunft zulassen. Entweder einen positiven Zustand (z.B. Boom-Phase) mit der Wahrscheinlichkeit p oder einen negativen Zustand (z.B. Rezession) mit der Gegenwahrscheinlichkeit $1 - p$. Zur Abbildung des Risikos wird die Entwicklung der Cash Flows analog zu den Umweltzuständen in einem Binomialbaum eingetragen. In der Boom-Phase wächst der Cash Flow mit dem Faktor *up* und in der Rezession verändert sich der Cash Flow mit dem Faktor *down*.[42] Die unterschiedliche formale Bestimmung der benötigten *up*- und *down*-Faktoren in Abhängigkeit der verfügbaren Daten steht dabei im Mittelpunkt der Betrachtung. Anschließend wird auch die Marktrendite im Binomialbaum abgebildet und

---

[40] Was nicht bedeutet, dass sich das subjektive Bewertungsergebnis zwangsläufig von dem kapitalmarktoreintierten unterscheiden muss.

[41] Der Begriff „risikoneutrale Bewertung" darf hier nicht falsch interpretiert werden. Es geht dabei nicht um die Bewertung in einer Welt mit risikoneutralen Investoren, sondern darum, Sicherheitsäquivalente zu erzeugen, die anschließend risikoneutral - also mit dem risikolosen Zins - zu diskontieren sind. Wie sich die Sicherheitsäquivalente erzeugen lassen wird später zu zeigen sein.

[42] Entgegen dem Eindruck, der vielleicht durch die Bezeichnung *down* vermittelt werden könnte, muss es nicht zwangsläufig bedeuten, dass der Betrag des Cash Flows im negativen Zustand gegenüber der Vorperiode sinkt.

ein kombiniertes Modell für Cash Flow-Entwicklung und Marktrendite vorgestellt. Auf dieser Basis lässt sich die Bewertung mittels risikoadjustierter Wahrscheinlichkeiten[43] (q und $1-q$) innerhalb des Binomialmodells durchführen. Dabei wird der negative Zustand (also die Rezession) stärker gewichtet als der positive Zustand (also die Boom-Phase). Abschließend wird gezeigt, wie die Vorgehensweise bei der Annahme konstanten Wachstums vereinfacht werden kann.

Das vierte Kapitel widmet sich der Quantifizierung eben dieser risikoadjustierten Wahrscheinlichkeiten, die im Konzept der risikoneutralen Bewertung eine zentrale Rolle einnehmen, bisher aber in Bezug auf die konkrete Ausprägung kaum in der Literatur behandelt wurden.[44] Dabei geht die Darstellung von logisch zulässigen Grenzwerten, über subjektive (Punkt-)Schätzungen bis zur Ermittlung der implizit in aktuellen Kapitalmarktdaten enthaltenen Werte für q. Die Ergebnisse werden anschließend zu einer Heuristik verdichtet, die eine einfache Anwendung der risikoneutralen (Unternehmens-)Bewertung in der Praxis zulassen. Außerdem wird so eine konsistente Schätzung des Unternehmenswertes - i.S.v. periodenspezifischen und zukunftsgerichteten Risikoadjustierungen - ermöglicht. Dafür sind lediglich Prognosen über die zukünftige Cash Flow-Entwicklung notwendig. Dies gilt aber für jedes ertragswertorientierte Verfahren zur Unternehmensbewertung.

Ist ein linearer Zusammenhang zwischen Cash Flow-Entwicklung und Marktrendite bereits historisch nachweisbar und mittels Regressionsanalyse zu quantifizieren, kann eine vereinfachte Diskontierung zum Einsatz kommen, die ebenfalls die Arbitragefreiheit als Bewertungsgrundlage nutzt.[45] Für diese Methode wird zuerst ein stochastischer Prozess für die Cash Flow Entwicklung angenommen, der auch für die Zukunft gelten soll und über eine Regressionsgleichung darstellbar ist. Kapitel V zeigt den Zusammenhang zwischen Binomialmodell und stochastischen Prozess (bzw. die Überleitung der beiden Ansätze) auf. Um die benötigten Sicherheitsäquivalente zu erhalten, erfolgt die Risikoadjustierung über eine so genannte Driftverschiebung.[46] Voraussetzung für die Anwendung dieser Bewertungsmethode ist, wie bereits erwähnt, das Vorliegen eines linearen Zusammenhangs zwischen Cash Flow-Entwicklung und Marktrendite sowie die Kenntnis der entsprechenden Parameter, die diesen Zusammenhang formal beschreiben. Dazu zählen

[43] Diese werden auch als Martingale-Wahrscheinlichkeiten bzw. Martingale-Maße bezeichnet. Zum Begriff der Martingale siehe auch Zimmermann (1998), S. 267 f.

[44] Abgesehen von den Veröffentlichungen von Richter und Timmreck. Vgl. Richter (2001), Richter und Timmreck (2003a) und Richter und Timmreck (2002).

[45] Die im Binomialmodell notwendige und evtl. als Einschränkung empfundene Annahme einer perfekten Korrelation kann damit aufgehoben werden.

[46] Dabei wird die Transformation der Wahrscheinlichkeiten über eine Modifikation der Verteilung des zugrundeliegenden Prozesses abgebildet. Vgl. hierzu Richter (2001), S. 185 ff., Richter (2002a) und Zimmermann (1998), S. 268 f.

in erster Linie die Koeffizienten einer (multiplen) Regressionsgleichung. Dabei ist insbesondere die statistische Signifikanz zu testen, um Rückschlüsse auf die Eignung des jeweiligen Regressionsmodells ziehen zu können. Anhand des Gesamtpanels (in der vorliegenden Arbeit bestehend aus den Unternehmen des DAX 100) wird überprüft, welche (Markt-)Parameter den größten Einfluss auf die Cash Flow-Entwicklung haben. Damit ergibt sich eine erste Übersicht der möglichen vorliegenden Zusammenhänge. Da die Spezifikation der Regression aber letztlich für jedes Unternehmen individuell erfolgen muss, werden anschließend verfeinerte Regressionsanalysen für ausgewählte Einzelunternehmen durchgeführt. Nachdem der Zusammenhang formal beschrieben ist, wird die Vorgehensweise zur Risikoadjustierung mittels Driftverschiebung[47] über das Argument von Black[48] verdeutlicht. Abschließend erfolgt eine Überprüfung des Regressionsansatzes anhand des nachweisbaren Erklärungsgehaltes. Dazu werden die modellbasierten Unternehmenswerte den beobachtbaren Marktpreisen gegenübergestellt. Handelt es sich bei dem Regressionsansatz um eine geeignete Bewertungsmethode und unterstellt man, dass es am Kapitalmarkt prinzipiell nicht zu Fehlbewertungen kommt, sollten die Abweichungen gering sein.

Die Anwendbarkeit kapitalmarktorientierter Sicherheitsäquivalente im Rahmen der Unternehmensbewertung wird in Kapitel VI an zwei praxisnahen Beispielen verdeutlicht. Auf Basis realer Daten wird gezeigt, dass die Unternehmensbewertung mit kapitalmarktorientierten Sicherheitsäquivalenten (sowohl im Binomialmodell als auch im Regressionsansatz) dazu geeignet ist, auf einfache Weise einen kapitalmarktorientierten Unternehmenswert zu bestimmen. Dabei wird auch auf die Interpretation der Ergebnisse und deren Kommunizierbarkeit eingegangen. Eine Übertragung der Ergebnisse aus der Sicherheitsäquivalentmethode in die Welt der DCF-Methode (also eine Überführung in risikoadjustierte und periodenspezifische Kapitalkosten) ist problemlos möglich. Damit lassen sich die Ergebnisse leicht interpretieren und diskutieren, auch wenn die Vorgehensweise der Sicherheitsäquivalentmethode selbst nicht allen Gesprächspartnern bekannt ist.

In Kapitel VII werden die Untersuchungsergebnisse thesenhaft zusammengefasst. Dabei wird sowohl die DCF-Methode i.V.m. dem CAPM als auch die kapitalmarktorientierte Sicherheitsäquivalentmethode (im Binomialmodell und im Regressionsansatz) an den Anforderungen einer modernen Unternehmensbewertung gespiegelt.

Die empirischen Untersuchungen schließen die bisher bestehende Lücke zwischen theoretischer Modellbildung und praktischem Erklärungsgehalt. Mit einem kurzen Ausblick auf mögliche weiterführende Forschungsfelder schließt die Arbeit.

---

47 Vgl. Harrison und Kreps (1979).

48 Vgl. Black (1988).

2

Unternehmensbewertung im Überblick

„Ein Hauptproblem bei Ertragswert- oder Discounted Cash Flow-Gutachten zur Berechnung von Unternehmenswerten ist die Ermittlung risikoangepasster Zinsfüße.“

Wolfgang Ballwieser[1]

2.1 Entwicklung der Unternehmensbewertung in Deutschland

In den vergangenen Jahrzehnten wurde kontrovers über die richtige Vorgehensweise bei der Bewertung von Unternehmen diskutiert.[2] Bis in die 1960er Jahre dominierte in Deutschland die objektive Unternehmensbewertung. Kern der objektiven Unternehmensbewertung ist die Annahme, dass ein objektiver Unternehmenswert existiert, der für jedermann gültig ist.[3] Damit hat das Unternehmen an sich einen Wert, welcher losgelöst von subjektiven Interessen ist.[4] Die Berechnung des objektiven Unternehmenswertes erfolgt primär auf Basis vergangener Verhältnisse[5] und orientiert sich an der vorhandenen Substanz. Daher waren in dieser Zeit die substanzwertorientierten Verfahren in der Unternehmensbewertung vorherrschend. Danach ergibt sich der Unternehmenswert entweder als Geldbetrag, der beim Nachbau des zu bewertenden Unternehmens für das betriebsnotwendige Vermögen aufzubringen wäre (Wiederbeschaffungswert)[6] oder als Marktwert der einzelnen Vermögensgegenstände, der bei Zerschlagung des Unternehmens zu erzielen

[1] Zitiert nach Ballwieser (2001), S. 16.

[2] Für eine weiter zurück reichende Geschichte der Unternehmensbewertung siehe bspw. Bellinger (1992), S. 5 ff. und die dort angegebene Literatur.

[3] Vgl. Drukarczyk (2001), S. 126, Kolbe (1959), S. 26 oder Gerling (1985), S. 6 ff. und die dort angegebenen Quellen.

[4] Vgl. Kraus-Grünewald (1995), S. 1839.

[5] I.d.R. erfolgt eine Beschränkung auf die Auswertung vergangenheitsbezogener Daten der unternehmensinternen Rechnungslegung. Vgl. Alvano (1988), S. 7.

[6] Da es sich hier um die Nachbildung des zu bewertenden Unternehmens handelt, wird auch der Begriff Rekonstruktionswert verwendet.

ist (Liquidationswert). In beiden Fällen handelt es sich um so genannte Einzelbewertungsverfahren, bei denen jeder Vermögensgegenstand einzeln zu bewerten ist. Allerdings ist die Bestimmung eines Liquidations- oder Wiederbeschaffungswertes bei immateriellen Vermögensgegenständen i.d.R. nicht möglich oder zumindest äußerst schwierig. Solche immateriellen Vermögensgegenstände, wie sie z.B. Markennamen darstellen,[7] können allerdings bedeutender Bestandteil für die Fähigkeit des Unternehmens sein, als Gesamteinheit zukünftige Ausschüttungsströme zu generieren. Dieser Aspekt bleibt bei diesen Verfahren jedoch unberücksichtigt.

In den 1960er Jahren wurde der objektiven Unternehmensbewertung die subjektive Unternehmensbewertung entgegengestellt.[8] Dabei handelt es sich um einen Entscheidungswert, der auch subjektive Ziele, Möglichkeiten und Erwartungen beinhaltet. Somit spiegelt er zukünftige Erträge wieder und ist abhängig von den verfolgten Strategien und Entscheidungsfeldern der jeweiligen Investoren.[9] In dieser Zeit wurden neben den substanzwertorientierten vor allem die ertragswertorientierten Bewertungsverfahren sowie die so genannten Mischverfahren[10] favorisiert.

Durch die funktionale Unternehmensbewertungslehre wurde der Widerspruch zwischen objektiver und subjektiver Unternehmensbewertung aufgehoben. Maßgeblich war dabei die Erkenntnis, dass Unternehmensbewertungen unterschiedliche Zwecke erfüllen und damit abhängig von der Rolle des Bewerters sind.[11] Die Zwecke und die jeweils resultierenden Ergebnisse lassen sich in drei Hauptgruppen unterteilen:[12]

- den Entscheidungswert (für die Beratungsfunktion),
- den Arbitriumwert (für die Vermittlungsfunktion) und
- den Argumentationswert (für die Argumentationsfunktion).[13]

---

[7] Hier sei ein Hinweis auf das Beispiel von Coca Cola erlaubt, dessen Markenwert in einer Studie von Interbrand auf rund EUR 56 Mrd. geschätzt wurde. Einen Überblick zu Markenwerten bietet die jährliche Veröffentlichung in Business Week o.V. (2005). Zu den unterschiedlichen Ansätzen zur Markenbewertung siehe bspw. o.V. (2002).

[8] Vgl. Krag und Kasperzak (2000), S. 2. und Krag (1993), S. 684 f.

[9] Vgl. Drukarczyk (2001), S. 126 oder Münstermann (1970), S. 24.

[10] Zu den Mischverfahren zählt bspw. das so genannte Stuttgarter Verfahren, welches insbesondere als steuerliches Schätzverfahren im Rahmen von Erbschaften zur Bewertung von Unternehmensanteilen nicht börsennotierter Kapitalgesellschaften zum Einsatz kommt. Siehe hierzu z.B. Ballwieser (2004), S. 10. oder Jansen (2000), S. 189.

[11] Zu den unterschiedlichen Anlässen und Funktionen von Unternehmensbewertungen siehe Ballwieser und Leuthier (1986a), S. 546 ff.

[12] Vgl. Alvano (1988), S. 9.

[13] Weitere untergeordnete Aufgaben der Unternehmensbewertung werden in der Steuerbemessung, der Vertragsgestaltung und der Bilanzierung gesehen. Siehe hierzu z.B. Coenenberg und Schultze (2001), S. 599.

Auch wenn es so zu unterschiedlichen Werten für ein und dasselbe Unternehmen kommen kann, sollte bei der Berechnung darauf geachtet werden, dass die Parameter (so weit möglich) zu objektivieren sind.[14] Zumindest drei Aspekte lassen sich vereinheitlichen:

- die Betrachtung einer Bewertungseinheit,
- die Zukunftsbezogenheit und
- die Subjektbezogenheit.[15]

Daraus lässt sich auch die heutige Meinung in der Betriebswirtschaftslehre ableiten, dass im Ertragswert[16] der wesentliche Faktor des Unternehmenswerts zu sehen ist.[17]

Dies war der Durchbruch des Ertragswertverfahrens, nach dem sich der Unternehmenswert als Barwert des Ausschüttbaren berechnet und als subjektiver Grenzpreis für das Eigentumsrecht interpretiert werden kann.[18] Insbesondere die Empfehlungen des Instituts der Wirtschaftsprüfer in Deutschland haben in den 1980er und 1990er Jahren zur Verbreitung des Ertragswertverfahrens in der deutschen Praxis beigetragen. Allerdings existierte bis dahin keine allgemein gültige Definition von bewertungsrelevanten Cash Flows[19] oder eine formal vorgegebene Bestimmung für den Diskontierungssatz mit dessen Hilfe die zukünftigen Erträge in einen Barwert überführt werden könnten. Dieser wurde bis dahin häufig auf Basis von landestypischen Zinssätzen zuzüglich eines Risikozuschlags in Anlehnung an die Rechtsprechung geschätzt.[20]

2.2 Grundsätze ordnungsmäßiger Unternehmensbewertung

Aufgrund der Komplexität von Unternehmensbewertungen wurde in der Literatur bereits häufiger der Versuch unternommen, allgemeine Grundsätze für die Bewertung von Unternehmen aufzustellen. Diese sollen als Rahmen für die Aufgabe der Unternehmensbewertung verstanden werden. Neben den grundlegenden Arbeiten von Moxter[21] ist dabei vor allem auch der Berufsstand der Wirtschaftsprüfer hervorzuheben. Die Publikation IDW

[14] Vgl. hierzu z.B. die Ausführungen zur Ausschüttungspolitik und zur typisierten Einkommensteuer bei IDW (2002), S. 38 ff.

[15] Zur Zukunfts- und Zweckbezogenheit siehe auch Schmalenbach (1956), S. 46 ff.

[16] Zur Entwicklung der deutschsprachigen Forschung im Bereich des Ertragswertverfahrens siehe Ballwieser (2004), S. 108 f. und die dort zitierte Literatur.

[17] Vgl. Grossfeld (1988), S. 32.

[18] In diesem Zusammenhang ist auch der Wechsel vom Einzelbewertungsverfahren wie Substanz- oder Liquidationswert zum Gesamtbewertungsverfahren zu sehen, bei dem die Ertragskraft des Unternehmens als Einheit im Mittelpunkt steht.

[19] Vgl. die Ausführungen zur Ertragsschätzung bei Ballwieser (1993), S. 153 ff. und Ballwieser und Leuthier (1986b), S. 604 ff.

[20] Siehe hierzu Ballwieser (1993), S. 159 f.

[21] Siehe hierzu Moxter (1983).

S 1 (IDW Standard: Grundsätze zur Durchführung von Unternehmensbewertungen) des Institut der Wirtschaftsprüfer in Deutschland hat erheblich zur Etablierung eben solcher Grundsätze beigetragen. Im Folgenden sollen die wichtigsten Grundsätze in ihren Grundzügen vorgestellt werden.

2.2.1 Maßgeblichkeit des Bewertungszwecks

Der Zweck der Unternehmensbewertung bzw. das mit ihr verfolgte Ziel kann wesentliche Auswirkungen auf das Ergebnis haben. Wie schon Moxter bemerkte: „Es gibt nicht den schlechthin richtigen Unternehmenswert"[22], sondern er ist abhängig vom Bewertungszweck. Potentielle Käufer sind regelmäßig an einem möglichst geringen Unternehmenswert (bzw. -preis) interessiert, wohingegen Verkäufer einen möglichst hohen Preis erzielen möchten.[23] Daher ist es relevant, in welcher Funktion der Bewerter tätig wird. Im IDW S 1 werden drei Funktionen voneinander unterschieden, die in Tabelle 2.1 aufgeführt werden.[24]

Funktion des Bewerter	**zu ermittelnder Unternehmenswert**
Neutraler Gutachter	objektivierter Unternehmenswert
Berater	subjektiver Entscheidungswert
Schiedsgutachter/ Vermittler	Einigungswert

Tabelle 2.1. Funktion und Zweck der Unternehmensbewertung. Quelle: Eigene Darstellung

Der interessengeleitete Missbrauch von Unternehmensbewertungen ist durch die Verwendung entsprechender Annahmen möglich. Deshalb ist darauf zu achten, dass die Funktion des Bewerters bzw. der Zweck der Bewertung offen gelegt wird.

2.2.2 Bewertung der wirtschaftlichen Unternehmenseinheit

Unternehmen kombinieren zweckgerichtet materielle und immaterielle Vermögensgegenstände mit dem Ziel, finanzielle Überschüsse zu erwirtschaften. Daher wird der Unternehmenswert nicht durch den Wert einzelner Bestandteile bestimmt (Einzelbewertungsverfahren), sondern durch die Möglichkeit aller Bestandteile gemeinsam, zukünftige finanzielle Überschüsse zu erzielen (Gesamtbewertungsverfahren). „Für das Gewesene gibt der Kaufmann nichts!"[25] stellte Münstermann bereits 1970 treffend fest.

[22] Quelle: Moxter (1983), S. 6.
[23] Zur Thematik des Grenzpreises siehe bspw. Drukarczyk (2001), S. 113 f.
[24] Vgl. o.V. (2000), S. 827 f.
[25] Vgl. Münstermann (1970), S. 21.

Die Erkenntnis, dass der Wert eines Unternehmens aus den zukünftigen Zahlungsströmen resultiert verdrängte in den 1960er Jahren das bis dahin vorherrschende Substanzwertverfahren.[26] Die Unterarten des Substanzwertverfahrens (Liquidationswert und Wiederbeschaffungswert) ließen allerdings Aspekte, wie gut ausgebildetes Personal, vorbildliche Kundenbeziehungen oder erfolgreiche Markennamen, außer Acht. Entscheidend für die Erzielung finanzieller Überschüsse in der Zukunft sind aber u.a. gerade solche Aspekte. Eine Übereinstimmung von Bewertungsobjekt und rechtlicher Einheit ist dafür nicht zwingend notwendig. Wichtig ist allerdings die Abgrenzung zwischen dem Ertrag, der aus betriebsnotwendigen Vermögen resultiert und dem aus nicht betriebsnotwendigen Vermögen.

2.2.3 Stichtagsprinzip

Eine Unternehmensbewertung findet immer zeitpunktbezogen statt. Der Bewertungsstichtag grenzt die finanziellen Überschüsse, die dem zukünftigen Eigentümer zustehen, von denen ab, die noch dem vorherigen Eigentümer zufallen. Dieser Stichtag kann vertraglich vereinbart werden oder gesetzlich bestimmt sein. Ein Unternehmenswert wird daher immer auf Basis der am Stichtag vorhandenen Informationen ermittelt. Dies gilt auch für die Alternativinvestition.[27]

Durch Investitionen und Desinvestitionen befinden sich Unternehmen in einem ständigen Wandel. Dieser Dynamik wird in der Unternehmensbewertung insofern Rechnung getragen, als bereits begonnene Investitionen und Kostensenkungsprogramme (wie z.B. die Freisetzung von Mitarbeitern, Teilstilllegungen oder Outsourcingmaßnahmen) in der Bewertung berücksichtigt werden.[28] Die Betonung liegt hier auf „schon begonnen“, da geplante Investitionen ebenso wie Synergien nicht einbezogen werden. Bei zeitlichem Auseinanderfallen von Durchführung und Stichtag der Bewertung sind nur die Informationen zu berücksichtigen, die bei angemessener Sorgfalt zum Bewertungsstichtag hätten vorliegen können.[29] Die Juristen sprechen in diesem Zusammenhang von der Wurzeltheorie, nach der nur Erkenntnisse zu berücksichtigen sind, deren Wurzeln schon in der Zeit vor dem Bewertungsstichtag gelegt wurden.[30]

[26] Eine Übersicht zu den vorherrschenden Bewertungsverfahren im Zeitablauf bieten z.B. Drukarczyk (2001), S. 126 und Krag (1993), S. 684 f.

[27] Vgl. Moxter (1983), S. 168 ff.

[28] Dies ist allerdings von der Funktion des Bewerters abhängig. So kann ein Berater, der einen subjektiven Entscheidungswert ermitteln soll, durchaus Synergien oder Realoptionen berücksichtigen.

[29] Vgl. o.V. (2000), S. 828.

[30] Siehe hierzu BGH (1973), S. 563 ff.

Welche Bedeutung das Stichtagsprinzip für die Unternehmensbewertung hat, wird später deutlich, wenn es um die Bestimmung der notwendigen Bewertungsparameter geht. Diese können eben nur in Abhängigkeit vom aktuellen Informationsstand der Kapitalmarktteilnehmer ermittelt werden. So lassen sich bspw. beobachtbare Aktienkurse nutzen, um implizit enthaltene risikoadjustierte Wahrscheinlichkeiten zu bestimmen.[31]

2.2.4 Bewertung des betriebsnotwendigen Vermögens

Die Ermittlung des Unternehmenswertes basiert auf der Diskontierung von Erträgen, die dem Eigentümer aufgrund des Anspruchs auf Ausschüttung bzw. Entnahme der vom Unternehmen erwirtschafteten finanziellen Überschüsse zustehen (Zahlungsstromorientierung). Bewertungsrelevant sind dabei nur die finanziellen Überschüsse, die auch an die Eigentümer ausgeschüttet werden können (Zuflussprinzip).[32] Ausschüttungssperren, die aus rechtlichen Restriktionen wie z.B. handelsrechtlichen Verlustvorträgen oder der Bildung von gesetzlichen Rücklagen resultieren, sind entsprechend zu berücksichtigen. Die Planung und Prognose der bewertungsrelevanten Überschüsse stellt die Grundlage für die Ermittlung des Unternehmenswertes dar.

Ausgangspunkt jeder Unternehmensbewertung ist daher der konsistente Aufbau von Plan-Bilanzen, Plan-Gewinn- und Verlustrechnungen sowie der Finanzplanung. Dabei ist die zur Erzielung des Ertrags notwendige Substanz vorzuhalten und über entsprechende Investitions- und Finanzierungsannahmen zu berücksichtigen. Für die Planung und Prognose wird zuerst eine Vergangenheitsanalyse durchgeführt, mit der Informationen gewonnen werden, die dann auf die Zukunft übertragbar sind. Dazu zählt bspw. die Personal-, Material- und Abschreibungsintensität oder auch die Umsatz- und Ergebnisveränderung im Verhältnis zum Vorjahr. Die Vergangenheitsdaten können allerdings nicht nur für die Erstellung von Prognosen genutzt werden, sondern auch der Plausibilitätsprüfung dienen.[33] Eine weitere Möglichkeit, die getroffenen Annahmen bezüglich der zukünftigen Entwicklung zu überprüfen, besteht im Vergleich mit Branchenwerten.

Ertragsprognosen sind immer zukunftsgerichtet und daher mit Unsicherheit behaftet. Da sie die Grundlage der Unternehmensbewertung darstellen, ist auch diese mit Unsicherheit behaftet. Je weiter die Prognose in die Zukunft reicht, desto unsicherer werden zwangsläufig die Schätzungen. Der Zeitraum für eine detaillierte Planung wird regelmäßig auf drei bis sieben Jahre beschränkt. Eine Ausweitung würde eher zu Scheingenauigkeiten

[31] Siehe hierzu die empirischen Untersuchungen in Kapitel IV.

[32] Vgl. Moxter (1983), S. 79 ff.

[33] Langfristig vorliegende Zusammenhänge bzw. Relationen wie z.B. das Verhältnis von Materialeinsatz zum Umsatz können i.d.R. nur geändert werden, wenn entsprechende Maßnahmen erfolgen (z.B. die Senkung der Ausschußquote durch ein geeignetes Qualitätsmanagement).

führen, als zu größerem Informationsgehalt. Da i.d.R. von einer unbegrenzten Lebensdauer des Unternehmens ausgegangen wird, muss in einem Zweiten Schritt der Fortführungs- bzw. Endwert ermittelt werden (Zweiphasenmodell).

Beim Endwert wird die Annahme des Unternehmensverkauf am Ende der Detailplanungsphase getroffen. Der zu erwartende Verkaufserlös kann z.B. über einen Multiplikator (bspw. in Bezug auf das EBIT[34]) ermittelt werden[35] und ist anschließend auf den Bewertungsstichtag zu diskontieren. Beim Fortführungswert wird entweder auf das Modell der ewigen Rente (also ein gleichbleibender wiederkehrender Ertrag für die Ewigkeit), oder auf ein Wachstumsmodell (also unter Annahme eines ewigen Ertragswachstum) zurückgegriffen.[36] Im Wachstumsmodell ist darauf zu achten, dass die Wachstumsrate in Bezug auf Höhe und Realisierbarkeit plausibel ist.[37] In der Praxis wird häufig die zu erwartende Inflationsrate als ewige Wachstumsrate angesetzt. Für junge innovative Unternehmen kann es sinnvoll sein, eine Zwischenphase einzufügen. In dieser Phase kann der Übergang der anfänglich überdurchschnittlichen Wachstumsraten auf einen Branchendurchschnitt modelliert werden. Die maßgeblichen Parameter für solch eine Modellierung sind, der ROIC (Return on Invested Capital) und die Kapitalkosten. Da auch in diesem Fall ein Fortführungs- bzw. Endwert hinzu kommt, wird vom Dreiphasenmodell gesprochen.

Die zu berücksichtigenden Steuern auf den Ertrag unterscheiden sich je nach Rechtsform des Unternehmens. Bei Kapitalgesellschaften (GmbH und AG) erfolgt zuerst der Abzug der Gewerbeertragsteuer, die (in Abhängigkeit vom gemeindespezifischen Hebesatz) von Gemeinde zu Gemeinde unterschiedlich sein kann. Im Bundesdurchschnitt liegt die Gewerbeertragsteuer bei ca. 16 %. Der um die Gewerbeertragsteuer geminderte Ertrag unterliegt der definitiven Körperschaftsteuer in Höhe von 25 %, auf die nochmals 5 % Solidaritätszuschlag zu zahlen sind. Wird der dann verbleibende Nettoertrag vollständig ausgeschüttet, wovon in der objektivierten Unternehmensbewertung regelmäßig auszugehen ist, unterliegt er zur Hälfte dem Einkommensteuersatz der Anteilseigner (Halb-

---

[34] EBIT steht für Earnings before Interest and Tax und kann mit dem operativen Gewinn vor Steuern gleichgesetzt werden.

[35] Dabei ist zu beachten, ob es sich um einen Equity- oder Entity-Multiplikator handelt. Der EBIT-Multiplikator zählt zu den Entity-Multiplikatoren. Daher führt er bei Anwendung zum Unternehmensgesamtwert, von dem anschließend das Fremdkapital abzuziehen ist, um den Wert des Eigenkapitals zu erhalten. Einen Überblick zu den bekanntesten Multiplikatorverfahren bieten u.a. Damodaran (1994), S. 197 ff., Ernst u. a. (2003), S. 143 ff., Peemöller, Volker H. (Hrsg.) (2001), S. 401 ff. oder Timmreck (2003b), S. 170 ff.

[36] Vgl. Richter (2002a), S. 277 ff.

[37] Die Höhe wird häufig mit Branchenwerten verglichen und sollte unter der Wachstumsrate des Gesamtmarktes liegen. Außerdem ist zu beachten, dass die für das Wachstum notwendigen (Re-)Investitionen in der Planung berücksichtigt wurden.

einkünfteverfahren).[38] In der objektivierten Unternehmensbewertung wird von einem typisierten Einkommensteuersatz in Höhe von 35 % ausgegangen.[39] Bei Einzelunternehmen und Personengesellschaften wird ebenfalls die Gewerbeertragsteuer in Abzug gebracht. Eine Körperschaftsteuer wird hier nicht erhoben, allerdings ist auch nicht das Halbeinkünfteverfahren zu berücksichtigen und der ausgeschüttete Ertrag unterliegt folglich dem vollen Einkommensteuersatz der Anteilseigner.

Wird der Wirtschaftsprüfer als Berater tätig, verlässt er die objektivierte Unternehmensbewertung und ermittelt auf Basis auftraggeberbezogener Annahmen und Rahmenbedingungen einen subjektiven Entscheidungswert. In diesem Fall können auch geplante, aber noch nicht eingeleitete Maßnahmen und echte Synergien berücksichtigt werden. Die Typisierung der Einkommensteuer ist hier nicht notwendig, da der persönliche Steuersatz bekannt ist.

2.2.5 Bewertung des nicht betriebsnotwendigen Vermögens

Falls nicht betriebsnotwendiges Vermögen vorhanden sein sollte, ist es separat, d.h. losgelöst vom betriebsnotwendigen Vermögen zu bewerten. Zur Abgrenzung des nicht betriebsnotwendigen Vermögens ist zu überprüfen, ob es sich ohne Schaden für den Ertrag aus dem Unternehmen herauslösen lässt.[40] Häufig besteht das nicht betriebsnotwendige Vermögen in Form der Anlage von überflüssigen Finanzmitteln in Wertpapieren wie Aktien oder Anleihen. Für solche Wertpapiere gibt es i.d.R. einen beobachtbaren Marktwert, der herangezogen werden kann. Ansonsten erfolgt die Bewertung von nicht betriebsnotwendigen Vermögen mit Hilfe von Liquidationswerten, wobei die Kosten der Liquidation zu berücksichtigen sind. Ist die Liquidation voraussichtlich erst zu einem späteren Termin zu realisieren, muss der erwartete Liquidationswert auf den Bewertungsstichtag diskontiert werden. Eventuell bestehende nicht betriebsnotwendige Schulden können den Liquidationswert zusätzlich mindern.

2.2.6 Unbeachtlichkeit des (bilanziellen) Vorsichtsprinzips

In der handelsbilanziellen Rechnungslegung führt das Vorsichtsprinzip bekanntlich zu einer Ungleichgewichtung von Chancen und Risiken. Die vornehmlich für den Gläubigerschutz entwickelten Prinzipien stehen einer eigentümerorientierten Rechnungslegung mit primären Informationszweck entgegen. Ein neutraler Gutachter muss (falls erforderlich) die bilanzierten Werte entsprechend korrigieren, damit keine der beteiligten Partei-

[38] Vgl. Peemöller, Volker H. (Hrsg.) (2001), S. 33.
[39] Vgl. o.V. (2000), S. 830.
[40] Vgl. Peemöller, Volker H. (Hrsg.) (2001), S. 41.

en benachteiligt wird. Finanzielle Überschüsse sind demnach realistisch zu planen. Eine Berücksichtigung des in der Unsicherheit über die konkrete Ausprägung des finanziellen Überschusses enthaltenen Risikos erfolgt in der Discounted Cash Flow-Methode ausschließlich im Diskontierungszins.

2.2.7 Nachvollziehbarkeit der Bewertungsansätze

Bei der Bewertung von Unternehmen müssen eine Vielzahl von Annahmen getroffen werden. Dies gilt vor allem für die Planung und Prognose von bewertungsrelevanten Zahlungsüberschüssen. Das Ergebnis (der Unternehmenswert) ist im erheblichen Maße von diesen Annahmen abhängig. Damit das Bewertungsergebnis nachvollziehbar bleibt, sind die wesentlichen Annahmen und deren Quellen durch den Bewerter offen zu legen. Dabei kann es sich um subjektive Annahmen des Bewerters, Erfahrungswerte des Managements oder externe Schätzungen z.B. von Verbänden oder Instituten handeln. So kann der ermittelte Unternehmenswert vor dem Hintergrund der getroffenen Annahmen diskutiert werden.

2.3 Berücksichtigung des Shareholder-Value-Gedankens

In den 1990er Jahre fand der Shareholder-Value-Gedanke vor allem durch die Arbeiten von Rappaport[41], Copeland/Koller/Murrin[42], Lewis[43] und Stewart[44] auch in Deutschland immer mehr Beachtung.[45] Kennzeichnend für den Shareholder-Value-Gedanken ist die Verbindung von finanzierungstheoretischen Erkenntnissen und dem strategischen Management von Unternehmen.[46] Dabei stellt der Shareholder-Value-Gedanke selbst keine Bewertungsmethode dar, sondern lediglich ein Managementkonzept zur wertorientierten Unternehmensführung.[47] Kern dieses Konzeptes ist die konsequente Ausrichtung der unternehmerischen Tätigkeit auf die positive Entwicklung des Unternehmenswertes,[48] und damit eine klare Eigentümerorientierung. Alle Aktivitäten werden folglich daran gemessen, ob sie den Wert des Unternehmens steigern. Zur Ermittlung der Wertveränderung

[41] Vgl. Rappaport (1998).
[42] Vgl. Copeland u. a. (2000).
[43] Vgl. Lewis (1995).
[44] Vgl. Stewart (1991).
[45] Für eine Diskussion dieser und weiterer Arbeiten siehe Hachmeister (1997).
[46] Vgl. Hachmeister (1997), S. 824.
[47] Vgl. Schultze (2003), S. 115 f.
[48] Vgl. Perridon und Steiner (1999), S. 15.

können prinzipiell drei Ansätze genutzt werden, die sich unter bestimmten Bedingungen ineinander überführen lassen:[49]

- Discounted Cash Flow - DCF[50]
- Cash Flow Return on Investment - CFROI[51]
- Economic Value Added - EVA[52]

Der Economic Value Added wird vor allem durch die Unternehmensberatung Stern Stewart propagiert und berechnet sich als Überschuss der Investitionen nach Fremdkapitalzinsen und risikoadjustierten Eigenkapitalkosten.[53]

Der Cash Flow Return on Investment ist eine Kennzahl, die von der Unternehmensberatung HOLT entwickelt und später von der Boston Consulting Group vermarktet wurde. Dabei wird der Cash Flow vor Fremdkapitalzinsen zur Summe der Investitionen (mit denen dieser Cash Flow generiert wird) ins Verhältnis gesetzt.[54] Die dazugehörige Wertveränderung wird als Cash Value Added - CVA - bezeichnet.

Nicht zuletzt durch den Einfluss anglo-amerikanischer Investmentbanken und Unternehmensberatungsgesellschaften[55] setzte sich die Discounted Cash Flow-Methode weitestgehend durch,[56] so dass sie heute als Best-Practice zur Bewertung von Unternehmen gilt.[57] Am Anfang beschäftigte sich die Literatur insbesondere mit der Frage, ob und wie sich die Ergebnisse aus der Discounted Cash Flow-Methode und dem Ertragswertverfahren (nach IDW-Standard) entsprechen bzw. ineinander überführen lassen.[58] Prinzipiell ähnelt die DCF-Methode in ihrer Vorgehensweise dem Ertragswertverfahren. In der Wissenschaft wurde sie u.a. durch die Arbeiten von Modigliani und Miller schon Mitte der 1960er bekannt.[59] Ihren Durchbruch in der Praxis fand sie allerdings erst in den 1990er Jahren. An-

---

49 Vgl. Perridon und Steiner (1999), S. 16.

50 Vgl. Copeland u. a. (2000).

51 Vgl. Lewis (1995).

52 Vgl. Stewart (1991).

53 Für eine Einführung in das Konzept des Economic Value Added siehe bspw. Crasselt u. a. (2000a), S. 74 ff. und die dort angegebene Literatur.

54 Für eine Einführung in das Konzept des Cash Flow Return on Investment siehe bspw. Crasselt u. a. (2000b), S. 205 ff. und die dort angegebene Literatur.

55 Hier ist insbesondere die Unternehmensberatung McKinsey zu nennen. Das Standardwerk „Valuation“ zur Unternehmensbewertung mittels DCF-Methode Copeland u. a. (2000) wurde von drei Mitarbeitern dieser Unternehmensberatung verfasst und war ursprünglich als internes Schulungspapier konzipiert.

56 Zur Verbreitung der Discounted Cash Flow-Methode siehe auch die Ergebnisse von Suckut (1992), S. 273 ff. und CL Deutsche Revision (Hrsg.) (1997).

57 Vgl. Spremann (2004), S. 1.

58 Vgl. Ballwieser (2004), S. 177, der dazu anmerkt, dass dies insofern überraschend sei, da beide Bewertungsmethoden auf dem Kapitalwertkalkül aufbauen, dessen investitionstheoretischen Grundlagen bereits seit den 1960er Jahren bekannt sind.

59 Vgl. hierzu vor allem Modigliani und Miller (1958) und Modigliani und Miller (1963).

lass dafür war neben dem zuvor beschriebenen Siegeszug des Shareholder-Value-Gedanken auch die zunehmende Anzahl von grenzüberschreitenden M&A-Transaktionen in diesem Zeitraum.[60] Bei der DCF-Methode werden die bewertungsrelevanten Cash Flows mit Kapitalkosten diskontiert, die CAPM-basierte Risikoprämien enthalten. Damit unterscheidet sie sich auch vom herkömmlichen Ertragswertverfahren, wie es in Deutschland Anwendung fand. Im Gegensatz zu dem häufig „gegriffen" wirkenden Diskontierungssatz des Ertragswertverfahrens, basiert die Kapitalkostenbestimmung bei der DCF-Methode auf dem theoretischen Gerüst des Capital Asset Pricing Model (CAPM).[61] In diesem kapitalmarkttheoretischen Gleichgewichtsmodell lässt sich jeder Investitionsgelegenheit auf Basis des eingegangenen systematischen Risikos eine zu erwartende Rendite zuordnen. Diese erwartete Rendite kann für die Zwecke der Unternehmensbewertung als Kapitalkostensatz interpretiert werden.

2.4 Die Discounted Cash Flow-Methode als etablierter Standard

Wie bereits erwähnt stellt die Discounted Cash Flow-Methode eine weit verbreitete Methode zur Bewertung von Unternehmen dar.[62] Als theoretisches Fundament dient hier ebenso wie beim Ertragswertverfahren das Barwertkalkül.[63] Die zukünftig zu erwartenden bewertungsrelevanten Cash Flows werden dabei mit risikoadjustierten Kapitalkosten diskontiert.[64] Wie die bewertungsrelevanten Cash Flows und die dazugehörenden Kapitalkosten definiert sind, ergibt sich aus der jeweils verwendeten Variante der DCF-Methode. Hier werden regelmäßig drei Varianten unterschieden:[65]

- der Equity-Ansatz,
- der WACC[66]-Ansatz und

[60] Da die maßgeblich an der Vorbereitung und Umsetzung beteiligten Investmentbanken und Beratungshäuser anglo-amerikanischen Ursprungs sind, bevorzugen sie überwiegend die ebenfalls aus dem anglo-amerikanischen Raum stammende Discounted Cash Flow-Methode. Mit der 11. Auflage des Wirtschaftsprüferhandbuchs nahmen auch die deutschen Wirtschaftsprüfer die DCF-Methode in ihre Empfehlungen für die Bewertung von Unternehmen auf. Vgl. hierzu Institut der Wirtschaftsprüfer in Deutschland e.V. (Hrsg.) (1998), S. 1 und S. 103 ff.

[61] Dieses Preisbildungsmodell geht auf die Arbeiten von Sharpe (1964), Lintner (1965) und Mossin (1966) zurück.

[62] Siehe hierzu auch die Studien von Peemöller u. a. (1999) oder Beck (1995), S. 537 ff.

[63] Vgl. Nowak (2003), S. 84.

[64] Eine Einführung zum Barwertkalkül bzw. zum Present Value bietet z.B. Brealey und Myers (1990), S. 13 ff.

[65] Teilweise wird noch eine vierte Variante, der Total oder Capital Cash Flow-Ansatz hinzugenommen. Vgl. Drukarczyk (2001), S. 204 ff., Ballwieser (1998), S. 81 f. und Schultze (2003), S. 89 ff. Allerdings wird diese vierte Variante hier ausgeblendet, da sie sich nur unwesentlich von dem WACC-Ansatz unterscheidet.

[66] WACC = Weighted Average Cost of Capital

- der APV[67]-Ansatz

Der Equity-Ansatz betrachtet nur die Cash Flows, die den Eigenkapitalgebern zustehen und entsprechend mit den Eigenkapitalkosten zu diskontieren sind.[68] Als Ergebnis erhält man den auf das Eigenkapital bezogenen Marktwert. Dagegen werden beim WACC-Ansatz die Cash Flows bewertet, die allen Kapitalgebern (also Eigentümern und Gläubigern) zustehen. Diese sind mit dann mit gewichteten Kapitalkosten[69] zu diskontieren. Das Ergebnis entspricht dem Unternehmensgesamtwert, von dem anschließend der Marktwert des Fremdkapitals abzuziehen ist, um zum Marktwert des Eigenkapitals zu gelangen. Beim APV-Ansatz geht der Bewerter stufenweise vor. In einem ersten Schritt wird so bewertet, als sei das Unternehmen vollständig mit Eigenkapital finanziert. Die Cash Flows werden entsprechend mit Eigenkapitalkosten diskontiert.[70] In einem zweiten Schritt werden dann die (steuerlichen) Vorteile bewertet, die aus einer (teilweisen) Finanzierung mit Fremdkapital entstehen. Der so ermittelte Unternehmensgesamtwert muss abschließend wiederum um den Marktwert des Fremdkapitals korrigiert werden. Daher werden der WACC-Ansatz und der APV-Ansatz auch als Entity-Methoden[71] bezeichnet. Eine schematische Übersicht findet sich in Abbildung 2.1.

Unabhängig von der gewählten DCF-Variante ergeben sich immer zwei Hauptaufgaben für den Bewerter:

- die Prognose zukünftiger bewertungsrelevanter Cash Flows[72] und
- die Bestimmung geeigneter Kapitalkosten bzw. Diskontierungsfaktoren.

Die Cash Flow-Prognose soll hier nicht weiter vertieft werden, auch wenn später mit dem Regressionsansatz eine Möglichkeit vorgestellt wird, bei der Prognose und Risikoadjustierung elegant miteinander verbunden werden.[73] Ansatzpunkt der vorliegenden Arbeit ist allerdings die Problematik bei der Bestimmung von Kapitalkosten. Für die weiteren Ausführungen wird unterstellt, dass es sich beim Cash Flow um den Zahlungsstrom an die Eigenkapitalgeber handelt bzw. das Unternehmen vollständig mit Eigenkapital finanziert

[67] APV = Adjusted Present Value

[68] Dabei reflektieren die Eigenkapitalkosten sowohl das Investitions- als auch das Finanzierungsrisiko.

[69] Ein Durchschnittszins aus Eigen- und Fremdkapitalkosten, gewichtet mit dem jeweiligen Anteil am Gesamtkapital.

[70] Diese Eigenkapitalkosten unterscheiden sich von denen beim Equity-Ansatz, da sie lediglich das Investitionsrisiko reflektieren.

[71] Die Entity-Methoden werden auch als Gesamtwertmethoden oder Bruttomethoden bezeichnet. Das Pendant bei der Equity-Methode ist der Begriff Nettomethode.

[72] Zum Begriff des Cash Flow, dessen Ermittlung und Prognose siehe bspw. Nowak (2003), S. 43 ff. und vertiefend die dort angegebene Literatur.

[73] Richter hat dieses Modell im Rahmen seiner Habilitation konzipiert und ausführlich mit einem Anwendungsbeispiel präsentiert. Siehe hierzu Richter (2002a).

	Equity Ansatz	**Entity Ansatz**	**APV Ansatz**
relevanter CF	Cash Flow, der den Eigenkapitalgebern zur Verfügung steht	CF, der allen Kapitalgebern zur Verfügung steht (EK und FK)	CF bei reiner EK-Finanzierung Steuervorteil der FK-Finanzierung
Diskontierung	mit den Eigenkapitalkosten bei anteiliger Fremdfinanzierung	mit gewichteten Kapitalkosten (WACC)	mit EK-Kosten (bei EK-Finanzierung) mit Fremdkapitalkosten
Ergebnis	Marktwert des Eigenkapitals	Marktwert des Gesamtkapitals	Marktwert bei reiner EK-Finanzierung Marktwert der Steuervorteile
Besonderheit	direkte Ermittlung des gesuchten Wertes	Cash Flows sind unabhängig von der Finanzierungsstruktur	Wertbeitrag der (anteiligen) FK-Finanzierung wird offen gelegt

Abbildung 2.1. Die unterschiedlichen Ausprägungen der DCF-Methode
Quelle: Eigene Darstellung in Anlehnung an Richter (1999), S. 34.

ist. Dies mag zwar realitätsfern klingen, dient aber der Übersichtlichkeit und stellt keine Einschränkung der Methodik dar.[74]

Zur Ermittlung der Eigenkapitalkosten im Rahmen der DCF-Methode[75] wird in der Theorie wie auch in der Praxis häufig auf das Capital Asset Pricing Model (CAPM) zurückgegriffen.[76] Das nobelpreisgekrönte CAPM von Sharpe, Lintner und Mossin[77] basiert auf der Portefeuilletheorie von Markowitz[78] und dem Separationstheorem von Tobin[79]. In der Portefeuilletheorie werden Rendite- und Risikogesichtspunkte als Entscheidungsgrundlage für die Zusammensetzung von Wertpapierportefeuilles zusammengeführt. Unter der Annahme eines vollkommenen und vollständigen Kapitalmarktes, soll das Op-

74 Richter zeigte bereits, dass das später präsentierte Binomialmodell auch bei unterschiedlichen Finanzierungssituationen anwendbar ist. Siehe hierzu Richter (2002b).

75 Die Eigenkapitalkosten im Entity- und APV-Ansatz können unter Berücksichtigung der Finanzierungsstruktur prinzipiell über die gleiche Methode bestimmt werden. Dasselbe gilt auch für die Ertragswertmethode nach IDW S 1. Vgl. o.V. (2000).

76 Siehe hierzu beispielsweise Kasperzak (2000) S. 467.

77 Siehe hierzu die Originalarbeiten Sharpe (1964), Lintner (1965) und Mossin (1966).

78 Vgl. Markowitz (1952).

79 Vgl. Tobin (1958).

timum für die Portefeuillezusammensetzung bestimmt werden. In einem ersten Schritt werden dazu effiziente Portefeuilles (also Wertpapierportefeuilles, die entweder die höchste Rendite für das eingegangene Risiko erwarten lassen oder für eine erwartete Rendite das geringste Risiko aufweisen) identifiziert und zu einer Effizienzlinie zusammengefasst.[80] Dabei ist insbesondere die Korrelation zwischen den Anlagemöglichkeiten bzw. deren Renditen relevant. In einem zweiten Schritt ist dann der Berührungspunkt von Effizienzlinie und Nutzenfunktion des Investors zu ermitteln. In diesem Punkt befindet sich das optimale Portefeuille für diesen Investor.

Im Rahmen des Separationstheorem wird zusätzlich eine risikolose Anlageform mit der Rendite r_f eingeführt. Anschließend können Mischportefeuilles aus risikolosen und risikobehafteten Anteilen gebildet werden. Dabei wird die risikobehaftete Anlagemöglichkeit unabhängig vom Ausmaß der Risikoaversion des einzelnen Investors als optimales (Markt-)Portefeuille bestimmt. Die individuelle Risikoneigung des Investors spiegelt sich dann ausschließlich im Anteil dieser risikobehafteten Anlage in seinem Mischportefeuille wider.

Innerhalb des Gleichgewichtsmodells (CAPM) kann unter der Annahme, dass sich alle Investoren wie von der Portefeuilletheorie vorhergesagt verhalten und die Bestimmung des optimalen Marktportefeuilles unabhängig von der individuellen Risikoneigung geschieht, jedem Wertpapier auf Grundlage dessen Kovarianz mit dem Marktportefeuille eine eindeutige zu erwartende Rendite zugeordnet werden. Aus Unternehmenssicht kann diese erwartete Rendite auch als Kapitalkosten interpretiert werden. Begründet wird dies damit, dass die alternative Anlage in ein Wertpapier mit vergleichbarem Risiko innerhalb des Modells eine solche Rendite verspricht und der Investor von dem Unternehmen eine identische Rendite erwartet.

Das CAPM unterstellt einen linearen Zusammenhang zwischen der einzelnen erwarteten Wertpapierrendite $E[\tilde{r}_i]$ (geschätzt durch μ_i) und der erwarteten Rendite des Gesamtmarktes ($E[\tilde{r}_M]$). Außerdem muss im CAPM jedes Wertpapier (i) einen Preis besitzen, der das Gleichgewicht zwischen Wertpapierrendite (im Verhältnis zum individuellen Risiko $cov(\tilde{r}_i, \tilde{r}_M)$) und Gesamtmarktrendite (im Verhältnis zum Gesamtmarktrisiko $var(\tilde{r}_M)$) erhält. Dieser Zusammenhang gilt dabei nicht nur für einzelne Unternehmen, sondern auch für Portefeuilles (bestehend aus m Unternehmen, die jeweils mit dem Anteil x im Portefeuille enthalten sind) und damit auch für den Gesamtmarkt (hier durch den Index M gekennzeichnet).

$$\frac{\mu_i - r_f}{cov(\tilde{r}_i, \tilde{r}_M)} = \frac{\sum_{i=1}^{m} x_i(\mu_i - r_f)}{\sum_{i=1}^{m} x_i cov(\tilde{r}_i, \tilde{r}_M)} = \frac{\mu_M - r_f}{var(\tilde{r}_M)} \tag{2.1}$$

80 Siehe hierzu bspw. Franke und Hax (2004), S. 315 ff. oder Perridon und Steiner (1999), S. 252 ff.

$$\text{mit } \sum x_i = 1$$

Formal ergeben sich die zu erwartenden Kapitalkosten $E[\tilde{r}_i]$ aus dem CAPM dann folgendermaßen:

$$E[\tilde{r}_i] = r_f + \beta_i(E[\tilde{r}_M] - r_f) \tag{2.2}$$

$$mit$$

$$\beta_i = \frac{cov(\tilde{r}_i, \tilde{r}_M)}{var(\tilde{r}_M)} \tag{2.3}$$

Die Bewertungsformel unter Verwendung der DCF-Methode in Zusammenhang mit dem CAPM lautet daher:

$$V_0 = \sum_{t=1}^{T} \frac{E[\widetilde{CF}_t]}{(1 + r_f + \frac{cov(\tilde{r}_i, \tilde{r}_M)}{var(\tilde{r}_M)}(E[\tilde{r}_M] - r_f))} \tag{2.4}$$

2.5 Das Capital Asset Pricing Model: Restriktive Modellannahmen, Probleme bei der Anwendung und kritische Würdigung

2.5.1 Grundlagen und Hauptannahmen des CAPM

Die in der wissenschaftlichen Literatur angeführte Kritik am CAPM ist sehr umfangreich, so dass sie hier nicht vollständig wiederholt werden kann. Allerdings nimmt das CAPM im Rahmen der DCF-Methode eine zentrale Stellung ein, so dass eine - wenn auch skizzenhafte - Auseinandersetzung mit ihr unumgänglich ist. Im Folgenden werden die (notwendigen) Modellannahmen vorgestellt und auf ihre jeweilige Relevanz eingegangen. Daran schließt sich ein Überblick zu den wichtigsten empirischen Tests an, bevor die Anwendungsprobleme diskutiert werden und die Rolle des CAPM im Rahmen der Unternehmensbewertung zu thematisieren ist.

Zuerst sind die Modellannahmen zu skizzieren, auf denen das CAPM basiert. Da das CAPM die Prämissen der Portefeuilletheorie voraussetzt,[81] werden diese ebenfalls mit aufgeführt, sie erlauben es, von der isolierten Betrachtung einzelner Anlagemöglichkeiten zur Betrachtung im Portefeuillezusammenhang zu kommen. Damit lassen sich wesentliche

[81] Die Portefeuilletheorie wurde maßgeblich von Markowitz begründet und definiert Risiko als symmetrisches Streuungsmaß (Varianz bzw. Standardabweichung der Rendite), wobei im Portefeuillekontext lediglich das systematische (nicht diversifizierbare) Risiko bewertungsrelevant ist. Siehe hierzu die Originalarbeiten Markowitz (1952) und Markowitz (1959). Eine notwendige Annahme zur Kompatibilität von μ-σ-Regel und Erwartungsnutzentheorie sind quadratische Nutzenfunktionen oder das Vorliegen normalverteilter Renditen.

Zusammenhänge wie die stochastische Abhängigkeit zwischen Einzelprojekten verdeutlichen. Im Rahmen des CAPM erklärt die Portefeuilletheorie insbesondere das Verhalten von Investoren. Neben den Prämissen der Portefeuilletheorie sind weitere Annahmen für das CAPM als Gleichgewichtsmodell zu treffen, die in Abbildung 2.2 aufgelistet sind.

Die ersten vier Prämissen der Portefeuilletheorie beschreiben primär die Nutzenfunktion der Marktteilnehmer (bzw. Investoren) während die zwei weiteren auf die Funktionsweise des Marktes eingehen. Die zusätzlichen Annahmen des CAPM beziehen sich zum einen auf homogene Erwartungen der Marktteilnehmer und die dafür notwendige Voraussetzung der Informationseffizienz. Wenn alle Marktteilnehmer zur gleichen Zeit über identische Informationen verfügen und rational vorgehen, sollten sich die gleichen Erwartungen in Bezug auf Renditen, Varianzen und Kovarianzen ergeben. Außerdem wird die Existenz eines risikolosen Zinssatzes und eines Marktportefeuilles angenommen. Der risikolose Zins soll dabei für alle Marktteilnehmer gleich (Habenzins $\widehat{=}$ Sollzins) und in beliebiger Höhe verfügbar sein. Das Marktportefeuille soll alle Vermögensgegenstände (also auch nicht marktfähige Vermögensgegenstände, wie Human Kapital) enthalten. Über den Betrachtungszeitraum soll die Anzahl der enthaltenen Vermögensgegenstände fix sein. Unter Berücksichtigung all dieser Bedingungen kommt es zum Kapitalmarktgleichgewicht, in dem die optimale Kombination unsicherer Anlagemöglichkeiten für jeden Anleger mit dem Marktportefeuille übereinstimmt und sich die optimalen Portefeuilles aus der Kombination von Marktportefeuille und sicherer Anlage/Verschuldung ergeben.

Einige dieser Annahmen erscheinen sehr restriktiv und realitätsfern. Daher gab es nach Veröffentlichung des CAPM eine Reihe von wissenschaftlichen Arbeiten, die sich mit der Auflösung der Annahmen beschäftigt haben.[82] Einige Ergebnisse sollen im nächsten Abschnitt skizziert werden.[83]

2.5.2 Relevanz einzelner Modellannahmen

2.5.2.1 Existenz bzw. Nichtexistenz einer risikolosen Anlagemöglichkeit

Aufgrund der Nichtexistenz[84] einer risikolosen Anlagemöglichkeit entwickelte Black[85] eine neue Variante des CAPM (häufig auch als „Two-Factor-Model" bezeichnet), die ohne diese Annahme auskommt. Anstelle der risikolosen Anlagemöglichkeit tritt hier ein so

---

82 Für eine Zusammenfassung deutscher Arbeiten siehe z.B. Löhr (1994), S. 133 ff.

83 In Anlehnung an Copeland und Weston (1992) S. 205-212 und Perridon und Steiner (1999) S. 269-271.

84 In der Praxis existiert keine risikolose Anlagemöglichkeit, da selbst Staatsanleihen mit einem gewissen Ausfallrisiko behaftet sind und dem Inflations- sowie dem Zinsänderungsrisiko unterliegen.

85 Vgl. Black (1972).

Prämissen der Portfoliotheorie:

- Kapitalanleger beurteilen Portfolios anhand erwarteter Renditen und deren Standardabweichung
- Kapitalanleger sind risikoavers (konkave Nutzenfunktion) und streben nach Nutzenmaximierung
- Dabei handelt es sich um eine einperiodige Betrachtung (Einperiodenmodell)
- Kapitalanleger sind rational
- Die Renditen sind normalverteilt (ihre Verteilung wird vollständig durch μ und σ beschrieben)
- Der Kapitalmarkt ist vollkommen
  - Keine Steuern oder Transaktionskosten
  - Atomistische Strukturen („Preisnehmer")
  - Beliebige Teilbarkeit der Anlagen

Zusätzliche Annahmen im Rahmen des CAPM

- Homogene Erwartungen aller Marktteilnehmer hinsichtlich Renditen, Varianzen und Kovarianzen
- Informationseffizienz (Informationen stehen kostenlos und zeitgleich allen Marktteilnehmern zu Verfügung)
- Existenz eines risikolosen Zinssatzes zu dem unbegrenzt Geld angelegt oder aufgenommen werden kann
- Alle Vermögensgegenstände sind handelbar und ihre Anzahl ist unveränderlich (Existenz eines Marktportfolios)

Abbildung 2.2. Modellannahmen des CAPM
Quelle: Eigene Darstellung in Anlehnung an Copeland und Weston (1992), S. 193 f. und Elton und Gruber (1995), S. 294 f.

genanntes varianzminimales Zero-Beta-Portefeuilles, welches nicht mit dem Marktportefeuille korreliert ist. Dabei tritt die erwartete Rendite des Zero-Beta-Portefeuille ($E[\tilde{r}_z]$) an die Stelle des risikolosen Zins:

$$E[\tilde{r}_i] = E[\tilde{r}_z] + \beta_i(E[\tilde{r}_M] - E[\tilde{r}_z]) \tag{2.5}$$

Demzufolge sind die Hauptaussagen des CAPM nicht von der Existenz einer risikolosen Anlage abhängig.[86] Der lineare Zusammenhang bleibt dabei ebenso bestehen wie β als Maß für das systematische Risiko. Allerdings liegt nun mehr Gewicht auf der Annahmen möglicher Leerverkäufe, da empirisch fast alle Wertpapiere eine positive Korrelation mit dem Marktportefeuille aufweisen.

2.5.2.2 Die Verteilung von Renditen

Dass Renditen nicht normalverteilt sind, ergibt sich bereits als logische Schlussfolgerung, wenn berücksichtigt wird, dass aufgrund von Haftungsbeschränkungen der höchstmögliche Verlust 100 % entspricht, wohingegen der Gewinn zumindest theoretisch unbegrenzt ist. Die Wahrscheinlichkeit für solche Extremrenditen ist allerdings so gering, dass sie kaum Einfluss auf die empirische Validierung des CAPM haben. Der nicht zu unterschätzende Vorteil der Normalverteilungsannahme besteht in der Implikation, dass die Verteilung vollständig durch zwei Parameter (Erwartungswert und Standardabweichung der Rendite) zu beschreiben ist. Fama zeigte anhand von Tagesrenditen, dass die Verteilung zwar symmetrisch ist, aber keine endliche Varianz aufweisen (solche Verteilungen werden auch als „fat-tailed" bezeichnet).[87] Nach Fama gelten die Aussagen der Portefeuilletheorie so lange die Verteilungen symmetrisch und stabil sind.[88] Allerdings müssen die Anleger andere Maße als die Varianz (z.B. semi-interquartile Bandbreiten) verwenden. Über einen längeren Zeitraum erscheinen die Verteilungen eher log-normal und weisen eine positive Schiefe auf. Hier ergibt sich die Frage, wie Anleger die Verteilung letztlich einschätzen und ob die Annahme der Normalverteilung der Realität nahe genug kommt.

Unabhängig von der Frage, welche Verteilung die Renditen in der Realität aufweisen, ist die Annahme normalverteilter Renditen nur dann für das CAPM notwendig, wenn keine Kenntnis über die Risikonutzenfunktion der Investoren vorliegt. Werden Investoren mit quadratischen Risikonutzenfunktionen unterstellt, können die Renditen beliebig verteilt sein.[89]

2.5.2.3 Nicht marktfähige Vermögensgegenstände wie Human Kapital

Das CAPM bei Existenz von nicht marktfähigen Vermögensgegenständen hat Mayers[90] untersucht. Da Sklaverei heute gesetzlich verboten ist, stellt das Human Kapital der Anle-

[86] Dieses Ergebnis wurde auch von Ross bestätigt. Vgl. Ross (1977).
[87] Vgl. Fama (1965a).
[88] Vgl. Fama (1965b).
[89] Vgl. Ballwieser (2002), S. 190.
[90] Vgl. Mayers (1972).

ger einen nicht marktfähigen Vermögensgegenstand dar. Mayers kommt zu dem Ergebnis, dass in diesem Fall die einzelnen Anleger zwar unterschiedliche Portefeuilles halten, da ihr jeweiliges Human Kapital unterschiedliche Risiken enthalten kann, der Marktgleichgewichtspreis aber weiterhin unabhängig von den individuellen Indifferenzkurven der Anleger ist und damit die Separierbarkeit[91] bestehen bleibt. Allerdings ergibt sich das relevante Risikomaß aus den Kovarianzen zwischen der Anlagemöglichkeit und dem Portefeuille aller marktfähigen sowie dem Portefeuille aller nicht marktfähigen Vermögensgegenstände:

$$E[\tilde{r}_i] = r_f + \lambda[V_M cov(\tilde{r}_i, \tilde{r}_M) + cov(\tilde{r}_i, \tilde{r}_H)] \qquad (2.6)$$

$$mit$$

$$\lambda = \frac{E[\tilde{r}_M] - r_f}{V_M \sigma_M^2 + cov(\tilde{r}_M, \tilde{r}_H)} \qquad (2.7)$$

Dabei steht $\tilde{r}_H$ für die Rendite aller nicht marktfähigen und V_M für den aktuellen Marktwert aller marktfähigen Vermögensgegenstände. λ bezeichnet den Marktpreis des Risikos. Empirisch wurden diese Zusammenhänge von Fama und Schwert getestet.[92]

2.5.2.4 Erwartungen der Investoren

In Bezug auf die Annahme homogener Erwartungen der Investoren konnte Lintner[93] zeigen, dass heterogene Erwartungen nicht kritisch für das CAPM sind. Allerdings führt die Aufhebung dieser Annahme dazu, dass die erwarteten Renditen und Kovarianzen als komplexe gewichtete Durchschnitte ausgedrückt werden müssen. Außerdem ist das Marktportefeuille dann nicht mehr notwendigerweise effizient.

2.5.2.5 Berücksichtigung von Steuern im CAPM

Die unrealistische Annahme der Abwesenheit von Steuern wurde von Brennan[94] aufgehoben. Unter Berücksichtigung der Aufteilung der Gesamtrendite in Kursgewinn und Dividendenrendite kommt er zu dem Ergebnis, dass β weiterhin das relevante Maß für das (systematische) Risiko bleibt, die erwartete Rendite aber mit steigendem Anteil der Dividendenrendite zunimmt, da dieser Teil zu versteuern ist. Vor dem Hintergrund, dass Anleger aufgrund unterschiedlicher Steuersätze verschieden zusammengestellte Portefeuilles halten, muss das Marktportefeuille in dieser Variante des CAPM nicht mehr zwingend effizient sein.

---
[91] Hier ist die Trennung von Portefeuillezusammensetzung und Risikoverhalten gemeint.
[92] Vgl. Fama und Schwert (1977).
[93] Vgl. Lintner (1969).
[94] Vgl. Brennan (1970).

2.5.2.6 Berücksichtigung von Transaktionskosten

Garman und Ohlson[95] konnten zeigen, dass bei Einführung von Transaktionskosten einzelne Anlagemöglichkeiten nicht mehr unbedingt auf der Wertpapierlinie liegen müssen, sondern innerhalb einer bestimmten Bandbreite um diese Linie herum liegen können. In diesen Fällen ist es für Anleger nicht mehr ökonomisch sinnvoll, nach dem CAPM falsch bewertete Anlagemöglichkeiten zu kaufen bzw. zu verkaufen, da die Transaktionskosten den daraus resultierenden Gewinn aufzehren würden. In der Konsequenz kann also das im CAPM angestrebte Marktgleichgewicht nicht erreicht werden.

2.5.2.7 Erweiterung in eine zeitstetige Variante mit stochastischem Zins

Merton[96] entwickelte eine Version des CAPM, welche eine zeitstetige Variante darstellt. Diese lässt einen stochastischen risikolosen Zinssatz zu und geht von log-normal verteilten (stetigen) Renditen aus. Aufgrund des stochastischen risikolosen Zinssatzes stellen die Anleger ihr Portefeuille aus der risikolosen Anlagemöglichkeit, dem Marktportefeuille und einem Portefeuille, welches perfekt negativ mit der risikolosen Anlagemöglichkeit korreliert, zusammen:

$$E[\tilde{r}_i] = r_f + \gamma_1[E[\tilde{r}_M] - r_f] + \gamma_2[E[\tilde{r}_N] - r_f] \tag{2.8}$$

$$mit$$

$$\gamma_1 = \frac{\beta_{iM} - \beta_{iN}\beta_{NM}}{1-\rho_{NM}^2} \tag{2.9}$$

$$\gamma_2 = \frac{\beta_{iN} - \beta_{iM}\beta_{NM}}{1-\rho_{NM}^2} \tag{2.10}$$

Dabei steht $E[\tilde{r}_N]$ für die erwartete Rendite des Portefeuilles, das perfekt negativ mit der risikolosen Anlagemöglichkeit korreliert, und ρ_{NM} für die Korrelation zwischen diesem Portefeuille und dem Marktportefeuille. Merton argumentierte, dass γ_2 für Anlagen mit hohem Betafaktor negativ und für Anlagen mit niedrigem Betafaktor positiv sei.[97]

2.5.3 Empirische Überprüfung des CAPM bzw. des Kapitalmarktmodells

Nach Popper ist ein entscheidendes Merkmal von Wissenschaft die Falsifizierbarkeit von Theorien.[98] Um das CAPM als Theorie empirisch auf seine Richtigkeit zu überprüfen, muss in einem ersten Schritt die Ex-ante Form des CAPM in eine Ex-post Form überführt

---

95 Vgl. Garman und Ohlson (1981).

96 Vgl. Merton (1973a).

97 Dies sollte sich in den empirischen Tests des CAPM bestätigen.

98 Vgl. Popper (1995).

werden. Dabei sollten die beobachtbaren (historischen) Renditen r_{it} den erwarteten Renditen $E[\tilde{r}_{it}]$ entsprechen. Weiteren Einfluss soll lediglich eine evtl. abweichende Marktrendite δ_{Mt} und der Störterm ε_{it} aufweisen.[99]

$$r_{it} = E[\tilde{r}_{it}] + \beta_i \delta_{Mt} + \varepsilon_{it} \tag{2.11}$$

mit

$$\delta_{Mt} = r_{Mt} - E[\tilde{r}_{Mt}] \tag{2.12}$$

$$E[\delta_{Mt}] = 0 \tag{2.13}$$

$$E[\varepsilon_{it}] = 0 \tag{2.14}$$

Dabei ist ε sowie δ unkorreliert und die Werte für ε voneinander unabhängig. Werden, wie im CAPM, normalverteilte Renditen angenommen, entspricht das β hier genau dem β im CAPM. Wird $E[\tilde{r}_{it}]$ durch die CAPM-Formel ersetzt ergibt sich:

$$r_{it} = r_{ft} + [E[\tilde{r}_{Mt}] - r_{ft}]\beta_i + \beta_i[r_{Mt} - E[\tilde{r}_{Mt}]] + \varepsilon_{it} \tag{2.15}$$

$$= \quad r_{ft} + (r_{Mt} - r_{ft})\beta_i + \varepsilon_{it} \tag{2.16}$$

Um die Ex-post Form des CAPM zu erhalten muss nun noch auf beiden Seiten der risikolose Zins r_{ft} abgezogen werden:

$$r_{it} - r_{ft} = (r_{Mt} - r_{ft})\beta_i + \varepsilon_{it} \tag{2.17}$$

Zur empirischen Überprüfung dieses Zusammenhangs wird lediglich eine Konstante (γ_0) hinzugefügt und der Term $(r_{it} - r_{ft})$ als Überrendite r'_{it} zusammengefasst:

$$r'_{it} = \gamma_0 + \gamma_1 \beta_i + \varepsilon_{it} \tag{2.18}$$

mit

$$\gamma_1 = r_{Mt} - r_{ft} \tag{2.19}$$

Das CAPM würde sich als empirisch haltbar erweisen, wenn der Term γ_0 nicht signifikant von Null abweicht,[100] β der einzige Erklärungsfaktor für die Überrendite einer Anlagemöglichkeit ist,[101] der Koeffizient γ_1 der Überrendite des Marktportefeuilles $(r_{Mt} - r_{ft})$ entspricht und, über einen langen Zeitraum betrachtet, die Marktrendite über dem risikolosen Zins liegt.

---

[99] Vgl. Copeland und Weston (1992) S. 212 ff.

[100] Ansonsten wird im Rahmen des CAPM etwas nicht berücksichtigt, was sich in der Konstanten wiederfindet.

[101] Dabei wird ein linearer Zusammenhang zwischen Rendite und β angenommen.

Eine Vielzahl von empirischen Tests insbesondere für den US-amerikanischen Markt[102] kamen zwar im Detail zu unterschiedlichen Ergebnissen, stimmen aber in folgenden Punkten überein:

- Die Konstante γ_0 scheint signifikant von Null abzuweichen und γ_1 ist niedriger als $r_{Mt} - r_{ft}$[103]
- Der Beta-Faktor dominiert auch empirisch als Maß für das Risiko
- Der beste Fit mit empirischen Daten ergibt sich bei Verwendung eines linearen Zusammenhangs zwischen β und Rendite
- Allerdings existieren andere Faktoren, die erfolgreich zumindest einen Teil der nicht durch β gedeckten Renditen erklären. So haben beispielsweise die Firmengröße, das Markt-Buchwert-Verhältnis oder die Dividenden-Rendite einen gewissen Erklärungsgehalt. Außerdem lassen sich saisonale Einflüsse wie der so genannte Januar-Effekt nachweisen
- In der langfristigen Betrachtung liegt die Rendite des Marktportefeuilles über dem risikolosen Zins

Allerdings sind die empirischen Tests des CAPM mit Vorsicht zu betrachten. So weist Roll[104] darauf hin, dass das im theoretischen Modell vorgesehene Marktportefeuille (welches alle Anlagemöglichkeiten inkl. Human Kapital beinhaltet) in der Realität nicht beobachtbar ist. Diese generelle Kritik an der „Untestbarkeit" bedeutet jedoch nicht zwangsläufig, dass die Theorie selbst unhaltbar ist.

2.5.4 Anwendungsprobleme des CAPM im Rahmen der Unternehmensbewertung

Wird das CAPM im Rahmen der Unternehmensbewertung zur Bestimmung von Eigenkapitalkosten verwendet, müssen die notwendigen Parameter bestimmt werden. Dazu zählt der risikolose Zinssatz r_f, die erwartete Marktrisikoprämie $(\tilde{r}_M - r_f)$ sowie das unternehmensindividuelle Risiko in Form des Betafaktors β_i. Ein risikoloser Zinssatz, wie er im CAPM benötigt wird, ist in der Realität nicht beobachtbar. Approximativ kann auf die Verzinsung von Bundesanleihen zurückgegriffen werden.[105] Schwieriger gestaltet sich die

102 Vgl. beispielhaft für den US-amerikanischen Markt Black u. a. (1972), Miller und Scholes (1972), Fama und MacBeth (1973) und Fama und French (1992). Für den deutschen Markt sei hier auf die Arbeit von Möller (1988) hingewiesen.

103 Das bedeutet, dass Wertpapiere mit niedrigem Beta höher rentieren und Wertpapiere mit hohem Beta schlechter rentieren als vom CAPM vorhergesagt.

104 Vgl. Roll (1977).

105 Vgl. hierzu und zu der Diskussion ob der am Bewertungsstichtag gültige Zinssatz oder ein zukünftig zu erwartender Zinssatz zu verwenden ist Baetge und Krause (1994) S. 449 und die dort angeführte Literatur.

Ermittlung der Marktrisikoprämie. Zum einen ist das Marktportefeuille, wie es im CAPM definiert ist,[106] ebenfalls nicht beobachtbar und zum anderen ist, selbst bei der Verwendung eines breit diversifizierten Aktienindex als Näherungswert, die Marktrisikoprämie abhängig vom Betrachtungszeitraum. So gelangen Studien, die sich mit der Bestimmung von Marktrisikoprämien beschäftigen, je nach betrachteten Index und Zeitraum zu teilweise deutlich unterschiedlichen Ergebnissen.[107]

Die Berechnung des Betafaktors unterliegt dem Einfluss des gewählten Vergleichsindex, der gewählten Periodizität und der Länge des Schätzintervalls.[108] Dadurch wird die scheinbar objektive Bestimmung von Eigenkapitalkosten nach dem CAPM zu einem subjektiv beeinflussbaren Vorgang. So könnte ein Bewerter die Auswahl von Vergleichsindex, Periodizität und Länge des Schätzintervalls zielgerichtet wählen, um einen für seine Zwecke vorteilhaften Betafaktor zu erhalten.

In Bezug auf die Berechnung der Marktrisikoprämie ist zu berücksichtigen, dass die Wahl der Mittelwertbildung bei der Rendite erheblichen Einfluss auf das Ergebnis hat.[109] So bieten sich prinzipiell zwei unterschiedliche Methoden an. Beim geometrischen Mittel wird von der Wiederanlage der erzielten Rendite ausgegangen, wohingegen beim arithmetischen Mittel dieser Zinseszinseffekt vernachlässigt wird.[110] Die Literatur spricht sich eindeutig für das geometrische Mittel aus.[111] Da die beobachteten Marktrenditen keine voneinander unabhängigen Werte einer Wahrscheinlichkeitsverteilung darstellen, führe das arithmetische Mittel zu verzerrten Ergebnissen.[112]

Weiterhin ist zu erwähnen, dass die benötigten Daten eigentlich nur für börsennotierte Unternehmen verfügbar sind. Da in Deutschland die Anzahl börsennotierter Unternehmen im Verhältnis zur Gesamtzahl der Unternehmen eher gering ist und viele Bewertungsanlässe gerade auf nicht börsennotierte Unternehmen zutreffen, wäre die DCF-Methode in Verbindung mit dem CAPM nur sehr begrenzt hilfreich. Von der Verwendung von Branchenbetas, wie es in Praktiker-Handbüchern häufig empfohlen wird, ist eher abzuraten, da die Branchenzugehörigkeit nur einen Einflussfaktor von mehreren auf das unternehmensindividuelle Risiko darstellt.[113]

[106] Nach dem CAPM enthält das Marktportefeuille alle vorstellbaren Anlagemöglichkeiten, also nicht nur Aktien, sondern auch Anleihen, Immobilien, Rohstoffe, die eigene Arbeitskraft, usw.
[107] Siehe hierzu auch die tabellarische Auflistung in Kapitel IV.
[108] Vgl. Timmreck (2002), S. 302 ff.
[109] Zur Diskussion zwischen geometrischen und arithmetischen Mittel siehe Ballwieser (2004), S. 96 f. und die dort zitierte Literatur.
[110] Vgl. hierzu Nowak (2003), S. 91 ff.
[111] Vgl. Nowak (2003), S. 92 und die dort zitierte Literatur.
[112] Vgl. Baetge und Krause (1994), S. 450 ff.
[113] Vgl. beispielsweise Timmreck (2002), S. 304.

Zu den wohl umstrittensten Annahmen im Rahmen der Unternehmensbewertung gehören die Einperiodigkeit der Betrachtung und die Annahme homogener Erwartungen der Marktteilnehmer. Bei der Unternehmensbewertung werden immer mehrere zukünftige Perioden betrachtet, wenn nicht sogar von einer unendlichen Lebensdauer ausgegangen wird. Daher wäre das CAPM (zumindest in der Variante als Einperiodenmodell) für eine Unternehmensbewertung ungeeignet.[114] Und wenn alle Marktteilnehmer homogene Erwartungen hätten, käme es - abgesehen von Liquiditätsschocks - erst gar nicht zum Handel, denn eine Transaktion würde keinen zusätzlichen Ertrag ergeben.

Abgesehen von der Problematik bei der Bestimmung notwendiger Inputparameter soll auf die Inkonsistenz der Anwendung des CAPM im Rahmen der Unternehmensbewertung hingewiesen werden. Da eine Unternehmensbewertung immer zukunftsgerichtet ist sollten auch die Kapitalkosten zukunftsgerichtet bestimmt werden. Dies ist aber nicht der Fall, wenn auf historische Betafaktoren zurückgegriffen wird.[115] In der Praxis geht man sogar regelmäßig von konstanten Kapitalkosten aus. Beides widerspricht der Aufgabe von Kapitalkosten, das Risikos von bewertungsrelevanten Cash Flows periodenspezifisch zu berücksichtigen. Sinnvoller wäre hier eine zukunftsgerichtete Bestimmung von periodenspezifischen Kapitalkosten.

Das häufig erwähnte Zirkularitätsproblem,[116] entsteht dadurch, dass zur Ermittlung der Eigenkapitalkosten bei reiner Eigenfinanzierung der Marktwert des Eigenkapitals bekannt sein müsste, da er zur Berechnung der Unternehmensrendite notwendig ist.[117] Dieser soll aber gerade berechnet werden. Auf Basis von mathematischen Iterationen lässt sich dieses Problem allerdings pragmatisch lösen.[118]

2.5.5 Die Rolle des CAPM im Rahmen der Unternehmensbewertung

Das CAPM bietet sich als konzeptioneller Rahmen für die Bestimmung von Kapitalkosten und Finanzierungsentscheidungen an. Es stellt ein geschlossenes Modell dar, welches im Einklang mit der Kapitalmarkttheorie steht und auch bei Lockerung der teilweise unrealistischen Annahmen relativ robuste Ergebnisse liefert. Allerdings vereinfachen die Annahmen das Modell stark, was der weiten Verbreitung zuträglich ist. Auch wenn sich

---

114 Zur Erweiterung auf das mehrperiodige CAPM siehe Kapitel III.

115 Vgl. Baetge und Krause (1994) S. 447 f.

116 Siehe hierzu auch Nippel (1999), S. 337 ff.

117 Vgl. Krag und Kasperzak (2000), S. 103.

118 Vgl. Nowak (2003), S. 103 und die dort zitierte Literatur. In modernen Tabellenkalkulationsprogrammen wie z.B. Microsoft Excel gibt es dafür mit der Zielwertsuche bereits eine vordefinierte Funktion. Eine andere Lösungsmöglichkeit besteht im mehrperiodigen CAPM, wie es in Kapitel III vorgestellt wird.

das CAPM empirisch nicht zufriedenstellend bestätigen lässt, erweisen sich die Hauptaussagen (Relevanz des systematischen Risikos in Form des Betafaktors und Trade-Off zwischen Rendite und Risiko) als richtig.

An dieser Stelle soll nochmals erwähnt werden, dass am Kapitalmarkt nur die Übernahme von systematischen Risiko entlohnt wird. Dabei gilt, je höher die Korrelation zwischen Cash Flow und Marktrendite ist, desto größer ist das Risiko. Bei einer negativen Korrelation hat die Investitionsmöglichkeit einen positiv Beitrag und führt in der DCF-Methode zu einem Risikoabschlag statt zu einem Risikozuschlag. Liegt keine Korrelation zwischen Cash Flow und Marktrendite vor, spricht man auch von idiosynkratischem Risiko. Für das Halten solcher Investitionsmöglichkeiten kann der Investor keine Kompensation vom Kapitalmarkt erwarten.

Bislang scheint sich das CAPM als geeignetste Grundlage zur Kapitalkostenbestimmung durchgesetzt zu haben. Neben einer weiten Verbreitung in der universitären Ausbildung erfreut sich das CAPM auch in der Praxis wachsender Beliebtheit.[119] So weist sogar das Institut der Wirtschaftsprüfer in Deutschland auf die Verwendung des CAPM zur Kapitalkostenbestimmung hin.[120] Außerdem wird der entscheidende Vorteil gegenüber der individualistischen Kapitalkostenbestimmnung in der vom Markt her objektivierten Bewertung gesehen.

Die vorgetragene Kritik wird bisher häufig als nicht überzeugend angesehen[121] und aufgrund fehlender Alternativen verdrängt.[122] Hier möchte das vorliegende Werk bei der Suche nach einfacheren Modellen mit weniger restriktiven Annahmen helfen. Letztlich kann das CAPM auch als Spezialfall der arbitragefreien Bewertung bei Unsicherheit interpretiert werden. Das aber bedeutet, dass die gleichen Ergebnisse ohne Erfüllung der restriktiven Annahmen erreicht werden können.

2.6 Neuere Forschungsansätze

Nachdem sich die Discounted Cash Flow-Methode, trotz der skizzierten Vorbehalte gegenüber dem CAPM, als State-of-the-Art in der Unternehmensbewertung etabliert hat,[123] beschäftigte sich die wissenschaftliche Forschung ebenso wie die Praxis mit der Klärung

[119] Vgl. Göppl (1980).

[120] Vgl. o.V. (2000).

[121] Vgl. beispielsweise Schultze (2003) S. 281 f., Spremann (2004), S. 148 oder Ballwieser (1998), S. 83. Eine Ausnahme macht hier Schneider, der das CAPM „...als ungeeignet zur Erklärung der Marktpreise für Eigenkapitaltitel..." bezeichnet und damit die gesamte Risikozuschlagsmethode - aus seiner Sicht - als unhaltbar entlarvt. Vgl. hierzu Schneider (1998), S. 1477.

[122] Vgl. Drukarczyk (2001) S. 350 oder Fischer u. a. (1999) S. 779 f.

[123] Vgl. Siepe (1998), S. 327.

von Detailfragen. Der Berücksichtigung des Risikos, der Behandlung von Steuern und dem Einfluss der Finanzierung wird dabei ein erheblicher Einfluss auf das Bewertungsergebnis zugesprochen. Daher bilden diese drei Aspekte auch den Schwerpunkt der neueren Forschungsansätze.[124]

Der Einfluss der Finanzierung ist primär dadurch begründet, dass Fremdkapitalzinsen von der Bemessungsgrundlage für Gewinnsteuern abgezogen werden können.[125] Die zentrale Frage in der wissenschaftlichen Diskussion bestand darin, wie das Risiko der Steuervorteile zu berücksichtigen sei, welche durch eine anteilige Fremdfinanzierung potentiell entstehen.[126] Primär wird hier zwischen der autonomen und der wertorientierten Finanzierungspolitik unterschieden.[127] Dabei hat sich gezeigt, dass der WACC-Ansatz der DCF-Methode nur dann anwendbar ist, wenn der Verschuldungsgrad deterministisch und im voraus bekannt ist (also eine wertorientierte Finanzierungspolitik vorliegt).[128] Für den APV-Ansatz ist es notwendig, dass der absolute Betrag der Verschuldung deterministisch und bekannt ist (also eine autonome Finanzierungspolitik vorliegt).[129] Beide Finanzierungsprämissen scheinen aber recht realitätsfern zu sein,[130] so dass stellenweise eine bilanzorientierte Finanzierungspolitik vorgeschlagen wird. Hier wird die Veränderung des Fremdkapitals nicht wie bei der wertorientierten Finanzierungspolitik an der Veränderung des Unternehmensgesamtwertes, sondern an der Veränderung des bilanziellen Wertes des investierten Kapitals ausgerichtet.[131] Zur Berücksichtigung der Finanzierungsstruktur im später vorgestellten Binomialmodell kann auf die Arbeiten von Richter verwiesen werden.[132]

Zur Behandlung von Steuern gab es aufgrund der Unternehmenssteuerreform in der jüngsten Vergangenheit eine Reihe teilweise kontroverser Beiträge.[133] Die Änderungen (Übergang vom Anrechnungsverfahren auf das international übliche Halbeinkünfteverfahren) haben insbesondere dazu geführt, dass der Zahlungsfluss an die Eigenkapitalge-

---

[124] Vgl. auch die behandelten Themen bei Kruschwitz (2002), S. 3 f.

[125] Vgl. Kruschwitz (2002), S. 3 f.

[126] Siehe hierzu auch Drukarczyk und Honold (1999), Hachmeister (1996) oder Inselbag und Kaufold (1997).

[127] Vgl. Drukarczyk (2001), S. 397, Richter (2005), S. 163 oder Richter und Drukarczyk (2001), S. 630 ff.

[128] Vgl. Kruschwitz und Löffler (1998) oder Weber (2000). Kritischer beleuchtet Wallmeier (1999) die Zusammenhänge zwischen Finanzierungsprämissen und Kapitalkosten.

[129] Vgl. Drukarczyk und Richter (1995) oder Kruschwitz und Löffler (1998).

[130] Vgl. die Kritik bei Schildbach (2000), S. 717.

[131] Vgl. Richter (2002a), S. 186 ff. und Richter und Drukarczyk (2001), S. 635 f.

[132] Vgl. Richter (2002b) und Richter (2005), S. 163 ff. Sowie Richter (2002a), S. 185 ff. für den Regressionsansatz.

[133] Vgl. Husmann u. a. (2002) oder Günther (2003).

ber[134] im Verhältnis zum Alternativzins nun unterschiedlich behandelt wird.[135] Eine theoretische Untersuchung zur Berücksichtigung von persönlichen Einkommensteuern, sowie eine entsprechende Sensitivitätsanalyse in Bezug auf den Unternehmenswert wurde von Richter vorgestellt.[136] In dem aktuellen Entwurf zur Änderung des IDW S 1 wurde dieser Diskussion Rechnung getragen und eine differenziertere Berücksichtigung der Steuern vorgeschlagen.

Die Berücksichtigung des Risikos (was innerhalb der Risikozuschlagsmethode der Bestimmung von Kapitalkosten entspricht) gilt weiterhin als unzureichend gelöstes Problem der Unternehmensbewertung. Auf diesen Mißstand haben verschiedene Autoren hingewiesen,[137] wenn auch häufig ohne entsprechende Alternativen vorzustellen. Die Arbeiten von Ballwieser[138], Richter[139] und Spremann[140] bilden dabei eine Ausnahme.[141] Alle drei Autoren wenden die Sicherheitsäquivalentmethode an, auch wenn sie es nicht explizit so benennen. Vor dem Hintergrund der scheinbaren Vermischung von subjektiven, auf Basis individueller Risikonutzenfunktionen bestimmter, Sicherheitsäquivalente und einer marktkonformen zeitlichen Transformation dieser Sicherheitsäquivalente auf einen Barwert in $t = 0$ wurden die Arbeiten von Schwetzler kontrovers diskutiert.[142] Insbesondere das, maßgeblich von Richter geprägte, Konzept der so genannten „risikoneutralen Bewertung“[143], welches auf dem Theorem der Arbitragefreiheit basiert und in der Anwendung zu kapitalmarktorientierten Sicherheitsäquivalenten führt, stellt hier eine sowohl theoretisch fundierte als auch praktisch umsetzbare Möglichkeit dar, Kapitalkosten konsistent und

[134] Zum Steuervorteil von Fremdfinanzierungen nach der Unternehmenssteuerreform siehe bspw. Lobe (2001).

[135] Vgl. Auge-Dickhut u. a. (2000), Ring u. a. (2000) oder Dinstuhl (2002).

[136] Siehe hierzu Richter (2004).

[137] Vgl. Siegel (1994), S. 457.

[138] Vgl. Ballwieser (1990), Kapitel 6 und Ballwieser (1993). Schwetzler greift die Arbeiten von Ballwieser ebenfalls auf, wenn er implizite bzw. maximal zulässige Risikozuschläge ermittelt. Vgl. Schwetzler (2000a).

[139] Zum Binomialmodell vgl. Richter (2001) und Richter (2002b), Kapitel 2 und 3. Für den Regressionsansatz vgl. Richter (2002a).

[140] Vgl. Spremann (2002), Kapitel 9 und 10.

[141] Weitere Alternativen finden sich bspw. mit der Risikoprofilmethode bei Siegel (1994) oder mit dem Market-derived CAPM bei Uzik und Weiser (2003).

[142] Vgl. hierzu den Beitrag von Schwetzler Schwetzler (2000b), die Kritik von Kürsten Kürsten (2002), die Stellungnahme von Schwetzler Schwetzler (2002) sowie die darauf folgenden Anmerkungen (Diederich (2003) und Wiese (2003)) und die Erwiderung von Kürsten Kürsten (2003).

[143] Hierbei geht es keinesfalls um die Annahme risikoneutraler Investoren, sondern um eine Risikoadjustierung der Wahrscheinlichkeiten. Dabei wird das Ergebnis im positiven Zustand weniger stark gewichtet als das Ergebnis im negativen Zustand. Das Resultat stellt ein Sicherheitsäquivalent dar, welches dann wie in einer risikoneutralen Welt mit dem risikolosen Zins diskontiert werden kann.

ohne Rückgriff auf das CAPM bestimmen zu können. Die bisherigen Veröffentlichungen verzichten allerdings darauf, sich ausführlich mit der empirischen Überprüfung der notwendigen Martingale-Maße zu beschäftigen.[144] Nach der Vorstellung des Konzepts kapitalmarktorientierter Sicherheitsäquivalente im nächsten Kapitel soll diese Lücke durch die anschließenden Untersuchungen in Kapitel IV und V geschlossen werden. Anhand umfangreichen Datenmaterials zu den DAX 100-Unternehmen wird empirisch überprüft, wie sich die Martingale-Maße bestimmen lassen und in wieweit diese Bewertungsmethode mit den beobachtbaren Marktwerten korrespondiert.

Abschließend soll darauf hingewiesen werden, dass seit einiger Zeit vermehrt Optionspreismodelle zur Bewertung von Flexibilität diskutiert werden.[145] Die so genannten Realoptionen stellen im Gegensatz zu Finanzoptionen keine bloßen Rechte, sondern tatsächliche Handlungsoptionen dar.[146] Dabei werden diese Handlungsoptionen regelmäßig in Aufschub-, Abbruch-, Änderungs- und Wachstumsoptionen unterteilt.[147] Bisher scheint sich die Überzeugung durchgesetzt zu haben, dass die Realoptionsbewertung nicht die Discounted Cash Flow-Methode ersetzen kann, sondern nur ergänzenden Charakter hat.[148] An dieser Stelle soll lediglich darauf hingewiesen werden, dass sich in dem später vorzustellenden Binomialmodell solche (realen) Optionen ebenfalls abbilden lassen.

[144] Erste Überlegungen zu einer empirischen Überprüfung finden sich bei Richter und Timmreck (2002) und Richter und Timmreck (2003a).

[145] Vgl. Ballwieser (2002), S. 185.

[146] Vgl. Koch (1999), S. 3.

[147] Vgl. Trigeorgis (1996), S. 9 ff.

[148] Vgl. Nowak (2003), S. 123 und Tomaszewski (2000), S. 244 f.

3

Konzeption kapitalmarktorientierter Sicherheitsäquivalente

„Investitionsentscheidungen sind in ausgeprägter Form zukunftsorientiert, und die Zukunft ist immer unsicher."

Reinhard H. Schmidt und Eva Terberger[1]

3.1 Risikozuschlag vs. Risikoabschlag

3.1.1 Das Risiko in der Unternehmensbewertung

3.1.1.1 Bewertung bei Sicherheit

Könnte ein Investor die zukünftigen bewertungsrelevanten Zahlungsströme mit Sicherheit bestimmen, wären sie im Rahmen der Unternehmensbewertung lediglich mit dem risikolosen Zins zu diskontieren.[2]

$$Barwert = \sum_{t=1}^{T} \frac{CF_t}{(1+r_f)^t} \tag{3.1}$$

Die Begründung beruht auf der Annahme, dass der Zahlungsstrom $CF_t, t = 1...T$, durch eine risikolose Anlagemöglichkeit nachgebildet werden könnte. Weiterhin würde dabei unterstellt werden, dass der risikofreie Zins r_f über die Zeit konstant bleibt und damit eine flache Zinsstrukturkurve vorliegt. So wird deutlich, dass es sich bei der Unternehmensbewertung um den Vergleich zukünftiger Zahlungsströme mit alternativen Anlagemöglichkeiten handelt. Dies wurde bereits von Moxter betont, als er schrieb: „Bewerten heißt vergleichen."[3]

[1] Zitiert nach Schmidt und Terberger (1997), S. 275.

[2] Hierzu ausführlich die Lehrbücher Drukarczyk (2001), S. 7 ff. und Kruschwitz (1999), S. 1 ff. oder Originalquellen wie z.B. Hirshleifer (1958).

[3] Zitiert nach Moxter (1983), S. 123.

3.1.1.2 Das μ-Prinzip oder die Rolle des Erwartungswerts

Die zukünftigen Zahlungsströme sind allerdings i.d.R. nicht mit Sicherheit zu bestimmen. Unternehmensbewertungen basieren wie alle Investitionsentscheidungen auf einer Reihe von Daten, die mit Unsicherheit behaftet sind.[4] Zukünftige bewertungsrelevante Cash Flows können nicht mit Sicherheit geplant werden, da sie vom jeweiligen Umweltzustand abhängen. Kann der Investor zumindest subjektive Wahrscheinlichkeiten für das Eintreten der unterschiedlichen Zustände angeben,[5] lässt sich die (die Unsicherheit ausdrückende) Bandbreite der zustandsabhängigen Cash Flows auf ihren mathematischen Erwartungswert verdichten. Solche Erwartungswerte können z.B. als Mittelwert verschiedener Schätzungen bestimmt werden oder sie ergeben sich aus einer Szenarioanalyse. Dabei hängt die Ausprägung des Cash Flows i.d.R. vom Eintreten eines bestimmten Umweltzustandes ab. Als Entscheidungsregel würde dann gelten: Maximiere den Erwartungswert aus der Wahrscheinlichkeitsverteilung.[6] Da für den Erwartungswert in der Statistik der griechische Buchstabe μ belegt ist, wird dieses Vorgehen auch als μ-Prinzip bezeichnet.[7]

Regelmäßig lassen sich Abhängigkeiten zwischen einzelnen Unternehmen und dem Gesamtmarkt beobachten. So sind die Cash Flows bei einem gesamtwirtschaftlichen Aufschwung i.d.R. höher und bei einer gesamtwirtschaftlichen Rezession geringer als im Durchschnitt.[8] Die Ausprägung der Cash Flows ist also vom Zustand der Gesamtwirtschaft abhängig. Dabei wird die Unsicherheit über die Höhe der Cash Flows gerade in der Möglichkeit des Abweichens vom erwarteten Wert (also in der Streuung) ausgedrückt. Ist man in der Lage, den möglichen Umweltzuständen und damit den unterschiedlichen Cash Flow-Ausprägungen objektive oder zumindest subjektive Wahrscheinlichkeiten zuzuordnen, wird auch vom Risiko i.e.S. gesprochen.[9] Das Risiko i.w.S. (welches dem umgangssprachlichen Begriff „Risiko" entspricht) steht demgegenüber für die generelle Unsicherheit und damit für die Möglichkeit, dass die Cash Flow-Ausprägung überhaupt vom erwarteten Wert abweichen kann.[10] Ein positives Abweichen, welches als Chance verstanden werden kann, wird bei Bewertungen häufig nicht weiter betrachtet, da es durchaus

[4] Vgl. Perridon und Steiner (1999), S. 97.

[5] Häufig wird kritisiert, dass Investoren nicht in der Lage wären, diese Wahrscheinlichkeiten exakt zu quantifizieren. Vgl. Menges (1974), S. 179 und Schwarz (1967), S. 137.

[6] Vgl. Hax (1993), S. 133 f und Bamberg und Coenenberg (1996), S. 66 ff.

[7] Vgl. Kruschwitz (1999), S. 116 und Perridon und Steiner (1999), S. 106. In anderen Lehrbüchern wird diese Entscheidungsregel auch als Bayes-Kriterium bezeichnet.

[8] Vorausgesetzt, dass die Korrelation zwischen Cash Flow und gesamtwirtschaftlicher Entwicklung positiv ist.

[9] Vgl. Steiner und Bruns (2000), S. 53 f.

[10] Vgl. Perridon und Steiner (1999), S. 97 ff.

gewünscht ist. Negatives Abweichen oder die Gefahr des Verlustes hingegen wird sehr wohl wahrgenommen und bei der Berechnung des Unternehmenswertes berücksichtigt.

Unterstellt man risikoaverse Investoren, ist es allerdings nicht ausreichend, wenn der, auf Basis subjektiver Wahrscheinlichkeiten, berechnete Erwartungswert mit dem risikolosen Zins diskontiert würde. Zur korrekten Messung und Bewertung des Risikos ist mehr nötig, als die mathematische Verdichtung auf den Erwartungswert. Dies soll beispielhaft an einer separat betrachteten Investitionsentscheidung (Abbildung 3.1) verdeutlicht werden.[11]

	Anlage 1	Anlage 2
unsichere Zahlung $\tilde{x}_i$ in t = 1		
im Zustand A	1.020 GE	1.000.020 GE
im Zustand B	-1.000 GE	-1.000.000 GE
Erwartungswert $E[\tilde{x}_i]$ bei p = 0,5	10 GE	10 GE
Standardabweichung $\sigma_{\tilde{x}_i}$	1.010 GE	1.000.010 GE
Barwert bei		
$r_i = 10\ \%$	9,09 GE	9,09 GE
$r_i = 100\ \%$	5 GE	5 GE
$r_i = 10.000\ \%$	0,1 GE	0,1 GE

Abbildung 3.1. Unterschiedliche Risiken bei gleichem Erwartungswert
Quelle: Eigene Darstellung

Hier sollen zwei Investitionsmöglichkeiten (Anlage 1 und Anlage 2) miteinander verglichen werden. Im Zeitpunkt $t = 1$ können sich zwei unterschiedliche Umweltzustände einstellen (Zustand A und Zustand B). Dabei steht Zustand A für einen gesamtwirtschaftlichen Aufschwung und Zustand B für eine Rezession. Die Wahrscheinlichkeit für beide Zustände wird mit jeweils 50 % angenommen. Anlage 1 (Anlage 2) führt bei einem gesamtwirtschaftlichen Aufschwung zu einer Auszahlung von $1.020 GE$ ($1.000.020 GE$) und in der Rezession zu einer Nachzahlung von $1.000 GE$ ($1.000.000 GE$). Als Erwartungswert ergibt

[11] In Anlehnung an das Beispiel von Spremann (2002), S. 318 f.

sich für den Cash Flow beider Anlagen ein Wert von 10*GE*. Auf Basis des Erwartungswerts wären also beide Investitionsmöglichkeiten gleichwertig. Auch die Diskontierung der Erwartungswerte scheint in die falsche Richtung zu gehen. Wird mit einem risikoadjustierten Zinssatz (hier r_i mit 10 %, 100 % bzw. 10.000 %) diskontiert, ergeben sich immer positive Barwerte, obwohl zu bezweifeln ist, ob ein Investor bereit wäre, überhaupt Geld für die vorliegende Auszahlungsstruktur zu bezahlen. Zwei Aspekte sollen nun an diesem Beispiel diskutiert werden.

Erstens erscheint es notwendig, die Risikostruktur des Cash Flows bei der Bewertung zu berücksichtigen. Auch wenn der Erwartungswert beider Investitionsmöglichkeiten mit 10*GE* gleich hoch ist, unterscheiden sich die eingegangene Risiken deutlich von einander. Dieses Risiko kann durch die Standardabweichung der Cash Flows (bei Anlage 1 1.010 und bei Anlage 2 mit 1.000.010) ausgedrückt werden. Dabei ist die Standardabweichung die positive Quadratwurzel des arithmetischen Mittels der Abweichungsquadrate (also der Summe aller quadrierten Abweichungen zwischen den realisierten Werten in den jeweiligen Zuständen und ihrem arithmetischen Mittelwert).[12] In der Praxis wird die Cash Flow-Struktur häufig nicht berücksichtigt oder zumindest nicht offen gelegt. Hier beschränkt man sich darauf, gegebene Erwartungswerte von Cash Flows mit risikoadjustierten Kapitalkosten zu diskontieren.

Zweitens lässt sich ein Barwert anscheinend nicht immer über die Diskontierung des Erwartungswertes der Cash Flows ermitteln.[13] Gerade dann nicht, wenn die erwartete Zahlung im Verhältnis zum Risiko, gemessen in der Standardabweichung, gering ist. In diesem Zusammenhang scheint es nicht rational zu sein, für die Investitionsmöglichkeit in Anlage 2 auch nur $0,1GE$ zu bezahlen. Für den erwarteten Cash Flow in Höhe von 10*GE* geht der Investor immerhin das Risiko ein, mit 50 %-iger Wahrscheinlichkeit eine Nachzahlung von 1.000.000*GE* leisten zu müssen. Aber selbst die Diskontierung mit 100 bzw. 10.000 %, was im Rahmen des CAPM eher ungewöhnlich Hohe Risikozuschläge wären, führt zu einem positiven Barwert. Daher ist neben der Unsicherheit der zukünftigen Cash Flows (ausgedrückt durch deren Standardabweichung) anscheinend ein weiterer Aspekt zu berücksichtigen, der bisher vernachlässigt wurde und auf den später zurückzukommen sein wird.[14]

---

[12] Vgl. Bleymüller u. a. (1996), S. 19 ff. Unter der Annahme, dass die unsichere Zahlung normalverteilt ist, ergibt sich bei der Anlage mit hoher Standardabweichung eine breitere und dafür flachere Dichtefunktion als bei der Anlage mit geringerer Standardabweichung. Siehe hierzu auch Abbildung 3.2.

[13] Vgl. Spremann (2002), S. 319.

[14] Im Rahmen des CAPM handelt es sich dabei um die Kovarianz zwischen den Renditen des Bewertungsobjektes und denen des Marktportefeuilles. Siehe hierzu auch die Ausführungen in Kapitel II dieser Arbeit.

3.1.1.3 Das $\mu\sigma$-Prinzip

Die Beschränkung auf den Erwartungswert wie im μ-Prinzip wäre nur für risikoneutrale Investoren ein angemessenes Entscheidungskriterium.[15] Im $\mu\sigma$-Prinzip verbindet sich die Berücksichtigung von Erwartungswert (μ) und Standardabweichung (σ).[16] Nach diesem Prinzip ist bei identischen Erwartungswerten die Investitionsmöglichkeit mit der geringeren Standardabweichung (im Beispiel 3.1 ist dies Anlage 1) bzw. bei gleicher Standardabweichung die Investitionsmöglichkeit mit dem höheren Erwartungswert zu bevorzugen. Dieses Abwägen zwischen größerem Cash Flow bei höherem Risiko oder geringerer Cash Flow bei niedrigerem Risiko kommt in der so genannten Präferenzfunktion zum Ausdruck.[17]

Wird die Cash Flow-Entwicklung als stochastischer Prozess modelliert, stellt die unsichere Zahlung eine Zufallsvariable dar. Als Risikomaß kann hier ebenfalls auf die Standardabweichung, also die Schwankungsbreite um den Mittelwert der Zufallsvariablen, zurückgegriffen werden. In der finanzwirtschaftlichen Literatur wird diese Schwankungsbreite auch als Volatilität bezeichnet.[18] Unterstellt man für die Zufallsvariable eine Normalverteilung, lässt sich die Verteilung sogar vollständig durch die beiden Parameter Mittelwert (bzw. Erwartungswert) μ und Standardabweichung σ beschreiben.[19] Die Merkmale einer Normalverteilung sind in Abbildung 3.2 anhand der Dichtefunktion einer Standardnormalverteilung veranschaulicht.[20]

Die Standardisierung erfolgt dadurch, dass der Erwartungswert gleich Null gesetzt wird. Bei symmetrischen Verteilungen, wie sie die standardisierte Normalverteilung darstellt, ist das Upside- und das Downside-Risiko gleich hoch. Da das Risiko symmetrisch um den Erwartungswert liegt, lassen sich mit der Standardabweichung Wahrscheinlichkeitsintervalle festlegen. So liegt bspw. mit einer Wahrscheinlichkeit von 68,27 % der realisierte Cash Flow innerhalb der Grenzen von +/- einer Standardabweichung. Werden die Grenzen auf die zweifache Standardabweichung erweitert, beträgt die entsprechende

15 Vgl. Perridon und Steiner (1999), S. 108.

16 Risikoaverse Investoren vorausgesetzt, ist bei gleichem Erwartungswert die Investitionsalternative zu bevorzugen, die die geringere Standardabweichung aufweist. Vgl. auch Perridon und Steiner (1999), S. 106 ff.

17 Als Risikopräferenzfunktion wird schließlich der Zusammenhang zwischen Risikonutzen und Erwartungswert der Zahlung sowie dem Risiko bezeichnet. Vgl. Schneider (1980), S. 131 ff. Damit wird nicht die vollständige Wahrscheinlichkeitsverteilung betrachtet, sondern nur die Ersatzgrößen Erwartungswert und Standardabweichung.

18 Vgl. Albrecht und Maurer (2002), S. 92.

19 Damit ergeben sich auch weitere Möglichkeiten zum Einsatz von Analyseinstrumenten, wie z.B. der Value-at-Risk-Methode.

20 Quelle: Steiner und Bruns (2000), S. 57.

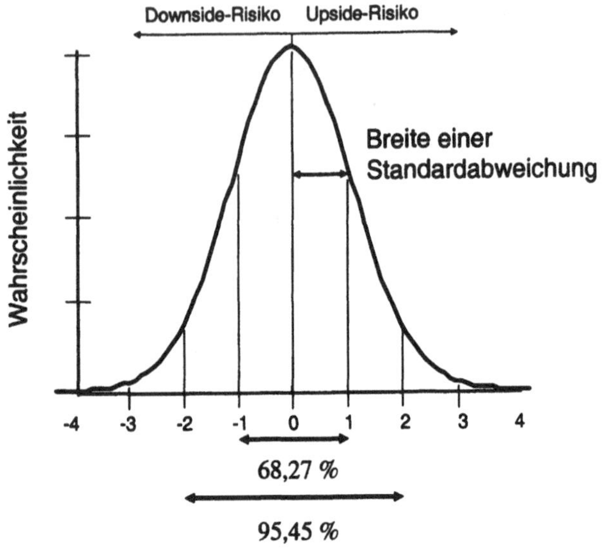

Abbildung 3.2. Die standardisierte Normalverteilung. Quelle: Eigene Darstellung

Wahrscheinlichkeit sogar 95,45 %. Dafür muss jeweils die Fläche unter der Dichtefunktion berechnet werden.

Eine rationale Entscheidung basiert letztlich auf der quantitativen Verbindung zwischen den beiden Dimensionen Rendite (hier dargestellt durch den Erwartungswert μ) und Risiko (hier dargestellt durch die Standardabweichung σ).[21] Dabei entsteht ein Rendite-Risiko-Trade-Off, der sich dadurch äußert, dass sich die Kapitalkosten bei der Risikozuschlagsmethode mit steigendem Risiko erhöhen. Umgekehrt würde sich bei geringerem Risiko auch ein ermäßigter Kapitalkostensatz einstellen. Das gleiche gilt bei der Risikoabschlagsmethode: Je höher das Risiko, desto größer der Risikoabschlag.

3.1.2 Die Risikozuschlagsmethode

Bei der weit verbreiteten Discounted Cash Flow-Methode[22] handelt es sich um eine so genannte Risikozuschlagsmethode, da die Risikoberücksichtigung - neben der Erwartungswertbildung im Zähler - vor allem in Form eines Zuschlages z_t zum risikolosen Zins r_f im

[21] Zur Diskussion von Risiko und Rendite als Entscheidungskriterium siehe auch einführend Ross (1989), S. 9.

[22] Vgl. beispielhaft Moret Ernst & Young Corporate Finance (Hrsg.) (1997), S. 7 ff. und die Ausführungen in Kapitel II dieser Arbeit.

Nenner erfolgt.

$$V_0 = \sum_{t=1}^{T} \frac{E[\widetilde{CF}_t]}{(1 + r_f + z_t)^t} \tag{3.2}$$

In der Praxis findet sich häufig die vereinfachende Annahme von konstantem risikolosen Zins und konstantem Risikozuschlag. Werden risikoloser Zins und Risikozuschlag zusammengefasst, spricht man auch von risikoadjustierten Diskontierungssätzen bzw. Kapitalkosten k.

$$V_0 = \sum_{t=1}^{T} \frac{E[\widetilde{CF}_t]}{(1 + r_f + z)^t} = \sum_{t=1}^{T} \frac{E[\widetilde{CF}_t]}{(1 + k)^t} \tag{3.3}$$

Wie bereits erwähnt wurde, besteht die größte Herausforderung im Rahmen der Risikozuschlagsmethode (neben der Prognose der zukünftigen Cash Flows) in der Bestimmung des Diskontierungssatzes.[23] In ihm muss sowohl die zeitliche Transformation, als auch die Berücksichtigung des Risikos abgebildet werden. Die zeitliche Transformation, also die Überführung des zukünftigen Cash Flows (z.B. in $t = 1$) auf den Bewertungszeitpunkt $t = 0$, erfolgt durch den risikolosen Zins r_f. Für die Berücksichtigung des Risikos, in Form der Unsicherheit über die Höhe des Cash Flows, wird auf Basis des CAPM ein Risikozuschlag z ermittelt.[24] Neuere Veröffentlichungen haben gezeigt, dass die Vereinfachung i.S.v. konstanten Kapitalkosten nur unter bestimmten Voraussetzungen zulässig ist.[25]

3.1.3 Die Risikoabschlagsmethode

In der wissenschaftlichen Literatur wird häufig die Risikoabschlagsmethode bevorzugt.[26] Dabei wird der erwartete Cash Flow um einen Risikoabschlag (Z_t) gemindert. Den dann verbleibenden „sicheren" Betrag bezeichnet man auch als Sicherheitsäquivalent (im Englischen als Certainty Equivalent CE bezeichnet). Dieser kann anschließend mit dem risikolosen Zins diskontiert werden.

$$V_0 = \sum_{t=1}^{T} \frac{E[\widetilde{CF}_t] - Z_t}{(1 + r_f)^t} = \sum_{t=1}^{T} \frac{CE[\widetilde{CF}_t]}{(1 + r_f)^t} \tag{3.4}$$

Die Hauptaufgabe bei der Risikoabschlagsmethode liegt in der Bestimmung des Risikoabschlags, also in der Überführung des Erwartungswertes der Cash Flows in ein Sicherheitsäquivalent.[27] Wie im Detail kapitalmarktorientierte Sicherheitsäquivalente zu bestimmen sind, ist Kern dieser Arbeit und wird mit empirischen Analysen in Kapitel IV

[23] Zur Sensitivität des Bewertungsergebnis vom Diskontierungssatz siehe z.B. Richter und Timmreck (2000).

[24] Zu den Problemen bei der Bestimmung des Risikozuschlags im Rahmen des CAPM siehe z.B. Timmreck (2002), S. 300 ff. sowie die Ausführungen in Kapitel II dieser Arbeit.

[25] Vgl. Richter (2001).

[26] Vgl. beispielhaft Sick (1986) oder Ballwieser (1993).

[27] Vgl. Mandl und Rabel (1997), S. 218 ff.

und V untersucht. Um ein Verständnis für die generelle Vorgehensweise bei der Risikoabschlagsmethode zu entwickeln, soll in diesem Kapitel zuerst das individuelle Sicherheitsäquivalent im Rahmen der Erwartungsnutzentheorie vorgestellt werden. Anschließend werden verschiedene kapitalmarktorientierte Herangehensweisen vorgestellt, die eng miteinander verbunden sind, sich aber in den ihnen zugrunde liegenden Annahmen unterscheiden.

Für die Diskussion im folgenden Abschnitt soll folgende Formel zur Bestimmung des Risikoabschlags angenommen werden:[28]

$$Z = \lambda cov[\widetilde{CF}, \tilde{r}_M] \tag{3.5}$$

Dabei steht λ für den Marktpreis des Risikos und soll 0,8 entsprechen. Zur Berechnung der Kovarianz zwischen Cash Flow und Marktrendite ($cov[\widetilde{CF}, \tilde{r}_M]$) wird ein Erwartungswert von 10 % und eine Standardabweichung von 25 % angenommen. Der risikofreie Zins sei 5 %.

3.1.4 Behandlung von negativen Cash Flows

An dieser Stelle soll nochmals darauf hingewiesen werden, dass die Risikozuschlagsmethode nur im Fall von risikoaversen Investoren und Cash Flows, die positiv mit der Marktrendite korrelieren, ihrem Namen gerecht wird. Der unwahrscheinliche Fall von risikofreudigen Investoren i.V.m. Cash Flows, die negativ mit der Marktrendite korrelieren, führt zwar ebenfalls zu Risikozuschlägen, soll hier aber ausgeblendet werden. Gleiches gilt für die beiden Situationen, in denen der Risikozuschlag ein negatives Vorzeichen hätte und damit eigentlich einen Risikoabschlag darstellt. Dies ist der Fall bei risikoaversen Investoren i.V.m. einer negativen Korrelation zwischen Cash Flow und Marktrendite sowie bei risikofreudigen Investoren und positiver Korrelation.

Die Behandlung negativer Cash Flows soll hier nicht ausführlich diskutiert, aber zumindest in den Grundlagen dargestellt werden. Dabei können der Risikoabschlagsmethode deutliche Vorteile zugesprochen werden. Innerhalb der Discounted Cash Flow-Methode ist die Bewertung negativer Cash Flows nicht unproblematisch.[29] Dabei ergibt sich das Problem primär aus der Verwendung eines einheitlichen Diskontierungssatzes und führt i.d.R. zu einem überhöhten Unternehmenswert. An einem Beispiel soll dieses Phänomen veranschaulicht werden. Ein Unternehmen erwartet für das kommende Jahr einen Überschuss

---

[28] Der Ansatz basiert auf dem noch vorzustellenden Mehrperioden CAPM. Die formale Herleitung findet sich u.a. bei Copeland und Weston (1992), S. 403 f. oder Drukarczyk (1993), S. 280 ff.

[29] Vgl. Ernst u. a. (2003), S. 141 f. und Moser (2004), S. 41 ff.

von $50GE$, wenn sich die Gesamtwirtschaft positiv entwickelt. Für den Fall der Rezession geht das Unternehmen von einem Verlust in Höhe von $-250GE$ aus. Da beiden Umweltzuständen die gleiche Wahrscheinlichkeit zugeordnet wurde, ergibt sich ein Erwartungswert von $-100GE$. Diskontiert man diesen Verlust im Rahmen der Risikozuschlagsmethode mit gängigen Kapitalkosten von 10 %[30] ab, ergibt sich ein Barwert von $-90,91GE$. Nach diesem Jahr wird das Unternehmen für einen sicheren Betrag von $1.500GE$, der bereits vertraglich festgelegt ist, veräußert. Damit ergibt sich ein Unternehmenswert von $1.337,66GE$.[31] Unter Verwendung der zuvor skizzierten Berechnungsweise und unter Berücksichtigung der getroffenen Annahmen ergäbe sich alternativ ein Risikoabschlag von $-30GE$.[32] Das entsprechende Sicherheitsäquivalent von $-130GE$ ist nun mit dem risikolosen Zins zu diskontieren, was einen Barwert von von $123,81GE$ liefert. Zusammen mit dem sicheren Verkaufserlös ergibt sich ein Unternehmenswert von $1.304,76GE$.[33] Schon intuitiv scheint das Ergebnis im Rahmen der Risikoabschlagsmethode sinnvoller zu sein, denn warum sollte der Barwert einer zu erwarteten Auszahlung betragsmäßig geringer sein als dessen Erwartungswert.[34] Genau dieses Ergebnis ist aber das Resultat der Risikozuschlagsmethode (zumindest bei Verwendung konstanter Kapitalkosten).[35]

3.1.5 Überführung der Risikoabschlags- in die Risikozuschlagsmethode

Die Risikoabschlagsmethode bzw. Sicherheitsäquivalentmethode nimmt im Gegensatz zur Risikozuschlagsmethode eine Risikokorrektur bei den Auszahlungen vor. Damit wird das Problem der Kapitalkostenbestimmung umgangen. Im Gegensatz dazu wird der Erwartungswert einer unsicheren Zahlung in das (betragsmäßig geringere) Sicherheitsäquivalent überführt, welches dann auf den Bewertungszeitpunkt $t = 0$ transformiert werden muss. Damit ergibt sich eine Alternative zur Risikoberücksichtigung im Diskontierungsfaktor, wie sie bei Anwendung der Risikozuschlagsmethode notwendig ist. In der Praxis mag es von Vorteil erscheinen, die Ergebnisse der Risikoabschlagsmethode in einen Risikozuschlag zu überführen. Die mit dem Risikozuschlag zu berechnenden Kapitalkosten sind weit verbreitet und erlauben einen einfachen Vergleich mit anderen Investitionsalternativen bzw. mit der zu erzielenden Rendite oder „Hurdle Rate".

---

[30] Dies entspricht dem risikolosen Zins in Höhe von 5 % und einem Risikozuschlag von ebenfalls 5 %.

[31] $1.337,66 = (-100/1,1) + (1.500/1,05)$

[32] $-30 = 0,8[0,5(50 + 100)(1,35 - 1,1) + 0,5(-250 + 100)(0,85 - 1,1)]$

[33] $1.304,76 = (-130/1,05) + (1.500/1,05)$

[34] Zu der Behandlung negativer Cash Flows im Rahmen der Sicherheitsäquivalentmethode vgl. auch Kruschwitz (2001) und die Anmerkungen von Wilhelm (2002).

[35] Vgl. Ernst u. a. (2003), S. 141 f.

Der Barwert einer Zahlungsreihe soll als Marktwert zu verstehen sein.[36] Gesucht ist also ein Marktwert und kein individueller Grenzpreis. Außerdem sei der risikolose Zinssatz für die Diskontierung von Sicherheitsäquivalente geeignet. Da der Unternehmenswert nicht von der verwendeten Bewertungsmethode abhängen darf, können die Ergebnisse der Risikoabschlagsmethode bzw. Sicherheitsäquivalentmethode in die Risikozuschlagsmethode überführt werden.[37]

$$V_0 = \sum_{t=1}^{T} \frac{E[\widetilde{CF_t}] - Z_t}{(1+r_f)^t} \hat{=} V_0 = \sum_{t=1}^{T} \frac{E[\widetilde{CF_t}]}{(1+r_f+z_t)^t}$$

Im Fall von nur einer Periode ergibt sich:

$$V_0 = \frac{E[\widetilde{CF_1}] - Z}{(1+r_f)} \hat{=} V_0 = \frac{E[\widetilde{CF_1}]}{(1+r_f+z)} \tag{3.6}$$

$$\Rightarrow z = \left[\frac{E[\widetilde{CF_1}]}{E[\widetilde{CF_1}] - Z} - 1\right](1+r_f) \tag{3.7}$$

Zur Interpretation der letzten Formel sind einige Rahmenbedingungen zu berücksichtigen. Es ist leicht zu erkennen und auch intuitiv nachvollziehbar, dass der Risikozuschlag z mit zunehmenden Risikoabschlag Z ansteigt. Dieser Zusammenhang ist kongruent mit der Überlegung, dass ein höheres Risiko eine höhere Verzinsung erfordert. Allerdings gilt dieser Zusammenhang nur unter bestimmten Voraussetzungen und innerhalb fester Grenzen. Unter der Annahme, dass es sich um risikoaverse Investoren handelt und die Cash Flows positiv mit der Marktrendite korrelieren, liegt Z in dem Intervall $0 < Z < E[\widetilde{CF}]$. Die untere Grenze ergibt sich aus der Risikoaversion, bei der das Sicherheitsäquivalent einer positiven Zahlung implizit immer kleiner sein muss als deren Erwartungswert.[38] Die obere Grenze folgt aus der Überlegung, dass (risikoaverse) Investoren wohl keine Investition tätigen würden, bei der das Sicherheitsäquivalent der zukünftigen Zahlung kleiner oder gleich Null ist. Der Risikoabschlag muss dementsprechend geringer sein als der Erwartungswert der zukünftigen Zahlung.

Allerdings lassen sich ohne Kenntnis über die Berechnung von Z keine Aussagen zur Abhängigkeit des Risikozuschlags z vom risikolosen Zinssatz r_f tätigen. Wie später zu zeigen sein wird, ist auch der Risikoabschlag Z nicht unabhängig vom risikolosen Zinssatz. Demzufolge kann aus der obigen Formel nicht ohne weiteres abgeleitet werden, dass der Risikozuschlag mit zunehmendem risikolosen Zinssatz steigen würde. Unter

[36] Vgl. Spremann (2002), S. 316.

[37] Vgl. Ballwieser (1990), S. 172, Drukarczyk (2001), S. 77 ff. und Richter und Timmreck (2003a), S. 64. Die Überführung ist so allerdings nur unter bestimmten Annahmen möglich. Die rechte Seite ist bspw. nur korrekt, wenn es sich um einen konstanten Risikozuschlag handelt. Ist z periodenspezifisch, muss der Nenner durch das Produkt $\prod_{i=1}^{t}(1+r_f+z_i)$ ersetzt werden.

[38] Vgl. Kruschwitz (2001), S. 4.

Berücksichtigung der formalen Bestimmung von Z als Produkt aus Marktpreis des Risikos ($\lambda = \frac{\tilde{r}_M - r_f}{\sigma_M^2}$) und Kovarianz zwischen Cash Flow und Marktrendite ($cov(\widetilde{CF}, \tilde{r}_M)$), wie sie bspw. später im Abschnitt über den Risikoabschlag in der mehrperiodigen Anwendung des CAPM[39] beschrieben wird, und der Annahme, dass alle anderen Inputparameter unverändert bleiben, ergibt sich bei zunehmendem risikolosen Zinssatz sogar ein sinkender Risikozuschlag.[40] Dieses Phänomen entsteht durch die sich scheinbar ändernde Risikoaversion am Kapitalmarkt, die sich durch einen reduzierten Marktpreis des Risiko ausdrückt. Wird von einem konstanten Marktpreis des Risikos ausgegangen, was einen Anstieg der erwarteten Marktrendite impliziert, gelangt man jedoch wieder zu einem steigendem Risikozuschlag. Für die weiteren Betrachtungen soll eine flache Zinsstrukturkurve und damit ein konstanter risikoloser Zinssatz unterstellt werden.

3.2 Bestimmung individueller Risikoabschläge auf Basis der Erwartungsnutzentheorie

3.2.1 Erwartungswert und Erwartungsnutzen

Die Erwartungsnutzentheorie wurde durch von Neumann und Morgenstern weiterentwickelt und geht konzeptionell auf die Ideen von Bernoulli zurück.[41] Bernoulli zeigte schon im 18. Jahrhundert, dass das intuitive Entscheidungsverhalten nicht immer mit der nach dem Erwartungswertprinzip zu präferierenden Wahl übereinstimmt.[42] Er betrachtete dafür die Bewertung von Lotterien, also eine Entscheidung unter Risiko. Dabei wird eine Reihe von möglichen Umweltzuständen definiert, deren Eintreffen unsicher ist, und die zu jeweils unterschiedlichen Zahlungen führen. Um den Erwartungswert zu ermitteln, müssen den einzelnen Umweltzuständen subjektive Wahrscheinlichkeiten zugeordnet werden.[43] Anschließend sind die zustandsabhängigen Zahlungen mit ihren Eintrittswahrscheinlichkeiten zu gewichten, um den Erwartungswert der Lotterie zu berechnen. Im einfachsten Fall könnte eine Münze geworfen werden. Als mögliche Umweltzustände wären dann das Erscheinen von Kopf bzw. Zahl auf der Oberseite der Münze zu interpretieren. Handelt es sich um eine „faire" Münze, ist die Wahrscheinlichkeit für beide Seiten gleich

---

[39] Auch als MCAPM = Multiperiod CAPM bezeichnet.

[40] Maßgeblich ist dabei die Veränderung des Marktpreis des Risikos. Wenn der risikolose Zins ansteigt und die Marktrendite sowie deren Varianz gleich bleiben, verringert sich der Marktpreis des Risikos. Der im MCAPM multiplikativ aus dem Marktpreis des Risikos und der Kovarianz zwischen Cash Flow und Marktrendite zusammengesetzte Risikoabschlag sinkt dementsprechend auch.

[41] Vgl. Bernoulli (1996), S. 733.

[42] Vgl. Eisenführ und Weber (1999), S. 209.

[43] Vgl. Drukarczyk (2001), S. 71 f.

hoch und beträgt daher 0,5. Wenn bei Erscheinen von Kopf nichts und bei Erscheinen von Zahl eine Zahlung von $100GE$ erfolgt, ist der Erwartungswert aus dieser Lotterie $50GE$ $(0,5 \times 0GE + 0,5 \times 100GE = 50GE)$.

Das „St. Petersburger Spiel" belegt anschaulich, warum es nicht ausreicht, nur den Erwartungswert zu betrachten. Hierbei wirft der Spielmacher eine Münze solange, bis zum ersten mal Zahl erscheint. Ist dies beim ersten Wurf der Fall, erhält der Spielteilnehmer $2GE$. Erscheint Zahl erst beim zweiten Wurf erhält er $4GE$, beim dritten Wurf $8GE$, usw. Allgemein bedeutet dies eine Auszahlung von $2^n GE$ für das Erscheinen von Zahl beim n-ten Wurf. Da wieder von einer „fairen" Münze ausgegangen wird, ist die Wahrscheinlichkeit für beide Seiten (Kopf oder Zahl) mit 0,5 gleich hoch. Die Wahrscheinlichkeit, dass Zahl erst nach mehreren Versuchen erscheint, nimmt mit der Anzahl der Würfe ab und beträgt für den n-ten Wurf $(\frac{1}{2})^n$. Da gleichzeitig auch der Auszahlungsbetrag steigt, ist der Erwartungswert des „St. Petersburger Spiels" am Ende unendlich groß.[44]

$$\begin{aligned} E[St.PetersburgerSpiel] &= \frac{1}{2} \times 2GE + \frac{1}{4} \times 4GE + \frac{1}{8} \times 8GE + \ldots \\ &= \sum_{n}^{\infty} \left(\frac{1}{2}\right)^n \times 2^n = \infty \end{aligned}$$

Wird der Spieler vor die Entscheidung gestellt, dieses Spiel gegen eine sichere Zahlung von bspw. $100.000GE$ eintauschen zu können, müsste er dies nach dem Erwartungswertprinzip ablehnen. Dies entspricht aber nicht der intuitiven Einschätzung, denn umgekehrt wären die meisten Befragten wohl nur bereit maximal $20GE$ für die Teilnahme an einem solchen Spiel zu bezahlen.[45] Die Schlussfolgerung Bernoullis lautet daher: „...man darf freilich den Gewinn nicht nach seinem Geldbetrag, sondern muss ihn nach dem jeweiligen Nutzen bemessen, den jemand daraus zieht."[46] Die Erwartungsnutzentheorie bildet demnach die Grundlage rationalen Verhaltens.

Voraussetzung für die Anwendung der Erwartungsnutzentheorie nach von Neumann und Morgenstern zur Bewertung von Lotterien sind die folgenden drei Axiome:[47]

Vollständige Ordnung Vollständigkeit bedeutet, dass für jedes Paar von Lotterien $a, b \in A$ gilt: $a \geq b$ oder $b \geq a$. Außerdem wird Transitivität unterstellt, d.h. für alle Lotterien $a, b, c \in A$ gilt: Aus $a \geq b$ und $b \geq c$ folgt $a \geq c$.

Stetigkeit Wenn Lotterien a, b, c mit $a \geq b \geq c$ gegeben sind, dann gibt es eine Wahrscheinlichkeit p, bei der $b \sim pa + (1-p)c$.

---

[44] Siehe hierzu ausführlich Eisenführ und Weber (1999), S. 209 ff.
[45] Siehe hierzu ausführlich Eisenführ und Weber (1999), S. 210.
[46] Vgl. Bernoulli (1996), S. 734.
[47] Siehe hierzu ausführlich Eisenführ und Weber (1999), S. 212 ff.

Unabhängigkeit Falls für zwei Lotterien $a \geq b$ gilt, muss auch für alle Lotterien c und alle Wahrscheinlichkeiten p gelten, dass $pa + (1-p)c \geq pb + (1-p)c$.

Werden diese Axiome erfüllt, existiert eine so genannte Nutzenfunktion, die den Nutzen der einzelnen Zahlungen in den jeweiligen Umweltzuständen ermittelt. Die Summe dieser mit ihrer Eintrittswahrscheinlichkeit gewichteten Nutzen ergibt den Erwartungsnutzen. Der Bewerter entscheidet sich folglich für die Alternative mit dem höchsten Erwartungsnutzen und nicht für die Alternative mit dem höchsten Erwartungswert.

3.2.2 Lotterien, Risikoeinstellung und Sicherheitsäquivalente

Das Sicherheitsäquivalent stellt das zentrale Moment bei der Bewertung von Lotterien dar. Der Bewerter soll indifferent sein zwischen der sicheren Zahlung eines Geldbetrages (dem Sicherheitsäquivalent) und der unsicheren Zahlung (dem Erwartungswert der unsicheren Zahlung), die aus einer Lotterie resultiert. Eine grafische Darstellung findet sich in Abbildung 3.3. Zuvor sollen noch die möglichen Risikoeinstellungen von potentiellen Investoren betrachtet werden. Generell unterscheidet man drei Ausprägungen:

- Der **risikoaverse** Investor, bei dem das Sicherheitsäquivalent kleiner ist als der Erwartungswert aus der (unsicheren) Verteilung. Dies wird durch eine konkave Nutzenfunktion ausgedrückt.
- Der **risikoneutrale** Investor, bei dem das Sicherheitsäquivalent dem Erwartungswert der Verteilung entspricht, und der dementsprechend eine lineare Nutzenfunktion aufweist.
- Der **risikofreudige** Investor, bei dem das Sicherheitsäquivalent größer ist als der Erwartungswert der Verteilung. Hier ist die entsprechende Nutzenfunktion konvex.

Für die grafische Darstellung wird von einem risikoaversen Investor angenommen. Dies dürfte der am häufigsten anzutreffende Fall sein.

Man stelle sich eine Lotterie vor, bei der entweder $2GE$ oder $10GE$ ausgezahlt werden. Das Ergebnis der Lotterie ist gleichverteilt. Der Erwartungswert ergibt sich damit zu $6GE$[48], was einen Nutzen des Erwartungswertes U(E(GE)) in Höhe von 4 entspricht. Nun wird das Sicherheitsäquivalent (SÄ) dieser Lotterie gesucht, also der Betrag, bei dem der Investor indifferent zwischen der Lotterieteilnahme und der sicheren Zahlung ist. Dafür muss zuerst der Erwartungswert des Nutzens E(U(GE)) ermittelt werden. Bei einer Lotterieauszahlung von $2GE$ beträgt der Nutzen U(GE) $2,5$ und bei $10GE$ $4,5$. Folglich ist der Erwartungswert des Nutzens $3,5$[49]. Über die Nutzenfunktion kann nun

[48] $0,5 \times 2 + 0,5 \times 10 = 6$

[49] $0,5 \times 3,5 + 0,5 \times 4,5 = 3,5$

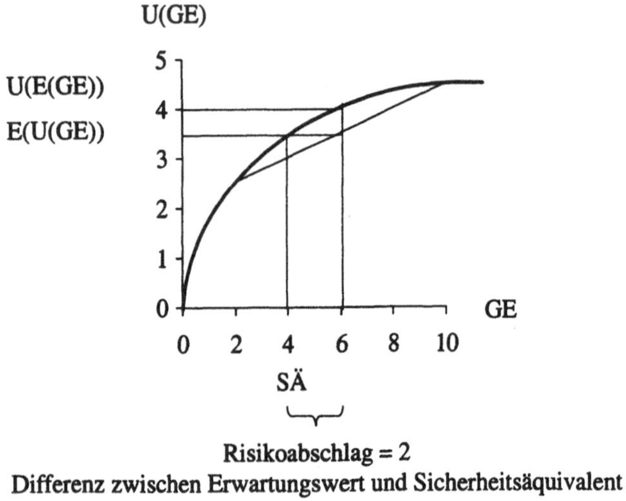

Abbildung 3.3. Das Sicherheitsäquivalent in der Erwartungsnutzentheorie
Quelle: Eigene Darstellung

der erwartete Nutzen in ein Sicherheitsäquivalent transformiert werden. Im vorliegenden Beispiel beträgt das Sicherheitsäquivalent $4GE$. Als Fazit kann festgehalten werden, dass der unterstellte risikoaverse Investor indifferent zwischen einer sicheren Zahlung von $4GE$ und einer Lotterie mit dem Erwartungswert von $6GE$ ist. Der Risikoabschlag ergibt sich, als Differenz zwischen Erwartungswert der Lotterie und Sicherheitsäquivalent, mit $2GE$.

3.2.3 Bestimmung von Nutzenfunktionen

Wie gezeigt wurde, ist das Sicherheitsäquivalent der sichere Betrag, für den der Bewerter als potentieller Investor auf die (unsichere) Verteilung von Zahlungen verzichten würde.[50] Die Transformation der Verteilung in ein Sicherheitsäquivalent erfolgte unter Berücksichtigung der subjektiven Risikopräferenz des Bewerters in Form seiner Nutzenfunktion.

In Abbildung 3.4 werden die typisierten Nutzenfunktionen für die drei vorgestellten Risikoneigungen skizziert. Neben der Art der Krümmung zeigt sich die Risikoeinstellung

[50] Vgl. Drukarczyk (2001), S. 76 f.

auch in der Stärke der Krümmung. Damit werden Aussagen möglich, die einen Investor als mehr oder weniger risikoavers klassifizieren.

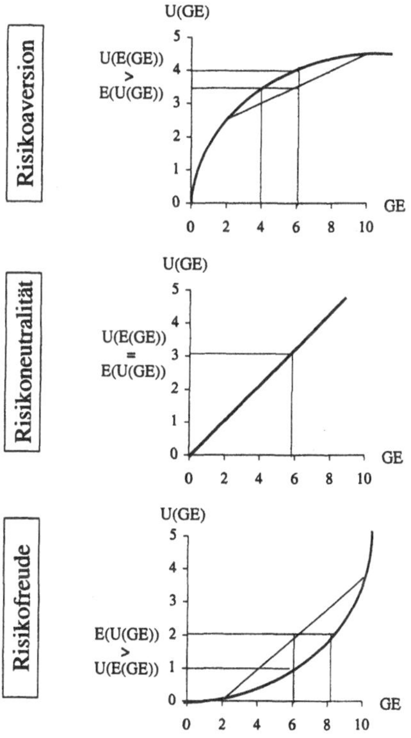

Abbildung 3.4. Formen der Risikoneigung. Quelle: Eigene Darstellung

Ist die Nutzenfunktion zweifach differenzierbar, lässt sich die Risikoeinstellung auch als Arrow-Pratt-Maß $r(x)$ quantifizieren:[51]

$$r(x) = -\frac{u''(x)}{u'(x)} \tag{3.8}$$

In der weiteren Betrachtung werden risikoaverse Investoren unterstellt. In der Literatur findet sich häufig eine pauschale Verwendung der Risikonutzenfunktion $u(\tilde{x}) = \ln \tilde{x}$.[52] Diese bildet sowohl die Risikoaversion als auch den abnehmenden Grenznutzen eines potentiellen Investors ab. Eigentlich müsste die Risikoneigung aber für jeden Investor individuell ermittelt werden. Dazu bieten sich bspw. Befragungstechniken an, bei denen dem

[51] Vgl. Eisenführ und Weber (1999), S. 225 ff.

[52] Vgl. bspw. Schwetzler (2000b), S. 471.

potentiellen Investor verschiedene Lotterien präsentiert werden und denen dann sicheren Zahlungen zuzuordnen sind. Grundlage für die Bestimmung von individuellen Nutzenfunktionen ist stets die so genannte Basis-Referenz-Lotterie und deren Sicherheitsäquivalent. Je nach dem, welche Größen (die Wahrscheinlichkeit p, die möglichen Auszahlungen x_{min} und x_{max} der Lotterie oder das Sicherheitsäquivalent) gegeben sind, kann eine der folgenden Methoden angewandt werden:[53]

Mittelwert-Kettungs-Methode Der Investor wird mit einer Lotterie $(x_{min}, 0,5; x_{max}, 0,5)$ konfrontiert, für die er ein Sicherheitsäquivalent benennen soll, welches mit $x_{0,5}$ bezeichnet wird. Weiter soll $u(x_{0,5}) = 0,5$ gelten. Anschließend werden die Auszahlungsintervalle $(x_{0,5}, x_{max})$ und $(x_{min}, x_{0,5})$ nutzenmäßig halbiert und die entsprechenden Sicherheitsäquivalente mit $x_{0,25}$ bzw. $x_{0,75}$ bezeichnet. Es gilt wiederum $u(x_{0,25}) = 0,25$ und $u(x_{0,75}) = 0,75$. Die so ermittelten Punkte können anschließend zur Nutzenfunktion verbunden werden. Positiv ist vor allem die Beschränkung auf einfache 50:50-Lotterien. Problematisch kann die Auswirkung einer Fehleinschätzung etwa bei dem Wert $x_{0,5}$ sein, der sich anschließend weiter fortsetzt.

Fraktilmethode Auch bei dieser Methode wird der Investor nach Sicherheitsäquivalenten gefragt. Allerdings sind hier nicht die Auszahlungen zu variieren, sondern die Wahrscheinlichkeit p. Sollen wie bei der Mittelwert-Kettungs-Methode bspw. vier Punkte der Nutzenfunktion ermittelt werden, kann $p = 0,8; 0,6; 0,4$ und gleich $0,2$ gesetzt werden. Als Vorteil wird die Konstanz der Auszahlungen und die Separierbarkeit gesehen. Allerdings sei die Bestimmung von Sicherheitsäquivalenten auf dieser Basis für den Investor schwieriger als bei 50:50-Lotterien.

Methode der variablen Wahrscheinlichkeiten Da hier die Auszahlungen und das Sicherheitsäquivalent vorgegeben werden und der Investor die adäquaten Wahrscheinlichkeiten angeben muss, spricht man auch von der Wahrscheinlichkeitsäquivalentmethode. Die angegebenen Sicherheitsäquivalente werden i.d.R. als äquidistante Werte zwischen x_{min} und x_{max} festgelegt. Dass hier jede Befragung für sich betrachtet werden kann, wird als Vorteil gesehen, da sich Fehleinschätzungen nicht fortsetzen. Allerdings scheinen Investoren Schwierigkeiten mit dieser Methode zu haben, insbesondere wenn sie nicht mit dem Konzept der Wahrscheinlichkeiten vertraut sind.

Lotterievergleichs-Methode In den bisher betrachteten Methoden musste der Investor eine Aussage in Bezug auf einen sicheren Betrag und eine Basis-Referenz-Lotterie treffen. Nun wird dem Investor nicht ein sicherer Betrag, sondern eine weitere Lotterie als Alternative vorgestellt. Zur Erzielung der Indifferenz zwischen beiden Möglichkeiten sind die Wahrscheinlichkeiten entsprechend anzupassen. Dies soll den Vorteil bieten,

---

[53] Vgl. Eisenführ und Weber (1999), S. 229 ff.

dass der Investor nicht zwischen sicherer und unsicherer Auszahlung wählen muss, sondern zwischen zwei unsicheren Auszahlungen, womit der so genannte Sicherheitseffekt umgangen wird.

Egal welche Methode zur Ermittlung der individuellen Nutzenfunktion angewendet wird, eine Konsistenzüberprüfung sollte in jedem Fall durchgeführt werden. So könnten bspw. unterschiedliche Methoden angewandt und bei Abweichungen der Mittelwert verwendet werden.[54] Der zulässige Bereich für eine individuelle Nutzenfunktion ergibt sich allein aus der Risikoeinstellung des Investors. So kann durch die Ermittlung eines Punktes $(x, u(x))$ z.B. mit Hilfe der zuvor beschriebenen Methoden und der Kenntnis, dass der Investor risikoavers ist, eine Eingrenzung des möglichen Raumes für die Nutzenfunktion erfolgen. Abbildung 3.5 zeigt dies schematisch.

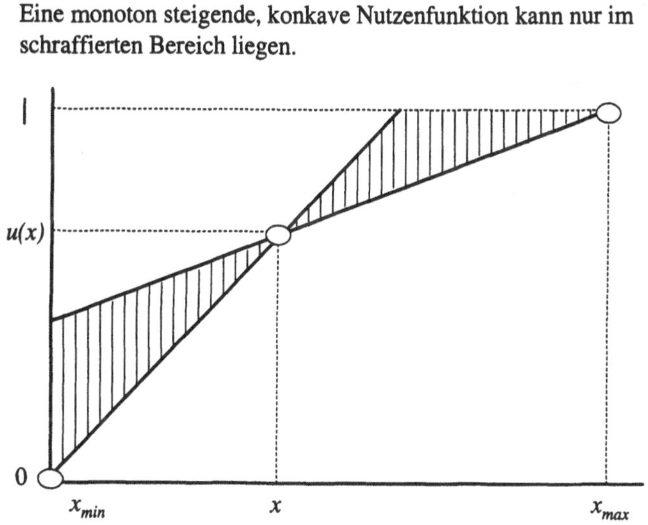

Abbildung 3.5. Eingrenzung des Möglichkeitsbereichs für die individuelle Nutzenfunktion
Quelle: Eisenführ und Weber (1999), S. 237.

3.2.4 Anwendbarkeit

Bei der Betrachtung von Lotterien und sicheren Auszahlungen in der Erwartungsnutzentheorie wird unterstellt, dass sich die sichere Auszahlung bzw. das Ergebnis der Lotte-

[54] Vgl. Eisenführ und Weber (1999), S. 236 ff.

rie sofort nach der Entscheidung des Investors zwischen beiden Alternativen ergibt. In der Unternehmensbewertung ist aber regelmäßig eine Entscheidung zu treffen, die sich auf unsichere Zahlungen in der Zukunft bezieht. In diesem Fall wird von intertemporalen Entscheidungen gesprochen. Im Rahmen der Erwartungsnutzentheorie kann dafür die Zeitpräferenz des Investors genutzt werden, die zur Transformation zukünftiger Auszahlungen bzw. Sicherheitsäquivalente auf ihren Wert in $t = 0$ geeignet ist.

Neben den Schwierigkeiten bei der Ermittlung von individuellen Nutzenfunktionen, stellt die fehlende Kenntnis über individuelle Konsum- und Zeitpräferenzen bzw. die Trennung von Zeit- und Risikopräferenz ein zentrales Problem in der Anwendung der (individuellen) Sicherheitsäquivalentmethode dar.[55] Das Problem der Separierbarkeit von Zeit- und Risikopräferenzen bei der Sicherheitsäquivalentmethode auf Basis individueller Nutzenfunktionen soll hier nicht weiter vertieft werden.[56] Ziel der vorliegenden Arbeit ist eine marktkonforme (objektivierte) Bewertung und nicht die Bestimmung eines subjektiven Grenzpreises. Das später vorgestellte Bewertungskonzept bedient sich allerdings derselben Grundidee wie die individuelle Sicherheitsäquivalentmethode. Allerdings wird hier ein kapitalmarktorientierter Risikoabschlag verwendet. Die bisherigen Ausführungen sollen daher lediglich das Verständnis für die spätere Vorgehensweise fördern. Die Sicherheitsäquivalentmethode im Sinne des Erwartungsnutzens ist nicht Voraussetzung für dessen Anwendbarkeit.[57]

3.3 Bestimmung kapitalmarktorientierter Risikoabschläge

3.3.1 Der Risikoabschlag im Rahmen des (mehrperiodigen) CAPM

Die Bewertung von mehrperiodigen Investitionsprojekten[58] mit dem einperiodigen CAPM, wie es im Rahmen der DCF-Methode zur Anwendung kommt,[59] führt nur dann zu korrekten Ergebnissen, wenn eine der beiden folgenden Bedingungen erfüllt ist:[60]

[55] So hält Kürsten bspw. die Sicherheitsäquivalentmethode im Rahmen der Unternehmensbewertung für nicht anwendbar Kürsten (2002).

[56] Zeit- und Risikopräferenzen lassen sich nicht so trennen, dass die Zeitpräferenz durch Diskontierung mit dem risikolosen Zinssatz abgebildet werden kann. Ohne Kenntnis der individuellen Zeitpräferenz eignet sich die klassische Sicherheitsäquivalentmethode dann aber allenfalls als Mittel zur Komplexitätsreduktion.

[57] Dies ist besonders wichtig, da das in der „Finance-Welt" häufig verwendete $\mu\sigma$-Prinzip nur mit der Erwartungsnutzentheorie in Einklang steht, wenn z.B. bei einer linearen Nutzenfunktion von einem risikoneutralen Investor ausgegangen wird. Dies widerspricht allerdings dem Annahmerahmen der „Finance-Welt". Eine entsprechende Kritik wird vor allem von Kürsten vorgetragen Kürsten (2002).

[58] Bei der Bewertung von Unternehmen geht es regelmäßig um mehrperiodige Projekte.

[59] Siehe hierzu ausführlich Kapitel II.

[60] Vgl. Drukarczyk (1993), S. 280 und Röder und Müller (2001), S. 226.

1. Der Cash Flow der ersten Periode (inklusive eines evtl. Veräußerungserlös) begründet bereits die absolute Vorteilhaftigkeit der Investition[61] oder
2. es existiert ein (vollkommener) Sekundärmarkt für das Investitionsprojekt und damit ein Marktpreis für die erwarteten Cash Flows der Folgeperioden.[62]

Insbesondere bei der Bewertung von Unternehmen handelt es sich aber i.d.R. um mehrperiodige Investitionsprojekte, deren absolute Vorteilhaftigkeit nicht aus dem Cash Flow der ersten Periode resultiert. Auch der vollkommene Sekundärmarkt dürfte nur selten existieren. Soll dennoch das CAPM zur Bewertung herangezogen werden, ist zu berücksichtigen, dass im intertemporalen Rahmen auch die Größen risikoloser Zinssatz und Marktpreis des Risikos unsicher sind.[63] Über den Zeitverlauf können sich diese Größen ändern und gegenseitig beeinflussen. Außerdem ist es möglich, dass die Erwartungen der Investoren in Bezug auf den Cash Flow oder die Marktparameter zeitabhängig sind.[64] Die Literatur hat sich vor allem in den 1970er Jahren mit der Frage beschäftigt, ob und wie das CAPM auf den Mehrperiodenfall anzuwenden ist.[65] Dabei lassen sich die unterschiedlichen Ansätze anhand der zulässigen Veränderung der Parameter im Zeitablauf unterscheiden.[66] Eine ausführliche Diskussion der jeweils notwendige Prämissen und die Würdigung der einzelnen Ansätze kann hier nicht erfolgen. Im Folgenden soll der (auch von Drukarczyk gewählte)[67] Ansatz von Bierman und Smidt[68] pragmatisch verwendet werden.

Ausgehend von der einperiodigen Variante lässt sich die mehrperiodige Variante des CAPM oder auch MCAPM[69] entwickeln.

$$E[\tilde{r}_i] = r_f + \frac{cov(\tilde{r}_i, \tilde{r}_M)}{\sigma_M^2} (E[\tilde{r}_M] - r_f) \tag{3.9}$$

61 Vgl. Drukarczyk (1993), S. 280.

62 Vgl. Bogue und Roll (1974), S. 604 ff.

63 Vgl. Röder und Müller (2001), S. 226.

64 Vgl. Röder und Müller (2001), S. 226.

65 Beispielhaft die Arbeiten von Bogue und Roll Bogue und Roll (1974), Bierman und Smidt Bierman und Smidt (1975), Fama Fama (1977), Myers und Turnbull Myers und Turnbull (1977) sowie Constantinidis Constantinides (1980).

66 Z.B. in die mehrperiodige Anwendung des CAPM bei stationären bzw. bei nicht-stationären Parametern, wobei die Anwendung bei nicht-stationären Parametern weiter unterteilt wird in stochastische und nicht-stochastische Parameter. Vgl. hierzu Röder und Müller (2001), S. 227 f.

67 Vgl. Röder und Müller (2001), S. 232.

68 Vgl. Bierman und Smidt (1975). Dieser Ansatz basiert wiederum auf Myers und Turnbull (1977), welcher dem von Fama Fama (1977) ähnelt.

69 MCAPM = Multiperiod CAPM. Zu der folgenden formalen Herleitung siehe auch Drukarczyk (1993), S. 280 ff. und Drukarczyk (2001), S. 350 ff.

Stellt man die Formel um und interpretiert den Term $\frac{E[\tilde{r}_M]-r_f}{\sigma_M^2}$ als Marktpreis des Risikos (verkürzt mit λ bezeichnet), welcher für alle risikobehafteten Anlagemöglichkeiten gleich hoch ist, verbleibt die Kovarianz zwischen Anlagerendite und Gesamtmarktrendite ($cov(\tilde{r}_i, \tilde{r}_M)$) als Inputvariable zur Bestimmung der Kapitalkosten.

$$E[\tilde{r}_i] = r_f + \lambda cov(\tilde{r}_i, \tilde{r}_M) \tag{3.10}$$

Zur Ermittlung der erwarteten Anlagerendite müsste der Marktwert der Anlagemöglichkeit bekannt sein. Da dieser aber gerade berechnet werden soll, muss die Rendite als Quotient aus Cash Flow und Marktwert formuliert werden.

$$\begin{aligned} \tilde{r}_i &= \frac{\widetilde{CF}_1}{V_0} - 1 \qquad (3.11) \\ \Rightarrow cov(\tilde{r}_i, \tilde{r}_M) &= E\left[\left(\frac{\widetilde{CF}_1}{V_0} - 1 - \frac{E[\widetilde{CF}_1]}{V_0} + 1\right)(\tilde{r}_M - E[\tilde{r}_M])\right] \\ &= \frac{1}{V_0} E\left[(\widetilde{CF}_1 - E[\widetilde{CF}_1])(\tilde{r}_M - E[\tilde{r}_M])\right] \\ &= \frac{1}{V_0} cov(\widetilde{CF}_1, \tilde{r}_M) \end{aligned}$$

Ist das Problem der Zirkularität durch einsetzen von $\frac{1}{V_0}cov(\widetilde{CF}_1, \tilde{r}_M)$ für $cov(\tilde{r}_i, \tilde{r}_M)$ gelöst, lässt sich mit einigen Umformungen der gesuchte Marktwert V_0 auf der linken Seite der Gleichung separieren.

$$V_0 = \frac{E[\tilde{CF}_1] - \lambda cov(\tilde{CF}_1, \tilde{r}_M)}{1 + r_f} \tag{3.12}$$

Im Gegensatz zu dem vorgestellten Sicherheitsäquivalent auf Basis individueller Nutzenfunktionen ergibt sich hier ein kapitalmarktdeterminierter Risikoabschlag in Höhe von $\lambda cov(\widetilde{CF}_1, \tilde{r}_M)$. Zur Berechnung ist es notwendig, die Marktparameter, also den Marktpreis des Risikos λ[70] und die Risikomenge der betrachteten Anlagemöglichkeit gemessen als $cov(\widetilde{CF}_1, \tilde{r}_M)$, zu kennen.

Um das bisher noch einperiodige Model auf den Mehrperiodenfall zu erweitern, ist die Annahme zu treffen, dass sich der Marktpreis des zukünftigen Cash Flows in jeder Periode auf Basis des einperiodigen CAPM ermitteln lässt. Außerdem wird ein begrenzter Zeithorizont betrachtet ($t = 1$ bis T anstatt $t = 1$ bis ∞) bzw. der Wert zukünftiger Cash Flows im Zeitpunkt $t = T$ gleich Null gesetzt. Nun kann retrograd vorgegangen werden,[71] indem jeweils das Sicherheitsäquivalent des Cash Flows der aktuellen Periode zuzüglich

[70] Angenommen die erwartete Marktrendite beträgt 10 %, deren Varianz 6,25 % und der risikolose Zinssatz 5 %, dann ergäbe sich ein λ von 0,8.

[71] Vgl. Johannwille (2000), S. 183 ff.

dem Marktwert der zukünftigen Cash Flows in ein entsprechendes Sicherheitsäquivalent überführt wird, welches mit dem risikolosen Zins auf dessen Marktwert in der vorhergehenden Periode diskontiert wird usw.[72]

$$V_{t-1} = \frac{E[\tilde{CF}_t + V_t[\widetilde{CF}_{t+1}]] - \lambda cov(\tilde{CF}_t + V_t[\widetilde{CF}_{t+1}], \tilde{r}_M)}{1 + r_f} \tag{3.13}$$

Für ein anschauliches Zahlenbeispiel (siehe Abbildung 3.6) soll von einer Lebensdauer von zwei Perioden ausgegangen werden.[73] Für die Marktparameter wurden folgende Werte festgelegt: ein risikoloser Zins r_f in Höhe von 5 %, eine Marktrendite r_M in Höhe von 10 % und eine Standardabweichung der Marktrendite σ_M von 25 %. Alle Marktparameter wurden vereinfachend als konstant angenommen. Daraus ergibt sich ein ebenfalls konstanter Marktpreis für das Risiko λ von $0,8$. Die Cash Flows des Unternehmens entstammen einem Businessplan und können von der aktuellen Periode jeweils zwei mögliche zustandsabhängige Werte in der nächsten Periode annehmen. Dabei soll die Wahrscheinlichkeit p für den positiven Zustand (entspricht dem oberen Ast) mit 0,5 genau so hoch sein, wie für den negativen Zustand (entspricht dem unteren Ast). Die Marktrendite hat einen Erwartungswert von 10 % und beträgt im positiven Zustand 35 % (entspricht dem Erwartungswert plus einmal die Standardabweichung) sowie -15 % im negativen Zustand (dies entspricht dem Erwartungswert minus einmal die Standardabweichung).

Am Ende der Lebensdauer ist der Wert des Unternehmens gleich Null ($V_2 = 0$), da keine weiteren Cash Flows an die Eigentümer fließen. Eine Periode vorher ergibt sich der Wert des Unternehmens V_1 aus dem erwarteten „Gesamt"-Cash Flow[74] der nächsten Periode $E[\widetilde{CF}_2 + V_2]$, reduziert um das Produkt aus Risikomenge und Marktpreis des Risikos λ. Die Risikomenge bestimmt sich als Kovarianz zwischen „Gesamt"-Cash Flow und Marktrendite. Daher ergeben sich auch zwei unterschiedliche Werte für V_1 in Abhängigkeit von dem Zustand, in dem die zukünftigen Cash Flows bewertet werden. Das so bestimmte Sicherheitsäquivalente kann dann mit dem risikolosen Zins diskontiert werden. Nochmals eine Periode früher besteht der Unternehmenswert wieder aus dem Wert des erwarteten Cash Flow der Periode $E[\widetilde{CF}_1]$ und (wegen der Abhängigkeit der Zahlungen) dem Wert der zukünftigen Cash Flows $E[V_1[\widetilde{CF}_2]]$. Deshalb ist V auch bei der Berechnung der Ko-

[72] Dazu sind weitere Bedingungen zu erfüllen, die hier nicht weiter vertieft werden, da das Ziel der Arbeit gerade darin liegt, ein Bewertungsmodell zu entwickeln, welches möglichst ohne die restriktiven Prämissen des (M)CAPM auskommt. Für den interessierten Leser seien die Ausführungen von Franke Franke (1984) und Fama Fama (1996) empfohlen. An dieser Stelle soll nur auf die unterstellte Wertadditivität hingewiesen werden, die eine Trennung von Risikomischungs- und Synergieeffekten ermöglicht. Siehe hierzu auch Breid (1997), S. 309.

[73] In Anlehnung an Richter (2001), S. 181.

[74] Als „Gesamt"-Cash Flow wird hier der eigentliche Cash Flow der Periode zuzüglich dem zustandsabhängigen Wert der folgenden Cash Flows definiert.

varianz zu berücksichtigen. Bei mehr als 2 Perioden würde der Vorgang entsprechend fortgesetzt.

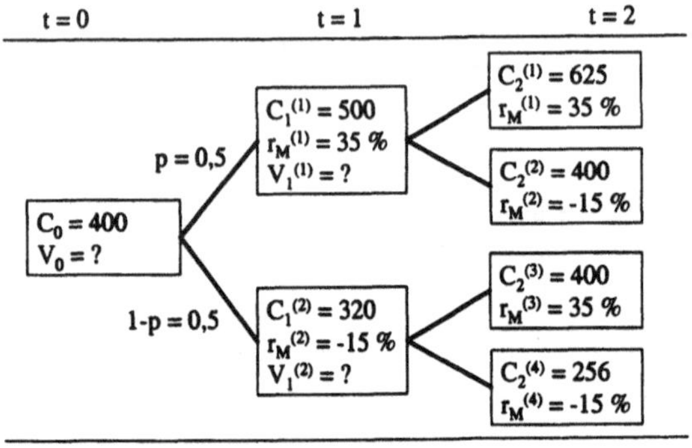

$$\begin{aligned}\mathrm{cov}_1^{(1)}(C+V, r_M) &= 0{,}5\times(625-512{,}5)\times(0{,}35-0{,}1)\\ &\quad +0{,}5\times(400-512{,}5)\times(-0{,}15-0{,}1)=28{,}125\end{aligned}$$

$$V_1^{(1)} = \frac{0{,}5\times 625+0{,}5\times 400-0{,}8\times 28{,}125}{1{,}05} = 466{,}67$$

$$\begin{aligned}\mathrm{cov}_1^{(2)}(C+V, r_M) &= 0{,}5\times(400-328)\times(0{,}35-0{,}1)\\ &\quad +0{,}5\times(256-328)\times(-0{,}15-0{,}1)=18\end{aligned}$$

$$V_1^{(2)} = \frac{0{,}5\times 400+0{,}5\times 256-0{,}8\times 18}{1{,}05} = 298{,}67$$

$$\begin{aligned}\mathrm{cov}_0(C+V, r_M) &= 0{,}5\times(966{,}67-792{,}67)\times(0{,}35-0{,}1)\\ &\quad +0{,}5\times(618{,}67-792{,}67)\times(-0{,}15-0{,}1)=43{,}5\end{aligned}$$

$$V_0 = \frac{0{,}5\times(500+466{,}67)+0{,}5\times(320+298{,}67)-0{,}8\times 43{,}5}{1{,}05} = 757{,}87$$

Abbildung 3.6. Das Multiperiod CAPM. Quelle: Eigene Darstellung

Auf die Darstellung für den Fall unabhängiger Zahlungen soll hier verzichtet werden, da im Weiteren von abhängigen Zahlungen ausgegangen wird.[75] Wichtig ist allerdings, dass bei unabhängigen Zahlungen die Risikoadjustierung nur einmal vorgenommen wird und das Sicherheitsäquivalent dann mit dem risikolosen Zins bis auf den Bewertungszeitpunkt diskontiert werden kann. Im Falle von (stochastischer) Abhängigkeit der Zahlungen sind die kapitalmarktorientierten Sicherheitsäquivalente der Werte $V_1^{(1)}$ und $V_1^{(2)}$ zustandsabhängig und damit riskant.[76] Bei der Berechnung von Barwerten einzelner zukünftiger Cash Flows ist daher nicht nur das Risiko dieses einen Cash Flow zu berücksichtigen, sondern auch das Risiko aller vorhergehenden Cash Flows. Übersetzt in die Risikozu-

[75] Solch ein Beispiel findet sich z.B. bei Drukarczyk Drukarczyk (2001), S. 357 ff.
[76] Vgl. Drukarczyk (2001), S. 360 ff.

schlagsmethode bedeutet dies, dass Cash Flows von dem Zeitpunkt ihrer erwarteten Realisation bis zum Bewertungszeitpunkt $t = 0$ in jeder Periode mit den periodenspezifischen Kapitalkosten zu diskontieren sind.[77]

3.3.2 Arbitragefreiheit als fundamentales Bewertungstheorem

3.3.2.1 Intuitiver Zugang zur Arbitragefreiheit

Wird ein Aktivum gekauft und ein anderes mit dem Ziel, einen sicheren Gewinn (oder auch „Free Lunch") zu realisieren, verkauft, spricht man von Arbitrage.[78] Es scheint intuitiv richtig zu sein, das identische Güter auch identische Preise haben müssen.[79]

Keynes hat diese Intuition bereits 1923 im Rahmen der Wechselkurs- und Zinsarbitrage entwickelt.[80] Hier wird das Gesetz des einheitlichen Preises (oder auch „Law of One Price")[81] deutlich herausgestellt. Insbesondere zur Paritätstheorie von Termin-Wechselkursen nutzte Keynes diese Erkenntnis.

Beispielsweise könnte man Kassa- und Termin-Wechselkurse des Euro zum Dollar betrachten. Unter Berücksichtigung der jeweiligen Zinssätze in den USA und in Euroland, müssen die vier Preise (Euro-Zinssatz, Dollar-Zinssatz, Dollar-Kassakurs und Dollar-Terminkurs) in einem bestimmten Verhältnis zueinander stehen, um Arbitragemöglichkeiten zu vermeiden.[82] Es wird ein deutscher Investor betrachtet, der einen gewissen Betrag x in Euro besitzt. Diesen Geldbetrag könnte er zum landestypischen Zins r_{Euro} verleihen und würde somit nach einem Jahr einen Betrag in Höhe von x mal $(1 + r_{Euro})$ erhalten. Alternativ könnte er aber auch sein Geld heute zum Kassakurs in Dollar wechseln, um diese in den USA zum Zinssatz r_{Dollar} zu verleihen. Da er am Ende wieder Euro haben möchte, schließt er gleichzeitig ein Termingeschäft ab, so dass er seinen Ertrag in Höhe von x mal $(1+r_{Dollar})$ in einem Jahr zum heute festgelegten Terminkurs wieder in Euro wechseln kann. Beide Strategien müssen am Ende dasselbe Ergebnis erzielen, da sonst Arbitrage möglich wäre. Daraus lässt sich die Wechselkurs- bzw. Zinsparität ableiten. Diese besagt, dass Zinssätze und Wechselkurse in folgendem Verhältnis zu einander stehen müssen, um Arbitragemöglichkeiten zu vermeiden:[83]

---

[77] Das Vorgehen wird später klarer, wenn die Anwendungsbeispiele in Kapitel VI vorgestellt werden.

[78] Vgl. Varian (1995), S. 193. Ein anschauliches Beispiel für Arbitragegelegenheiten findet sich bei Kruschwitz (1999), S. 40 ff. und S. 64 ff.

[79] Vgl. auch Nietert und Wilhelm (2001).

[80] Vgl. Keynes (1923), S. 77 ff.

[81] Vgl. auch Jevons (1871).

[82] Vgl. auch das Beispiel bei Dybvig und Ross (1989), S. 58 f.

[83] Ein ähnliches Beispiel findet sich bei Copeland und Weston (1992), S. 795 ff.

$$\frac{(1 + r_{Euro})}{(1 + r_{Dollar})} = \frac{TerminkursDollar}{KassakursDollar}$$

3.3.2.2 Arbitragefreiheit an Kapitalmärkten

Die Theorie arbitragefreier Bewertung geht zurück auf die Arbeiten von Arrow und Debreu.[84] Sie leistet einen grundlegenden Beitrag zur Erklärung der Preisbildung auf (Kapital-)Märkten, da auf einem Markt, der sich im Gleichgewicht befindet, keine Arbitrage möglich ist.[85] Sollte sich dennoch eine Arbitragemöglichkeit ergeben, würden Arbitrageure sofort handeln und dies solange ausnutzen, bis das Gleichgewicht wieder hergestellt und keine Arbitrage mehr möglich ist.[86] Im Prinzip resultiert die Annahme arbitragefreier Märkte aus der individuellen Rationalität der einzelnen Investoren.[87] Solange angenommen werden kann, dass ein Investor mehr gegenüber weniger bevorzugt, benötigt es nur einige wenige Investoren, um eine Arbitragemöglichkeit zu schließen, denn jeder einzelne würde dies ausnutzen und versuchen so hohe risikolose Gewinne wie möglich zu realisieren, bis die Arbitragemöglichkeit geschlossen ist. Damit die Konsistenz des Preissystem also bestehen bleibt, müssen die Preise von allen am Markt verfügbaren Anlagemöglichkeiten in ganz bestimmten Relationen zueinander stehen. Dabei sind die individuellen Zeit- und Risikopräferenzen der Investoren irrelevant, sie müssen lediglich ungesättigt sein.[88]

Für die Arbitragefreiheit von Kapitalmärkten müssen einige Voraussetzungen erfüllt werden:[89]

Geschlossenes Entscheidungsfeld Alle Marktteilnehmer sind sich darüber einig, welche Zustände ($s = 1$ bis $s = S$) sich im betrachteten Zeitraum einstellen können. Diese Zustände müssen von jedem Investor mit einer positiven Eintrittswahrscheinlichkeit gewichtet werden, wobei diese von Investor zu Investor unterschiedlich sein können. Damit ist es durchaus möglich, dass die Erwartungswerte und Varianzen über zukünftige Cash Flows bei den Investoren differieren.

Bedingte homogene Erwartungen Über den Cash Flow der sich im jeweiligen Zustand s einstellt, sind sich die Marktteilnehmer jedoch einig. Für jede Anlagemöglichkeit j kann also in Abhängigkeit vom Zustand s ein eindeutiger Cash Flow bestimmt werden.

[84] Hier nochmals der Hinweis auf das Time-State-Preference-Modell. Die dort erwähnten reinen Wertpapiere bzw. Elementaranlagen werden auch als Arrow-Debreu-Wertpapiere bezeichnet. Arrow und Debreu haben das Time-State-Preference-Modell entwickelt, als sie die Prozesse und Voraussetzungen für eine optimale Risikoallokation untersuchten. Vgl. im Original Arrow (1964) und Debreu (1959) oder zusammenfassend Zimmermann (1998).

[85] Vgl. Hering (1998), S. 166.

[86] Vgl. auch Brealey und Myers (1996), S. 36.

[87] Vgl. Dybvig und Ross (1989), S. 57.

[88] Vgl. Kruschwitz (1999), S. 137.

[89] Vgl. auch Johannwille (2000), S. 61 oder Kruschwitz (1999), S. 140 f.

Wichtig ist noch mal, dass die Erwartungswerte und Varianzen der Cash Flows bei einzelnen Investoren unterschiedlich sein können.

Vollständigkeit des Kapitalmarktes Die Anzahl der gehandelten Anlagemöglichkeiten j ist mindestens so groß wie die Anzahl der existierenden Zustände s. Ist dies der Fall, wird auch von der Spanning-Eigenschaft gesprochen. Die gehandelten Anlagemöglichkeiten spannen das Entscheidungsfeld jeder Investitionsentscheidung auf, so dass der Cash Flow aller möglichen Investitionen durch geeignete Kapitalmarkttransaktionen nachgebildet werden kann.

Atomistische Marktstruktur Auf dem Kapitalmarkt agiert eine Vielzahl von Anbietern und Nachfragern. Ihre Anzahl ist so groß, dass die Transaktionen einzelner Marktteilnehmer keinen Einfluss auf die Marktpreise der gehandelten Anlagemöglichkeiten haben. Die Marktteilnehmer sind somit Mengenanpasser und der Markt wird als kompetitiv bezeichnet.

Der Kapitalmarkt ist vollkommen und frei von Friktionen Alle gehandelten Anlagemöglichkeiten sind beliebig teilbar und Leerverkäufe sind zulässig. Außerdem existieren weder Steuern noch Transaktionskosten.

Außerdem werden zwei Typen von Arbitragemöglichkeiten unterschieden. Eine Arbitragemöglichkeit von Typ 1 liegt vor, wenn ein Investor durch Kapitalmarkttransaktionen ein Portefeuille zusammenstellen kann, welches im Zeitpunkt $t = 0$ zu einer Einnahme führt, ohne dass in einem beliebigen zukünftigen Zustand s eine Auszahlung notwendig wird. Typ 2 der Arbitragemöglichkeit liegt vor, wenn ein Portefeuille konstruiert werden kann, welches in einem beliebigen zukünftigen Zustand s zu einer Einnahme, aber weder in $t = 0$ noch in einem anderen Zeitpunkt zu Auszahlungen führt. Daher lässt sich auch die Arbitragefreiheit selbst in zwei Typen unterteilen:

- Schwache Arbitragefreiheit, bei der kein Free Lunch in $t = 0$ möglich ist und
- strenge Arbitragefreiheit, bei der ein Free Lunch auch an jedem anderen Zeitpunkten ausgeschlossen ist.

3.3.2.2.1 Die schwache Form der Arbitragefreiheit - Das Lemma von Farkas

Zur formalen Prüfung eines Kapitalmarktes auf Arbitragefreiheit wird der Trennungssatz von Minkowski und Farkas verwandt.[90] Die Matrix X enthält alle möglichen Cash Flows, die die gehandelten Anlagemöglichkeiten $j = 1$ bis J in den zukünftigen Zuständen $s = 1$ bis S ergeben. Im Vektor p sind die Preise der gehandelten Anlagemöglichkeiten $j = 1$

[90] Vgl. Johannwille (2000), S. 65.

bis J enthalten. In einem weiteren Vektor n werden die jeweiligen Mengen festgehalten, die von den einzelnen Anlagemöglichkeiten erworben werden.

$$X = \begin{pmatrix} X_{11}\ X_{12} \dots X_{1S} \\ X_{21}\ X_{22} \dots X_{2S} \\ \dots\ \dots \dots \dots \\ X_{J1}\ X_{J2} \dots X_{JS} \end{pmatrix}, p = \begin{pmatrix} p_1 \\ p_2 \\ \dots \\ p_J \end{pmatrix} \text{ und } n = \begin{pmatrix} n_1 \\ n_2 \\ \dots \\ n_J \end{pmatrix}$$

Lässt sich nun aus den gehandelten Anlagemöglichkeiten ein Portefeuille konstruieren, welches bei negativem Preis zu nicht negativen Cash Flows führt, ist Arbitrage möglich.

$$p'n < 0 \; und \; X'n \geq 0 \tag{3.14}$$

Ist dies nicht der Fall, existiert ein Vektor π, der nichtnegative Zustandspreise enthält, die die Cash Flows in den zukünftigen Zuständen $s = 1$ bis S so bewertet, dass ihre Barwerte den schon bekannten Marktpreisen p entsprechen. In diesem Fall ist keine Arbitrage möglich.

$$X\pi = p \tag{3.15}$$

$$\text{mit } \pi \geq 0$$

Die beiden Möglichkeiten folgen aus dem Lemma von Farkas, welches auch als „Grundsatz der einfachen Ungleichungen" bezeichnet wird.[91] Der Ausdruck 3.15 gilt in der ökonomischen Literatur als Bedingung für schwache Arbitragefreiheit.[92] Ist sie erfüllt, würde sich der Abschluss von Kapitalmarktgeschäften nicht lohnen, da die diskontierten Cash Flows gerade den Marktpreisen entsprechen und der Kapitalwert folglich Null ist.[93] Von schwacher Arbitragefreiheit wird deshalb gesprochen, weil nur Arbitrage erfasst wird, die im Zeitpunkt $t = 0$ zu einer Einnahme führt.

3.3.2.2.2 Die strenge Form der Arbitragefreiheit - Der Satz der Alternativen nach Stiemke

Die Einschränkung der schwachen Arbitragefreiheit scheint nicht immer sinnvoll zu sein und schließt Arbitrage vom Typ 2 nicht aus. Um Arbitrage auch in allen zukünftigen Zuständen $s = 1$ bis S auszuschließen nutzt man den Trennungssatz für konvexe Mengen, der auch als „Satz der Alternativen nach Stiemke" bekannt ist.[94] Dazu wird die bekannte

91 Der Beweis findet sich bei Farkas (1902), S. 5 ff.

92 Vgl. Duffie (1996), S. 13.

93 Vgl. Hering (1998), S. 168.

94 Der Beweis findet sich bei Stiemke (1915).

Matrix X' um den mit -1 multiplizierten Preisvektor p' zur $(S+1) \times J$-Matrix X^* erweitert.

Diese besitzt entweder Lösung a:

$$X^*n \geq 0, \; X^*n \neq 0$$

oder Lösung b:

$$X^{*\prime}\pi^{*\prime} = 0, \; \pi^{*\prime} > 0$$

nicht aber a und b.[95]

Dabei kann die Lösung a als formale Darstellung der Arbitragemöglichkeiten von Typ 1 und 2 interpretiert werden. Wenn die $(S+1)$-te Komponente von π^* auf 1 normiert wird, kann Lösung b wie folgt umgestellt werden:

$$X^{*\prime}\pi^{*\prime} = (X| - p)\begin{pmatrix}\pi' \\ 1\end{pmatrix} = X\pi' - p = 0, \pi > 0$$

Existiert also ein Vektor π mit $X\pi' = p$, für den $\pi > 0$ gilt, dann existieren nach dem „Satz von Stiemke" keine Arbitragemöglichkeiten am betrachteten Kapitalmarkt. Damit sind nicht nur Arbitragemöglichkeiten vom Typ 1, sondern auch vom Typ 2 ausgeschlossen. Die schwache Arbitragefreiheit ist daher als Sonderfall enthalten. Auf eine gesonderte Überprüfung mittels Farkasschem Lemmas wird hier daher verzichtet.

3.3.2.3 Das Time-State-Preference-Modell

Im Time-State-Preference-Modell[96] werden so genannte Elementaranlagen konstruiert, also Anlagen, die jeweils nur in einem bestimmten der möglichen zukünftigen Zustände[97] zu einer Einnahme von $1GE$ führen.[98] In allen anderen Zuständen beträgt die Einnahme Null. Mit Hilfe dieser Elementaranlagen lässt sich dann jede beliebige Auszahlungsstruktur nachbilden und entsprechend bewerten, wenn sie im Spanningbereich liegt.[99]

Reine Wertpapiere bzw. Elementaranlagen werden kaum beobachtbar sein, daher sind sie über Portefeuilles zu konstruieren.[100] Geht man davon aus, dass in $t = 1$ drei mögliche Zustände ($s = 1$ bis K)eintreten können - z.B. Rezession, Stagnation oder Boom -, so müssen auch drei Portefeuilles (Ω_i) konstruiert werden, die jeweils in einem der Zustände

[95] Vgl. Johannwille (2000), S. 68.

[96] Grundlegend zum Time-State-Preference-Modell siehe Myers (1968).

[97] Wobei hier Umweltzustände wie z.B. gesamtwirtschaftliche(r) Boom, Stagnation und Rezession gemeint sind.

[98] Für eine Einführung in das Time-State-Preference-Modell siehe auch Wosnitza (1995a), S. 594 ff.

[99] Zu dem Begriff Spanning siehe bspw. Copeland und Weston (1992), S. 111 f.

[100] Vgl. Zimmermann (1998), S. 9.

zu einer Auszahlung von $1GE$ führen.[101] Dies ist allerdings nur dann uneingeschränkt möglich, wenn der Markt vollständig ist, also die Anzahl der linear unabhängigen Auszahlungsstrukturen der Anzahl der Zustände entspricht (also die Auszahlungsmatrix der bestehenden Anlagen vollen Rang aufweist und damit invertierbar ist).[102]

$$S = \begin{pmatrix} \textit{Boom} \\ \textit{Stagnation} \\ \textit{Rezession} \end{pmatrix}, \Omega_1 = \begin{pmatrix} 1 \\ 0 \\ 0 \end{pmatrix}, \Omega_2 = \begin{pmatrix} 0 \\ 1 \\ 0 \end{pmatrix} \text{ und } \Omega_3 = \begin{pmatrix} 0 \\ 0 \\ 1 \end{pmatrix}$$

Da die Portefeuilles aus Anlagen konstruiert werden, die am Markt verfügbar sind, können den drei Portefeuilles auch am Markt beobachtbare Preise zugeordnet werden. Anschließend ist es möglich, jede beliebige Anlage als Portefeuille von Elementaranlagen zu erzeugen. Maßgeblich hierfür ist die Replikation der Auszahlungsstruktur. Der Preis der nachgebildeten Anlage ergibt sich dann aus den Preisen der Elementaranlagen, die für die Bildung des Replikationsportefeuilles notwendig sind. Daraus ergibt sich eine positive lineare Preisbildungsregel:[103]

$$p = sX \tag{3.16}$$

Dabei steht p für den aktuellen Preis bzw. Wert. X ist wieder die Auszahlungsmatrix und s stellt ein Funktional dar, welches geeignet ist, einer risikobehafteten Auszahlung einen Preis zuzuordnen. Dabei wird Linearität unterstellt, was in diesem Zusammenhang mit Wertadditivität gleichgesetzt werden kann:[104]

$$s(ax + by) = as(x) + bs(y) \tag{3.17}$$

Wobei x und y zwei risikobehaftete Auszahlungen und a und b jeweils deren Anteile an der Gesamtauszahlung darstellen. Diese Preisbildung folgt dem Arbitrageprinzip und benötigt für die Existenz eines Kapitalmarktgleichgewichts lediglich einen vollständigen Kapitalmarkt. Damit sind die notwendigen Annahmen[105] wesentlich schwächer als beim CAPM und homogene Erwartungen der Investoren (bzw. spezielle Eintrittswahrscheinlichkeiten für die einzelnen Umweltzustände oder Risikonutzenfunktionen) müssen nicht

101 Für eine ausführliche Darstellung der Portefeuillekonstruktion siehe Zimmermann (1998), S. 11 ff.

102 Auch unvollständige Märkte können arbitragefrei sein, allerdings sind die Zustandspreise dann nicht unbedingt eindeutig.

103 Vgl. Dybvig und Ross (1989), S. 60.

104 Speziell zur Linearität von Bewertungsfunktionen siehe Beja (1971), S. 359 ff.

105 Siehe hierzu bspw. Breid (1997), S. 311 und die dort angegebenen Quellen.

vorausgesetzt werden.[106] Vielmehr enthält das Time-State-Preference-Modell das CAPM als Spezialfall.[107]

3.3.3 Anwendung der Arbitragefreiheit

3.3.3.1 Diskontierung durch Replikation

Auch Spremann stützt sich auf das Argument der Arbitragefreiheit, wenn er in seinem aktuellen Werk zur Unternehmensbewertung schreibt: „Eine unsichere Zahlung hat denselben Wert wie ein Geldbetrag, aus dem die unsichere Zahlung mit marktüblichen Instrumenten und Transformationen nachgebildet werden kann."[108] Als marktübliche Transformationen werden die Anlage zum risikolosen Zins r_f und die Anlage in das Marktportefeuille mit der risikobehafteten Rendite $\tilde{r}_M$ betrachtet. Zur Bestimmung des risikolosen Zinssatzes wird häufig auf die Umlaufrendite zurückgegriffen.[109] Die implizite Annahme ist dabei, dass der Staat als Emittent nicht der Gefahr der Zahlungsunfähigkeit ausgesetzt sei.[110] Bei der Marktrendite $\tilde{r}_M$ bezieht man sich i.d.R. auf einen möglichst umfangreichen Aktienindex[111] (z.B. den DAX 100). Ein Geldbetrag x wird so auf die beiden Anlageinstrumente aufgeteilt,[112] dass die kombinierte Einnahme in allen zukünftigen Zuständen der Einnahme der zu bewertenden Anlagemöglichkeit $\tilde{x}_1$ entspricht. Damit ist der Cash Flow repliziert und der Wert der Anlagemöglichkeit muss dem kombinierten Marktpreis $a + b$ der gehandelten Instrumente entsprechen.[113]

$$x = a + b \tag{3.18}$$

$$\Rightarrow a(1 + \tilde{r}_M) + b(1 + r_f) = \tilde{x}_1 \tag{3.19}$$

Es wird nicht immer gelingen, den zu bewertenden Cash Flow exakt nachzubilden, da dies eine vollständige Übereinstimmung der Wahrscheinlichkeitsverteilungen bedingen

[106] Vgl. Wosnitza (1995b), S. 701.

[107] Vgl. Wosnitza (1995a), S. 593. Eine Ableitung des CAPM aus dem Time-State-Preference-Modell findet sich bei Franke und Hax (2004), S. 388 ff.

[108] Quelle: Spremann (2002), S. 315.

[109] Vgl. Copeland u. a. (2000), S. 215 f. oder Brealey und Myers (1996), S. 144.

[110] Allerdings unterliegen selbst Staatsanleihen einem Zinsänderungs- und Inflationsrisiko. Somit bezieht sich die Risikolosigkeit ausschließlich auf das Bonitätsrisiko. Die teilweise erheblichen Unterschiede beim Zins für Staatsanleihen (z.B. US-Anleihen im Vergleich zu argentinischen Staatsanleihen) machen deutlich, welchen Einfluss das Inflationsrisiko hat.

[111] Vgl. Spremann (2004), S. 158 oder Brealey und Myers (1996), S. 147.

[112] Dabei steht a für den Anteil, der in das Marktportefeuille investiert wird und b für den Anteil, der in die risikolose Anlage fließt.

[113] Vgl. Spremann (2002), S. 322.

würde. Für die weitere Betrachtung soll es daher genügen, wenn alle wertrelevanten Eigenschaften, also Erwartungswert und Standardabweichung oder genauer der Teil der Standardabweichung, der sich nicht durch Diversifikation eliminieren lässt,[114] übereinstimmen. Als Diversifikation wird dabei die Möglichkeit bezeichnet, ein Portefeuille aus verschiedenen Anlagen zu bilden, welches eine geringere Standardabweichung hat, als das gewichtete Mittel der Standardabweichungen aller einzelnen Anlagen. Daher ist nicht die Standardabweichung selbst, sondern das Produkt aus Standardabweichung und Korrelation ρ des unternehmensindividuellen Risikos mit der Marktrendite ausschlaggebend.[115] Daraus ergeben sich folgende Bedingungen für die Replikation:

$$E[a(1+\tilde{r}_M)+b(1+r_f)] = E[\tilde{x}_1] \tag{3.20}$$

$$\sigma_{a(1+\tilde{r}_M)+b(1+r_f)} = \rho\sigma_{\tilde{x}_1} \tag{3.21}$$

Der Korrelationskoeffizient ρ ergibt sich als Quotient der Kovarianz zwischen Cash Flow und Marktrendite $Cov[\tilde{x}_1, \tilde{r}_M]$ und dem Produkt der Standardabweichungen von Cash Flow $\sigma_{\tilde{x}_1}$ und Marktrendite σ_M:

$$\rho = \frac{Cov[\tilde{x}_1, \tilde{r}_M]}{\sigma_{\tilde{x}_1}\sigma_M}$$

Da die Rendite der risikolosen Anlage r_f mit Sicherheit bekannt ist, beträgt die Standardabweichung Null. Damit reduziert sich der zweite Teil der Gleichung 3.20 auf die (mit ihrem Anteil gewichtete) Standardabweichung der Marktrendite. Der Erwartungswert der Marktrendite und deren Standardabweichung werden auf Basis empirischer Beobachtungen als μ_M und σ_M geschätzt. Werden diese Zusammenhänge berücksichtigt, kann der Barwert des unsicheren Cash Flows $\tilde{x}_1$ nach einfacher algebraischer Umformung wie folgt ermittelt werden. Dazu werden die Gleichungen 3.20 nach a bzw. b aufgelöst und in die Formel für x eingesetzt:

$$\begin{aligned} & \rho\sigma_{\tilde{x}_1} = a\sigma_M \\ \Rightarrow \quad & a = \frac{\rho}{\sigma_M}\sigma_{\tilde{x}_1} \end{aligned} \tag{3.22}$$

$$\begin{aligned} & E[\tilde{x}_1] = a(1+\mu_M) + b(1+r_f) \\ \Rightarrow \quad & b = \frac{E[\tilde{x}_1] - \frac{1+\mu_M}{\sigma_M}\rho\sigma_{\tilde{x}_1}}{1+r_f} \end{aligned} \tag{3.23}$$

$$x = a + b$$

[114] Häufig wird in diesem Zusammenhang auch von systematischen Risiko gesprochen.

[115] Dieses Vorgehen entspricht auch der Idee von Markowitz zur Portefeuilletheorie. Vgl. Markowitz (1952).

$$= \frac{\rho}{\sigma_M}\sigma_{\tilde{x}_1} + \frac{E[\tilde{x}_1] - \frac{1+\mu_M}{\sigma_M}\rho\sigma_{\tilde{x}_1}}{1+r_f}$$

$$= \frac{E[\tilde{x}_1] - \frac{\mu_M - r_f}{\sigma_M}\rho\sigma_{\tilde{x}_1}}{1+r_f} \tag{3.24}$$

und für $t > 1$

$$x_0 = \frac{E[\tilde{x}_t] - \frac{\mu_M - r_f}{\sigma_M}\rho\sigma_{\tilde{x}_1}}{(1+r_f)^t} \tag{3.25}$$

Der Term $\frac{\mu_M - r_f}{\sigma_M}$ wird auch als „Sharpe-Ratio" bezeichnet und repräsentiert den Marktpreis des Risikos.[116] Allerdings führt die vorgestellte Formel für $t > 1$ nur für unabhängige Zahlungen zum korrekten Ergebnis. Bei abhängigen Zahlungen müsste in jeder Periode das Risiko berücksichtigt werden. Damit unterscheidet sich auch das Risikoprofil unabhängiger Zahlungen von dem abhängiger Zahlungen.[117]

Die Bewertung mit Hilfe der Replikation von Zahlungsströmen soll mit der folgenden Formel nochmals zusammengefasst werden:

$$V_0 = \sum_{t=0}^{T} \frac{E[\widetilde{CF}_t] - \frac{E[\tilde{r}_M] - r_f}{\sigma_M}\rho\sigma_i}{(1+r_f)^t} \tag{3.26}$$

Im Rahmen der Replikation lässt sich damit ein Risikoabschlag in Höhe von $\frac{E[\tilde{r}_M] - r_f}{\sigma_M}\rho\sigma_i$ ableiten. Dieser Risikoabschlag entspricht inhaltlich demjenigen, der sich bei der einperiodigen Anwendung des CAPM ergibt,[118] allerdings liegen seiner Berechnung nicht die restriktiven Bedingungen des CAPM zu Grunde. Als einzige bewertungsrelevante Annahme werden arbitragefreie Kapitalmärkte vorausgesetzt. Damit muss die im Kapitel II geäußerte Kritik am CAPM relativiert und der scheinbare Widerspruch des Beispiels aus Abbildung 3.1 aufgelöst werden. Es soll gelten, dass die Marktrendite im Zustand A 35 % und in Zustand B -15 % beträgt. Als risikoloser Zins wird weiterhin von 5 % ausgegangen. Damit lässt sich die Kovarianz mit der Marktrendite für Anlage 1 mit $252,5GE$ und für 2 mit $250.002,5GE$ berechnen. Der Marktpreis des Risikos beträgt 0,8 womit sich die Risikoabschläge für Anlage 1 mit $202GE$ und für Anlage 2 mit $200.002GE$ ergeben. Berechnet man nun die Sicherheitsäquivalente und diskontiert sie auf den Zeitpunkt $t = 0$ ab, hat Anlage 1 einen Barwert von $-182,86GE$ und Anlage 2 einen Barwert von $-190.468,57GE$.

[116] Vgl. Spremann (2002), S. 330 und Richter und Helmis (2001), S. 10.

[117] Vgl. Richter und Helmis (2001), S. 6.

[118] Setzt man $\frac{Cov[\tilde{x}_1,\tilde{r}_M]}{\sigma_{\tilde{x}_1}\sigma_M}$ für ρ ein, kürzt sich σ_i raus. Damit verbleiben die Bestandteile von λ, $(\frac{E[\tilde{r}_M]-r_f}{\sigma_M^2})$, und die Kovarianz $(Cov[\tilde{x}_1, \tilde{r}_M])$ zur Berechnung des Risikoabschlags über.

3.3.3.2 Analogie zur Optionspreistheorie

Die vorgestellte Methode, Bewertungen anhand eines Replikationsportefeuilles durchzuführen, entspricht in ihren Grundzügen der Optionspreistheorie.[119] Ziel der Optionspreistheorie ist es, faire Preise für die verschiedenen Optionen zu bestimmen.[120] Dazu wird ein Portefeuille zusammengestellt, welches die Auszahlungsstruktur der Option nachbildet. Unter der Annahme arbitragefreier Kapitalmärkte muss dann der Wert der Option dem Wert des Portefeuilles entsprechen.

Optionen stellen bedingte Termingeschäfte dar und werden grundsätzlich in Kauf-(so genannte Call-Optionen) und Verkauf-Optionen (so genannte Put-Optionen) unterschieden. Dabei kann ein Investor die Option erwerben oder auch veräußern, woraus sich vier Positionen ergeben: Käufer einer Call-Option, Stillhalter einer Call-Option, Käufer einer Put-Option und Stillhalter einer Put-Option.[121] Call-Optionen beinhalten das Recht, nicht aber die Pflicht, eine Vermögensposition (das so genannte Underlying S, z.B. eine Aktie oder ein gehandelter Rohstoff wie Gold) an einem zukünftigen Termin (dem Verfallstag T) zu einem vorher festgelegten Preis (dem Ausübungspreis D) zu erwerben. Eine Put-Option beinhaltet dagegen das Recht, nicht aber die Pflicht, eine Vermögensposition (Underlying) an einem zukünftigen Termin (dem Verfallstag) zu einem vorher festgelegten Preis (dem Ausübungspreis) zu verkaufen. Der Cash Flow einer Call-Option ergibt sich entsprechend aus der Differenz zwischen Kassakurs der Vermögensposition am Verfallstag und Ausübungspreis, falls dieser geringer ist als der Kassakurs. Solange der Ausübungspreis über dem Kassakurs liegt, wird die Option nicht ausgeübt, da die zugrunde liegende Vermögensposition am Markt günstiger zu erwerben wäre als über die Option. In diesem Fall verfällt die Option. Der theoretisch richtige Wert der Option ergibt sich aus dem, mit dem risikolosen Zins diskontierten, Sicherheitsäquivalent der Auszahlungsstruktur.

Im einfachsten Fall mit zwei möglichen zukünftigen Umweltzuständen wird davon ausgegangen, dass der Kurs S des Underlying entweder mit der Wahrscheinlichkeit p auf uS steigen oder mit der Gegenwahrscheinlichkeit $(1-p)$ auf dS fallen kann. Dieser einfache Fall eines Kursverlaufsprozesses wird auch als Bernoulliprozess bezeichnet.[122] Die Auszahlungsstruktur der Option ergibt sich wie folgt:

$$C_u = max[uS - D, 0] \tag{3.27}$$

[119] Siehe hierzu auch den Grundlagenartikel Cox u. a. (1979).

[120] Die wohl erste wissenschaftliche Abhandlung zu diesem Thema ist von Bachelier (1900). Den Durchbruch schaffte die Optionspreistheorie mit den Veröffentlichungen von Black und Scholes (1973) sowie Merton (1973b).

[121] Vgl. bspw. Perridon und Steiner (1999), S. 316 f.

[122] Vgl. Kruschwitz (1999), S. 265.

oder

$$C_d = max[dS - D, 0] \tag{3.28}$$

Neben der Kursentwicklung der zugrundeliegenden Vermögensposition (bspw. einer Aktie) und der Auszahlungsstruktur der Option wird für die Berechnung noch zusätzlich eine risikolose Anlagemöglichkeit B benötigt. Aufgrund der vereinfachenden Annahme von nur zwei möglichen Zukunftszustände können die jeweiligen Kursentwicklungen im Binomialmodell veranschaulicht werden (siehe Abbildung 3.7).

allgemein		numerisches Beispiel	
t = 0	t = T	t = 0	t = T
S_0	$S_1^{(1)} = uS_0$	800	$1080 = 1{,}35 \times 800$
	$S_1^{(2)} = dS_0$		$680 = 0{,}85 \times 800$
B_0	$B_1^{(1)} = (1+r_f)B_0$	1	$1{,}05 = (1+0{,}05) \times 1$
	$B_1^{(2)} = (1+r_f)B_0$		$1{,}05 = (1+0{,}05) \times 1$
C_0	$C_1^{(1)} = max[uS_0\text{-}D, 0]$	?	$180 = max[1080\text{-}900, 0]$
	$C_1^{(2)} = max[dS_0\text{-}D, 0]$		$0 = max[680\text{-}900, 0]$

notwendige Angaben: $S_0 = 800$ $r_f = 5\ \%$ T - t = 1 Jahr
$u = 1{,}35$ $d = 0{,}85$ $D = 900$

Abbildung 3.7. Binomialmodell für eine Call-Option. Quelle: Eigene Darstellung

In der Optionspreistheorie besteht die Bewertungsaufgabe darin, ein Portefeuille aus dem Underlying und der risikolosen Anlagemöglichkeit zu konstruieren, welches die gleiche Auszahlungsstruktur aufweist, wie die Call-Option. Damit ist man wieder beim Replizieren. Der Anteil der Aktie (als Underlying) soll mit a und der Anteil der risikolosen Anlagemöglichkeit mit b bezeichnet werden. Damit ergeben sich folgende Gleichungen:

$$auS + (1 + r_f)b = C_u \tag{3.29}$$

$$adS + (1 + r_f)b = C_d \tag{3.30}$$

Wird das Gleichungssystem nach a und b aufgelöst ergibt sich:

$$a = \frac{C_u - C_d}{(u-d)S} \tag{3.31}$$

$$b = \frac{uC_d - dC_u}{(u-d)(1+r_f)} \tag{3.32}$$

Das Portefeuille aus a Anteilen der Aktie und b Anteilen[123] der risikolosen Anlagemöglichkeit wird auch als Hedge-Portefeuille bezeichnet. Bestehen keine Arbitragemöglichkeiten, muss der aktuelle Wert der Option C dem Wert des Hedge-Portefeuilles $aS + bB$ entsprechen B_0 entspricht dabei Eins und kann daher weggelassen werden.

$$C = aS + b \tag{3.33}$$

$$= \frac{C_u - C_d}{u-d} + \frac{uC_d - dC_u}{(u-d)(1+r_f)} \tag{3.34}$$

$$= \frac{\left[\left(\frac{1+r_f-d}{u-d}\right) C_u \left(\frac{u-1-r_f}{u-d}\right) C_d\right]}{1+r_f} \tag{3.35}$$

Dies kann weiter vereinfacht werden, wenn folgende Definitionen gelten:

$$q \equiv \frac{1+r_f-d}{u-d} \tag{3.36}$$

$$1-q \equiv \frac{u-1-r_f}{u-d} \tag{3.37}$$

Damit ergibt sich der Wert der Option aus den Optionswerten in den beiden möglichen Zukunftszuständen, die mit der risikoadjustierten Wahrscheinlichkeit q bzw. der Gegenwahrscheinlichkeit $1-q$ gewichtet werden und anschließend mit dem risikolosen Zins r_f zu diskontieren sind:

$$C = \frac{qC_u + (1-q)C_d}{1+r_f} \tag{3.38}$$

In Abbildung 3.8 findet sich nochmals die allgemeine Lösung für den Preis der Call-Option und ein numerisches Beispiel.[124]

Der Optionspreis C_0 ist durch die Auszahlungsstruktur am Verfallstag, den Kursverlaufsprozess des Underlying (ausgedrückt durch u und d) sowie der, zur Bildung des replizierenden Portefeuilles benötigten, risikolosen Anlage mit dem Ertrag $(1+r_f)$ determiniert. Daher ist der Optionspreis auch unabhängig von den Zustands- und Risikopräferenzen der Akteure am Kapitalmarkt.[125] Allerdings bedarf es im Gegensatz zum Time-State-Preference-Modell zusätzlich der Annahme logarithmisch normalverteilter Wertpapierrenditen und der Prämisse eines vollkommenen Kapitalmarktes.[126] Außer-

---

[123] Handelt es sich dabei um eine negative Zahl, ist dies als Geldaufnahme zu interpretieren.

[124] Die Grundlagen für die Optionsbewertung im Binomialmodell finden sich bei Cox u. a. (1979) und Rendleman und Barter (1979).

[125] Zur risikoneutralen Bewertung von Derivaten siehe Bingham und Kiesel (2004).

[126] Vgl. Breid (1997), S. 311 f. Zusätzlich sollen für die Betrachtung Steuern und Transaktionskosten unberücksichtigt bleiben.

	allgemein	numerisches Beispiel
(1)	$C_u \overset{!}{=} a \times uS_0 + b \times (1+r_f)B_0$	$180 \overset{!}{=} a \times 1080 + b \times 1{,}05$
(2)	$C_d \overset{!}{=} a \times dS_0 + b \times (1+r_f)B_0$	$0 \overset{!}{=} a \times 680 + b \times 1{,}05$
(3) = (1)-(2)	$C_u - C_d = a \times uS_0 - a \times dS_0$	$180 - 0 = a \times 1080 - a \times 680$
	$\Rightarrow a = \frac{C_u - C_d}{(u-d)S_0}$	$\Rightarrow a = \frac{180-0}{(1{,}35-0{,}85)800} = 0{,}45$
(4) = (3)in(1)	$C_u = \frac{C_u - C_d}{(u-d)S_0} uS_0 + b \times (1+r_f)B_0$	$C_u = \frac{180-0}{(1{,}35-0{,}85)800} 1080 + b \times 1{,}05$
	$\Rightarrow b = \frac{uC_d - dC_u}{u-d} \frac{1}{1+r_f}$	$\Rightarrow b = \frac{1{,}35 \times 0 - 0{,}85 \times 180}{1{,}35-0{,}85} \frac{1}{1{,}05} = -291{,}43$
(5)	$C_0 = a \times S_0 + b \times B_0$	$C_0 = a \times S_0 + b \times B_0$
(6) = a und b in (5)	$C_0 = \frac{C_u - C_d}{(u-d)S_0} S_0 + \frac{uC_d - dC_u}{u-d} \frac{1}{1+r_f}$	$C_0 = 0{,}45 \times 800 - 291{,}43 = 68{,}57$
	$\Rightarrow \frac{1}{1+r_f}\left[\frac{1+r_f-d}{u-d} C_u + \frac{u-1-r_f}{u-d} C_d\right]$	$\Rightarrow \frac{1}{1{,}05}\left[\frac{1{,}05-0{,}85}{1{,}35-0{,}85} 180 + \frac{1{,}35-1{,}05}{1{,}35-0{,}85} 0\right]$
	$\Rightarrow \frac{1}{1+r_f}[qC_u + (1-q)C_d]$	$\Rightarrow \frac{1}{1{,}05}[0{,}4 \times 180 + 0{,}6 \times 0] = 68{,}57$

Abbildung 3.8. Bestimmung des Replikationsportefeuilles. Quelle: Eigene Darstellung

dem muss $u > 1 + r_f > d$ gelten, da sich sonst Arbitragemöglichkeiten aus der Aktie und der risikolosen Anlage ergeben.

Die Formel 3.38 besitzt den Charakter der risikoneutralen Bewertung, da es sich offensichtlich um eine erwartete Auszahlung handelt, die mit dem risikolosen Zinssatz zu diskontieren ist. Die zustandsabhängigen Auszahlungen C_u und C_d der Option werden mit so genannten Martingalmassen (q bzw. $1 - q$) gewichtet und liefern so das Sicherheitsäquivalent der erwarteten Auszahlung. Dieses Sicherheitsäquivalent wird dann mit dem risikolosen Zins r_f diskontiert. Die Martingalmasse stellen risikoadjustierte Wahrscheinlichkeiten für das Eintreten der beiden möglichen Umweltzustände u und d dar. Die „realen" (subjektiv erwarteten) Wahrscheinlichkeiten sind in der Optionsbewertung nicht relevant. Hier zeigt sich die Verwandschaft zwischen der risikoneutralen Unternehmensbewertung und der Optionspreistheorie.[127]

[127] Auf Basis dieses Zusammenhangs lässt sich die risikoneutrale (Unternehmens-) Bewertung auch nutzen um die Handlungsflexibilität des Managements im Sinne von Realoptionen zu bewerten. Für eine Einführung in Realoptionen siehe Dixit und Pindyck (1993), Trigeorgis (1996), Copeland und Antikarov (2001) oder Laux (1993). Einen Überblick zur praktischen Anwendung bietet Hommel, Ulrich und Scholich, Martin und Baecker, Philipp (Hrsg.) (2003).

3.3.3.3 Die risikoneutrale Bewertung - Martingale in der Unternehmensbewertung

Die risikoneutrale Bewertung geht keineswegs von risikoneutralen Investoren aus, sondern stellt ein Bewertungsprinzip dar, welches es erlaubt, die erwarteten zukünftigen Cash Flows einer Investitionsmöglichkeit mit dem risikolosen Zins zu diskontieren:[128]

$$p = \frac{QX}{1+r_f} = \frac{E_Q[\tilde{X}]}{1+r_f} \tag{3.39}$$

Dazu müssen die Erwartungswerte modifiziert (in ihre Sicherheitsäquivalente überführt) werden. Dafür sind die statistischen Eintrittswahrscheinlichkeiten der möglichen Zustände durch risikoneutrale[129] bzw. risikoadjustierte Wahrscheinlichkeiten (Q) zu ersetzen. Hier spricht man auch von Martingalwahrscheinlichkeiten bzw. -massen.[130] Diese werden mit Q bezeichnet und bewirken, dass „schlechte“ Zustände stärker und „gute“ Zustände weniger stark gewichtet werden.[131] X ist weiterhin eine Matrix, die die Auszahlungen der Investitionsmöglichkeiten in den einzelnen Zuständen enthält. Das entsprechende Sicherheitsäquivalent kann auch als Erwartungswert unter dem Wahrscheinlichkeitsmaß Q bezeichnet werden ($E_Q[\tilde{X}]$).

Die Existenz eines arbitragefreien Preissystems ist nun mit der Existenz eines eindeutigen Martingalmasses äquivalent:[132]

$$s = \frac{Q}{1+r_f} \tag{3.40}$$

Dies ergibt sich aus der Gleichsetzung von Formel 3.16 und Formel 3.39.

Wird nun der intertemporale Fall betrachtet ($t > 1$), gilt:[133]

$$p_0 = \frac{E_{Q,0}[\tilde{X}_T]}{(1+r_f)^T} \tag{3.41}$$

oder allgemeiner:

$$p_0 \frac{1}{(1+r_f)^0} = \frac{E_{Q,0}[\tilde{X}_T]}{(1+r_f)^T} \tag{3.42}$$

128 Für technische Details siehe Pliska (1997).

129 Der Begriff ergibt sich daraus, dass es sich um die Eintrittswahrscheinlichkeit des Zustandes in einer risikoneutralen Welt handelt. Anders ausgedrückt würde bei Risikoneutralität die Martingalwahrscheinlichkeit der statistischen Wahrscheinlichkeit entsprechen. Vgl. Zimmermann (1998), S. 68 und 129.

130 Vgl. Zimmermann (1998), S. 27. Der Begriff stammt wahrscheinlich aus dem Provenzialischen „jouga a la martegalo“ und bezeichnet beim Roulette-Spiel die Strategie, den verlorenen Einsatz des vorausgegangenen Spiels jeweils zu verdoppeln.

131 Vgl. Zimmermann (1998), S. 68.

132 Vgl. Zimmermann (1998), S. 36.

133 Vgl. Zimmermann (1998), S. 79.

was zu

$$p_t \frac{1}{(1+r_f)^t} = \frac{E_{Q,t}[\tilde{X}_T]}{(1+r_f)^T} \tag{3.43}$$

führt.

Fällt die Auszahlung bspw. am Ende der Periode $t+2$ an, wird zuerst X_{t+1} durch p_{t+1} ersetzt und der daraus resultierende Ausdruck in die Ausgangsgleichung eingesetzt. Diese Substitution ist für jeden beliebigen Zeithorizont möglich. Der abdiskontierte Preisprozess ($Z_t, Z_{t+1}, Z_{t+2}, \ldots$ mit $Z_t = \frac{X_t}{(1+r_f)^t}$) folgt unter Q einem Martingalprozess. In der Folge wird nicht mehr zwischen zukünftiger Auszahlung und Preis unterschieden. So schreibt Zimmermann: „In einem arbitragefreien Preissystem kann immer nur ein Wahrscheinlichkeitsmass gefunden werden, unter dem die mit dem risikolosen Zinssatz diskontierten Preise oder Payoffs einem Martingale-Prozess folgen."[134] Damit reicht die Existenz eines Martingalmasses als hinreichende und notwendige Bedingung für ein arbitragefreies Preissystem aus.[135]

Werden die Erkenntnisse auf die Bewertung von Unternehmen übertragen, erfolgt die Berücksichtigung des Risikos dadurch, dass der Erwartungswert des Cash Flows nicht mit den tatsächlich geschätzten Wahrscheinlichkeiten für die einzelnen zukünftigen Zustände zu errechnen ist, sondern mit den risikoadjustierten Wahrscheinlichkeiten q. Durch die Verwendung von risikoadjustierten Wahrscheinlichkeiten wird das Bewertungsproblem in die „risikoneutrale" Welt überführt (aus dem Erwartungswert eines unsicheren Cash Flows wird das entsprechende Sicherheitsäquivalent). Anschließend kann so bewertet werden, als sei der Investor risikoneutral. Die Bestimmung von Kapitalkosten entfällt dabei, weil nun mit dem risikolosen Zins diskontiert werden muss.

$$V_0 = \sum_{t=1}^{T} \frac{E_Q[\widetilde{CF}_t]}{(1+r_f)^t} \tag{3.44}$$

Da im Rahmen einer mehrperiodigen Betrachtung die Erwartungswertbildung allerdings nicht auf Basis vollkommener Informationen, sondern vor dem Hintergrund der gesamten im Zeitpunkt t verfügbaren Informationen erfolgt, wird dieser Zusammenhang auch als Filtration (F_t) bezeichnet. Damit handelt es sich um bedingte Erwartungswerte, die sich im Zeitablauf verändern können.[136] Martingalprozesse bezeichnen allgemein einen stochastischen endlichen Prozess mit konditioniertem Erwartungswert, der auch als bestimmtes Modell der Random-Walk-Hypothese aufgefasst werden kann.[137] Für die

134 Vgl. Zimmermann (1998), S. 82.

135 Siehe hierzu auch Harrison und Kreps (1979), Duffie (1996) oder Neftci (1996).

136 Vgl. Neftci (1996), S. 96.

137 Vgl. Perridon und Steiner (1999), S. 214.

Änderung einer Beobachtungsgröße P (i.d.R. werden Marktpreise wie z.B. Aktienkurse beobachtet) gilt eine bestimmte multivariate Wahrscheinlichkeitsverteilung, wobei der Erwartungswert der Veränderung Null ist und die aufeinander folgenden Änderungen unkorreliert sind.[138] Für $t \geq 0$ und $t < s < T < \infty$ gilt:[139]

$$E[P_{t+s}|F_t] = P_t \tag{3.45}$$

Das Modell der Submartingale geht hingegen davon aus, dass der bedingte Erwartungswert der Änderungen nicht Null ist, sondern der (positiven) Gleichgewichtsrendite entspricht. Ein Submartingal ist somit ein faires Spiel, bei dem für die Beobachtungsgröße in der nächsten Periode ein größerer Wert erwartet wird als der in der Vorperiode.[140]

$$E[P_{t+s}|F_t] \geq P_t \tag{3.46}$$

Im Folgenden soll in der Notation allerdings auf die Nennung der Filtration aus Vereinfachungsgründen verzichtet werden. Zwei wesentliche Elemente des Martingals sind der Informationsstand zum Zeitpunkt t und die Wahrscheinlichkeitsverteilung, welche der Erwartungswertswertbildung der unsicheren Auszahlung zugrunde liegt. Der langfristige Trend einer Zeitreihe kann unter diesen Umständen durch zwei Möglichkeiten verschoben werden. Entweder wird der Trend reduziert (durch Subtraktion eines anderen langfristigen Trends) oder die Wahrscheinlichkeitsverteilung wird transformiert. Bei der Anwendung von Martingalen in der Finanzmathematik erweist sich dies als recht nützlich, wie im folgendem Kapitel anhand des Binomialmodells veranschaulicht werden soll.

3.4 Veranschaulichung der risikoneutralen Bewertung im Binomialmodell

3.4.1 Der Binomialprozess

Der Binomialprozess stellt einen der einfachsten stochastischen Prozesse dar und soll im Folgenden für die Veranschaulichung der risikoneutralen Bewertung genutzt werden.[141] Die Darstellung eines Binomialprozesses erfolgt im so genannten Binomialbaum, in dem die unsichere Größe nach einem spezifischen Zeitintervall nur zwei Werte annehmen kann.

---

[138] Damit wird allerdings nur Unabhängigkeit der Erwartungswerte, nicht aber stochastische Unabhängigkeit der Änderungen vorausgesetzt. Vgl. Perridon und Steiner (1999), S. 214.

[139] Vgl. Neftci (1996), S. 96.

[140] Vgl. Copeland und Weston (1992), S. 347. Ein Supermartingal liegt vor, wenn der bedingte Erwartungswert kleiner oder gleich dem Wert in der Vorperiode ist.

[141] Zu weiteren stochastischen Prozessen in der Theorie der Finanzmärkte siehe beispielhaft die Ausführungen in Anhang A sowie weiterführend die dort angegebenen Quellen.

Daher stammt auch die Bezeichnung Bi-nomialprozess (aus dem Lateinischen für zwei). Beispielhaft dafür ist der Lauf einer Kugel über ein so genanntes „Galton“-Brett. Diese Versuchsanordnung geht auf Sir Francis Galton (1822-1911) zurück, der ein Gerät zur Veranschaulichung der Binomialverteilung konstruierte. Dazu platzierte er Nägel in der Anordnung des Pascalschen Dreiecks[142] auf einem vertikal aufgestellten Brett und ließ von oben Kugeln auf die Anordnung fallen. Wenn es sich um ein faires Spiel handelt, ist die Wahrscheinlichkeit (p) dafür, dass die Kugel links am Nagel vorbei läuft gleich groß, wie die (Gegen-)Wahrscheinlichkeit $(1 - p)$, dass sie rechts vorbei läuft. Für beide Seiten beträgt die Wahrscheinlichkeit also 0, 5 oder 50 %. Betrachtet man die Entwicklung über mehrere Perioden (oder besser Nägel) hinweg, ergibt sich eine Binomialverteilung.[143] Der mögliche Verlauf auf dem Nagelbrett ist in der oberen Hälfte der Abbildung 3.9 schematisch dargestellt. Die Binomialverteilung selbst ergibt sich aus der unteren Hälfte der Abbildung und entspricht in den Grundzügen der (standardisierten) Normalverteilung. Die Ansammlung von Kugeln in den einzelnen Auffangschalen könnte auch, im Gegensatz zur Dichtefunktion, die durch die Kurve dargestellt wird, als diskrete Verteilungsfunktion interpretiert werden.

Die Wahrscheinlichkeit (WS), dass die Kugel bei T Nägeln n-mal rechts vorbei geht, lässt sich über folgende Formel ermitteln:[144]

$$WS\{n|T\} = \frac{T!}{(T-n)!n!}p^n(1-p)^{T-n} \tag{3.47}$$

3.4.2 Projektion von Cash Flows im Binomialbaum

Analog zu dem Verlauf der Kugel im Beispiel mit dem „Galton“-Brett ist in der Unternehmensbewertung der zukünftige Cash Flow die unsichere Größe. Der Cash Flow kann im Binomialbaum zum Zeitpunkt $t = 1$ folglich den Wert A oder den Wert B annehmen. Der zeitliche Abstand zwischen den einzelnen Schritten (Δt) muss dabei sinnvoll gewählt werden. Da Unternehmensbewertungen i.d.R. auf Bilanz- und GuV-Zahlen basieren, die nur jährlich veröffentlicht werden, erscheint es nicht verkehrt, wenn Δt einem (Geschäfts-)Jahr entspricht.[145] Die genaue Ausprägung von A und B ist noch zu bestimmen, allerdings kann

[142] Eine Anordnung von natürlichen Zahlen in Dreiecksform, die nach dem französischen Mathematiker Blaise Pascal benannt ist und in der jede Zahl der Summe der beiden ihr am nächsten stehenden Zahlen der vorigen Reihe entspricht. Im 17. Jahrhundert untersuchte Blaise Pascal Binomialkoeffizienten im Zusammenhang mit der Wahrscheinlichkeitsrechnung.

[143] Vgl. Zimmermann (1998), S. 284.

[144] Vgl. Copeland und Weston (1992), S. 264 f.

[145] Die Kapitalmarktkommunikation nimmt nicht nur für international agierende Unternehmen an Bedeutung zu. Baustein einer kapitalmarktorientierten Kommunikation ist neben der Einrichtung einer Investors Relation Abteilung die zeitnahe Berichterstattung (z.B. mit Hilfe von Quartalsberichten), wie es in den USA schon lange üblich ist. Eine Verfeinerung des Mo-

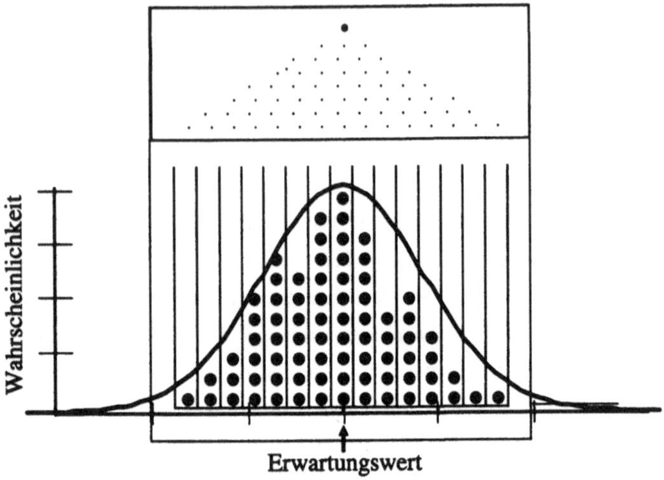

Abbildung 3.9. Die Binomialverteilung. Quelle: Eigene Darstellung

schon jetzt gesagt werden, dass sich der Cash Flow im Fall A positiver entwickelt als im Fall B. Die Wahrscheinlichkeit der beiden Ereignisse wird mit p für A und der Gegenwahrscheinlichkeit $(1-p)$ für B bezeichnet. Diese Eintrittswahrscheinlichkeiten sollen über die Zeit konstant und unabhängig voneinander sein. Das Ergebnis einer Periode beeinflusst somit nicht die Wahrscheinlichkeiten für das nachfolgende Ergebnis.[146] Lassen sich die zustandsabhängigen Cash Flows in $t+1$ jeweils durch Multiplikation des Cash Flow in t mit den Veränderungsfaktoren (*up* bzw. *down*) bestimmen, liegt ein multiplikativer Binomialprozess vor.[147] Die Bewertungstheorie spricht in diesem Fall auch von abhängigen Cash Flows.[148]

dells mit kürzeren Zeitabschnitten ist ohne weiteres möglich. Auf diese Thematik wird im Abschnitt zum diskreten stochastischen Prozess noch eingegangen, denn das diskrete Modell kann durch Verkürzung der Zeitschritte auf infinitesimal kleine Zeiteinheiten in ein stetiges Modell überführt werden.

[146] Für eine ausführliche Diskussion der Binomialverteilung siehe Bleymüller u. a. (1996), S. 52 ff.

[147] Vgl. Steiner und Bruns (2000), S. 306 oder Albrecht und Maurer (2002), S. 142 f.

[148] Da der erwartete Cash Flow u.a. davon abhängt, in welchem Knoten des Binomialbaums man sich gerade befindet, wird auch von bedingten Erwartungen gesprochen. Eine Gegenüberstellung von abhängigen und unabhängigen Cash Flows findet sich bspw. bei Richter und Timmreck (2003a), S. 5 f.

Üblicherweise greift man bei Unternehmensbewertungen auf den Erwartungswerten zukünftiger Cash Flows zurück. Diese Erwartungswerte ergeben sich bspw. aus dem Businessplan des Unternehmens, welcher vom Management aufgestellt wird. Im Binomialbaum kann der Cash Flow in jedem Zeitschritt zwei unterschiedliche Ausprägungen annehmen. Der Unterschied zwischen diesen beiden Ausprägungen kann als Maß für die enthaltene Unsicherheit interpretiert werden. Je größer der Unterschied, desto größer die Unsicherheit und umgekehrt. Würde der zukünftige Cash Flow in beiden Zuständen gleich hoch sein, könnte er als sicher bezeichnet werden. Damit wäre er zustandsunabhängig. Für Investoren ist es i.d.R. sehr schwierig, wenn nicht unmöglich, Aussagen über die Wahrscheinlichkeit für das Eintreffen eines bestimmten Umweltzustandes zu treffen. Liegen keine anderen Informationen vor, soll jeder Zustand aus Vereinfachungsgründen mit einer Wahrscheinlichkeit von 0, 5 versehen werden. Die Annahme einer gleich hohen Wahrscheinlichkeit für das Eintreten der beiden möglichen Umweltzustände ist darüber hinaus auch konsistent mit dem Modell des Random-Walk.[149] Eine allgemeine Darstellung für die Entwicklung von Cash Flows im Binomialbaum findet sich in Abbildung 3.10.

Dabei ist der Cash Flow CF_0 nicht bei der Bewertung zu berücksichtigen. Er dient lediglich als Ausgangswert, von dem aus die zukünftigen Cash Flows multiplikativ ermittelt werden können. Es handelt sich bei CF_0 um einen sicheren Cash Flow, da er zum Bewertungszeitpunkt ($t = 0$) bereits bekannt ist. Dieser Wert kann bspw. dem Jahresabschluss entnommen bzw. auf dessen Basis ermittelt werden. Die Wahrscheinlichkeit für das Eintreffen des positiven Zustandes (*up*) wird mit p, die des negativen Zustandes (*down*) mit $(1 - p)$ bezeichnet. Die zeitabhängigen *up*- und *down*-Faktoren sind Multiplikatoren, die den Cash Flow der Vorperiode in die zustandsabhängigen Cash Flow-Ausprägungen der nachfolgenden Periode überführen. Wie diese Faktoren zu bestimmen sind, ist Schwerpunkt der folgenden Abschnitte.[150] Werden in jeder Periode alle möglichen Cash Flow-Ausprägungen mit Ihren Eintrittswahrscheinlichkeiten gewichtet, ergibt sich der jeweilige Erwartungswert $E[\widetilde{CF}_t]$. Dabei ergibt sich die Eintrittswahrscheinlichkeit aus den multiplizierten Wahrscheinlichkeiten aller Entscheidungspunkte, die vom Startwert in $t = 0$ bis zum Cash Flow in $t = T$ durchlaufen wurden.

---

[149] Übertragen auf die Kursentwicklung von Kapitalmarktprodukten wie z.B. Aktien bedeutet ein Random-Walk, dass der jeweils nächste Kurs mit einer 50 %igen Wahrscheinlichkeit über bzw. unter dem vorherigen Kurs liegen wird. Zum Random-Walk und dessen Abbildung im Binomialbaum siehe Albrecht und Maurer (2002), S. 140 ff.

[150] Unabhängig von der konkreten Ausprägung muss folgende Bedingung von *up*- und *down*-Faktoren erfüllt werden: $up > 1 + r_f > down$. Wäre dies nicht der Fall, gäbe es dominierende Strategien.

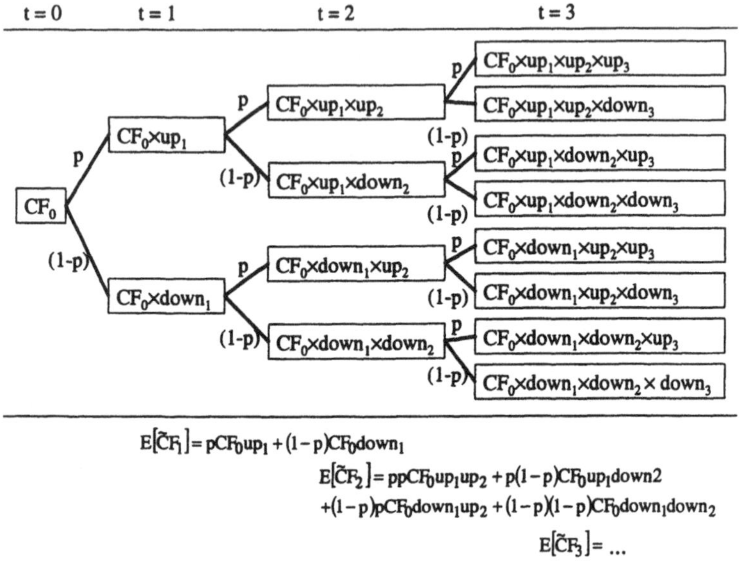

Abbildung 3.10. Die Abbildung von Cash Flow Entwicklungen im Binomialbaum
Quelle: Eigene Darstellung

3.4.2.1 Erwartungswert und Streuung

Eine Möglichkeit zur Bestimmung der *up*- und *down*-Faktoren besteht in der Verwendung der Erwartungswerte der Cash Flows in Verbindung mit deren Standardabweichung $\sigma_{\widetilde{CF}_t}$.[151] Der Erwartungswert der Cash Flows kann, wie schon erwähnt, aus dem Businessplan des Unternehmens entnommen werden. Die Standardabweichung lässt sich auf unterschiedliche Weise bestimmen:

Statistische Standardabweichung Wenn der Erwartungswert des Cash Flows als Mittelwert mehrerer Cash Flow Schätzungen gebildet wird, kann auf Basis dieser Daten auch die Standardabweichung bestimmt werden:[152]

$$\sigma = \sqrt{\sigma^2} = \sqrt{\frac{1}{N}\sum_{i=1}^{N}(a_i - \mu)^2} \tag{3.48}$$

[151] Bei Annahme einer Normalverteilung für den Cash Flow, können mit dieser Methode 2/3 aller möglichen Zustände abgebildet werden. Eine noch höhere Genauigkeit kann erreicht werden, wenn das σ-Band erweitert wird. Für die 95 %ige Abdeckung müsste die Bandbreite +/- 1,96 mal σ betragen. Siehe hierzu auch Abbildung 3.2.

[152] Vgl. bspw. Bleymüller u. a. (1996), S. 19.

mit

$$\mu = \frac{\sum_{i=1}^{N} a_i}{N} \tag{3.49}$$

Dabei ist N die Anzahl der Schätzungen, a_i die Cash Flow-Ausprägung der jeweiligen Schätzung und μ der (arithmetische) Mittelwert aller Schätzungen. Die notwendigen Schätzungen können bspw. von verschiedenen Mitgliedern des Managements oder von entsprechenden Experten stammen.

Ist davon auszugehen, dass die Schätzungen nur eine Stichprobe aller möglichen Cash Flow Ausprägungen darstellen, muss Formel 3.48 modifiziert werden:[153]

$$\hat{\sigma} = \sqrt{\hat{\sigma^2}} = \sqrt{\frac{1}{N-1}\sum_{i=1}^{N}(a_i - \hat{\mu})^2} \tag{3.50}$$

Soll die Erhebung von Erwartungswert und Standardabweichung objektiviert bzw. auf eine breitere Datenbasis gestellt werden, können Analystenschätzungen herangezogen werden.[154]

Szenarioanalysen Eine weitere Möglichkeit besteht in der Bildung von zustandsabhängigen Szenarien. So könnte nicht nur der Erwartungswert des Cash Flows als Most Likely Case ermittelt werden, sondern auch der Cash Flow für den Best Case und den Worst Case. Hierfür wird i.d.R. ein Werttreibermodell eingesetzt, bei dem der Cash Flow in seine einzelnen Faktoren (z.B. Absatzmenge, Preis, Herstellungskosten, usw.) zerlegt wird. Ein einfaches Werttreibermodell stellt das bekannte Du Pont-Schema dar.[155] Anschließend werden alle Faktoren einzeln prognostiziert. Der Best Case ergibt sich als Cash Flow aus dem Werttreibermodell, bei dem sich alle Faktoren im Sinne des Cash Flows positiv entwickeln (Absatzmenge und -preis können erhöht, die Herstellkosten gesenkt werden). Beim Worst Case entwickeln sich die Faktoren im Sinne des Cash Flows entsprechend negativ (Absatzmenge und -preis müssen gesenkt werden, die Herstellungskosten steigen an).

Subjektive Bandbreiten Liegen weder mehrere Schätzungen noch Szenarioanalysen vor, können z.B. Erfahrungswerte des Management oder von anderen Experten herangezogen und so eine adequate Streuung (bspw. von +/- 20 %) bestimmt werden. In dieser subjektiven Bandbreite kommt zum Ausdruck, um welchen Prozentsatz die Schätzungen in der Vergangenheit von den realisierten Werten abgewichen sind. Die Ermittlung kann sehr formal (z.B. mit Hilfe von Regressionsanalysen) oder einfach auf Basis von Erfahrungswerten des Managements erfolgen.

---

153 Zur Begründung siehe Bleymüller u. a. (1996), S. 79 f. oder Bamberg und Baur (1996), S. 139 ff.

154 Siehe hierzu im Detail Kapitel IV.

155 Siehe hierzu bspw. Corsten, Hans (Hrsg.) (1995).

Die Darstellung der Cash Flow-Entwicklung im Binomialbaum ergibt sich bei Verwendung der, auf unterschiedliche Weise bestimmten, Streuung wie in Abbildung 3.11 gezeigt.

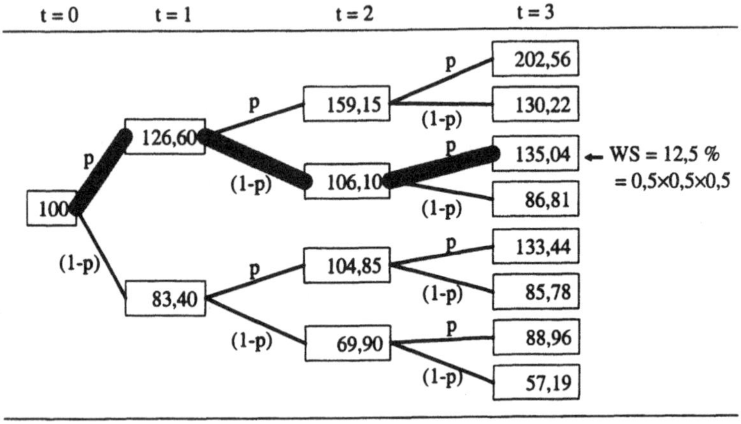

$E_p[CF_t]$ =	105	110	115	p = (1-p) = 0,5
Streuung	σ_{CF} = 21,6	+/- 20%	Szenario	
Ausprägung A	126,6	132	Best Case 140	
Ausprägung B	83,4	88	Worst Case 90	

Abbildung 3.11. Binomialbaum auf Basis des Erwartungswerts und der Streuung
Quelle: Eigene Darstellung

Wichtig ist dabei, dass sich die Erwartungswerte der Cash Flows immer aus den, mit ihren Eintrittswahrscheinlichkeiten gewichteten, zustandsabhängigen Cash Flows ergeben. Die Eintrittswahrscheinlichkeit der einzelnen Zustände ergibt sich wiederum als Produkt der Wahrscheinlichkeiten, die auf dem Pfad bis zum betrachteten Zustand durchlaufen wurden.[156] Wie im vorliegenden Beispiel zu sehen ist, können die *up*- und *down*-Faktoren von Periode zu Periode schwanken. Die Berechnung der *up*- und *down*-Faktoren erfolgt dabei auf Basis der Cash Flow-Erwartung für den positiven sowie negativen Zustand und in Abhängigkeit der verwendeten Methode zur Bestimmung der Standardabweichung.

Für die statistische Standardabweichung

$$up = \frac{E[\widetilde{CF}_t] + \sigma_{\widetilde{CF}_t}}{CF_{t-1}} \text{ und } down = \frac{E[\widetilde{CF}_t] - \sigma_{\widetilde{CF}_t}}{CF_{t-1}} \tag{3.51}$$

[156] Ein Beispiel ergibt sich aus dem markierten Pfad in Abbildung 3.11. Die Eintrittswahrscheinlichkeit für diesen Zustand beträgt 12,5 % und ergibt sich wie folgt: $p \times (1-p) \times p = 0,5 \times (1-0,5) \times 0,5 = 0,125$.

oder für die Szenarioanalyse

$$up = \frac{E[\widetilde{CF}_t]_{BestCase}}{CF_{t-1}} \text{ und } down = \frac{E[\widetilde{CF}_t]_{WorstCase}}{CF_{t-1}} \tag{3.52}$$

oder für die subjektive Bandbreite

$$up = \frac{E[\widetilde{CF}_t](1 + \%\text{-Satz})}{CF_{t-1}} \text{ und } down = \frac{E[\widetilde{CF}_t](1 - \%\text{-Satz})}{CF_{t-1}} \tag{3.53}$$

Somit ist die Struktur der Cash Flows vollständig im Binomialbaum abgebildet.

3.4.2.2 Reziprokes Modell

Ist es nicht möglich oder erscheint es nicht sinnvoll, eine Standardabweichung für die Cash Flows zu bestimmen, kann die vereinfachende Annahme eines reziproken Modells getroffen werden.[157] Dabei ergibt sich der *down*-Faktor als Kehrwert des *up*-Faktors.

$$down = \frac{1}{up} \tag{3.54}$$

Die Struktur des Binomialbaums kann unter Berücksichtigung dieser Annahme nun so umgestellt werden, dass die Kenntnis der erwarteten Wachstumsrate der Cash Flows ($E[\tilde{g}_t]$) ausreicht, um das Modell vollständig zu spezifizieren. Da die mit ihrer Eintrittswahrscheinlichkeit gewichteten zustandsabhängigen Cash Flows den Erwartungswert des Cash Flow ergeben müssen, lässt sich folgende Gleichung aufstellen:[158]

$$E[\tilde{g}_t] = \frac{E[\widetilde{CF}_t]}{CF_{t-1}} - 1 = \frac{p \times up_t \times CF_{t-1} + (1-p) \times down_t \times CF_{t-1}}{CF_{t-1}} - 1 \tag{3.55}$$

$$\Rightarrow E[\tilde{g}_t] = p \times up_t + (1-p) \times \frac{1}{up_t} - 1$$

$$\Rightarrow up_t = \frac{1 + E[\tilde{g}_t]}{2p} \pm \sqrt{\left(\frac{1 + E[\tilde{g}_t]}{2p}\right)^2 - \frac{1-p}{p}} \tag{3.56}$$

Da $up > 1$ und $p = 0,5$ gilt, lässt sich die Formel weiter vereinfachen:

$$up_t = 1 + E[\tilde{g}_t] + \sqrt{(1 + E[\tilde{g}_t])^2 - 1} \tag{3.57}$$

Abbildung 3.12 zeigt ein nummerisches Beispiel für das reziproke multiplikative Binomialmodell bei konstantem Wachstum. Aus der Wachstumsrate von 2,5 % lässt sich mit Formel 3.57 der *up*-Faktor von 1, 25 und als Kehrwert der entsprechende *down*-Faktor von

[157] Vgl. hierzu insbesondere Richter (2001), S. 178 f. Analog erfolgt auch die Parameterüberführung bei Cox u. a. (1979), S. 246 ff.

[158] Vgl. Richter und Helmis (2001), S. 18. Auf den Zeitindex t wurde hier zu Gunsten der Übersichtlichkeit verzichtet.

0, 8 berechnen. Die Cash Flow-Ausprägungen ergeben sich dann aus der Multiplikation des Cash Flow im vorhergehenden Zeitpunkt unter Berücksichtigung des eingetretenen Zustandes mit dem *up-* bzw. *down*-Faktor. Der Erwartungswert des Cash Flows (als mit der Eintrittswahrscheinlichkeit gewichtetes Mittel der möglichen Cash Flow-Ausprägungen in einem Zeitpunkt) stimmt mit dem ursprünglichen Businessplan überein.

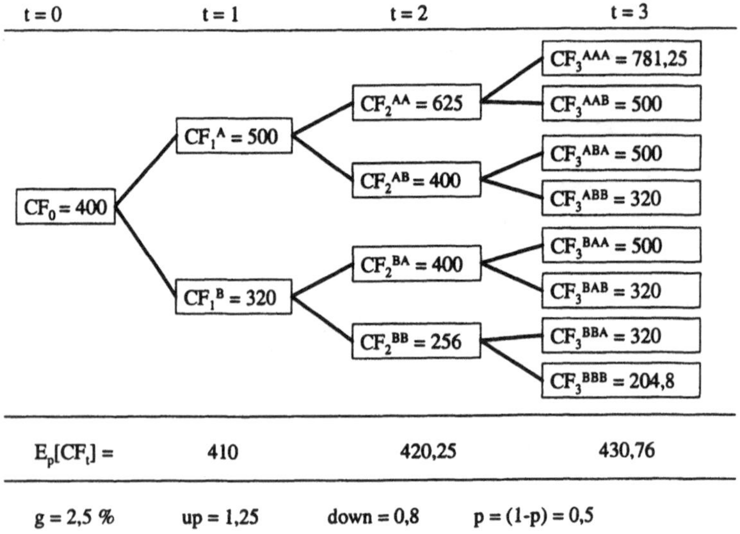

Abbildung 3.12. Das reziproke Modell als Vereinfachung. Quelle: Eigene Darstellung

3.4.2.3 Marktrendite und risikolose Anlagemöglichkeit

3.4.2.3.1 Marktrendite

Bei einer kapitalmarktorientierten Unternehmensbewertung, kann die Investition in das Marktportefeuille (z.B. in Form eines Aktienindex) als Alternative betrachtet werden.[159] Auch die Rendite dieses alternativen Investments lässt sich im Binomialbaum abbilden. Vorerst soll davon ausgegangen werden, dass die erwartete Marktrendite ($\tilde{r}_M$) ebenso

[159] Hier handelt es sich um eine kleine Ungenauigkeit, da es für die Definition von Alternativrenditen wichtig ist, dass die Alternative auch verfügbar ist, also am Markt gehandelt wird und außerdem in Bezug auf Terminierung der Zahlung und Wahrscheinlichkeit der Realisierung mit der betrachteten Investitionsmöglichkeit übereinstimmen. Vgl. Richter (2005), S. 6 ff. Allerdings soll es hier ausreichen, wenn solch eine Alternative aus der risikobehafteten Marktrendite und dem risikolosen Zins konstruiert werden kann.

bekannt ist wie ihre Standardabweichung (σ_M). Damit kann die Struktur der Marktrendite wie in Abbildung 3.13 gezeigt im Binomialbaum dargestellt werden:

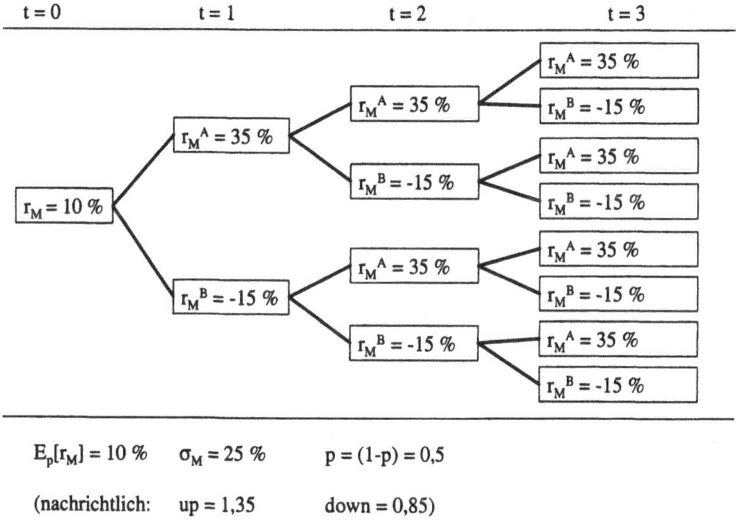

Abbildung 3.13. Abbildung der Marktrendite im Binomialbaum. Quelle: Eigene Darstellung

Die erwartete Marktrendite $E[\tilde{r}_M]$ beträgt im vorliegenden Beispiel 10 % und deren Standardabweichung (σ_M) 25 %. Im positiven Zustand erzielt die Marktrendite den Erwartungswert zuzüglich einer Standardabweichung (also 35 %) und im negativen Zustand den Erwartungswert abzüglich einer Standardabweichung (also -15 %).

Vereinfachend wird weiterhin unterstellt, dass der Erwartungswert und die Standardabweichung der Marktrendite über die Zeit hinweg konstant sind.

3.4.2.3.2 Risikolose Anlagemöglichkeit

Die risikolose Anlagemöglichkeit führt unabhängig vom Zustand zu einer Auszahlung in Höhe des risikolosen Zinses. Der entsprechende Binomialbaum ist in Abbildung 3.14 dargestellt. Zustandsunabhängig beträgt die Rendite der risikolosen Anlagemöglichkeit im Beispiel 5 %.

An dieser Stelle wäre die Darstellung der risikolosen Anlage im Binomialbaum zwar nicht notwendig, sie erleichtert aber die Übertragung der Ergebnisse in die schon vorgestellte Optionsbewertung.

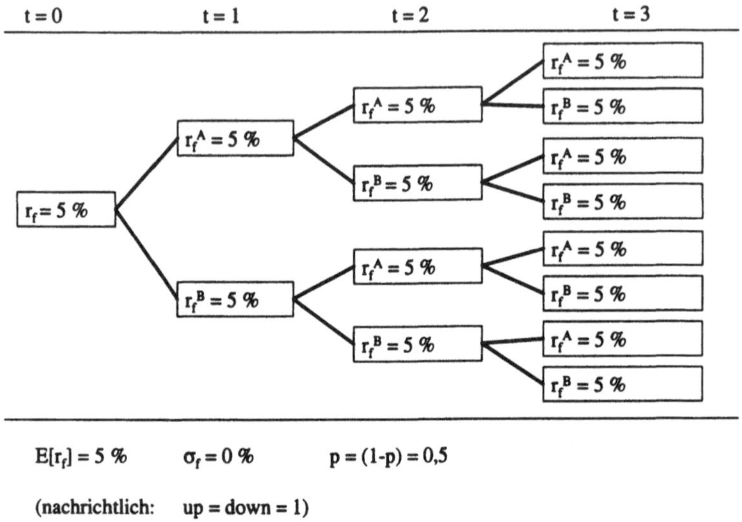

Abbildung 3.14. Abbildung der risikolosen Anlagemöglichkeit im Binomialbaum
Quelle: Eigene Darstellung

3.4.2.4 Zusammenfassung der einzelnen Binomialbäume

Abschließend können die Binomialbäume für Cash Flow-Entwicklung und Marktrendite zusammengefasst werden. Der Zweig, der nach oben führt lässt sich dann als gesamtwirtschaftlicher Aufschwung und der Zweig der nach unten führt als gesamtwirtschaftliche Rezession interpretieren.[160]

Nun wird deutlich, dass es sich nicht um eine losgelöste Projektion von Cash Flows handelt, sondern eine gemeinsame Projektion der Cash Flow-Entwicklung und der Marktrendite. Dabei wird implizit eine Korrelation von $+1$ zwischen Cash Flow-Entwicklung und Marktrendite unterstellt. Im Rahmen des Binomialmodells kann sonst nur eine Korrelation von -1 oder eine Unabhängigkeit zwischen Cash Flow-Entwicklung und Marktrendite abgebildet werden.[161] Da diese Fälle in der Realität eine eher untergeordnete Bedeutung haben,[162] wird im Folgenden von der perfekten positiven Korrelation ($+1$) ausgegangen.

[160] In Anlehnung an Richter (2001), S. 181.

[161] Vgl. hierzu insbesondere Wilhelm (2002).

[162] Eine negative Korrelation würde sich im Rahmen des CAPM in einem negativem Betafaktor ausdrücken. Dieses Phänomen ist allerdings nur vereinzelt und i.d.R. nur für kurze Zeiträume zu beobachten, wie die Tabellen in Anhang D belegen.

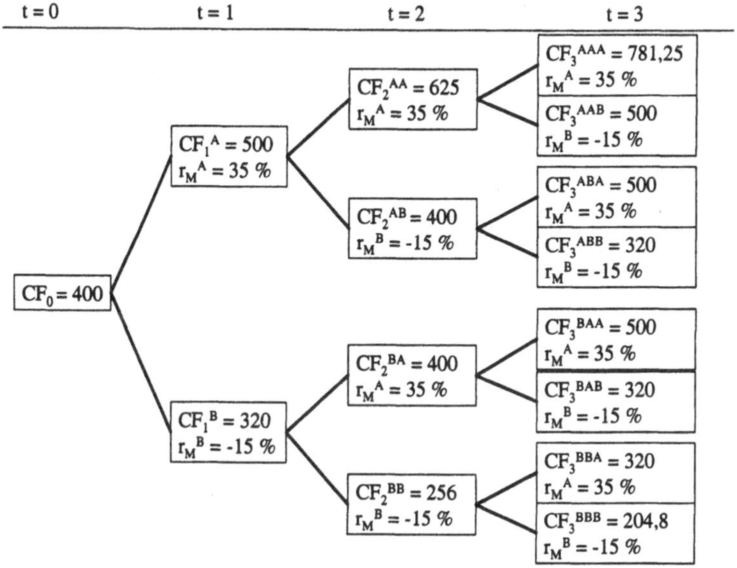

Abbildung 3.15. Die kombinierte Abbildung von Cash Flow-Entwicklung und Marktrendite im Binomialbaum
Quelle: Eigene Darstellung

Sollte gar keine Korrelation vorhanden sein, ist eine Bewertung im vorgestellten Modell weder sinnvoll noch möglich. Die Thematik der Korrelation wird im Kapitel V weiter vertieft.

3.4.3 Prognose von Sicherheitsäquivalenten im Binomialbaum

Da dem Prinzip der Risikoabschlagsmethode gefolgt wird, sind in einem ersten Schritt die erwarteten zukünftigen Cash Flows in deren Sicherheitsäquivalente zu überführen. Dies erfolgt mit Hilfe der Martingal- bzw. risikoadjustierten Wahrscheinlichkeit. Die realen Wahrscheinlichkeiten p bzw. $(1-p)$ werden durch die risikoadjustierten Wahrscheinlichkeiten q bzw. $(1-q)$ ersetzt. Für ein einfaches Beispiel soll $q = 0,4$ gelten.[163] Bei Anwendung der risikoadjustierten Wahrscheinlichkeiten wird der Cash Flow im positiven Zustand schwächer gewichtet und der Cash Flow im negativen Zustand entsprechend

[163] Eine ausführliche Bestimmung der risikoadjustierten Wahrscheinlichkeit erfolgt in Kapitel IV. Vgl. außerdem Richter und Timmreck (2003a). Bereits an dieser Stelle soll erwähnt werden, dass bei Risikoaversion der Investoren $q < p$ gilt.

stärker gewichtet als im ursprünglichen Binomialbaum. Dadurch ergeben sich reduzierte Erwartungswerte für die Cash Flows, die deren Sicherheitsäquivalenten entsprechen.

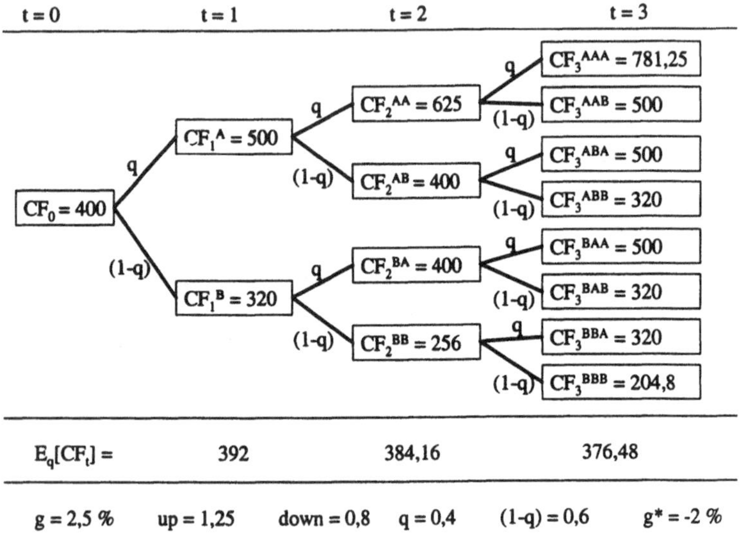

Abbildung 3.16. Die Darstellung von Sicherheitsäquivalenten im Binomialbaum
Quelle: Eigene Darstellung

Für das Beispiel wurde eine konstante Wachstumsrate von 2,5 % angenommen und ein reziprokes multiplikatives Binomialmodell verwendet. Aus der Wachstumsrate lassen sich dann gemäß Formel 3.57 die *up*- und *down*-Faktoren berechnen. Damit können die zustandsabhängigen Cash Flows ermittelt werden. Wie Abbildung 3.16 zeigt lassen sich die zukünftigen unsicheren Cash Flows relativ einfach in die entsprechenden Sicherheitsäquivalente überführen. Durch die Anwendung der risikoadjustierten Wahrscheinlichkeiten ist das Risiko bezüglich der Realisation des Cash Flows berücksichtigt. Als Ergebnis erhält man die Sicherheitsäquivalente der Cash Flows wie folgt:

$$E_q[\widetilde{CF}_t] = qCF_{t-1}up + (1-q)CF_{t-1}down \tag{3.58}$$

Die bedeutende Rolle der *up*- und *down*-Faktoren als Risikomaß wird hier deutlich, denn je größer die Differenz zwischen *up*- und *down*-Faktor ist, desto größer ist die Auswirkung der risikoadjustierten Wahrscheinlichkeit. Abbildung 3.17 stellt den Zusammenhang zwischen *up*- und *down*-Faktoren, risikoadjustierten Wahrscheinlichkeiten und Risikoabschlag anhand eines einfachen Zahlenbeispiels dar.

		Anlage 1	Anlage 2
Ausgangswert	CF_0	100	100
Erwartungswert bei p = (1-p) = 0,5	$E_p[\tilde{CF}_1]$	105	105
up-Faktor		1,2	1,6
down-Faktor		0,9	0,5
Sicherheitsäquivalent bei q = 0,4 bzw. (1-q) = 0,6	$E_q[\tilde{CF}_1]$	102	94
Risikoabschlag	$E_p[\tilde{CF}_1] - E_q[\tilde{CF}_1]$	3	11

Abbildung 3.17. Der Zusammenhang zwischen up- und down-Faktoren und dem Risikoabschlag
Quelle: Eigene Darstellung

Anlage 1 würde im positivem Zustand einen Cash Flow in Höhe von $120GE$ generieren und im negativen Zustand in Höhe von $90GE$. Bei Anlage 2 ergibt sich im positiven Zustand ein Cash Flow von $160GE$ und im negativen Zustand $50GE$. Der Erwartungswert des Cash Flows ist dennoch bei beiden Anlagen mit $105GE$ identisch. Damit zeigt sich schon, dass die separate Betrachtung des Erwartungswertes nicht ausreicht, um das Risiko bzw. die Unsicherheit über die Höhe des Cash Flows vollständig abzubilden. Werden nun die risikoadjustierten Wahrscheinlichkeiten auf die angegebenen *up-* und *down-*Faktoren angewendet, erhält man die Sicherheitsäquivalente der beiden Cash Flows. Das Sicherheitsäquivalent des Cash Flows von Anlage 1 ist mit $102GE$ deutlich höher als das Sicherheitsäquivalent von Anlage 2 mit $94GE$. Analog ist der Risikoabschlag bei Anlage 1 mit $3GE$ geringer als der von Anlage 2 mit $11GE$.[164] Hier zeigt sich, dass die Anlage

[164] Zu berücksichtigen ist dabei die Annahme, dass die Cash Flow-Entwicklung positiv mit der Marktrendite korreliert. Würde eine negative Korrelation vorliegen, könnte die Aufnahme der Anlagemöglichkeit ins Gesamtportefeuille zur Reduktion des Gesamtrisikos beitragen und es zu einem Risikozuschlag kommen, so dass das Sicherheitsäquivalent größer wäre als der Erwartungswert.

mit dem höheren Risiko (im Sinne einer Streuung des Erwartungswertes) bei gleichem Erwartungswert zum geringeren Sicherheitsäquivalent führt.[165]

Zusammenfassend kann festgehalten werden, dass die Differenz von *up*- und *down*-Faktoren das Risiko der Cash Flow-Entwicklung ausdrückt und die risikoadjustierte Wahrscheinlichkeit bzw. die Differenz zwischen ihr und der statistischen Wahrscheinlichkeit ein Maß für die Risikoaversion darstellt.

Auf die Darstellung im Binomialbaum kann verzichtet werden, wenn auf Basis der vorhandenen Daten die periodenabhängige[166] risikoadjustierte Wachstumsrate der Cash Flows $E_q[\tilde{g}]$, oder auch mit g^* gekennzeichnet, ermittelt wird.

$$E_p[\tilde{g}] = p \times up + (1 - p) \times down - 1 \tag{3.59}$$

$$E_q[\tilde{g}] = q \times up + (1 - q) \times down - 1 = g^* \tag{3.60}$$

Das Beispiel in Abbildung 3.16 hat eine erwartete Wachstumsrate von 2,5 %. Daraus ergibt sich im reziproken multiplikativen Modell ein *up*-Faktor von $1,25$ und ein *down*-Faktor von $0,8$. Verwendet man die risikoadjustierte Wahrscheinlichkeit von $0,4$ für den positiven Zustand bzw. die Gegenwahrscheinlichkeit von $0,6$ für den negativen Zustand, ergibt sich eine risikoadjustierte Wachstumsrate (g^*) von -2 %.[167]

Bei wiederholender Verwendung der risikoadjustierten Wachstumsrate (also bei Multiplikation mit dem Sicherheitsäquivalent der Vorperiode) erhält man das Sicherheitsäquivalent des Cash Flows für die jeweils folgende Periode. Da von abhängigen Cash Flows ausgegangen wird, berücksichtigt dieses Vorgehen das gesamte Risiko bis zum Erreichen des Cash Flows im Zeitpunkt t. Formal ergibt sich das Sicherheitsäquivalent eines Cash Flows im Zeitpunkt t damit als:

$$E_q[\widetilde{CF}_t] = CF_0 \prod_{i=1}^{t} (1 + g_i^*) \tag{3.61}$$

Betrachtet man das Beispiel in Abbildung 3.16 ergibt sich das Sicherheitsäquivalent

- in $t = 1$ aus $CF_0 \times (1 + g^*) = 400 \times 0,98 = 392$,
- in $t = 2$ aus $CF_0 \times (1 + g^*) \times (1 + g^*) = 400 \times 0,98 \times 0,98 = 384,16$ und
- in $t = 3$ aus $CF_0 \times (1 + g^*) \times (1 + g^*) \times (1 + g^*) = 400 \times 0,98 \times 0,98 \times 0,98 = 376,48$

[165] Aus dem Beispiel ließen sich auch entsprechende Risikozuschläge bzw. Kapitalkosten ermitteln, die zum gleichen Ergebnis bei Anwendung der Risikozuschlagsmethode führen.

[166] Aus Gründen der Übersichtlichkeit wird der Zeitindex t hier vernachlässigt.

[167] $(0,4 \times 1,25 + 0,6 \times 0,8 - 1 = -0,02)$.

3.4.4 Barwertermittlung in der risikoneutralen Welt

Ziel der Unternehmensbewertung ist es, zur Entscheidungsfindung im Zeitpunkt $t = 0$ beizutragen. Daher muss der Barwert in $t = 0$ aller zukünftigen Cash Flows bestimmt werden. Die Summe dieser Barwerte entspricht dann dem theoretisch richtigen Unternehmenswert. Die Transformation zukünftiger Sicherheitsäquivalente in einen Barwert am Bewertungsstichtag erfolgt am Kapitalmarkt über die Diskontierung mit dem risikolosen Zinssatz. Wenn r_f=5 % gilt, sieht die Barwertermittlung für unser Beispiel wie in Abbildung 3.18 gezeigt aus:

	t=1	t=2	t=3
$E_p[CF_t]$	410	420,25	430,76
$E_q[CF_t]$	392	384,16	376,48
Diskontierungsfaktor	0,9524	0,907	0,8638
Barwert	373,33	348,44	325,22
Summe der Barwerte	1.046,99		

Diskontierungsfaktor = $1/(1+r_f)^t$
$r_f = 5\%$

Die Risikoadjustierung erfolgt im Sicherheitsäquivalent $E_q[CF_t]$, welches folglich geringer ist als der Erwartungswert $E_p[CF_t]$, die zeitliche Transformation erfolgt über Diskontierung mit dem risikolosen Zins r_f.

Abbildung 3.18. Die Ermittlung von Barwerten bei Sicherheitsäquivalenten
Quelle: Eigene Darstellung

Der Diskontierungsfaktor fasst dabei die zeitliche Transformation über alle Perioden zusammen und berechnet sich als $\frac{1}{(1+r_f)^t}$. Für jede Periode muss der Wert einmal mit dem risikolosen Zins r_f diskontiert werden.

Zusammenfassend ergibt sich die arbitragefreie Bewertung im Binomialmodell aus der Überführung aller (abhängigen) Cash Flows in deren (kapitalmarktorientierte) Sicherheitsäquivalente,[168] die anschließend mit Hilfe des risikolosen Zinssatzes in deren Barwerte

[168] Dies erfolgt durch die Formel 3.61.

zum Bewertungszeitpunkt transformiert und abschließend summiert werden:[169]

$$V_0 = CF_0 \sum_{t=1}^{T} \prod_{j=1}^{t} \frac{1+g_j^*}{1+r_f} \tag{3.62}$$

3.4.5 Vereinfachung bei konstantem Wachstum

Ein Unternehmen ist i.d.R. auf unbegrenzte Zeit angelegt. Aufgrund der abnehmenden Genauigkeit wird es häufig nicht sinnvoll bzw. nicht möglich sein, die Prognose der bewertungsrelevanten Cash Flows bis ins Unendliche fortzuführen. Daher muss eine vereinfachende Annahme getroffen werden. So findet sich auch in der bisher bekannten Bewertungspraxis, unter Verwendung der DCF-Methode, regelmäßig die Unterteilung in eine Detailplanungsphase und einen Fortführungswert.[170] In der Detailplanungsphase werden die Cash Flows für einen Zeitraum von 3 bis 7 Jahren detailliert geplant. Der Fortführungswert spiegelt den Wert der Cash Flows wieder, die nach der Detailplanungsphase realisiert werden. Grundsätzlich haben sich zwei Methoden für die Bestimmung dieses Fortführungswertes etabliert.

Eine Methode geht von der Veräußerung des Unternehmens am Ende der Detailplanungsphase aus und wird auch als Endwert- oder Restwertbestimmung bezeichnet. Dabei wird ein Multiplikator verwendet, der auf die zugrundeliegende Kennzahl des zu bewertenden Unternehmens am Ende der Detailplanungsphase angewandt wird. Der Multiplikator basiert i.d.R. auf am Markt beobachtbaren Preisen, die im Rahmen von vergleichbaren M&A-Transaktionen erzielt wurden oder von vergleichbaren börsennotierten Unternehmen stammen.[171] Wie solche Multiplikatoren in der Zukunft sein werden, ist allerdings nur sehr ungenau zu schätzen.[172] In der Praxis wird daher häufig der aktuell zu beobachtende Multiplikator als Schätzer für den zukünftigen Wert verwendet. Insbesondere für Private Equity Investoren bietet sich die Methode der Endwertbestimmung an, da hier i.d.R. keine längere Haltedauer vorgesehen ist und in der Tat nach einer Investmentphase von ca. 3 bis 5 Jahren eine Weiterveräußerung bzw. der Börsengang für die Beteiligung geplant ist.[173]

Die zweite Methode geht von einer Fortführung des Unternehmens aus. Hier ergibt sich der Fortführungswert als Barwert (in $t = T$) einer ewigen Rente mit konstantem

---

169 Vgl. Richter und Timmreck (2003a), S. 66.

170 Vgl. Copeland u. a. (2000), S. 135 f.

171 Zur Multiplikator-Methode siehe Coenenberg und Schultze (2002), Bausch (2000) oder Böcking und Nowak (1999).

172 Zur Problematik intertemporaler Multiplikatoren siehe Kelleners (2004).

173 Zu den Besonderheiten bei der Bewertung von Private Equity-Targets siehe Thum (2004).

Wachstum $\bar{g}$. Häufig findet man auch die Bezeichnung Gordon-Growth-Modell.[174] Die Diskontierung erfolgt mit den risikoadjustierten Kapitalkosten k. Für die Anwendung in der DCF-Welt ergibt sich:[175]

$$V_T = \sum_{z=1}^{Z} \frac{E[\widetilde{CF}_T](1+\bar{g})^z}{(1+k)_z} \tag{3.63}$$

$$V_T = \frac{E[\widetilde{CF}_T](1+\bar{g})}{(1+k)} + \frac{E[\widetilde{CF}_T](1+\bar{g})^2}{(1+k)^2} + \frac{E[\widetilde{CF}_T](1+\bar{g})^3}{(1+k)^3} + \ldots + \frac{E[\widetilde{CF}_T](1+\bar{g})^Z}{(1+k)^Z}$$

$$V_T = \frac{E[\widetilde{CF}_T](1+\bar{g})}{k-\bar{g}} \left(1 - \left(\frac{1+\bar{g}}{1+k}\right)^Z\right) \tag{3.64}$$

und wenn $\bar{g} < k$ gilt, ergibt sich für $Z \to \infty$

$$V_T = \frac{E[\widetilde{CF}_T](1+\bar{g})}{k-\bar{g}} \tag{3.65}$$

Die Variante ohne Wachstum stellt dabei einen Sonderfall dar:

$$V_T = \frac{E[\widetilde{CF}_T]}{k} \tag{3.66}$$

Nicht selten ergibt sich der Unternehmenswert zu einem hohen Anteil aus dem Fortführungswert. Abhängig von der jeweiligen Branche kann dieser Anteil zwischen 50 und 80 % betragen.[176] Bei Wachstumsunternehmen, die sich durch eine anfänglich hohe Investitionstätigkeit und/oder Verluste in der Detailplanungsphase auszeichnen, kann der Fortführungswert über 100 % des Unternehmenswertes ausmachen.[177]

Nun soll die Anwendung des Gordon-Growth-Modells unter der zuvor skizzierten risikoneutralen Bewertung betrachtet werden. Dafür wird die real erwartete Wachstumsrate ($\bar{g}$) durch die risikoadjustierte Wachstumsrate (g^*) ersetzt. Als Resultat werden nicht mehr die Erwartungswerte der zukünftigen Cash Flows prognostiziert, sondern deren Sicherheitsäquivalente. Wird eine konstante risikoadjustierte Wachstumsrate ($\bar{g}^*$) unterstellt kann der Fortführungswert analog zu Formel 3.63 respektive 3.65 ermittelt werden. Da die Risikoadjustierung in diesem Fall bereits bei der Bestimmung der Sicherheitsäquivalente über die risikoadjustierte Wachstumsrate berücksichtigt wurde, kann der risikolose Zinssatz (r_f) zur Diskontierung genutzt werden. Formal ergibt sich der Fortführungswert ausgehend vom Sicherheitsäquivalent des Cash Flows in Periode T für einen begrenzten Zeitraum (bis $z = Z$) und für $\bar{g}^* < r_f$ wie folgt:

[174] Vgl. Spremann (2004), S. 55 ff. oder im Original Gordon (1963).

[175] Hier wird lediglich die einfachste Variante vorgestellt. Für die Berücksichtigung der Reinvestitionsrendite siehe z.B. Richter (2000), S. 279 f. oder Timmreck (2003c), S. 27 f.

[176] Vgl. Copeland u. a. (2000), S. 268.

[177] Vgl. Copeland u. a. (2000), S. 268 oder Nowak (2003), S. 84.

$$V_T = \frac{E_Q[\widetilde{CF}_T](1+\bar{g}^*)}{r_f - \bar{g}^*}\left(1 - \left(\frac{1+\bar{g}^*}{1+r_f}\right)^Z\right) \quad (3.67)$$

und für $Z \to \infty$

$$V_T = \frac{E_Q[\widetilde{CF}_T](1+\bar{g}^*)}{r_f - \bar{g}^*} \quad (3.68)$$

Der Unternehmenswert setzt sich dann aus dem Wert der Cash Flows in der Detailplanungsphase und dem Fortführungswert zusammen:

$$V_0 = CF_0 \sum_{t=1}^{T-1} \prod_{j=1}^{t} \frac{1+g_j^*}{1+r_f} + CF_0 \frac{(1+\bar{g}_T^*)\prod_{t=1}^{T-1}(1+g_t^*)}{(r_f - \bar{g}_T^*)(1+r_f)^{T-1}} \quad (3.69)$$

Unter Annahme eines konstanten risikoadjustierten Wachstums von Periode $t = 1$ an, vereinfacht sich Formel 3.62 bei unendlicher Lebenszeit des Unternehmens zu:

$$V_0 = CF_0 \sum_{t=1}^{Z} \frac{1+\bar{g}^*}{1+r_f} \quad (3.70)$$

und für $Z \to \infty$

$$V_0 = \frac{CF_0(1+\bar{g}^*)}{r_f - \bar{g}^*} \quad (3.71)$$

Berücksichtigt man den hohen Wertanteil des Fortführungswertes am Unternehmenswert und die möglichen Prognoseprobleme mit Bezug auf die Cash Flows in der Detailplanungsphase, ist der Gedanken, die gesamte Bewertung auf Basis des Gordon-Growth-Modell durchzuführen, wohl nicht abwegig.

3.5 Zusammenfassung

Es konnte gezeigt werden, dass die Risikoabschlagsmethode immer, die Risikozuschlagsmethode nur eingeschränkt für die Bewertung von risikobehafteten Cash Flows geeignet ist. An dieser Stelle soll nochmals darauf hingewiesen werden, dass es sich beim Risikoabschlag nicht zwangsläufig um eine Reduktion des risikobehafteten Cash Flows handeln muss. Je nach dem, ob der Cash Flow eine positive oder negative Korrelation zur Marktrendite aufweist, kann der Risikoabschlag auch ein negatives Vorzeichen haben und wird damit zum „Risikozuschlag“. Allerdings sind negative Korrelationen äußerst selten, so dass diese sprachliche Unklarheit nicht weiter vertieft werden muss.

Im Rahmen der Risikoabschlagsmethode sind die Erwartungswerte zukünftiger Cash Flows in Sicherheitsäquivalente zu überführen, die dann mit dem risikolosen Zins auf ihren Barwert diskontiert werden können. Das Konzept der Sicherheitsäquivalente wurde zuerst an der Erwartungsnutzentheorie vorgestellt. Diese basiert auf individuellen Nutzen-

und Zeitpräferenzen, die nicht ohne weiteres zu ermitteln sind. Außerdem steht bei der Bewertung von Unternehmen i.d.R. nicht ein individueller Wert im Mittelpunkt, sondern ein (objektiver) Marktwert.

Die mehrperiodige Anwendung des CAPM erwies sich als Möglichkeit zur Bestimmung kapitalmarktorientierter Sicherheitsäquivalente. Allerdings ist die Anwendung an teilweise restriktive Prämissen gebunden. Über das Theorem der Arbitragefreiheit und die Replikation von Zahlungsströmen ließ sich zeigen, dass dasselbe Ergebnis auch ohne die im CAPM notwendigen Annahmen zu erzielen ist. Über die Analogie zur Optionspreistheorie gelangt man dann zur risikoneutralen Bewertung, in der die Veränderung des Wahrscheinlichkeitsmaß bei stochastischen Prozessen zur Erzeugung von Sicherheitsäquivalenten genutzt wird.

Mit dem Binomialprozess wurde ein einfacher stochastischer Prozess gewählt, um die Vorgehensweise bei der risikoneutralen Bewertung zu veranschaulichen. Dafür wurde die Cash Flow-Entwicklung sowie die Marktrendite in einem Binomialbaum projeziert. Anschließend konnten die erwarteten Cash Flows unter Nutzung von risikoadjustierten Wahrscheinlichkeiten Q (auch Martingalwahrscheinlichkeit genannt) in Sicherheitsäquivalente überführt werden. Lässt sich Q auf Basis von Kapitalmarktdaten ableiten, ist eine kapitalmarktorientierte Bestimmung der Sicherheitsäquivalente möglich.

Abschließend konnte gezeigt werden, dass die Methode der risikoneutralen Unternehmensbewertung im Binomialbaum vor allem i.V.m. dem Gordon-Growth-Modell eine effiziente und einfache Alternative zur DCF-Methode i.V.m. dem CAPM darstellt. Für konstante Wachstumsraten kann sogar im Fall der ewigen Rente auf die Darstellung im Binomialbaum verzichtet werden. Bisher blieb allerdings offen, woher die benötigten Parameter (insbesondere die risikoadjustierte Wahrscheinlichkeit q) kommen. Dieser Frage widmet sich das folgende Kapitel IV ausführlich.

4

Ansätze zur Quantifizierung der risikoadjustierten Wahrscheinlichkeit

„Der Markt entscheidet; der Bewerter beschränkt sich darauf, die relevanten Marktpreise festzustellen."

Adolf Moxter[1]

4.1 Logische Grenzen

Q und P bezeichnen jeweils eine geordnete Menge von unbedingten Wahrscheinlichkeiten, wobei P für die statistischen und Q für die risikoadjustierten Wahrscheinlichkeiten steht. Im hier betrachteten Binomialbaum sind nur zwei Ausprägungen vorhanden: p und $1 - p$ bzw. q und $1 - q$. Die logischen Grenzen für die risikoadjustierte Wahrscheinlichkeit (q) lassen sich relativ einfach festlegen. Zum einen muss q größer als Null sein, da Q ansonsten kein zu P äquivalentes Wahrscheinlichkeitsmaß sein kann.[2] Dies erfordert, dass ein Zustand, der unter P eine positive Eintrittswahrscheinlichkeit aufweist, auch unter Q eine positive Eintrittswahrscheinlichkeit haben muss.

Unter der Annahme risikoaverser Investoren bzw. vorherrschender Risikoaversion am Kapitalmarkt[3] darf q nicht größer als p sein.[4] Nur in diesem Fall wird die Risikoaversion korrekt durch das Verhältnis zwischen q und p widergespiegelt und die Erwartungswerte unter P können mit Hilfe der risikoadjustierten Wahrscheinlichkeit q in Sicherheitsäquivalente überführt werden. Dabei wird das Ergebnis im oberen (positiven) Ast des Binomialbaums weniger stark gewichtet, wie das im unteren (negativen) Ast. Setzt man $q = p$ würde implizit Risikoneutralität unterstellt werden. Wie bereits in der Einleitung erwähnt, ist die Unsicherheit bzgl. der zukünftigen Cash Flows bei Risikoneutralität

[1] Zitiert nach Moxter (1983) S. 132.

[2] Vgl. auch Richter und Timmreck (2003a), S. 12 und Zimmermann (1998), S. 73.

[3] Weiterhin wird eine positive Korrelation zwischen Cash Flow-Entwicklung und Marktrendite unterstellt.

[4] Vgl. Dybvig und Ross (1989), S. 47.

nicht bewertungsrelevant, und die Erwartungswerte der Cash Flows könnten direkt mit dem risikolosen Zinssatz auf ihre Barwerte diskontiert werden.

Im Binomialbaum ergeben sich damit die logischen Grenzen für q wie folgt:[5]

$$0 < q < p \tag{4.1}$$

Wenn weiterhin davon ausgegangen wird, dass die Wahrscheinlichkeit für den positiven sowie für den negativen Zustand nicht genauer zu beziffern ist und vereinfachend $p = 0,5$ gesetzt wird, können die logischen Grenzen für q weiter konkretisiert werden:

$$0 < q < 0,5 \tag{4.2}$$

Auf Basis dieser logischen Grenzen für q kann eine erste Aussage über die mögliche Bandbreite der Unternehmenswerte formuliert werden. Die logisch zulässige Wertuntergrenze ergibt sich aus Verwendung von $q \to 0$ im Binomialmodell, was dazu führt, dass nur die negativen Zustände berücksichtigt werden. Dieser Grenzfall würde eine extreme Risikoaversion widerspiegeln. Die Wertobergrenze erhält man hingegen bei $q \to p$, also für den Grenzfall risikoneutraler Investoren. Hier wird entsprechend kein Risikoabschlag vom Erwartungswert der Cash Flows vorgenommen.[6]

Werden unter Verwendung von 3.51, 3.52 oder 3.53 die *up-* und *down-*Faktoren der zu bewertenden Cash Flow-Entwicklung ermittelt, kann man mit der Formel 3.60 und den logischen Grenzwerten für q die zulässigen Wertgrenzen des Unternehmens bestimmen. Wird zusätzlich eine konstante Wachstumsrate angenommen, kann das vereinfachende Gordon-Growth-Modell aus Formel 3.68 angewandt werden. Für die Wertuntergrenze nimmt man $q \to 0$ an. Die entsprechende risikoadjustierte Wachstumsrate wird mit g^*_{min} bezeichnet. Ersetzt man in 3.68 die ewige Wachstumsrate $\bar{g}$ durch $\bar{g}^*_{min}$, ergibt sich die Wertuntergrenze:

$$V_0^{min} = \frac{CF_0(1 + \bar{g}^*_{min})}{r_f - \bar{g}^*_{min}} \tag{4.3}$$

Für die Wertobergrenze gilt $q \to p$ bzw. $q \to 0,5$, woraus sich die maximal mögliche Wachstumsrate g^*_{max} ergibt. Die folgende Formel steht daher für die logische Wertobergrenze:

$$V_0^{max} = \frac{CF_0(1 + \bar{g}^*_{max})}{r_f - \bar{g}^*_{max}} \tag{4.4}$$

Im Fall von periodenspezifischen Wachstumsraten lassen sich die logischen Wertgrenzen wie folgt bestimmen:[7]

---

[5] Vgl. Richter und Timmreck (2003a), S. 65.

[6] Vgl. zu ähnlichen Überlegungen bei unabhängigen Cash Flows Ballwieser (1993), S. 160.

[7] Vgl. Richter und Timmreck (2003a), S. 66.

$$V_0^{min} = CF_0 \sum_{t=1}^{T} \prod_{j=1}^{t} \frac{1 + g^*_{min,j}}{1 + r_f} \tag{4.5}$$

bzw.

$$V_0^{max} = CF_0 \sum_{t=1}^{T} \prod_{j=1}^{t} \frac{1 + g^*_{max,j}}{1 + r_f} \tag{4.6}$$

Der Unternehmenswert muss daher innerhalb des folgenden Intervalls liegen:

$$V_0^{min} < V_0 < V_0^{max} \tag{4.7}$$

Werte die außerhalb dieser Grenzen liegen, sind nicht logisch zu begründen und inkonsistent mit den getroffenen Annahmen.[8] Ob es sich dabei um objektive Wertgrenzen handelt ist abhängig von den zugrundeliegenden Annahmen, dem Zutreffen des Binomialprozess und von der Bestimmung der risikoadjustierten Wahrscheinlichkeit q.

4.2 Subjektive Punktschätzungen

4.2.1 Formaler Zusammenhang zwischen Kapitalkosten und risikoadjustierten Wahrscheinlichkeiten

Da Bewerter und Investoren i.d.R. kaum Aussagen über die Risikoadjustierung in Form von q tätigen können, soll ein formaler Zusammenhang zwischen der risikoadjustierten Wahrscheinlichkeit q und der gängigen Variable r_M für die erwartete Marktrendite hergestellt werden.

Wenn die Risikozuschlagsmethode mit konsistenten Kapitalkosten angewandt wird, ist sie konzeptionell äquivalent mit der Risikoabschlagsmethode.[9]

$$V_{t-1,i} = E_Q[\widetilde{CF}_{ti}](1 + r_f)^{-1} = E_P[\widetilde{CF}_{ti}](1 + r_{ti})^{-1} \tag{4.8}$$

Dabei bezeichnet r_{ti} die periodenspezifischen risikoadjustierten Kapitalkosten im Rahmen der Risikozuschlagsmethode, die aus dem risikolosen Zinssatz r_f und einen unternehmensindividuellen Zuschlag für das eingegangene Risiko (z_{ti}) bestehen. Ersetzt man nun $E_Q[\widetilde{CF}_t]$ und $E_P[\widetilde{CF}_t]$ durch die jeweilige Cash Flow Struktur im Binomialbaum und löst nach r_{ti} auf, ergibt sich:[10]

---

[8] Dies bezieht sich auf das in Kapitel III behandelte Modell. Enthält das Unternehmen Realoptionen, wie Erweiterungs-, Verzögerungs-, Wachstums- oder Verbundoptionen, ist zu prüfen, inwieweit sich die entsprechenden Cash Flows bestimmen und in das Binomialmodell integrieren lassen.

[9] Vgl. Ballwieser (1993), S. 158 oder Richter und Timmreck (2003a), S. 64.

[10] Zu den Details siehe auch Richter (2002b), S. 138 und Richter und Timmreck (2002), S. 11.

$$r_{ti} = \frac{1 + g_{ti}}{1 + g^*_{ti}}(1 + r_f) - 1 \tag{4.9}$$

Dieser Zusammenhang gilt für alle Anlagemöglichkeiten und somit auch für Portefeuilles, die aus mehreren Anlagemöglichkeiten bestehen und auch für den Gesamtmarkt (also $i = M$).

$$r_{tM} = \frac{1 + g_{tM}}{1 + g^*_{tM}}(1 + r_f) - 1 \tag{4.10}$$

Dabei ist zu beachten, dass es sich um periodenspezifische und nicht um gleichförmige Kapitalkosten handelt, wie sie häufig von den Vertretern der DCF-Methode verwendet werden.[11] Im Rahmen des Binomialmodells können die gleichförmigen Kapitalkosten nur dann konstant sein, wenn die Wachstumsrate der Cash Flows g bzw. die daraus resultierenden *up-* und *down*-Faktoren im Zeitablauf konstant sind.[12] Diese Annahme erscheint aber nur für das langfristige Wachstum (also für die Bestimmung des Fortführungswertes) sinnvoll.

Nimmt man den risikolosen Zinssatz mit 5 % als langfristig konstant an, kann mit den logisch zulässigen Werten für q und einer Annahme für die ewige Wachstumsrate des Gesamtmarktes g_{TM} eine Aussage über die entsprechenden Marktrenditen getroffen werden. Dazu wird ein reziprokes Binomialmodell unterstellt, bei dem der *down*-Faktor dem Kehrwert des *up*-Faktors entspricht, welcher mit Formel 3.57 berechnet werden kann. In Abbildung 4.1 sind die Marktrenditen wiedergegeben, die sich für $q = 0,1$ bis 0,5 und g_{TM}=1 % bis 4 % aus Formel 4.10 ergeben.

Bei einer langfristigen Wachstumsrate von 2,5 %[13] ergibt sich bei $q = 0,4$ eine implizit zu erwartende Marktrendite in Höhe von 9,8 %. Diese Marktrendite entspricht auch dem Mittelwert beobachtbarer Kapitalkosten einzelner Unternehmen, die zwischen 8 und 12 % liegen.[14] Dass die Rechnung konsistent mit den zuvor dargestellten logischen Grenzen für q ist, zeigt sich in der Zeile für $q = 0,5$. Da dieser Spezialfall nur für Risikoneutralität gilt, darf die erwartete Marktrendite nicht höher als der risikolose Zinssatz (also 5 %) sein. Wie sich zeigt, beträgt die modellbasierte Marktrendite bei $q = 0,5$ unabhängig von der Wachstumsrate gerade diese 5 %.

---

[11] Vgl. auch Richter (2001), S. 177.

[12] Für eine detaillierte Analyse zu den Anwendungsvoraussetzungen konstanter Kapitalkosten siehe Richter (2001).

[13] Dieser Wert entspricht in etwa der langfristigen Entwicklung des Gesamtmarktes in Deutschland und liegt nahe bei der Inflationsrate, die derzeit ca. 2 bis 2,5 % beträgt.

[14] Vgl. Richter und Timmreck (2002), S. 5.

g_M	1,0%	**2,0%**	**2,5%**	**3,0%**	4,0%
up	1,15	1,22	1,25	1,28	1,33
down	0,87	0,82	0,80	0,78	0,75
q					
0,10	18,3%	24,7%	27,4%	29,9%	34,6%
0,15	16,4%	21,8%	24,1%	26,2%	30,0%
0,20	14,7%	19,1%	20,9%	22,6%	25,7%
0,25	12,9%	16,5%	17,9%	19,3%	21,7%
0,30	11,2%	14,0%	15,1%	16,1%	18,0%
0,35	9,6%	11,6%	12,4%	13,1%	14,4%
0,40	8,0%	9,3%	**9,8%**	10,3%	11,1%
0,45	6,5%	7,1%	7,4%	7,6%	8,0%
0,50	5,0%	5,0%	5,0%	5,0%	5,0%

Tabelle 4.1. Marktrendite in Abhängigkeit von q bei exogen vorgegebener Wachstumsrate
Quelle: Eigene Darstellung

4.2.2 Exogen vorgegebene erwartete Marktrendite

Die Wertgrenzen auf Basis logischer Grenzen für die risikoadjustierte Wahrscheinlichkeit können zu einem relativ großen Intervall möglicher Unternehmenswerte führen. Dies mag unter Umständen als Entscheidungsgrundlage nicht ausreichen.[15] Um die Bandbreite möglicher Unternehmenswerte weiter zu verdichten, können subjektive Punktschätzungen bezüglich der erwarteten Marktrendite verwendet werden. Setzt man 3.59 sowie 3.60 in Formel 4.10 ein und löst nach q auf, ergibt sich folgende Gleichung:[16]

$$\hat{q} = \frac{(1+g_M)\left(\frac{1+r_f}{1+\hat{r}_M}\right) - down}{up - down} \tag{4.11}$$

Wobei $\hat{r}_M$ die subjektiv erwartete Rendite des Marktportefeuilles ist. Auch die Wachstumsrate des Gesamtmarktes g_M ist als Inputvariable vorzugeben. Vereinfachend wird wieder von einem konstanten risikolosen Zinssatz r_f in Höhe von 5 % ausgegangen. Die Tabelle 4.2 zeigt, welche Schätzwerte sich bei unterschiedlich erwarteten (konstanten) Wachstumsraten und Marktrenditen für $\hat{q}$ ergeben.

Die *up*- und *down*-Faktoren ergeben sich aufgrund von 3.57 aus der Wachstumsrate der aggregierten Cash Flows.[17] In der langfristigen Betrachtung sollte die Wachstumsrate

[15] Vgl. Richter und Timmreck (2003a), S. 66 f.

[16] Vgl. Richter und Timmreck (2002) oder Richter und Timmreck (2003a).

[17] Dies ist hier eine vereinfachende Annahme. Um die Wertadditivität zu erhalten, müsste eigentlich wie in Formel 4.19 und 4.20 vorgegangen werden.

g_M	0,5%	1,0%	**1,5%**	**2,0%**	**2,5%**	**3,0%**	**3,5%**	4,0%	4,5%
up	1,11	1,15	1,19	1,22	1,25	1,28	1,30	1,33	1,35
down	0,90	0,87	0,84	0,82	0,80	0,78	0,77	0,75	0,74
r_M									
5%	0,50	0,50	0,50	0,50	0,50	0,50	0,50	0,50	0,50
6%	0,45	0,47	0,47	0,48	0,48	0,48	0,48	0,48	0,48
7%	0,41	0,43	0,45	0,45	0,46	0,46	0,46	0,47	0,47
8%	0,36	0,40	0,42	0,43	0,44	0,44	0,45	0,45	0,45
9%	0,32	0,37	0,39	0,41	0,42	0,42	0,43	0,43	0,44
10%	0,27	0,34	0,37	0,38	**0,40**	0,41	0,41	0,42	0,42
11%	0,23	0,31	0,34	0,36	0,38	0,39	0,40	0,40	0,41
12%	0,19	0,28	0,32	0,34	0,36	0,37	0,38	0,39	0,39
13%	0,14	0,25	0,29	0,32	0,34	0,35	0,36	0,37	0,38
14%	0,10	0,22	0,27	0,30	0,32	0,34	0,35	0,36	0,36
15%	0,06	0,19	0,25	0,28	0,30	0,32	0,33	0,34	0,35

Tabelle 4.2. Bandbreite für q bei exogen vorgegebener Marktrendite und Wachstumsrate
Quelle: Eigene Darstellung

nicht signifikant über der Inflationsrate liegen. Für die Berechnungen in Tabelle 4.2 wurde eine Bandbreite von 0,5 bis 4,5 % für die langfristige Wachstumsrate gewählt. Bei der erwarteten Marktrendite liegt die Bandbreite zwischen 5 und 15 %. Damit kann wieder eine Kontrolle bzgl. der Modellkonsistenz erfolgen. Wird eine Marktrendite von 5 % erwartet, was dem risikolosen Zinssatz entspricht, muss es sich um eine risikoneutrale Welt bzw. risikoneutrale Investoren handeln. Diese sind eben dadurch gekennzeichnet, dass sich unabhängig vom Wachstum ein q von 0,5 ergeben müsst, was hier der Fall ist.[18]

Die durch Fettdruck hervorgehobenen Bandbreiten (g_M=1,5 % bis 3,5 % und r_M=8 % bis 12 %), stellen empirisch beobachtbare Größen dar.[19] So ergibt sich für q eine empirisch plausible Bandbreite von 0,32 bis 0,45. Wählt man genau den Mittelwert, mit einer Wachstumsrate von 2,5 % und einer erwarteten Marktrendite in Höhe von 10 %, ergibt sich ein q von 0,4.

Ein Bewerter könnte sich auf Basis seiner individuellen Einschätzungen in Bezug auf die langfristige Wachstumsrate des Gesamtmarktes und der zu erwartender Marktrendite festlegen und den aus der Tabelle resultierenden Wert für q in seiner Unternehmensbewertung verwenden. Daraus ergibt sich eine subjektive Punktschätzung für die risikoad-

[18] Siehe hierzu die Überlegungen in Abschnitt 3 dieses Kapitels.

[19] Wie solche Bandbreiten für die zu erwartende Marktrendite gebildet werden können, zeigt sich im Abschnitt zur Generierung von Schätzwerten auf Basis von Index-Zeitreihen.

justierte Wahrscheinlichkeit, die zur Berechnung eines subjektiven Unternehmenswertes herangezogen werden kann.

4.2.3 Exogen vorgegebene erwartete Marktrendite und deren Volatilität

Eine weitere Möglichkeit, q zu konkretisieren, ergibt sich aus der Darstellung der Marktrendite im Binomialbaum (siehe Abbildung 3.13). Formal lässt sich das Sicherheitsäquivalent der Marktrendite in Form eines Aktienindex (M) wie folgt bestimmen:[20]

$$E_Q[\tilde{r}_M] = q(\hat{r}_M + \hat{\sigma}_M) + (1-q)(\hat{r}_M - \hat{\sigma}_M) \tag{4.12}$$

Die Variablen $\hat{r}_M$ und $\hat{\sigma}_M$ stehen dabei für Schätzwerte der Marktrendite und deren Standardabweichung. Unter Anwendung der risikoadjsutierten Wahrscheinlichkeit q muss die erwartete Marktrendite $E_Q[\tilde{r}_M]$ aufgrund von Arbitragefreiheitsüberlegungen dem risikolosen Zinssatz r_f entsprechen.[21] Setzt man Formel 4.12 gleich r_f und löst nach q auf, ergibt sich:

$$q = \frac{1-\phi_M}{2} \tag{4.13}$$

mit

$$\phi_M = \frac{\hat{r}_M - r_f}{\hat{\sigma}_M} \tag{4.14}$$

Wobei ϕ_M auch als Sharpe-Ratio bezeichnet wird.[22] Allerdings wird neben der Schätzung für die erwartete Marktrendite auch eine Schätzung für deren Volatilität benötigt, um die risikoadjustierte Wahrscheinlichkeit q zu ermitteln. Der risikolose Zinssatz r_f soll wieder konstant 5 % betragen. Welche Werte sich für q in Abhängigkeit von $\hat{r}_M$ und $\hat{\sigma}_M$ ergeben, zeigt Tabelle 4.3.

Dabei reicht die Bandbreite der Schätzer für r_M von 5 bis 15 % und für σ_M von 5 bis 50 %. Auch hier ergibt sich wieder die bereits bekannte Kontrollmöglichkeit: Wenn $\hat{r}_M$ dem risikolosen Zinssatz in Höhe von 5 % entspricht, muss unabhängig von der Volatilität Risikoneutralität und damit $q = 0,5$ gelten.

Wird die Bandbreite für $\hat{r}_M$ auf 8 bis 12 % und für die Volatilität für $\hat{\sigma}_M$ auf 15 und 35 % reduziert,[23] ergeben sich für q Werte von 0,27 bis 0,46. Der Mittelwert von q beträgt bei $\hat{r}_M$=10 % und $\hat{\sigma}_M$=25 % erneut 0,4.

---

[20] Vgl. Richter und Timmreck (2002), S. 18.

[21] Vgl. Richter (2001), S. 183.

[22] Zum Zusammenhang zwischen der risikoadjustierten Wahrscheinlichkeit q und der Sharpe-Ratio siehe Richter und Helmis (2001), S. 10.

[23] Zur Bestimmung der Bandbreite für die Schätzwerte von Marktrendite und deren Volatilität siehe die erwähnten Studien im folgenden Abschnitt.

r_M	5%	6%	7%	8%	9%	10%	11%	12%	13%	14%	15%
σ_M											
5%	0,50	0,40	0,30	0,20	0,10	0,00	-	-	-	-	-
10%	0,50	0,45	0,40	0,35	0,30	0,25	0,20	0,15	0,10	0,05	0,00
15%	0,50	0,47	0,43	0,40	0,37	0,33	0,30	0,27	0,23	0,20	0,17
20%	0,50	0,48	0,45	0,43	0,40	0,38	0,35	0,33	0,30	0,28	0,25
25%	0,50	0,48	0,46	0,44	0,42	**0,40**	0,38	0,36	0,34	0,32	0,30
30%	0,50	0,48	0,47	0,45	0,43	0,42	0,40	0,38	0,37	0,35	0,33
35%	0,50	0,49	0,47	0,46	0,44	0,43	0,41	0,40	0,39	0,37	0,36
40%	0,50	0,49	0,48	0,46	0,45	0,44	0,43	0,41	0,40	0,39	0,38
45%	0,50	0,49	0,48	0,47	0,46	0,44	0,43	0,42	0,41	0,40	0,39
50%	0,50	0,49	0,48	0,47	0,46	0,45	0,44	0,43	0,42	0,41	0,40

Tabelle 4.3. Bandbreite für q bei exogen vorgegebener Marktrendite und Standardabweichung
Quelle: Eigene Darstellung

4.2.4 Schätzwerte für die Marktrendite und deren Standardabweichung

In den beiden vorangegangenen Abschnitten wurden Schätzwerte für die erwartete Marktrendite ($\hat{r}_M$) sowie deren Standardabweichung ($\hat{\sigma}_M$) verwendet. Liegen keine soliden Zukunftsschätzungen für diese Werte vor, kann auf historische Zeitreihen zurückgegriffen werden. Auf Basis dieser Daten werden dann Marktrendite und Standardabweichung geschätzt.[24] Zu diesem Zweck wird ein Mittelwert der historischen Renditen ($\hat{\mu}_M$) im Beobachtungszeitraum gebildet. Dabei unterscheidet man zwischen dem geometrischen und dem arithmetischen Verfahren zur Mittelwertbildung.[25] Soll z.B. der Mittelwert der Aktienrendite mit dem arithmetischen Verfahren bestimmt werden, ist die Summe aller einzelnen (Jahres-)Renditen durch die Anzahl der Beobachtungsjahre zu teilen.[26] Beim geometrischen Verfahren wird hingegen die Veränderung vom ersten Beobachtungspunkt zum letzten ($t = n$) herangezogen und die n-te Wurzel der prozentualen Veränderung berechnet.[27] Dabei steht n für die Anzahl der Beobachtungsjahre. Die Standardabwei-

[24] Für einen kurzen Überblick zur statistischen Schätzung von Erwartungswert und Standardabweichung siehe Kapitel III dieser Arbeit oder ausführlicher z.B. Kruschwitz (1999), S. 308.

[25] Auf den ebenfalls existierenden harmonischen Mittelwert soll hier nicht weiter eingegangen werden, da er auch in den betrachteten Studien nicht angewandt wurde.

[26] Für die technischen Details siehe auch Bamberg und Baur (1996), S. 17 oder Bleymüller u. a. (1996), S. 13 ff.

[27] Für die technischen Details siehe auch Bamberg und Baur (1996), S. 18 oder Bleymüller u. a. (1996), S. 16 ff.

chung ergibt sich in beiden Fällen als durchschnittliche Abweichung der einzelnen Renditeausprägungen zum Mittelwert über den gesamten Beobachtungszeitraum.[28]

Zahlreiche Untersuchungen haben sich mit der Bestimmung von Mittelwert und Standardabweichung in Bezug auf Aktien- und Rentenrenditen beschäftigt. Die Ergebnisse einiger dieser Untersuchungen sollen im Folgenden genutzt werden, um geeignete Schätzer für die Ermittlung von q zu erhalten. In den Tabellen 4.4 und 4.5 sind die berücksichtigten Untersuchungen mit Angaben zum Zeitraum, Verfahren und den Ergebnissen (nominale Mittelwerte (μ) und Standardabweichungen (σ) für Aktien- und Rentenrendite) aufgeführt.[29] Tabelle 4.4 zeigt die Ergebnisse von Studien, die sich ausschließlich auf den deutschen Aktien- und Rentenmarkt beziehen. In der Durchschnittsbildung ergibt sich ein Mittelwert für die Aktienrendite von 10 % mit einer Standardabweichung von 25 %. Der Mittelwert für die Rentenrendite beträgt 6,4 %. Als Approximation für den risikolosen Zinssatz ist dieser Wert allerdings nicht geeignet, da es sich hierbei um alle Rentenpapiere handelt. Damit sind auch Unternehmensanleihen berücksichtigt, die mit Unsicherheit behaftet sind. Das zeigt sich auch in der Standardabweichung, die nicht Null beträgt, wie man es bei einer risikolosen Anlage erwarten würde, sondern 6,4 % ausmacht. Betrachtet man ausschließlich Staatsanleihen liegt der risikolose Zinssatz eher bei 5 %. So betrug der Zinssatz für (hypothetische) Nullkuponanleihen ohne Kreditausfallrisiko im Zeitraum Juni 2001 bis Juni 2002 laut Bundesbankstatistik zwischen 4,62 % und 5,35 %.[30] Will man dem Stichtagsprinzip[31] treu bleiben, sollte jeweils die aktuelle Marktrendite und der aktuelle risikolose Zinssatz verwendet werden.

In Tabelle 4.5 sind die Ergebnisse internationaler Studien aufgeführt. Dabei handelt es sich um Untersuchungen zu verschiedenen europäischen Kapitalmärkten (Frankreich, Großbritannien, Niederlande, Österreich und Schweiz), dem US-amerikanischen und dem japanischen Kapitalmarkt. Auch hier wird zwischen arithmetischen und geometrischen Verfahren unterschieden. Die Ergebnisse unterscheiden sich nicht signifikant von den Studien zum deutschen Markt. So liegt der Mittelwert für die Aktienrendite bei durchschnittlich 11,1 %, deren Standardabweichung bei 20,8 % und für die Rentenrendite bei 7,1 % (Mittelwert) bzw. 7,5 % (Standardabweichung). Fasst man alle Studien zusammen ergeben sich durchschnittlich 10,6 % für die Aktienrendite und 6,8 % für die Rentenrendite.

[28] Für die technischen Details siehe auch Bamberg und Baur (1996), S. 21 oder Bleymüller u. a. (1996), S. 19 ff.

[29] In Anlehnung an das DAI Deutsches Aktieninstitut e.V. (Hrsg.) (1998).

[30] Vgl. Deutsche Bundesbank (Hrsg.) (2002). Dabei bezieht sich der Zinssatz auf eine Restlaufzeit von 10 Jahren. Dieser Zeitraum wird auch von anderen Autoren Vorgeschlagen. Vgl. Copeland u. a. (2000), S. 216 f.

[31] Siehe Kapitel II dieser Arbeit.

			Aktienrendite		Rentenrendite		Risiko-
Studie	**Zeitraum**	**Verfahren**	μ	σ	μ	σ	**prämie**
Barclays de Zoete Wedd	1951 - 1996	geometrisch	9,60%	23,70%	7,02%	5,34%	2,58%
Bimberg, Lothar H.	1954 - 1992	geometrisch	11,20%	26,90%	6,70%	5,40%	4,50%
Commerzbank AG	1955 - 1988	arithmetisch	13,00%	28,20%	7,30%	4,20%	5,70%
Conen, Ralf/ Väth, Hubertus	1876 - 1992	arithmetisch	12,03%	23,13%	5,28%	2,94%	6,75%
Deutsches Aktieninstitut e.V.	1948 - 1998	geometrisch	14,10%	37,70%	-	-	-
Deutsche Bank Research (Hott, C.)	1980 - 1996	geometrisch	11,20%	17,40%	8,00%	3,60%	3,20%
DG Bank (Coche, J./ Stotz, O.)	1948 - 1998	geometrisch	13,20%	18,90%	7,50%	3,20%	5,70%
Dresdner Bank AG	1972 - 1997	geometrisch	11,80%	25,40%	9,90%	7,00%	1,90%
Eube, Steffen	1876 - 1914	geometrisch	6,86%	8,15%	3,64%	1,77%	3,22%
Finanztest	1967 - 1996	geometrisch	10,79%	25,44%	7,60%	5,15%	3,19%
Förterer, Jürgen	1970 - 1995	geometrisch	6,70%	23,00%	8,80%	5,00%	-2,10%
Fusch, Konrad	1960 - 1986	geometrisch	5,96%	22,70%	-	-	-
GEWOS	1970 - 1995	geometrisch	8,10%	18,10%	7,80%	5,60%	0,30%
Gielen, Gregor	1870 - 1993	geometrisch	5,89%	33,03%	3,85%	28,94%	2,04%
Göppl/ Herrmann/ Kirchner/ Neumann	1976 - 1995	geometrisch	9,45%	16,34%	-	-	-
Kielkopf, Klaus	1815 - 1992	geometrisch	-	-	2,08%	16,33%	-
Morawietz, Markus	1870 - 1992	geometrisch	8,91%	24,10%	5,86%	2,09%	3,05%
Schredelseker, Klaus	1954 - 1988	arithmetisch	15,00%	27,90%	6,80%	5,30%	8,20%
Schröder Münchmeyer Hengst & Co.	1956 - 1990	arithmetisch	12,90%	25,30%	6,90%	6,20%	6,00%
Stehle, Richard	1948 - 1998	geometrisch	10,41%	38,88%	6,83%	4,52%	3,58%
Stehle, Richard/ Hartmond, Anette	1954 - 1988	geometrisch	12,10%	28,01%	7,50%	-	4,60%
Trinkaus Capital Management (Valder)	1973 - 1995	geometrisch	3,18%	25,56%	-0,18%	6,49%	3,36%
Uhlir, Helmut/ Steiner, Peter	1953 - 1988	geometrisch	14,40%	27,20%	7,90%	5,60%	6,50%
Wiek, Ekkehard J.	1967 - 1992	geometrisch	5,32%	20,20%	7,36%	5,49%	-2,04%
Wieners, Klaus	1956 - 1990	geometrisch	10,80%	23,00%	7,00%	3,30%	3,80%
Durchschnittsbildung			**10,12%**	**24,51%**	**6,43%**	**6,36%**	**3,53%**

Tabelle 4.4. Studien zur Aktienrendite in Deutschland. Quelle: Eigene Darstellung

Studie	Zeitraum	Land	Verfahren	Aktienrendite μ	Aktienrendite σ	Rentenrendite μ	Rentenrendite σ	Risikoprämie
Fusch, Konrad	1960 - 1986	Österreich	geometrisch	4,30%	31,06%	-	-	-
Uhlir, Helmut/ Steiner, Peter	1953 - 1988	Österreich	geometrisch	12,80%	24,30%	7,40%	2,90%	5,40%
Fusch, Konrad	1960 - 1986	Schweiz	geometrisch	7,07%	23,07%	-	-	-
Pictet & Cie Banquiers	1926 - 1997	Schweiz	geometrisch	8,57%	20,78%	4,59%	3,73%	3,98%
Schredelseker, Klaus	1926 - 1987	Schweiz	arithmetisch	8,90%	20,30%	4,50%	3,30%	4,40%
Uhlir, Helmut/ Steiner, Peter	1953 - 1988	Schweiz	geometrisch	10,40%	22,70%	4,70%	4,20%	5,70%
Barclays de Zoete Wedd	1946 - 1996	Niederlande	geometrisch	12,19%	20,79%	5,86%	7,51%	6,33%
Wieners, Klaus	1970 - 1990	Niederlande	geometrisch	10,20%	18,00%	8,00%	3,60%	2,20%
Barclays de Zoete Wedd	1950 - 1996	Frankreich	geometrisch	13,65%	23,97%	7,95%	6,23%	5,70%
Wieners, Klaus	1970 - 1990	Frankreich	geometrisch	12,30%	25,40%	10,40%	7,60%	1,90%
Barclays Capital	1918 - 1997	UK	geometrisch	12,19%	25,21%	6,09%	13,17%	6,10%
Wieners, Klaus	1970 - 1990	UK	geometrisch	16,10%	28,70%	11,30%	7,40%	4,80%
Fusch, Konrad	1960 - 1986	USA	geometrisch	8,83%	16,13%	-	-	-
Hamao, Yasushi	1973 - 1987	USA	geometrisch	9,86%	17,94%	8,53%	13,30%	1,33%
Ibbotson Associates	1926 - 1997	USA	geometrisch	11,00%	20,18%	5,22%	9,15%	5,78%
Jones, Charles P./ Wilson, Jack W.	1870 - 1985	USA	geometrisch	8,60%	19,13%	5,26%	7,08%	3,34%
Morgan Stanley	1976 - 1995	USA	geometrisch	14,60%	13,70%	10,50%	13,60%	4,10%
Schredelseker, Klaus	1954 - 1988	USA	arithmetisch	12,80%	17,60%	5,40%	10,60%	7,40%
Siegel, Jeremy	1802 - 1997	USA	geometrisch	9,80%	17,50%	5,00%	6,10%	4,80%
Uhlir, Helmut/ Steiner, Peter	1953 - 1988	USA	geometrisch	12,40%	17,50%	5,60%	10,60%	6,80%
Wieners, Klaus	1970 - 1990	USA	geometrisch	10,50%	16,70%	8,60%	8,70%	1,90%
Hamao, Yasushi	1973 - 1987	Japan	geometrisch	12,07%	16,31%	8,70%	6,15%	3,37%
Schredelseker, Klaus	1973 - 1987	Japan	arithmetisch	13,30%	16,30%	8,90%	6,20%	4,40%
Wieners, Klaus	1970 - 1990	Japan	geometrisch	12,90%	25,00%	7,10%	6,20%	5,80%
Durchschnittsbildung				**11,06%**	**20,76%**	**7,12%**	**7,49%**	**4,55%**

Tabelle 4.5. Studien zur Aktienrendite - international. Quelle: Eigene Darstellung

Die Standardabweichungen betragen 22,7 % für die Aktienrendite und 6,9 % für die Rentenrendite.

Unter Berücksichtigung der Untersuchungsergebnisse (Marktrendite ca. 10 % und deren Standardabweichung ca. 25 %) sowie der Annahme eines risikolosen Zinses von 5 %, lassen sich die im vorangegangenen Abschnitt vorgestellten subjektiven Punktschätzungen mit $q = 0,4$ auch empirisch (objektiviert) belegen.

4.3 Implizite Werte für die risikoadjustierte Wahrscheinlichkeit auf Basis von Marktpreisen

4.3.1 Eine Bewertungsgleichung für den Gesamtmarkt

Die bisherigen Überlegungen lassen sich auch auf den Gesamtmarkt übertragen. Dazu wird sowohl die Wachstumsrate des Gesamtmarktes als auch die entsprechenden *up*- und *down*-Faktoren auf Basis der Schätzungen von Finanzanalysten berechnet. Unterstellt man, dass der Unternehmenswert (V_0) in Formel 3.69 mit dem beobachtbaren Marktpreis (P_0) übereinstimmt, und setzt die entsprechenden Werte für den Gesamtmarkt ein, lässt sich der in den Marktbewertungen enthaltene Wert für q ermitteln.

Zur Bestimmung der Wachstumsrate des Gesamtmarktes werden die Wachstumsraten der einzelnen Cash Flows ($i = 1$ bis n) aggregiert:[32]

$$g_{tM} = \frac{\sum_{i=1}^{n} E_P[\widetilde{CF}_{ti}]}{\sum_{i=1}^{n} E_P[\widetilde{CF}_{t-1,i}]} - 1 \tag{4.15}$$

mit

$$E_P[\widetilde{CF}_{ti}] = CF_{0i} \prod_{j=1}^{t} (1 + g_{ji}) \tag{4.16}$$

Die risikoadjustierte Wachstumsrate des Gesamtmarktes lautet entsprechend:

$$g_{tM}^{*} = \frac{\sum_{i=1}^{n} E_Q[\widetilde{CF}_{ti}]}{\sum_{i=1}^{n} E_Q[\widetilde{CF}_{t-1,i}]} - 1 \tag{4.17}$$

mit

$$E_Q[\widetilde{CF}_{ti}] = CF_{0i} \prod_{j=1}^{t} (1 + g_{ji}^{*}) \tag{4.18}$$

Für die vorliegende Untersuchung wurden die Daten der DAX 100-Unternehmen verwendet, wodurch n maximal 100 ist. Da nicht für alle Unternehmen die jeweils notwendigen Daten zur Verfügung standen, ist bei den entsprechenden Berechnungen n um die Anzahl der Datenlücken reduziert.

[32] Vgl. Richter und Timmreck (2002), S. 14.

Zur Ermittlung der Sicherheitsäquivalente des Gesamtmarktes $E_Q[\widetilde{CF}_{tM}]$ benötigt man die der Wachstumsrate g_{tM} entsprechenden *up*- und *down*-Faktoren. Um Wertadditivität[33] zu gewährleisten, ist hier eine Besonderheit zu berücksichtigen, da das reziproke Modell 3.54 für die *up*- und *down*-Faktoren für die Wachstumsrate des Gesamtmarktes nicht mehr uneingeschränkt gültig ist. Für die korrekte Bestimmung sind die *up*- und *down*-Faktoren der einzelnen Unternehmen mit ihrem jeweiligen Anteil am Gesamt-Cash Flow der Vorperiode zu gewichten. Ansonsten würde es zu einer Verzerrung der Risikostruktur kommen, da bei der Ermittlung auf Basis von aggregierten Wachstumsraten Informationen (über die Zusammensetzung der aggregierten Cash Flow-Struktur) verloren gehen. Zur Sicherstellung der Wertadditivität muss daher wie folgt vorgegangen werden.

$$up_M = \sum_{i=1}^{n} up_i \frac{CF_{t-1,i}}{CF_{t-1,M}} \tag{4.19}$$

und

$$down_M = \sum_{i=1}^{n} down_i \frac{CF_{t-1,i}}{CF_{t-1,M}} \tag{4.20}$$

Die Zusammenhänge sollen an einem einfachen Zahlenbeispiel verdeutlicht werden. Dazu sei ein Kapitalmarkt angenommen, der aus zwei Investitionsmöglichkeiten (a und b) besteht. Investment a hat in Periode $t = 0$ einen Cash Flow von $100GE$ und es wird ein Wachstum von 50 % angenommen. Für Investment b beträgt der Startwert $200GE$ und das Wachstum 5 %. Die *up*-Faktoren werden mit Hilfe von Formel 3.57 bestimmt. Die *down*-Faktoren ergeben sich als Kehrwerte der *up*-Faktoren. Werden beide Investment zum Gesamtmarkt zusammengefasst, beträgt der Startwert $300GE$ und der Erwartungswert des Cash Flows in $t = 1$ $360GE$. Daraus lässt sich für den Gesamtmarkt (M_1) eine Wachstumsrate von 20 % ermitteln. Berechnet man auf dieser Basis die *up*- und *down*-Faktoren, ergibt sich 1,86 für *up* und 0,54 für *down*. Unter der Annahme, dass $q = 0,4$ ist, führt a zu einem Sicherheitsäquivalent in $t = 1$ von $127,64GE$ und b zu $197,19GE$. Insgesamt beträgt das Sicherheitsäquivalent damit $324,83GE$. Das Sicherheitsäquivalent auf Basis der reziproken Anwendung auf den Gesamtmarkt ist mit $320,20GE$ aber geringer. Werden die *up*- und *down*-Faktoren, wie oben beschrieben, als gewichtete Faktoren der Einzelinvestments berechnet, führt auch das Sicherheitsäquivalent des Gesamtmarktes (M_2) zum Betrag von $324,83GE$. Nur für den Sonderfall, dass alle Unternehmen mit der gleichen Rate wachsen, können die *up*- und *down*-Faktoren für den Gesamtmarkt unter Rückgriff auf Formel 3.57 mit Hilfe von 4.15 bestimmt werden.

[33] Unter Wertadditivität versteht man, dass sich bei der Zusammenfassung von Zahlungsströmen auch der Wert des Portefeuilles als Summe der Einzelwerte ergibt. $V(A+B) = V(A) + V(B)$ Vgl. bspw. Franke und Hax (2004), S. 333 ff.

	CF_0	g_1	up	$down$	$E_P[\widetilde{CF}_1]$	$E_Q[\widetilde{CF}_1]$
a	100	0,50	2,62	0,38	150	127,64
b	200	0,05	1,37	0,73	210	197,19
M_1	300	0,20	1,86	0,54	360	320,20
M_2	300	0,20	1,79	0,61	360	324,83

Tabelle 4.6. Zahlenbeispiel zur verzerrten Risikostruktur. Quelle: Eigene Darstellung

Da die Schätzung einer langfristigen Wachstumsrate äußerst schwierig ist, wird häufig auf die Inflationsrate als Schätzer zurückgegriffen. Insbesondere im Zweiphasenmodell kann daher für den Zeitraum nach der Detailplanungsphase vereinfachend eine gleiche Wachstumsrate für alle Unternehmen angenommen werden. Zur Bestimmung des Fortführungswertes ist somit der Sonderfall für g_{TM} für den Gesamtmarkt anwendbar.

Am Kapitalmarkt können aktuelle Preise für einzelne Investitionsmöglichkeiten (z.B. Unternehmensaktien) oder Portefeuilles (z.B. der DAX 100) beobachtet werden. Nutzt man den Marktpreis (P_{0M}) als Schätzer für den Wert des Portefeuilles (V_{0M}), kann die folgende Gleichung auf Basis von 3.62 und 3.68 gebildet werden.[34]

$$P_{0M} = CF_{0M} \sum_{t=1}^{T-1} \prod_{j=1}^{t} \frac{1 + g^*_{jM}}{1 + r_f} + CF_{0M} \frac{(1 + g^*_{TM}) \prod_{t=1}^{T-1} (1 + g^*_{tM})}{(r_f - g^*_{TM})(1 + r_f)^{T-1}} \tag{4.21}$$

P_{0M} bezeichnet dabei die Summe der beobachtbaren Marktpreise aller im Portefeuille enthaltenen Unternehmen. CF_{0M} spiegelt das Aggregat des Cash Flows dieser Unternehmen in $t = 0$ wider. Für den Zeitraum $t = 1$ bis $t = T - 1$ sollen konkrete Schätzungen bzgl. der Wachstumsrate vorliegen (z.B. von Finanzanalysten). Zusätzlich wird eine Annahme zur langfristigen Wachstumsrate g_{TM} für den Zeitraum ab $t = T$ benötigt. Im Gordon-Growth-Modell zur Bestimmung des Fortführungswertes sollte eine nicht zu hohe langfristige Wachstumsrate angenommen werden. Eine Orientierung an der Inflationserwartung erscheint, wie bereits erwähnt, durchaus sinnvoll. Über die entsprechenden *up*- und *down*-Faktoren können dann die risikoadjustierten Wachstumsraten g^*_{tM} und g^*_{TM} ermittelt werden. Aus Formel 4.21 lässt sich nun auf numerischen Weg der implizit enthaltene Wert für q bestimmen.

4.3.2 Zusammenhang zwischen Dividendenrendite und Bewertungsniveau

Dividiert man Gleichung 4.21 durch CF_{0M} und verwendet stellvertretend für den Cash Flow die Dividendenzahlung, kann der Quotient aus Marktpreis und Cash Flow (bzw.

[34] Vgl. hierzu Richter und Timmreck (2003a), S. 68.

Dividendenzahlung) als Kehrwert der Dividendenrendite des Gesamtmarktes (δ_{0M}) interpretiert werden:[35]

$$\frac{P_{0M}}{CF_{0M}} = \frac{1}{\delta_{0M}} = \sum_{t=1}^{T-1}\prod_{j=1}^{t}\frac{1+g^*_{jM}}{1+r_f} + \frac{(1+g^*_{TM})\prod_{t=1}^{T-1}(1+g^*_{tM})}{(r_f - g^*_{TM})(1+r_f)^{T-1}} \tag{4.22}$$

Wenn die periodenspezifischen Wachstumsraten des Gesamtmarktes für den Zeitraum $t = 1$ bis $t = T-1$ (also die Detailplanungsphase) vernachlässigt werden und ausschließlich auf die ewige Wachstumsrate abgestellt wird, lässt sich die Gleichung bei Annahme einer konstanten ewigen Wachstumsrate von $t = 0$ bis $t = \infty$ weiter vereinfachen:

$$\frac{P_{0M}}{CF_{0M}} = \frac{1}{\delta_{0M}} = \frac{(1+\bar{g}^*_M)}{(r_f - \bar{g}^*_M)} \tag{4.23}$$

Durch Vorgabe einer Dividendenrendite und einer langfristiger Wachstumsrate für den Gesamtmarkt können dann die implizit im aktuellen Bewertungsniveau enthaltenen Werte für q ermittelt werden. Das Ergebnis für verschiedene Annahmen bzgl. Dividendenrendite und langfristiger Wachstumsrate ist in Tabelle 4.7 abgebildet.

$\bar{g}_M$	1,0%	2,0%	**2,5%**	3,0%	4,0%
δ_M					
2%	-	-	-	0,4988	0,4815
3%	-	0,4986	0,4876	0,4786	0,4640
4%	0,4986	0,4742	0,4658	0,4587	0,4468
5%	0,4647	0,4502	0,4444	0,4392	0,4300
6%	0,4315	0,4268	0,4235	0,4201	0,4135
7%	0,3988	0,4037	0,4029	**0,4013**	0,3973
8%	0,3668	0,3811	0,3827	0,3829	0,3814
9%	0,3353	0,3590	0,3629	0,3649	0,3658
10%	0,3044	0,3372	0,3434	0,3471	0,3504
11%	0,2741	0,3158	0,3243	0,3297	0,3354
12%	0,2443	0,2948	0,3056	0,3126	0,3206

Tabelle 4.7. Bandbreite für q in Abhängigkeit der Dividendenrendite und der langfristigen Wachstumsrate
Quelle: Eigene Darstellung

Die berücksichtigten Größen, für die langfristige Wachstumsrate 1 bis 4 % sowie 2 bis 12 % für die Dividendenrendite, stellen eine sehr große Bandbreite dar. Hier sind auch

[35] Vgl. hierzu Richter und Timmreck (2003a), S. 68.

Werte enthalten, die historisch nicht oder selten zu beobachten waren. So lag die Dividendenrendite in Deutschland historisch zwischen 1,6 % und 4 % ohne Steuergutschrift bzw. zwischen 1,3 % und 6 % mit Steuergutschrift (siehe hierzu Abbildung 4.1). Allerdings ist zu berücksichtigen, dass die Dividenden(rendite) hier nur als Approximation für die bewertungsrelevante Cash Flow(-Rendite) herangezogen wurde.

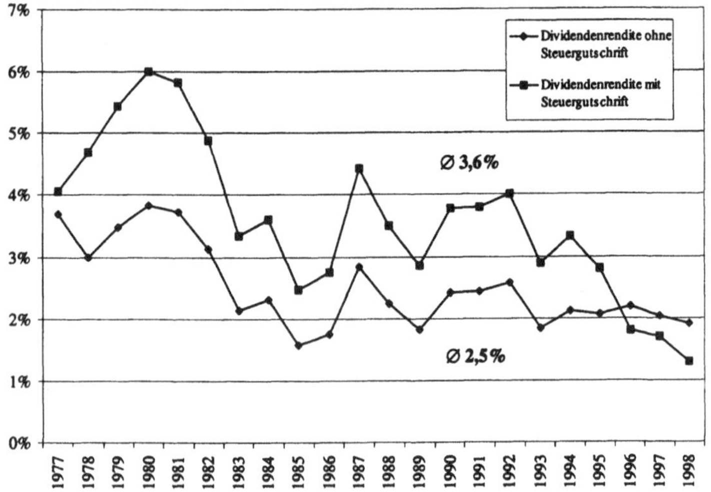

Abbildung 4.1. Die Dividendenrendite deutscher Aktien
Quelle: Eigene Darstellung in Anlehnung an Deutsches Aktieninstitut e.V. (Hrsg.) (2002)

Aufgrund der Thesaurierung von Gewinnen, die einen Wertzuwachs generieren,[36] ist die Cash Flow-Rendite i.d.R. höher als die Dividendenrendite. Außerdem kann die Dividende und damit auch die Dividendenrendite vom Management beeinflusst werden. Häufig wird dabei eine Glättung über die Zeit angestrebt. Alternativ kann die Gewinnrendite verwendet werden. Diese lag für Unternehmen des DAX 100 im Durchschnitt bei 6,9 % und damit deutlich über der Dividendenrendite von 3,8 %. Tabelle 4.8 zeigt die Auswertung der Gewinn- und Dividendenrenditen für die Unternehmen des DAX 100 im Jahr 2002.[37]

[36] Vorausgesetzt es ergeben sich rentable Investitionsmöglichkeiten innerhalb des Unternehmens.
[37] Die entsprechenden Ausgangsdaten sind im Anhang E abgedruckt. Quelle: Bloomberg.

	Gewinnrendite	Dividendenrendite
Mittelwert	6,9%	3,8%
Median	7,4%	3,6%
Stdabw.	12,4%	2,0%

Tabelle 4.8. Die Gewinn- und Dividendenrendite im DAX 100. Quelle: Eigene Darstellung

Unter Berücksichtigung der Gewinnrendite ergibt sich erneut ein impliziter Wert von 0,4 für q.[38]

4.3.3 Konkretisierung von Q auf Basis von Kapitalmarktdaten

4.3.3.1 Allgemeine Vorgehensweise

Es soll überprüft werden, welche risikoadjustierte Wahrscheinlichkeit (q) in den aktuell[39] beobachtbaren Aktienkursen enthalten ist. Dazu werden die aktuellen Aktienkurse bzw. die Marktkapitalisierungen der DAX 100-Unternehmen zur Ermittlung von P_{0M} benötigt. Diese können bspw. aus Informationssystemen wie dem von Bloomberg, Datastream oder Reuters entnommen werden. Als weitere Inputvariablen sind Annahmen bzgl. der zukünftigen Wachstumsrate der Cash Flows (g_{tM} bzw. $\bar{g}_{TM}$) zu formulieren, aus denen sich die *up*- und *down*-Faktoren bestimmen lassen. Hier soll aufgrund der Datenverfügbarkeit davon ausgegangen werden, dass Dividenden, Earnings oder das Net Income stellvertretend für den bewertungsrelevanten Cash Flow verwendet werden kann. Für die Erwartungswerte der zukünftigen Dividenden, Earnings und des Net Income wird auf Analystenschätzungen zurückgegriffen. Solche Analystenschätzungen werden bspw. von I/B/E/S (Institutional Brokers' Earnings System), einer umfangreichen und ständig aktualisierten Datenbank, gesammelt und zur Verfügung gestellt.[40]

4.3.3.2 Implizites Q auf Basis des erwarteten Dividendenwachstums

Als erstes soll die in den Aktienkursen implizit enthaltene risikoadjustierte Wahrscheinlichkeit anhand der Dividendenschätzungen ermittelt werden. Die generelle Vorgehensweise ist in Abbildung 4.2 zusammengefasst und gilt auch für die Anwendung in Verbindung mit den Earnings bzw. dem Net Income.

In einem ersten Schritt müssen die Unternehmen aussortiert werden, für die nicht alle notwendigen Daten vorliegen. Dies sind insbesondere die Analystenschätzungen für

[38] Siehe Tabelle 4.7.

[39] Zum Stichtag der Datenabfrage am 12.11.2002.

[40] Auch hier beziehen sich die Angaben auf den Stichtag 12.11.2002 und entstammen dem Bloomberg-System, welches die I/B/E/S-Daten ebenfalls enthält.

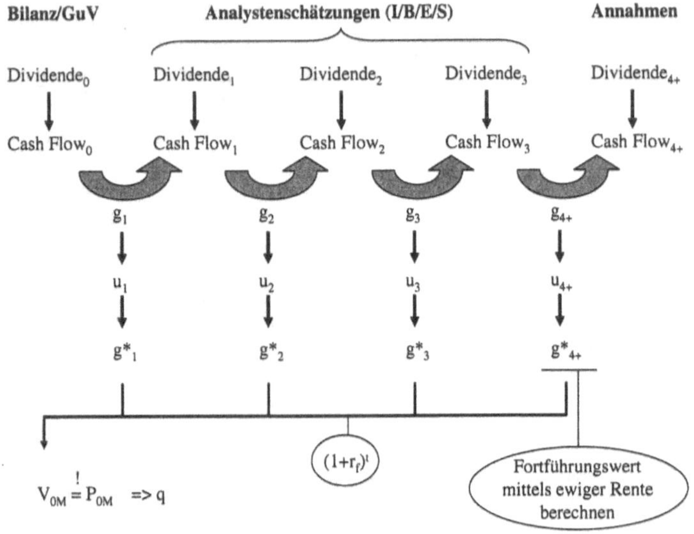

Abbildung 4.2. Darstellung der Vorgehensweise zur Ermittlung impliziter q-Werte
Quelle: Eigene Darstellung

das laufende Jahr (2002), für das folgende Jahr (2003) und das dritte Jahr (2004).[41] Zudem muss es sich in jedem Jahr um eine positive Wachstumsrate handeln, da sonst Formel 3.57 nicht angewandt werden kann.[42] Es handelt sich dabei allerdings nicht um eine Einschränkung der Anwendbarkeit des Modells, sondern vielmehr um ein Problem bei der marktorientierten Datenerhebung für Dividenden. Mit einer der alternativen Vorgehensweisen aus 3.51, 3.52 und 3.53 können auch negative Wachstumsraten problemlos berücksichtigt werden.[43] In diesem Fall benötigt man aber mehr Inputdaten als die Wachstumsrate (entweder eine Standardabweichung der erwarteten Wachstumsrate oder prinzipiell Angaben zu den Wachstumsraten im positiven und negativen Zustand).

Außerdem wurden folgende Bereinigungen vorgenommen: Es wurden nur Unternehmen einbezogen, zu denen mindesten zwei unterschiedliche Analysten Schätzungen abgegeben hatten und zu denen alle notwendigen Informationen (aktuelle Dividende 2001, Schätzungen für die Dividende im laufenden Geschäftsjahr 2002, Schätzungen für die Di-

[41] Diese sind im Anhang abgedruckt.
[42] Wäre die Wachstumsrate negativ, würde der Term unter dem Wurzelzeichen negativ.
[43] Siehe hierzu auch die Ermittlung des impliziten q auf Basis von Net Income bzw. EPS i.V.m. der Standardabweichung.

vidende im nächsten Jahr und im Jahr 2004) vorlagen. Dies war für 37 Unternehmen aus dem DAX 100 der Fall. Die aggregierte Wachstumsrate für den Gesamtmarkt auf Basis der 37 Unternehmen ergibt sich dann aus der Tabelle 4.9.

Das erwartete Wachstum der Dividenden für den Gesamtmarkt ergibt sich daraus mit 10,9 % für 2002, 11,8 % für 2003 und 12,3 % für 2004. Die langfristige Wachstumsrate wird wieder in Anlehnung an die durchschnittlich erwartete Inflationsrate mit 2,5 % festgelegt. Betrachtet man dann die Summe aller Marktkapitalisierung der Unternehmen, die in die Untersuchung einfließen, als aktuellen Preis des Portefeuilles und damit als Schätzer für den Wert des Gesamtmarktes, kann das in den aktuellen Aktienkursen enthaltene Q über die schon vorgestellte Gleichung 4.21 ermittelt werden.[44] Dabei ist die Summe der Dividenden in 2001 ein Schätzer für den Startwert CF_{0M}. Als Lösung ergibt sich $q = 0,4812$. Der Wert liegt innerhalb der logisch zulässigen Grenzen von $q > 0$ und $q < 0,5$, erscheint jedoch im Vergleich zu den bisherigen Erkenntnissen zu hoch. Hier kommt erneut zum tragen, dass Dividenden als Schätzung für den bewertungsrelevanten Cash Flow nur bedingt taugen.

4.3.3.3 Implizites Q auf Basis des erwarteten Net Income

Analog zur Vorgehensweise auf Basis des Dividendenwachstums[45] kann die implizit in den Marktkapitalisierungen enthaltene risikoadjustierte Wahrscheinlichkeit q auch unter Verwendung der Analystenschätzungen für das Net Income ermittelt werden. Dabei liegen die benötigten Daten für 36 Unternehmen vor.[46] Die aggregierten Wachstumsraten betragen für 2002 63,5 %, für 2003 23,7 % und für 2004 14,1 %. Als Lösung ergibt sich q zu 0,3889. Dies stellt einen Schätzer für die in den aktuell beobachtbaren Aktienkursen enthaltene risikoadjustierte Wahrscheinlichkeit dar und spiegelt die momentane Risikoaversion am Kapitalmarkt wider.

4.3.3.4 Implizites Q auf Basis des erwarteten Net Income i.V.m. der Standardabweichung

Wie schon erwähnt können bei Anwendung von Formel 3.57 nur Unternehmen berücksichtigt werden, die eine positive Wachstumsrate aufweisen. Dadurch reduziert sich die Anzahl der Unternehmen, für die alle notwendigen Daten vorliegen bei einer Gesamtanzahl von 100 auf 36. Um den Verlust an Daten zu vermeiden bzw. einzuschränken, kann auf eine

[44] Die Gleichung 4.21 kann allerdings nicht analytisch nach q aufgelöst werden. Um den impliziten Wert zu ermitteln bedarf es einer iterativen Zielwertsuche, die von jedem Standard-Tabellenkalkulationsprogramm angeboten wird.

[45] Siehe hierzu Abbildung 4.2.

[46] Siehe Tabelle 4.10.

Unter-nehmen	Marktkap. 12.11.2002	2001 Dividende	2002 *g*	2002 *up*	2003 *g*	2003 *up*	2004 *g*	2004 *up*
ADS	3427	42	3.2%	1.285	6.4%	1.429	7.9%	1.485
ALV	24833	364	6.6%	1.435	15.7%	1.739	15.7%	1.740
ALT	6708	84	39.5%	2.368	3.3%	1.294	9.0%	1.524
AMB2	3302	72	5.6%	1.397	8.1%	1.490	6.2%	1.418
BAS	21883	758	3.4%	1.296	8.2%	1.495	8.3%	1.497
BAY	15096	657	2.1%	1.228	11.4%	1.606	14.7%	1.710
BEI	9009	109	3.6%	1.307	12.6%	1.644	10.9%	1.588
BZL	411	11	3.5%	1.300	8.1%	1.491	18.4%	1.817
DCX	32592	1013	42.7%	2.445	21.9%	1.917	18.5%	1.821
DGX	5116	226	2.2%	1.232	5.0%	1.369	6.5%	1.432
DBK	28103	808	4.2%	1.333	7.4%	1.465	7.3%	1.462
DB1	4493	40	5.6%	1.393	17.6%	1.796	16.1%	1.751
DOU	788	35	1.7%	1.200	4.6%	1.352	5.2%	1.380
EOA	31797	1107	6.9%	1.448	8.4%	1.501	8.6%	1.509
FIE	776	24	17.4%	1.789	6.9%	1.448	6.7%	1.439
FRA	1949	36	4.7%	1.359	12.9%	1.653	11.8%	1.619
GEH	3105	71	5.5%	1.393	7.6%	1.475	9.1%	1.528
GWI	147	7	14.5%	1.703	5.4%	1.385	8.8%	1.517
GFK	345	4	7.6%	1.475	13.1%	1.660	1.4%	1.185
HOT	846	32	12.8%	1.650	8.7%	1.513	13.1%	1.658
IVG	1058	39	6.5%	1.430	4.7%	1.357	1.3%	1.176
KPG	266	14	12.4%	1.637	10.3%	1.569	25.0%	2.000
LEO	178	7	3.5%	1.303	4.7%	1.359	43.9%	2.474
LIN	4372	135	1.7%	1.201	9.3%	1.535	12.8%	1.650
LOE	88	6	11.3%	1.601	6.6%	1.433	23.0%	1.947
MRK	3851	163	0.9%	1.147	4.4%	1.343	6.4%	1.427
MGT	1324	48	0.8%	1.135	11.1%	1.595	15.7%	1.739
MUV2	21540	223	11.7%	1.614	18.6%	1.824	5.7%	1.398
PHO	94	4	10.0%	1.558	23.0%	1.947	40.4%	2.389
PUM	1016	5	39.3%	2.364	24.2%	1.978	14.8%	1.713
SCH	9235	164	19.4%	1.846	13.2%	1.663	12.7%	1.645
SIE	39041	890	6.4%	1.427	12.4%	1.637	16.1%	1.752
SAZ	702	12	8.5%	1.505	12.2%	1.630	13.0%	1.655
SZU	2627	82	6.2%	1.418	3.2%	1.287	24.3%	1.981
TUI	3276	137	3.0%	1.276	2.5%	1.251	4.4%	1.345
VOS	324	10	5.6%	1.395	1.5%	1.190	28.1%	2.082
ZPF	178	5	5.7%	1.399	9.6%	1.545	19.5%	1.850
Summe	**283899**	**7447**	**10.9%**	**1.531**	**11.8%**	**1.606**	**12.3%**	**1.625**

Tabelle 4.9. Aggregierte Wachstumsrate auf Basis der Dividenden Quelle: Eigene Darstellung

Unter-nehmen	Marktkap. 12.11.2002	2001 Net Inc	2002 g	2002 up	2003 g	2003 up	2004 g	2004 up
ADS	3427	208	10.8%	1.587	16.5%	1.762	13.0%	1.657
ALV	24833	1623	15.1%	1.721	51.5%	2.652	21.2%	1.897
BMW	22245	1866	11.3%	1.603	8.5%	1.506	14.1%	1.691
USE	428	2	517.8%	12.275	22.2%	1.923	157.5%	4.947
BEI	9009	279	1.6%	1.196	13.8%	1.680	14.0%	1.687
BSK	1600	120	0.6%	1.118	15.0%	1.718	18.2%	1.811
GBF	635	52	20.0%	1.863	14.5%	1.704	24.1%	1.976
DBK	28103	167	1180.5%	25.571	44.2%	2.480	12.1%	1.628
DB1	4493	203	13.3%	1.665	34.5%	2.244	20.4%	1.874
EOA	31797	2048	18.8%	1.829	7.2%	1.458	12.6%	1.642
FIE	776	37	21.5%	1.904	13.7%	1.679	5.0%	1.371
FRA	1949	101	28.4%	2.089	25.9%	2.024	18.1%	1.808
FRE3	1413	82	104.8%	3.835	18.7%	1.826	12.2%	1.632
FME	3192	71	319.8%	8.276	17.8%	1.800	12.5%	1.641
GWI	147	17	24.1%	1.977	5.6%	1.396	9.7%	1.546
GFK	345	12	119.9%	4.157	16.6%	1.766	16.6%	1.765
HNR1	2155	11	2594.8%	53.877	19.1%	1.838	6.8%	1.442
HBH3	388	17	44.5%	2.489	23.1%	1.950	20.8%	1.887
IVG	1058	67	7.0%	1.450	2.4%	1.246	8.8%	1.518
KRN3	566	50	15.3%	1.728	9.7%	1.547	15.0%	1.717
LEO	178	28	4.3%	1.339	11.0%	1.593	35.9%	2.278
LIN	4372	285	11.9%	1.620	2.1%	1.225	17.1%	1.780
LOE	88	10	31.3%	2.165	10.5%	1.574	25.3%	2.007
MEO	7209	401	12.5%	1.640	13.8%	1.682	13.6%	1.675
MGT	1324	131	41.2%	2.408	10.9%	1.590	13.6%	1.675
MUV2	21540	250	702.0%	15.978	27.4%	2.063	8.1%	1.491
PUM	1016	40	88.6%	3.484	21.4%	1.904	10.5%	1.576
RHM3	436	21	73.8%	3.161	24.0%	1.972	32.9%	2.204
RHK3	855	66	2.7%	1.260	17.9%	1.802	19.9%	1.859
SCH	9235	418	14.6%	1.704	13.9%	1.686	16.0%	1.749
SIX2	210	12	56.3%	2.764	23.6%	1.962	38.6%	2.346
SAZ	702	25	52.6%	2.678	22.6%	1.935	22.2%	1.923
VOS	324	17	154.5%	4.884	10.6%	1.580	2.5%	1.248
WDO	146	6	34.5%	2.244	28.1%	2.081	30.5%	2.143
WAD3	3443	117	9.6%	1.543	26.2%	2.032	19.3%	1.844
ZPF	178	16	16.2%	1.753	16.7%	1.768	18.0%	1.807
Summe	**189818**	**8878**	**63.5%**	**2.708**	**23.7%**	**1.928**	**14.1%**	**1.685**

Tabelle 4.10. Aggregierte Wachstumsrate auf Basis des Net Income

Quelle: Eigene Darstellung

andere Formel zur Ermittlung der *up-* und *down*-Faktoren zurückgegriffen werden. Da I/B/E/S eine Vielzahl von Analystenschätzungen beinhaltet, kann auf Basis dieser Daten auch eine Standardabweichung berechnet werden und Formel 3.51 zum Einsatz kommen. Dadurch ist es möglich, 76 statt 36 der DAX 100-Unternehmen in die Untersuchung einzubeziehen.[47] Die Wachstumsraten liegen nun bei -6,1 % für 2002, 19,8 % für 2003 und 18,2 % für 2004.

Nutzt man die vorhandenen Daten und löst Formel 4.21 nach q auf ergibt sich eine implizit enthaltene risikoadjustierte Wahrscheinlichkeit in Höhe von 0,3048. Dieser Wert wirkt vor dem Hintergrund der bisherigen Erkenntnisse zu niedrig. Allerdings ist anzumerken, dass sich die verwendete Standardabweichung auf die vorliegenden Analystenschätzungen bezieht. Damit liegt nur ein Schätzer für die wahre Standardabweichung (σ) des Net Income vor.[48] Da sich Analysten außerdem häufig mit ihren Schätzungen angleichen, muss der Schätzer für die Standardabweichung ($\hat{\sigma}$) mit der Wurzel aus der Anzahl der Analysten (N) multipliziert werden.[49]

$$\sigma = \hat{\sigma}\sqrt{N} \tag{4.24}$$

Wird die korrigierte Standardabweichung verwendet, ergeben sich neue *up-* und *down*-Faktoren.[50] Auf dieser Basis beträgt der implizite Wert für q 0,3908.

4.3.3.5 Implizites Q auf Basis der erwarteten EPS

Schließlich kann die Berechnung des impliziten Wertes für q noch auf Basis der Earnings durchgeführt werden. Da die Analysten nur Schätzungen für das EPS, also die Earnings per Share angeben, müssen die Werte noch mit der Anzahl der Aktien multipliziert werden. Die Vorgehensweise ist identisch zu der bei Net Income und Dividenden.[51] Auf Grundlage der Analystenschätzungen wird ein Wachstum der Earnings von 51,5 % im Jahre 2002, 28 % im Jahre 2003 und 20,7 % im Jahre 2004 erwartet. Es können 36 Unternehmen berücksichtigt werden, für die alle notwendigen Informationen vorliegen.[52] Als Resultat ergibt sich für die implizite risikoadjustierte Wahrscheinlichkeit q ein Wert von 0,3896.

[47] Siehe Tabellen 4.11 und 4.12.
[48] In der Literatur findet sich auch der Begriff Standardfehler des arithmetischen Mittels. Vgl. Bleymüller u. a. (1996), S. 77.
[49] Vgl. bspw. Bamberg und Baur (1996).
[50] Siehe Tabellen 4.13 und 4.14
[51] Siehe Abbildung 4.2.
[52] Siehe Tabelle 4.15.

Unter-nehmen	**Marktkap. 12.11.2002**	**2001 Net Inc**	**2002** *up*	*down*	**2003** *up*	*down*	**2004** *up*	*down*
ADS	3427	208	1.168	1.049	1.230	1.099	1.250	1.010
ALV	24833	1623	1.658	0.644	1.927	1.103	1.499	0.925
ALT	6708	342	0.988	0.936	1.152	1.041	1.268	1.029
AMB2	3302	362	0.941	0.699	1.343	1.067	1.155	1.130
AVA	961	82	0.865	0.633	1.395	1.065	1.195	1.070
AWD	521	43	1.044	0.674	1.292	0.898	1.307	0.961
BAS	21883	5858	0.274	0.193	1.313	0.923	1.378	1.030
BAY	15096	965	1.269	0.531	1.298	0.724	1.779	1.199
BMW	22245	1866	1.178	1.049	1.146	1.024	1.224	1.058
BEI	9009	279	1.062	0.970	1.202	1.073	1.223	1.057
BZL	411	43	0.939	0.816	1.177	1.027	1.219	1.049
BSK	1600	120	1.213	0.799	1.382	0.919	1.402	0.961
BOS3	703	107	0.698	0.642	1.379	1.064	1.115	0.941
BUD	1373	116	0.991	0.856	1.185	1.007	1.196	0.988
CBK	3689	102	8.198	3.177	1.211	0.718	1.636	1.197
DGX	5116	421	1.074	0.524	1.726	1.111	1.451	1.032
DBK	28103	167	18.782	6.827	1.815	1.068	1.305	0.937
DB1	4493	203	1.245	1.021	1.503	1.187	1.303	1.105
DPW	11428	1583	0.797	0.367	1.404	1.116	1.204	1.058
DDE	198	13	0.986	0.727	1.414	1.179	1.490	1.191
DOU	788	75	1.059	0.897	1.185	0.995	1.150	0.986
DUE	236	25	0.989	0.601	1.970	1.362	1.392	0.929
DYK3	258	84	0.684	0.210	1.904	1.161	1.750	1.389
EOA	31797	2048	1.408	0.968	1.249	0.895	1.400	0.851
FIE	776	37	1.341	1.089	1.275	0.999	1.189	0.911
FRA	1949	101	1.490	1.078	1.461	1.058	1.393	0.968
FRE3	1413	82	2.963	1.132	1.597	0.777	1.321	0.924
FME	3192	71	4.684	3.713	1.292	1.064	1.243	1.008
GEH	3105	268	0.928	0.853	1.182	1.065	1.257	1.032
GWI	147	17	1.292	1.191	1.133	0.980	1.160	1.033
GFK	345	12	2.435	1.963	1.314	1.018	1.249	1.082
GIL	129	40	0.119	0.040	7.187	5.659	1.426	1.108
HNR1	2155	11	30.634	23.261	1.298	1.084	1.193	0.943
HEI	2455	244	1.307	0.850	1.106	0.832	1.327	1.031
HDD	2071	199	0.883	0.550	1.989	1.264	1.888	1.170
HEN3	9141	502	0.947	0.767	1.248	1.026	1.215	1.032
HBH3	388	17	1.587	1.304	1.358	1.105	1.382	1.035
IVG	1058	67	1.136	1.003	1.153	0.895	1.165	1.011
IWK	290	31	1.112	0.722	1.373	0.878	1.384	0.990

Tabelle 4.11. Aggregierte Wachstumsrate auf Basis des Net Income mit Standardabweichung A bis I

Quelle: Eigene Darstellung

Unter-nehmen	Marktkap. 12.11.2002	2001 Net Inc	2002 up	2002 down	2003 up	2003 down	2004 up	2004 down
JEN	536	84	0.785	0.449	1.324	0.739	1.379	0.887
JUN3	299	39	1.006	0.829	1.330	0.984	1.165	0.986
SDF	793	118	0.875	0.555	1.337	0.884	1.358	0.808
KAR	2281	235	0.921	0.564	1.756	1.224	1.486	0.989
SKB	251	75	0.446	0.342	1.288	0.663	1.588	0.767
KRN3	566	50	1.170	1.137	1.190	1.004	1.274	1.025
LEO	178	28	1.093	0.993	1.191	1.029	1.427	1.290
LIN	4372	285	1.404	0.833	1.213	0.828	1.383	0.958
LOE	88	10	1.567	1.060	1.338	0.871	1.353	1.152
MAN	1709	151	1.046	0.770	2.138	1.517	1.675	1.257
MRK	3851	629	0.462	0.334	1.352	1.069	1.304	1.118
MEO	7209	401	1.264	0.986	1.279	0.998	1.294	0.978
MGT	1324	131	1.582	1.241	1.256	0.963	1.249	1.023
MLP	1291	89	0.776	0.547	1.724	1.056	1.362	1.171
MUV2	21540	250	10.441	5.600	1.523	1.025	1.288	0.874
NDA	360	41	0.594	0.499	1.713	1.450	1.537	1.146
PSM	1221	68	0.814	0.042	3.032	1.592	1.708	1.188
PUM	1016	40	1.984	1.787	1.290	1.139	1.218	0.993
RHM3	436	21	2.162	1.315	1.463	1.016	1.429	1.229
RHK3	855	66	1.066	0.988	1.236	1.121	1.278	1.119
RWE	17457	1885	0.908	0.611	1.232	0.576	1.467	0.698
SZG	428	139	0.656	0.482	1.650	1.276	0.769	0.627
SAP	23999	581	0.795	0.584	2.636	2.158	1.373	1.070
SCH	9235	418	1.201	1.090	1.204	1.075	1.235	1.085
SRZ	1287	41	0.429	0.338	1.649	0.825	1.692	0.871
SIE	39041	2597	1.174	0.691	1.348	0.799	1.546	1.108
SIX2	210	12	1.961	1.165	1.568	0.904	1.632	1.141
SOW4	335	39	1.011	0.269	1.484	0.487	1.983	0.596
SAZ	702	25	1.585	1.467	1.318	1.134	1.399	1.044
SZU	2627	232	1.410	1.065	1.184	0.995	1.168	0.737
TNH	211	13	0.997	0.599	1.860	1.241	1.501	0.848
TKA	5304	665	0.699	0.322	2.097	1.327	1.392	1.054
TUI	3276	346	1.140	0.595	1.454	0.908	1.388	0.881
VOW	14262	2915	0.926	0.820	1.174	0.954	1.317	1.082
WDO	146	6	1.434	1.255	1.333	1.228	1.413	1.197
WAD3	3443	117	1.190	1.001	1.359	1.165	1.297	1.089
ZPF	178	16	1.203	1.121	1.214	1.119	1.216	1.144
Summe	**399115**	**31293**	**1.151**	**0.727**	**1.413**	**0.982**	**1.369**	**0.994**

Tabelle 4.12. Aggregierte Wachstumsrate auf Basis des Net Income mit Standardabweichung J bis Z

Quelle: Eigene Darstellung

Unter-nehmen	**Marktkap. 12.11.2002**	**2001 Net Inc**	**2002** *up*	*down*	**2003** *up*	*down*	**2004** *up*	*down*
ADS	3427	208	1.392	0.825	1.478	0.851	1.610	0.651
ALV	24833	1623	3.688	-1.386	3.533	-0.504	2.286	0.138
ALT	6708	342	1.075	0.848	1.347	0.846	1.627	0.670
AMB2	3302	362	1.116	0.524	1.514	0.896	1.164	1.120
AVA	961	82	1.009	0.489	1.599	0.862	1.221	1.044
AWD	521	43	1.382	0.336	1.652	0.538	1.521	0.747
BAS	21883	5858	0.438	0.029	2.112	0.124	1.922	0.486
BAY	15096	965	2.630	-0.830	2.325	-0.303	2.494	0.484
BMW	22245	1866	1.473	0.754	1.421	0.749	1.504	0.778
BEI	9009	279	1.243	0.789	1.454	0.821	1.473	0.807
BZL	411	43	1.052	0.703	1.300	0.903	1.324	0.944
BSK	1600	120	1.554	0.459	1.762	0.538	1.493	0.870
BOS3	703	107	0.775	0.564	1.810	0.633	1.258	0.798
BUD	1373	116	1.147	0.700	1.390	0.802	1.367	0.816
CBK	3689	102	18.733	-7.358	2.147	-0.219	2.076	0.757
DGX	5116	421	2.089	-0.491	2.892	-0.056	2.052	0.431
DBK	28103	167	42.692	-17.083	3.307	-0.424	1.758	0.484
DB1	4493	203	1.505	0.761	1.868	0.821	1.500	0.907
DPW	11428	1583	1.635	-0.471	1.950	0.570	1.385	0.877
DDE	198	13	1.146	0.567	1.560	1.033	1.600	1.082
DOU	788	75	1.341	0.615	1.514	0.666	1.339	0.797
DUE	236	25	1.309	0.281	2.410	0.921	1.624	0.697
DYK3	258	84	1.074	-0.180	2.516	0.550	1.931	1.209
EOA	31797	2048	2.197	0.179	2.008	0.136	2.188	0.064
FIE	776	37	1.652	0.778	1.615	0.659	1.391	0.709
FRA	1949	101	2.157	0.410	2.114	0.404	1.885	0.476
FRE3	1413	82	5.932	-1.836	2.927	-0.554	1.809	0.436
FME	3192	71	6.259	2.138	1.662	0.693	1.532	0.718
GEH	3105	268	1.041	0.741	1.351	0.897	1.535	0.754
GWI	147	17	1.355	1.128	1.227	0.885	1.206	0.987
GFK	345	12	2.823	1.575	1.557	0.775	1.333	0.999
GIL	129	40	0.149	0.011	7.952	4.894	1.492	1.042
HNR1	2155	11	42.148	11.748	1.633	0.749	1.443	0.692
HEI	2455	244	2.020	0.137	1.500	0.439	1.570	0.788
HDD	2071	199	1.361	0.072	3.029	0.224	2.606	0.452
HEN3	9141	502	1.260	0.454	1.635	0.640	1.426	0.821
HBH3	388	17	1.691	1.200	1.410	1.053	1.509	0.908
IVG	1058	67	1.258	0.882	1.389	0.659	1.260	0.916
IWK	290	31	1.501	0.333	1.826	0.425	1.670	0.704

Tabelle 4.13. Verbesserte aggregierte Wachstumsrate auf Basis des Net Income mit Standardabweichung A bis I

Quelle: Eigene Darstellung

Unter-nehmen	**Marktkap. 12.11.2002**	**2001 Net Inc**	**2002** *up*	*down*	**2003** *up*	*down*	**2004** *up*	*down*
JEN	536	84	1.121	0.112	1.956	0.107	1.735	0.531
JUN3	299	39	1.183	0.652	1.676	0.639	1.295	0.857
SDF	793	118	1.107	0.324	1.665	0.555	1.471	0.695
KAR	2281	235	1.500	-0.015	2.587	0.393	2.024	0.451
SKB	251	75	0.542	0.246	1.859	0.092	1.999	0.357
KRN3	566	50	1.191	1.116	1.305	0.889	1.366	0.934
LEO	178	28	1.130	0.956	1.250	0.970	1.456	1.261
LIN	4372	285	2.630	-0.393	2.021	0.020	2.097	0.245
LOE	88	10	2.073	0.553	1.806	0.403	1.454	1.052
MAN	1709	151	1.525	0.291	3.217	0.438	2.220	0.712
MRK	3851	629	0.669	0.126	1.811	0.610	1.547	0.876
MEO	7209	401	1.860	0.390	1.883	0.394	1.788	0.484
MGT	1324	131	2.134	0.689	1.733	0.486	1.512	0.760
MLP	1291	89	1.023	0.301	2.446	0.335	1.480	1.052
MUV2	21540	250	19.113	-3.072	2.468	0.080	1.855	0.307
NDA	360	41	0.663	0.430	1.904	1.259	1.733	0.950
PSM	1221	68	2.110	-1.255	5.367	-0.743	2.271	0.625
PUM	1016	40	2.281	1.491	1.515	0.914	1.478	0.733
RHM3	436	21	2.684	0.793	1.739	0.740	1.502	1.156
RHK3	855	66	1.156	0.898	1.361	0.996	1.408	0.989
RWE	17457	1885	1.572	-0.053	2.669	-0.861	2.521	-0.356
SZG	428	139	0.781	0.356	1.921	1.005	0.798	0.598
SAP	23999	581	1.184	0.195	3.791	1.002	1.914	0.529
SCH	9235	418	1.456	0.835	1.511	0.768	1.497	0.824
SRZ	1287	41	0.519	0.247	2.474	0.000	2.287	0.275
SIE	39041	2597	2.276	-0.411	2.579	-0.432	2.230	0.423
SIX2	210	12	2.253	0.873	1.811	0.661	1.733	1.039
SOW4	335	39	2.421	-1.141	3.324	-1.352	4.064	-1.485
SAZ	702	25	1.693	1.359	1.486	0.965	1.656	0.787
SZU	2627	232	1.724	0.751	1.322	0.857	1.258	0.647
TNH	211	13	1.324	0.272	2.370	0.732	1.741	0.609
TKA	5304	665	1.394	-0.373	3.518	-0.093	1.855	0.591
TUI	3276	346	2.146	-0.411	2.432	-0.069	2.048	0.222
VOW	14262	2915	1.188	0.557	1.712	0.416	1.740	0.660
WDO	146	6	1.598	1.091	1.438	1.123	1.547	1.063
WAD3	3443	117	1.578	0.613	1.748	0.777	1.597	0.789
ZPF	178	16	1.262	1.061	1.283	1.050	1.231	1.129
Summe	**399115**	**31293**	**1.970**	**-0.092**	**2.255**	**0.140**	**1.877**	**0.486**

Tabelle 4.14. Verbesserte aggregierte Wachstumsrate auf Basis des Net Income mit Standardabweichung J bis Z

Quelle: Eigene Darstellung

Unter-nehmen	Marktkap. 12.11.2002	2001 Earnings	2002 *g*	2002 *up*	2003 *g*	2003 *up*	2004 *g*	2004 *up*
ADS	3427	208	8.1%	1.490	16.4%	1.760	13.9%	1.683
ALV	24833	1618	8.1%	1.493	53.9%	2.710	28.8%	2.100
BMW	22245	1867	12.3%	1.632	8.2%	1.496	14.4%	1.699
USE	428	2	355.9%	9.007	25.8%	2.021	228.2%	6.408
BEI	9009	279	1.4%	1.185	13.3%	1.666	14.9%	1.714
GBF	635	52	19.0%	1.836	14.0%	1.688	26.0%	2.027
CBK	3689	101	341.6%	8.717	20.7%	1.884	51.3%	2.649
DBK	28103	168	461.9%	11.147	127.7%	4.322	50.9%	2.639
DB1	4493	228	2.4%	1.245	28.8%	2.100	22.7%	1.937
EOA	31797	2103	24.9%	1.997	1.8%	1.211	5.5%	1.393
FIE	776	39	21.3%	1.899	12.8%	1.650	9.6%	1.545
FRA	1949	116	12.9%	1.652	26.3%	2.035	16.1%	1.752
FRE3	1413	82	65.0%	2.963	24.3%	1.980	26.2%	2.032
FME	3192	71	321.3%	8.306	14.4%	1.700	13.7%	1.678
GWI	147	17	17.3%	1.786	6.3%	1.422	12.1%	1.628
GFK	345	12	119.9%	4.157	13.7%	1.677	14.1%	1.691
HNR1	2155	11	2560.2%	53.185	18.0%	1.805	8.2%	1.494
HEI	2455	74	254.5%	6.945	1.2%	1.165	18.0%	1.806
HBH3	388	17	40.0%	2.379	15.9%	1.744	30.2%	2.136
KRN3	566	50	13.3%	1.667	11.2%	1.598	12.2%	1.630
LEO	178	28	3.8%	1.316	12.0%	1.625	41.3%	2.411
LIN	4372	285	3.9%	1.321	14.1%	1.690	18.7%	1.826
LOE	88	10	22.6%	1.934	13.9%	1.686	3.5%	1.301
MEO	7209	401	7.7%	1.475	14.1%	1.690	12.5%	1.642
MGT	1324	133	44.2%	2.481	6.1%	1.418	14.5%	1.704
MUV2	21540	252	596.5%	13.857	42.1%	2.431	8.6%	1.509
PUM	1016	40	85.3%	3.413	20.0%	1.865	14.3%	1.697
RHM3	436	21	53.2%	2.692	18.4%	1.817	47.6%	2.561
RHK3	855	66	1.3%	1.174	15.6%	1.736	22.0%	1.918
SCH	9235	416	15.1%	1.721	13.3%	1.665	14.3%	1.696
SIX2	210	12	54.3%	2.718	23.5%	1.961	40.7%	2.397
SAZ	702	27	36.5%	2.295	20.6%	1.881	20.0%	1.863
VOS	324	16	136.2%	4.502	8.6%	1.508	12.0%	1.624
WDO	146	6	27.5%	2.065	27.4%	2.064	27.9%	2.078
WAD3	3443	117	10.4%	1.571	26.6%	2.042	22.7%	1.939
ZPF	178	16	14.8%	1.711	12.9%	1.652	21.7%	1.911
Summe	**193304**	**8963**	**51.5%**	**2.463**	**28.0%**	**1.990**	**20.7%**	**1.850**

Tabelle 4.15. Aggregierte Wachstumsrate auf Basis der Earnings Quelle: Eigene Darstellung

4.3.3.6 Implizites Q auf Basis der erwarteten EPS i.V.m. der Standardabweichung

Auch für die Berückscihtigung der Earnings als Approximation für den bewertungsrelevanten Cash Flow soll die Datengrundlage durch Verwendung von 3.51 und der Standardabweichung erweitert werden. So können mit 78 deutlich mehr Unternehmen einbezogen werden. Wie auch schon bei der Untersuchung der impliziten Werte für Q auf Basis des Net Income i.V.m. der Standardabweichung, führt dies in einem ersten Schritt zu Ergebnissen, die vor dem Hintergrund der bisherigen Erkenntnisse geringer sind, als erwartet. Das von den Analysten prognostizierte Wachstum für 2002 liegt nun bei -12,7 %, für 2003 bei 26,9 % und für 2004 bei 20,9 %.[53] Die Lösung für den impliziten Wert von q beträgt in diesem Fall 0,3512. Auch hier ist die Standardabweichung, wie in Formel 4.24 gezeigt, zu korrigieren. Die entsprechenden *up*- und *down*-Faktoren sind in den Tabellen 4.16 und 4.17 aufgelistet. Auf dieser Basis ermittelt sich ein Wert für das implizit in den Marktpreisen enthaltene q von $0,4158$.

4.3.3.7 Vorläufige Zusammenfassung der impliziten Werte

Unter Berücksichtigung der einzelnen Ergebnisse kann zusammenfassend ein durchschnittlicher Wert für q gebildet werden, der bei ca. 0,4 liegt. Der implizite Wert für q auf Basis der Dividenden stellt mit 0,4812 eher einen Ausreißer dar und ist zu relativieren, da Dividenden den bewertungsrelevanten Cash Flow unterschätzen. Bei Anwendung des reziproken Modells liegen die impliziten Werte für q auf Basis von Net Income und Earnings bei 0,3889 und 0,3896. Berücksichtigt man zusätzlich die Anwendung der *up*- und *down*-Faktoren auf Basis der Standardabweichung der Analystenschätzungen ergibt sich für das Net Income ein q von 0,3048 und für die Earnings ein q von 0,3512. Diese Werte erscheinen zu gering zu sein. Daraufhin sind die Standardabweichungen wegen ihres Stichprobencharakters zu korrigieren. Anschließend ergibt sich ein impliziter Wert für q auf Basis des Net Income von 0,3908 bzw. von 0,4158 auf Basis der Earnings. Die Untersuchung ließe sich noch erweitern, da für die Earnings Analystenschätzungen über einen Zeitraum von bis zu 5 Jahren vorhanden sind. Damit könnte die Detailplanungsphase um zwei Jahre verlängert werden. Allerdings liegen diese Daten nicht für alle Unternehmen vor (siehe die vollständige Auflistung der I/B/E/S-Daten im Anhang C) und die Ergebnisse unterscheiden sich nur unwesentlich von denen, die sich bei der Beschränkung auf drei Jahre in

[53] Die Werte für die einzelnen Unternehmen, wie auch für den Gesamtmarkt sind im Anhang abgedruckt.

Unter-nehmen	Marktkap. 12.11.2002	2001 Earnings	2002 up	2002 down	2003 up	2003 down	2004 up	2004 down
ADS	3427	208	1.202	0.960	1.465	0.863	0.796	1.056
ALV	24833	1618	3.690	-1.527	4.132	-1.053	0.001	1.014
ALT	6708	350	1.097	0.816	1.430	0.767	0.604	1.025
AMB2	3302	362	1.249	0.379	1.650	0.671	0.838	1.016
AVA	961	82	0.972	0.358	1.990	0.476	1.176	1.205
AWD	521	43	1.397	0.299	1.724	0.503	0.807	1.022
BAS	21883	5672	0.508	-0.017	2.256	0.008	0.389	1.059
BAY	15096	965	3.202	-1.724	4.288	-1.398	-0.542	0.982
BMW	22245	1867	1.406	0.839	1.506	0.659	0.742	1.058
BEI	9009	279	1.253	0.776	1.483	0.784	0.755	1.068
BZL	411	43	1.105	0.675	1.386	0.792	0.938	1.048
BSK	1600	130	1.820	0.083	1.811	0.578	0.919	1.085
BOS3	703	107	0.902	0.436	1.751	0.547	0.785	1.030
BUD	1373	116	1.234	0.635	1.510	0.699	0.768	0.987
CBK	3689	101	21.948	-13.116	3.846	-1.431	0.431	1.234
DGX	5116	421	2.293	-0.853	2.898	0.170	0.593	1.043
DBK	28103	168	15.885	-4.648	5.070	-0.517	0.444	1.234
DB1	4493	228	1.594	0.454	1.895	0.681	0.891	1.130
DPW	11428	1584	1.507	-0.415	2.230	0.434	0.553	1.020
DDE	198	12	0.990	0.527	1.771	0.660	0.903	1.176
DOU	788	75	1.277	0.600	1.527	0.646	0.782	1.015
DUE	236	25	1.189	0.427	2.518	0.642	0.722	0.963
EOA	31797	2103	2.855	-0.357	2.208	-0.171	-0.354	0.768
FIE	776	39	1.599	0.827	1.509	0.747	0.726	0.956
FRA	1949	116	1.958	0.299	2.205	0.322	0.511	0.999
FRE3	1413	82	2.803	0.498	2.314	0.171	0.294	1.012
FME	3192	71	5.548	2.878	1.536	0.751	0.786	1.046
GEH	3105	305	0.987	0.610	1.414	0.788	0.725	1.042
GWI	147	17	1.330	1.016	1.298	0.827	1.018	1.069
GFK	345	12	2.979	1.419	1.529	0.744	0.782	0.981
GIL	129	40	0.789	-0.341	4.373	0.184	0.325	0.675
HNR1	2155	11	34.363	18.840	1.894	0.465	0.600	0.948
HEI	2455	74	7.320	-0.231	1.913	0.110	0.867	1.062
HDD	2071	199	1.476	-0.161	3.743	-0.651	0.184	1.182
HEN3	9141	501	1.429	0.334	1.800	0.521	0.659	1.037
HOT	846	24	8.311	-1.623	3.230	-0.909	0.240	0.327
HBH3	388	17	1.979	0.820	1.498	0.819	0.931	1.040
INH	310	22	3.671	1.962	1.343	0.782	0.803	0.857
IVG	1058	67	2.004	0.347	1.599	0.380	0.628	0.883
IWK	290	31	2.049	-0.102	2.364	-0.014	0.252	0.876

Tabelle 4.16. Aggregierte Wachstumsrate auf Basis der Earnings mit Standardabweichung A bis I

Quelle: Eigene Darstellung

Unter-nehmen	Marktkap. 12.11.2002	2001 Earnings	2002 up	2002 down	2003 up	2003 down	2004 up	2004 down
JEN	536	86	1.151	-0.179	2.143	0.092	1.878	0.543
JUN3	299	39	1.182	0.640	1.848	0.508	1.986	0.420
SDF	793	118	0.722	0.388	1.512	0.737	1.177	0.944
KAR	2281	235	1.318	0.038	2.648	0.528	2.027	0.490
SKB	251	75	0.564	0.243	1.756	0.387	1.618	0.956
KPG	266	33	1.014	0.644	1.521	1.095	1.349	1.241
KRN3	566	50	1.302	0.965	1.432	0.792	1.343	0.900
LEO	178	28	1.140	0.936	1.312	0.928	1.591	1.234
LIN	4372	285	2.527	-0.449	2.368	-0.086	2.194	0.180
LOE	88	10	2.009	0.442	2.042	0.237	1.632	0.437
MAN	1709	149	1.796	0.068	3.753	-0.248	2.490	0.538
MRK	3851	629	0.748	0.048	2.028	0.380	2.071	0.294
MEO	7209	401	1.303	0.851	1.510	0.771	1.368	0.882
MGT	1324	133	2.474	0.410	1.667	0.456	1.600	0.690
MLP	1291	122	0.976	0.079	2.957	-0.364	1.519	0.915
MUV2	21540	252	17.845	-3.916	3.080	-0.238	2.049	0.123
NDA	360	41	0.761	0.228	2.413	0.555	1.984	0.593
PSM	1221	68	1.744	-0.792	5.476	-1.680	2.119	0.550
PUM	1016	40	2.670	1.036	1.841	0.560	1.545	0.741
RHK3	855	66	1.136	0.890	1.386	0.926	1.612	0.828
RWE	17457	1953	1.423	-0.049	2.705	-0.838	2.554	-0.337
SZG	428	141	0.781	0.332	2.637	0.452	0.747	0.574
SAP	23999	583	1.244	0.121	4.286	0.397	2.083	0.381
SCH	9235	416	1.469	0.833	1.527	0.739	1.611	0.674
SRZ	1287	41	0.986	-0.092	3.080	-0.716	2.682	-0.201
SIE	39041	2099	1.357	0.494	3.119	-0.373	2.376	0.191
SIX2	210	12	2.177	0.909	1.792	0.679	1.757	1.057
SOW4	335	39	2.756	-1.763	4.988	-2.119	3.357	-0.741
SAZ	702	27	1.680	1.050	1.570	0.842	1.526	0.873
SZU	2627	253	1.521	0.814	1.274	0.853	1.263	0.652
TNH	211	13	1.275	0.325	2.324	0.723	4.937	-1.070
TKA	5304	665	1.608	-0.710	4.128	-0.469	1.924	0.614
TUI	3276	349	2.002	-0.420	2.737	-0.367	2.246	-0.060
VOW	14262	2950	1.176	0.521	1.735	0.399	1.736	0.687
WCM	794	327	0.665	0.089	4.911	-0.526	1.038	0.953
WDO	146	6	1.576	0.974	1.505	1.043	1.670	0.889
WAD3	3443	117	1.736	0.472	1.997	0.535	1.932	0.523
ZPF	178	16	1.245	1.050	1.388	0.869	1.269	1.165
Summe	**400637**	**31057**	**1.820**	**-0.073**	**2.548**	**-0.010**	**2.076**	**0.342**

Tabelle 4.17. Aggregierte Wachstumsrate auf Basis der Earnings mit Standardabweichung J bis Z

Quelle: Eigene Darstellung

der Detailplanungsphase ergeben.[54] Abschließend lässt sich festhalten, dass sich ein Wert von ca. 0,4 für q auf Basis der aktuellen Marktpreise begründen lässt. Tabelle 4.18 fasst die Ergebnisse nochmals zusammen.

Approximation des bewertungs-relevanten Cash Flows	Modell für *up* und *down* reziprok	+/- σ
Dividende	0,4812	n.v.
Net Income	0,3889	0,3908
Earnings	0,3896	0,4158

Tabelle 4.18. Implizite Werte für q in Abhängigkeit von der Vorgehensweise
Quelle: Eigene Darstellung

An dieser Stelle sei nochmals darauf hingewiesen, dass mit dieser Methode die Risikoaversion ermittelt werden kann, die sich in den aktuellen Marktpreisen widerspiegelt und in der Differenz zwischen p und q zum Ausdruck kommt. Im Zeitablauf kann diese durchaus Schwankungen unterliegen, da sie auf den jeweiligen Einschätzungen der Marktteilnehmer basiert. Für eine adequate Unternehmensbewertung sollte daher in einem ersten Schritt immer die aktuelle marktgegebene Risikoaversion ermittelt werden. Aus ihr lässt sich die risikoadjustierte Wahrscheinlichkeit Q ableiten, die angewandt auf die Cash Flow-Struktur zur Prognose von Sicherheitsäquivalenten genutzt werden kann. Außerdem wird man damit dem Stichtagsprinzip gerecht, da ausschließlich Daten berücksichtigt werden, die zum Bewertungszeitpunkt bekannt sind.

4.4 Eine zusammenfassende Heuristik

Bisher konnte gezeigt werden, in welchen Bandbreiten die risikoadjustierte Wahrscheinlichkeit q liegen muss. Die logisch möglichen Bandbreiten mit $0 < q < p$ bzw. $0 < q < 0,5$ waren dabei noch recht weit gefasst. Bei den subjektiven Schätzungen lagen die Grenzen schon wesentlich enger zusammen. Im Modell mit exogen vorgegebener erwarteter Marktrendite und Standardabweichung betrug die Bandbreite $0,27 < q < 0,47$. Unter Berücksichtigung einer erwarteten Marktrendite in Höhe von 10 % und einer Standardabweichung von 25 %, wie die Analyse der verschiedenen Studien (Tabelle 4.4 und 4.5) ergibt, erhält man ein q von 0,4. Bei exogener Vorgabe von erwarteter Marktrendite und langfristigen bzw. ewigen Wachstum der Cash Flows des Gesamtmarktes beträgt die Bandbreite

[54] Für die Berechnung auf Basis von Earnings ergibt sich ein Wert von 0,3836 (im Gegensatz zu 0,3896). Auf Basis von Earnings mit Standardabweichung beträgt der Wert 0,3485 (anstelle von 0,3512) bzw. nach der Korrektur 0,4111 (anstatt 0,4158).

$0,32 < q < 0,46$. Auch hier kann unter Verwendung der empirisch begründeten Werte von 10 % für die Marktrendite und 2,5 % für das Wachstum der Wert für q fixiert werden. Man erhält unter diesen Annahmen ebenfalls einen Wert von 0,4 für q. Der Weg über die Dividenden- bzw. Gewinnrendite führte im Fall des langfristigen Wachstums von 2,5 % und einer Gewinnrendite von 7 % zu einem q von 0,40. Abschließend ließ sich zeigen, dass auch die aktuellen Aktienkurse i.V.m. den Wachstumsraten auf Basis von Analystenschätzungen für Dividenden, Net Income oder Earnings als Approximation für den bewertungsrelevanten Cash Flow eine Bandbreite von $0,39 < q < 0,41$ begründen. Tabelle 4.19 fasst die Ergebnisse nochmals zusammen.

Ansatz	**untere Grenze**	**obere Grenze**
Logische Grenzen	0	0,5
exogene Vorgabe von r und σ	0,27	0,47
exogene Vorgabe von r und g	0,32	0,46
Gewinnrendite und g	0,38	0,42
implizite Werte	0,39	0,41

Tabelle 4.19. Überblick zu den Ergebnissen für q in Abhängigkeit vom gewählten Ansatz
Quelle: Eigene Darstellung

Insgesamt scheint es also nicht verkehrt zu sein, wenn man als Heuristik empfiehlt, für eine erste Schätzung des Unternehmenswertes ein q von 0,4 zu verwenden. Sicherlich ist dies nur ein erster Schritt zum kapitalmarktorientierten Sicherheitsäquivalent, allerdings handelt es sich um ein einfaches Modell, in dem das in der Cash Flow Struktur enthaltene Risiko konsistent berücksichtigt. Um einen ersten Eindruck von dem Erklärungsgehalt dieser Heuristik zu bekommen, sollen die modellbasierten Unternehmenswerte den beobachtbaren Marktpreisen gegenübergestellt werden.

Für die Überprüfung des Erklärungsgehalts der vorgeschlagenen Heuristik wird der Cash Flow durch die Dividende, die Earnings oder das Net Income approximiert. Dabei wurden wieder nur die Unternehmen berücksichtigt, für die die jeweils notwendigen Daten verfügbar waren. Mit Hilfe von Formel 4.21 lässt sich dann der modellbasierte Unternehmenswert für das Annahmenset $q = 0,4$, r_f=5 % und $\bar{g}_T$=2,5 % ermitteln und dem beobachtbaren Marktpreis (Aktienkurs bzw. Marktkapitalisierung) gegenüber stellen. Die einzelnen Ergebnisse und deren Gegenüberstellung sind im Anhang F ausführlich dargestellt.

Zusammenfassend soll hier nur die Fehlerstatistik ausgewertet werden. Dazu wurde für alle Unternehmen die Abweichung des modellbasierten Unternehmenswerts (V) zum beobachtbaren Marktpreis (P) ermittelt und zum Marktpreis ins Verhältnis gesetzt. Für die daraus resultierenden Schätzfehler wurden anschließend Mittelwert, Median und Standardabweichung berechnet. Bei dem Ansatz, die Dividenden als Approximation für den bewertungsrelevanten Cash Flow zu verwenden ergibt sich eine durchschnittliche Unterschätzung des Unternehmenswertes von ca. 50 %. Eine Erklärungsmöglichkeit könnten einbehaltene Gewinne sein, die zur Wertsteigerung beitragen,[55] aber in den Dividenden nicht berücksichtigt werden. Erhöht man in diesem Fall bspw. die langfristige Wachstumsrate von 2,5 % auf 10,5 % verbessert sich das Ergebnis deutlich. Der Erklärungsgehalt steigt von 8 % auf 49 % und die Schätzfehler reduzieren sich auf ca. 20 %.

Werden die Earnings als Approximation herangezogen, ergibt sich, unabhängig vom geringen Erklärungsgehalt in Höhe von 17 %, ein durchschnittlicher Schätzfehler von 117 % und eine Standardabweichung von über 250 %. Bei genauerer Betrachtung der Einzelergebnisse zeigt sich, dass ein einzelner Ausreißer dafür verantwortlich ist, was auch der Vergleich zwischen Mittelwert und Median des Fehlers vermuten lässt. Bereinigt man die Daten um diesen Ausreißer, liegt der durchschnittliche Fehler bei 75 % und die Standardabweichung bei 67 %. Die Berücksichtigung der Standardabweichung der Analysten zur Bestimmung der *up*- und *down*-Faktoren führt hier mit einem Erklärungsgehalt von 32 % zu einer deutlichen Ergebnisverbesserung (Mittelwert: 48 % und Standardabweichung: 83 %). Der Ansatz, das Net Income als Approximation zu verwenden, liefert nochmals bessere Ergebnisse. Hier beläuft sich der durchschnittliche Fehler nur auf 21 bis 23 % und dessen Standardabweichung auf 46 bis 60 % (abhängig davon ob nur die Wachstumsrate oder auch die Standardabweichung der Analystenschätzungen zur Ermittlung der *up*- und *down*-Faktoren berücksichtigt wurden.

Wenn man eine Bandbreite von +/- 25 % als ausreichend genau für eine Unternehmensbewertung ansieht,[56] können mit Hilfe dieser vereinfachten Vorgehensweise und der Annahme, dass $q = 0,4$ ist, bereits bis zu 50 % der aktuell am Markt beobachtbaren Preise erklärt werden. Dies ist abhängig von der Wachstumsrate, die als Approximation für die reale Wachstumsrate der bewertungsrelevanten Cash Flows verwendet wird. Das Dividendenwachstum bietet dabei mit 8 % den geringsten Erklärungsgehalt. Bei der Verwendung von Earnings als Approximation ist der Erklärungsgehalt zumindest unter Einbeziehung der Standardabweichung mit 32 % wesentlich besser. Den besten Erklärungsgehalt liefert in dieser Untersuchung das Modell auf Basis der Net Income-Wachstumsraten. Hier beträgt der Erklärungsgehalt 50 %. Die daraus resultierende Frage, ob der heuristische Wert für q mit 0,4 falsch gewählt ist oder das Problem in der Anwendung einheitlicher Parame

[55] Wenn sie so investiert werden, dass die Rendite auf das eingesetzte Kapital höher ist als die geforderten Kapitalkosten.

[56] Unter Beachtung einer durchschnittlichen Standardabweichung für den Gesamtmarkt von ca. 25 % sollte dies eine geeignete Bandbreite darstellen.

Ansatz		**Erklärungs-gehalt**	**Fehlerauswertung [(V-P)/P]** Mittelwert	Median	Stdabw.
Dividenden	nur Wachstum (g_T=2,5%)	8%	-0,537	-0,534	0,232
	nur Wachstum (g_T=10,5%)	49%	-0,213	-0,211	0,395
Earnings	nur Wachstum	17%	1,175	0,738	2,582
	nur Wachstum (bereinigt)	18%	0,753	0,709	0,670
	i.V.m. Stdabw.	32%	0,487	0,388	0,830
Net Income	nur Wachstum	50%	0,212	0,152	0,466
	i.V.m. Stdabw.	41%	0,232	0,162	0,609

Tabelle 4.20. Erklärungsgehalt und Fehlerauswertung bei Anwendung der Heuristik
Quelle: Eigene Darstellung

ter auf unterschiedliche Unternehmen liegt, kann hier nicht abschließend geklärt werden und bietet sicherlich Ansatzpunkte für weitergehende Forschungsprojekte. Allerdings lassen sich drei Aspekte benennen, die zur Klärung beitragen können. Erstens ist die Heuristik eine Verdichtung verschiedener Ansätze, die teilweise auf historischen Daten basieren. Damit ergibt sich eine gewisse Inkonsistenz beim Vergleich mit aktuellen Marktpreisen. Daher sollte nach Möglichkeit immer das zum Bewertungszeitpunkt gültige und in den Marktpreisen enthaltene Q verwendet werden. Zweitens liegt der Bewertungsmethode das Theorem der Arbitragefreiheit zugrunde. Dies ist aber letztlich ein dynamischer Prozess, denn wenn Arbitrage möglich ist, werden Arbitrageure aktiv und führen den Markt bzw. die Preise wieder ins Gleichgewicht. Der Vergleich zwischen modelliertem Wert (auf Basis von Jahresabschlussdaten) und beobachtbaren Preis ist dagegen eine Momentaufnahme. Aktienkurse und damit auch Marktkapitalisierungen können durchaus auch kurzfristig starken Schwankungen unterliegen. Eine gewisse Schwankungsbreite ist daher wohl kaum auszuschließen. Drittens schließt die Modellwelt, auf der die Bewertungsmethode basiert Transaktionskosten aus. Berücksichtigt man jedoch Transaktionskosten, die z.B. in Form von Broker-Gebühren real existieren, müssen die Marktpreise nicht zwangsläufig dem arbitragefreien (theoretischen) Gleichgewichtspreis entsprechen.

5

Vereinfachte Diskontierung mit dem Regressionsansatz

„Unternehmenswerte sind potentielle Preise von Unternehmen, nicht tatsächliche Preise."

Adolf Moxter[1]

5.1 Konzept der vereinfachten Diskontierung

5.1.1 Linearer Zusammenhang zwischen Cash Flow-Entwicklung und Marktrendite

Das Binomialmodell erfordert die explizite Darstellung der Cash Flow Struktur mit den entsprechenden Eintrittswahrscheinlichkeiten der möglichen Zustände. Vereinfachend wurde die Wahrscheinlichkeit P bisher mit 0,5 festgesetzt. Außerdem impliziert die binomiale Struktur bei kombinierter Projektion von Cash Flow ($\widetilde{CF}$) und Marktrendite ($\tilde{r}_M$) zu einer perfekte Korrelation (ρ) zwischen Cash Flow-Entwicklung und Marktrendite. Dies kann unter Umständen als Restriktion gesehen werden. Intuitiv ist solch eine Korrelation nicht unwahrscheinlich.[2] Außerdem scheint die Annahme einer positiven Korrelation ebenfalls intuitiv nachvollziehbar zu sein. Im positiven Zustand gilt dann, dass sich sowohl die Marktrendite als auch der Cash Flow positiv entwickeln. Da der ökonomische Erfolg einzelner Unternehmen häufig von der Entwicklung der Gesamtwirtschaft abhängt, ist dieser Zusammenhang nicht abwegig. Eine negative Korrelation würde hingegen bedeuten, dass bei positiver Entwicklung der Gesamtwirtschaft (ausgedrückt durch einen Anstieg der Marktrendite) die Cash Flows des zu bewertenden Unternehmens geringer ausfallen.

Besteht zwischen den Cash Flows des Bewertungsobjektes und der Marktrendite ein linearer Zusammenhang,[3] kann auf die vollständige Darstellung der Risikostruktur und

[1] Zitiert nach Moxter (1983) S. 8.

[2] Auch andere Autoren setzen die Korrelation mit +1 fest. Vgl. z.B. Spremann (2002), S. 327.

[3] Dabei soll der lineare Zusammenhang derart sein, dass sich die Wachstumsrate der Cash Flows proportional zu der jeweils realisierten Marktrendite ergibt.

das rekursive Abarbeiten des Binomialbaums verzichtet werden.[4] Dazu wird die Annahme getroffen, dass sich der Cash Flow mit der unsicheren Wachstumsrate $\tilde{g}_t$ entwickelt,[5] die in einem linearen Verhältnis zur Marktrendite $(\tilde{r}_{Mt})$ steht:

$$\widetilde{CF}_t = \widetilde{CF}_{t-1}(1 + \tilde{g}_t) \tag{5.1}$$

$$\tilde{g}_t = a + b\tilde{r}_M \tag{5.2}$$

$$\Rightarrow \widetilde{CF}_t = \widetilde{CF}_{t-1}(1 + a + b\tilde{r}_M) \tag{5.3}$$

Ob und in welcher Form solch ein linearer Zusammenhang besteht, wird im Laufe des Kapitels empirisch zu überprüfen sein. Hierfür soll allerdings die Annahme bezüglich einer perfekten Korrelation gelockert und eine Zufallsvariable $\tilde{\varepsilon}_t$ eingeführt werden:[6]

$$\tilde{g}_t = a + b\tilde{r}_{Mt} + \tilde{\varepsilon}_t \tag{5.4}$$

Die Zufallsvariable $\tilde{\varepsilon}_t$ hat dabei einen Erwartungswert von Null und ist weder mit der Marktrendite noch zeitlich korreliert. Damit wird das Binomialmodell verlassen und eine statistisch-empirische Modellbildung eingeführt.

5.1.2 Arbitragefreiheit als Bewertungstheorem zur vereinfachten Diskontierung

Lässt sich ein linearer Zusammenhang zwischen Cash Flow-Entwicklung und Marktrendite finden,[7] muss in einem zweiten Schritt die Risikoadjustierung vorgenommen werden. Über das Argument der Arbitragefreiheit kann man sich der Lösung nähern. Die Driftverschiebung vereinfacht schließlich die Vorgehensweise, ohne das Argument der Arbitragefreiheit zu verletzen.

Existiert ein linearer Zusammenhang zwischen Cash Flow-Entwicklung und Marktrendite, bedarf es keiner weiteren Bewertungstheoreme als der Forderung nach Arbitragefreiheit. So argumentierte Black 1988,[8] dass eine Cash Flow Zahlung, die sich proportional zur Überrendite des Marktes $(\tilde{r}_M - r_f)$ verhält, den Wert Null besitzen muss. Dieses Argument ist in Abbildung 5.1 formal dargestellt.

Wird eine GE zum risikolosen Zinssatz am Kapitalmarkt aufgenommen und sofort in das Marktportefeuille investiert, bleibt im Zeitpunkt t ein Wert von Null für das Gesamtportefeuille übrig. Im Zeitpunkt $t = 1$ wird die Rückzahlung des Kredits mit $(1 + r_f)GE$

---

[4] Vgl. Richter (2005), S. 23 f.

[5] Solche multiplikativen Prozesse, bei denen sich die unsichere Größe aus der Größe der Vorperiode entwickelt, werden auch als autoregressive Prozesse bezeichnet. Vgl. Richter (2005), S. 24.

[6] Dabei spricht man auch von Tracking Portefeuilles. Vgl. Richter (2005), S. 27.

[7] Zur Vereinfachung soll hier vorerst die Zufallsvariable $\tilde{\varepsilon}_t$ ausgeblendet werden.

[8] Vgl. Black (1988), S. 7 ff.

	t	t+1
Geldaufnahme zum risikolosen Zins	1 GE	- $(1+r_f)$ GE
Geldanlage im Marktportfolio	-1 GE	$(1+r_M)$ GE
Wert des Gesamtportfolios	0 GE	$V(r_M\text{-}r_f)$

Der Wert des Gesamtportfolios in t+1 muss Null sein, da zur Errichtung in t keine Kosten anfallen.

=> Arbitragefreiheitsargument!

Abbildung 5.1. Das Arbitrageargument von Black
Quelle: In Anlehnung an Richter (2002a), S. 144

fällig und das Investment ins Marktportefeuille erbringt eine Zahlung von $(1+\tilde{r}_M)GE$. Die Rendite des Gesamtportefeuilles in $t = 1$ beträgt zusammengefasst $V(\tilde{r}_M - r_f)$. Wenn von Arbitragefreiheit auf dem Kapitalmarkt ausgegangen werden kann, ist der Barwert des Gesamtportefeuilles im Zeitpunkt $t = 0$ Null, da zur Herstellung des Gesamtportefeuilles keine (finanziellen) Aufwendungen notwendig sind.

Wenn die bisherigen Überlegungen berücksichtigt und der Prozess für die Cash Flow Entwicklung $(\widetilde{CF}_{t+1} = CF_t(1 + a + b\widetilde{r}_{Mt+1}))$ angenommen wird, kann die Formel so erweitert werden,[9] dass die Überrendite des Marktes $(\widetilde{r}_m - r_f)$ enthalten ist:[10]

$$\widetilde{CF}_{t+1} = CF_t(1 + a + b(\widetilde{r}_{Mt+1} - r_f) + br_f) \tag{5.5}$$

Nun werden alle Cash Flow-Komponenten separat bewertet, was vor dem Hintergrund der unterstellten Wertadditivität unproblematisch ist. Die Cash Flow-Komponente, die proportional zur Überrendite des Marktes ist $(CF_t b(\tilde{r}_M - r_f))$, muss nach dem Argument der Arbitragefreiheit einen Wert von Null haben. Bei allen weiteren Cash Flow-Komponenten handelt es sich um Werte, die aus Sicht des Zeitpunktes t sicher und daher

[9] Durch Hinzufügen des Nullterms $-br_f + br_f$.
[10] Siehe hierzu Richter (2002a), S. 144 ff. und Richter (2005), S. 24 f.

nur mit dem risikolosen Zinssatz r_f zu diskontieren sind:[11]

$$V_t[\widetilde{CF}_{t+1}] = \frac{CF_t(1 + a + br_f)}{1 + r_f} \tag{5.6}$$

Für die Anwendung dieser Formel ist lediglich ein linearer Zusammenhang zwischen Cash Flow-Wachstum und Marktrendite (wie in Formel 5.4 dargestellt) sowie die Annahme eines arbitragefreien Kapitalmarktes notwendig.[12] Auf einem arbitragefreien Kapitalmarkt entspricht das Sicherheitsäquivalent der Marktrendite genau dem risikolosen Zins. Daraus lässt sich ebenfalls ableiten, dass die Differenz zwischen Marktrendite und risikolosen Zins Null sein muss:[13]

$$E_Q[\tilde{r}_M] = r_f \tag{5.7}$$

$$\Rightarrow E_Q[\tilde{r}_M - r_f] = 0 \tag{5.8}$$

Zu einem ähnlichem Ergebnis kam Ross im Jahre 1978. Allerdings wurde hier ein Zusammenhang zwischen den Cash Flow-Zahlungen und dem Indexstand des Marktportefeuilles unterstellt und die Berechnung in stetiger Zeit durchgeführt.[14] Hierbei handelt es sich um die Idee des relativen Vorteilhaftigkeitsvergleich.

Unter Verwendung dieser Erkenntnisse kann die risikoadjustierte Wachstumsrate ($g^* = E_q[\tilde{g}]$) auch unter Verwendung der Parameter a und b ermittelt werden:

$$E_Q[\tilde{g}] = a + br_f \tag{5.9}$$

Übertragen auf den Cash Flow-Prozess ergibt sich für die arbitragefreie Bewertung eine so genannte Driftverschiebung. Unter Drift[15] versteht man dabei den maßgeblichen Einflußfaktor im Entwicklungsprozess der Wachstumsrate $\tilde{g}$. Dies ist im vorgestellten Modell die Marktrendite $\tilde{r}_M$, welche für die Adjustierung durch den risikolosen Zinssatz zu ersetzen ist. Als Ergebnis erhält man die risikoadjustierte Wachstumsrate statt der unsicheren Wachstumsrate.

$$\tilde{g}_t = a + b\tilde{r}_{Mt} + \tilde{\varepsilon}_t \tag{5.10}$$

$$g_t^* = a + br_f + \sigma_M \tilde{\varepsilon}_t \tag{5.11}$$

[11] CF_t ist im Zeitpunkt t bekannt. $CF_t a$ ist ebenfalls im Zeitpunkt t bekannt, da a nur ein deterministischer Parameter ist. $CF_t br_f$ ist wie die Anlage zum risikolosen Zinssatz zu behandeln und daher auch eine sichere Zahlung. Vgl. Richter (2001), S. 186

[12] Zur Definition von Arbitragefreiheit siehe Kapitel III. Auf die weit restriktiveren Annahmen des CAPM kann hier ausdrücklich verzichtet werden.

[13] Vgl. Richter (2005), S. 25.

[14] Vgl. Richter (2001), S. 187 und im Original Ross (1978), S. 465.

[15] Siehe hierzu auch die Ausführungen in Anhang A.

Wird die so ermittelte risikoadjustierte Wachstumsrate g^* zur Prognose zukünftiger Cash Flows genutzt, erhält man die entsprechenden Sicherheitsäquivalente, die anschließend mit dem risikolosen Zinssatz auf ihre Barwerte diskontiert werden können. Eine Bestimmung von periodenspezifischen Kapitalkosten ist nicht notwendig.

Die Reduktion des Drifts von der Marktrendite auf den risikolosen Zins wirkt wie ein Risikoabschlag. Durch 5.9 wird deutlich, dass dadurch nicht die Erwartungswerte der zukünftigen Cash Flows prognostiziert werden, sondern direkt die entsprechenden Sicherheitsäquivalente. Dass die Risikoadjustierung von Wahrscheinlichkeitsmaßen (wie im Binomialmodell) mit einer Änderung der Wachstumsrate bzw. der Driftanpassung äquivalent ist zeigten Harrison/Kreps 1979 für den stetigen Fall.[16] Eine ähnliche Vorgehensweise findet sich in der so genannten Black & Scholes-Formel, die im Rahmen der Optionspreistheorie sehr populär ist. Auch hier erfolgt die Risikoadjustierung durch den Austausch vom Drift der Kursentwicklung des Underlyings durch den risikolosen Zinssatz.[17]

Für die risikoneutrale Bewertung unsicherer Cash Flows ist demnach zuerst der stochastische Zusammenhang zwischen der Wachstumsrate der Cash Flows und der Marktrendite zu ermitteln. Dafür eignet sich beispielsweise die Regressionsanalyse mit den Parametern a und b, erweitert um den Fehlerterm c, der die Zufallsvariable $\tilde{\varepsilon}$ konkretisiert. Anschließend kann mit Hilfe der Driftverschiebung und der bestehenden formalen Abhängigkeit die risikoadjustierte Wachstumsrate g^* berechnet werden. Mit dieser risikoadjustierten Wachstumsrate lassen sich ausgehend vom Startwert in $t = 0$ die Sicherheitsäquivalente der zukünftigen Cash Flows bestimmen, die danach mit dem risikolosen Zinssatz auf ihren Barwert zu diskontieren sind. Die formale Abhängigkeit ergibt sich wie folgt:

$$g^* = a + br_f + c\tilde{\varepsilon} \tag{5.12}$$

Sind die Werte für a, b und c auf Basis der Regressionsanalyse bestimmt, ist r_f bekannt und wird für jede Periode die Zufallsvariable $\tilde{\varepsilon}$ aus deren Verteilung $N(0,1)$ gezogen, kann Formel 3.62 mit der so berechneten risikoadjustierten Wachstumsrate zur Unternehmensbewertung herangezogen werden.

5.1.2.1 Ein zusammenfassendes Zahlenbeispiel

Das Vorgehen der vereinfachten Diskontierung soll anhand eines einfachen Zahlenbeispiels verdeutlicht werden. Dabei wird der Fehlerterm $\tilde{\varepsilon}_t$ aus Vereinfachungsgründen nicht berücksichtigt.

[16] Vgl. Harrison und Kreps (1979).

[17] Vgl. Black und Scholes (1973).

$$\tilde{g}_t = a + b\tilde{r}_{Mt} \tag{5.13}$$

Dieses Vorgehen entspricht auch dem zuvor beschriebenen Binomialmodell, in dem sich die Cash Flows entweder mit dem *up*- oder dem *down*-Faktor entwickeln konnten. Zeitgleich entwickelte sich die Marktrendite entweder positiv (Marktrendite = Erwartungswert zuzüglich einer Standardabweichung) oder negativ (Marktrendite = Erwartungswert abzüglich einer Standardabweichung). Modellbedingt war die Korrelation zwischen Cash Flow-Entwicklung und Marktrendite perfekt und gemäß der Annahme positiv ($\rho = 1$). Außerdem lassen sich weitere Argumente dafür aus der Überlegung ableiten, dass Investoren das in der Zufallsvariablen enthaltene Risiko durch Diversifikation eliminieren können.[18] Letztlich lassen sich mit dieser Methode zumindest die maximal zulässigen Risikoabschläge bestimmen, was im Ergebnis zu einem Mindestwert für das Unternehmen führt.

Die Parameter a und b können unter der Annahme $p = 0,5$ über die Zusammenhänge im Binomialbaum berechnet werden.[19]

$$up = 1 + a + bE[\tilde{r}_M + \sigma_M] \tag{5.14}$$

$$down = 1 + a + bE[\tilde{r}_M - \sigma_M] \tag{5.15}$$

$$\Rightarrow a = \frac{up}{2}\left(1 - \frac{E[\tilde{r}_M]}{\sigma_M}\right) + \frac{down}{2}\left(1 + \frac{E[\tilde{r}_M]}{\sigma_M}\right) - 1 \tag{5.16}$$

$$\Rightarrow b = \frac{up - down}{2\sigma_M} \tag{5.17}$$

Ersetzt man *up* durch $1 + g + \sigma_g$ und *down* durch $1 + g - \sigma_g$, lassen sich die Formeln weiter vereinfachen:[20]

$$a = 0,5(1 + g + \sigma_g)\left(1 - \frac{E[\tilde{r}_M]}{\sigma_M}\right) + 0,5(1 + g - \sigma_g)\left(1 + \frac{E[\tilde{r}_M]}{\sigma_M}\right) - 1 \tag{5.18}$$

$$b = \frac{0,5(g + \sigma_g) - 0,5(g - \sigma_g)}{\sigma_M} \tag{5.19}$$

$$\Rightarrow a = g - E[\tilde{r}_M]\frac{\sigma_g}{\sigma_M} \tag{5.20}$$

$$\Rightarrow b = \frac{\sigma_g}{\sigma_M} \tag{5.21}$$

Für die Marktrendite soll ein Erwartungswert von 10 % und eine Standardabweichung von 25 % gelten. Im positivem Zustand ergibt dies eine Marktrendite von 35 % und im negativen Zustand von -15 %. Der Cash Flow des Bewertungsobjektes beträgt in $t = 0$ $100GE$ und hat einen erwartete Wachstumsrate von 10 %. Die Standardabweichung der

[18] Vgl. Richter (2001), S. 185.

[19] Die Darstellung ist hier verkürzt. Eine ausführliche Umrechnung findet sich im Anhang B.

[20] Vgl. Richter (2005), S. 26.

Wachstumsrate beträgt 20 %. Damit steigt der Cash Flow im positiven Zustand auf 130*GE* (*up*-Faktor = 1,3) und sinkt im negativen Zustand auf 90*GE* (*down*-Faktor = 0,9). Die risikoadjustierte Wachstumsrate lässt sich nun auf verschiedene Weise ermitteln. Das Ergebnis ist mit g^*=6 % immer identisch.

$$a = 0,1 - 0,1\frac{0,2}{0,25} = 0,02 \tag{5.22}$$

$$b = \frac{0,2}{0,25} = 0,8 \tag{5.23}$$

$$g^* = q \times up + (1-q) \times down - 1 \tag{5.24}$$

$$\Rightarrow g^* = 0,4 \times 1,3 + 0,6 \times 0,9 - 1 = 0,06 \tag{5.25}$$

$$g^* = a + br_f \tag{5.26}$$

$$\Rightarrow g^* = 0,02 + 0,8 \times 0,05 = 0,06 \tag{5.27}$$

Eine weitere Möglichkeit zur Bestimmung der benötigten Parameter a und b sowie der Ausprägung von $\tilde{\varepsilon}$ besteht in der Regressionsanalyse auf Basis von historischen Zeitreihen. Ob solche Zusammenhänge sich empirisch bestätigen lassen wird im folgenden Abschnitt untersucht.

5.2 Der Regressionsansatz

Nun soll die Annahme einer perfekten Korrelation aufgehoben und überprüft werden, ob sich ein linearer Zusammenhang zwischen Cash Flow-Wachstum und Marktrendite empirisch nachweisen lässt. Die Untersuchungshypothese lautet daher:

$$\tilde{g}_t = a + b\tilde{r}_{Mt} + \tilde{\varepsilon}_t \tag{5.28}$$

Zur Bestimmung der Parameter a und b bietet sich - auf Basis von historischen Daten - das statistische Instrumentarium an. Insbesondere die einfache sowie die multiple Regressionsanalyse eignen sich hierfür. In diesem Fall stellt $\tilde{g}_t$ die Abhängige Variable dar. Die Marktrendite $\tilde{r}_{Mt}$ ist dabei die unabhängige Variable, die als Regressor auf die abhängige Variable einwirkt.

Als wichtige Kennziffer wird hier das Bestimmtheitsmaß R^2 betrachtet. Dieses misst den Erfolg des Regressionsmodells bei der Schätzung der abhängigen Variablen innerhalb der Stichprobe. R^2 lässt sich als Anteil der Varianz interpretieren, der durch die unabhängige Variable erklärt wird. Dabei kann R^2 Werte zwischen 0 (kein Erklärungsbeitrag) und 1 (vollständige Erklärung) annehmen.[21] Berechnet wird das Bestimmtheitsmaß wie folgt:

$$R^2 = \frac{SQE}{SQT} = 1 - \frac{SQR}{SQT} \tag{5.29}$$

Dabei steht SQE für die erklärte Abweichungsquadratsumme, SQT für die zu erklärende Gesamtabweichungsquadratsumme und SQR für die nicht erklärte Abweichungsquadratsumme. Mit $\bar{y}$ wird der Mittelwert der abhängigen Variablen (hier die Wachstumsrate g) innerhalb der Stichprobe bezeichnet, y_i ist der beobachtete Wert der abhängigen Variable und $\hat{y}_i$ der mittels Regressionsgleichung prognostizierte Wert für die abhängige Variable. Die nicht erklärte Abweichung wird auch als Fehler bezeichnet und mit e gekennzeichnet.

$$\underbrace{\sum_{i=1}^{n}(y_i - \bar{y})^2}_{SQT} = \underbrace{\sum_{i=1}^{n} e_i^2}_{SQR} + \underbrace{\sum_{i=1}^{n}(\hat{y}_i - \bar{y})^2}_{SQE} \tag{5.30}$$

5.2.1 Kapitalmarktbasierte Datenerhebung

Die für die empirische Untersuchung notwendigen historischen Daten in Bezug auf die Wachstumsraten der Cash Flows und der Marktrendite stammen erneut aus dem Bloomberg System. Da der relevante Cash Flow selbst nicht beobachtbar ist, wurden mit dem Umsatz, dem EBIT (also dem operativen Gewinn vor Zinsen und Steuern) und dem Net Income drei Werte herangezogen, die als Approximation des bewertungsrelevanten Cash Flows dienen sollen. Dabei kommt es in erster Linie nicht auf die absolute Höhe an, sondern vielmehr darauf, dass die Wachstumsraten der Hilfsgröße mit denen des bewertungsrelevanten Cash Flows vergleichbar sind. Häufig lässt sich der bewertungsrelevante Cash Flow z.B. als Prozentsatz vom Umsatz ausdrücken, so dass die Annahme vergleichbarer Wachstumsraten nicht verkehrt sein sollte.[22] Für die Unternehmen des DAX 100 wurden daher Zeitreihen mit den Umsatzzahlen, dem EBIT und dem Net Income zusammengestellt. Diese Daten entstammen den Jahresabschlüssen der Unternehmen und sind im Bloomberg System bis zum Jahre 1988 bzw. bis zum ersten Jahr der Börsennotierung zurück verfügbar, wenn dies nach 1988 lag. Auf die Betrachtung von Quartalsabschlüssen wurde verzichtet, da diese Daten (wenn überhaupt) erst seit einigen wenigen Jahren veröffentlicht werden. Dadurch ist die Menge der Datenpaare eingeschränkt. Die benötigte diskrete Wachstumsrate wird wie folgt berechnet:

$$g_t = \frac{X_t - X_{t-1}}{X_{t-1}} \tag{5.31}$$

[21] Für weitere Details siehe Bleymüller u. a. (1996), S. 143 ff. oder Thomas (1997), S. 89 ff. bzw. im Rahmen der Regressionsanalyse Bleymüller u. a. (1996), S. 171 ff., Bamberg und Baur (1996), S. 45 oder Thomas (1997), S. 179.

[22] Für ein praktisches Beispiel siehe bspw. Richter (2002a), S. 164 ff.

Dabei stellt X_t die betrachtete Größe, also den Umsatz, das EBIT oder das Net Income zum Zeitpunkt t und X_{t-1} die betrachtete Größe der jeweiligen Vorperiode dar. Aufgrund der jährlichen (bzw. quartalsweisen) Veröffentlichung der Daten wird die diskrete Wachstumsrate im Gegensatz zur kontinuierlichen Wachstumsrate betrachtet.[23]

Außerdem sind die Marktrenditen zu ermitteln. Hierfür werden die Jahresendwerte der Indexstände des DAX 100 für die Jahre 1986 bis 2002 zusammengestellt. Die Marktrendite ergibt sich dann analog:

$$r_{Mt} = \frac{\text{Index}_{Mt} - \text{Index}_{M,t-1}}{\text{Index}_{M,t-1}} \tag{5.33}$$

Warum für die Zeitreihe der Marktrendite ein längerer Zeitraum als für die Wachstumsrate der Cash Flows gewählt wurde, wird noch zu zeigen sein. Insgesamt wurden nur die Unternehmen in die Untersuchung einbezogen, für die alle notwendigen Daten (also Umsatz, EBIT bzw. Net Income durchgängig von 1988 bis 2002) vorhanden waren. Daher liegen für die einzelnen Regressionsanalysen unterschiedlich große Datenmengen vor. Dies wird bei den Berechnungen jeweils angegeben.

5.2.2 Untersuchung über das Gesamtpanel

5.2.2.1 Aktuelle Marktrendite als Regressor

Zuerst soll überprüft werden, ob sich ein linearer Zusammenhang zwischen Wachstumsrate und Marktrendite in Form von $g_t = a + br_{Mt} + \varepsilon$ am Beispiel der Unternehmen des DAX 100 empirisch belegen lässt. Dazu wurden die entsprechenden Zeitreihen gepoolt und mit einem gängigen Statistikprogramm ausgewertet. Durch die Poolung der Daten lässt sich eine Aussage über das Gesamtpanel treffen.[24] Das Ergebnis beschreibt also die generelle Erklärungskraft des Modells über alle einbezogenen Unternehmen hinweg.

Die Untersuchung beginnt mit der Betrachtung der Wachstumsrate des Net Income als Approximation für die Wachstumsrate der bewertungsrelevanten Cash Flows. Im Zeitraum 1988 bis 2002 liegen für 30 Unternehmen alle erforderlichen Daten vor. Neben der zeitlichen Vollständigkeit darf innerhalb der Zeitreihe auch kein Vorzeichenwechsel stattfinden, da in diesem Fall die Berechnung einer Wachstumsrate nicht sinnvoll ist. Dies wäre z.B. der Fall, wenn in einem Jahr ein Verlust und im darauf folgendem Jahr wieder ein Gewinn realisiert würde. Die Berücksichtigung von negativen Wachstumsraten ist

---

[23] Die kontinuierliche Wachstumsrate wäre wie folgt zu berechnen:

$$g_t = \ln\left(\frac{X_t}{X_{t-1}}\right) \tag{5.32}$$

[24] Eine Einführung in die Arbeit mit Panel-Daten bietet z.B. Greene (2000), S. 557 ff.

hingegen unproblematisch. Die Rendite des DAX 100 liegt ebenfalls für den genannten Zeitraum vor. Damit ergeben sich 14 Datenpaare (1989 bis 2002) für 30 Unternehmen und die Rendite des DAX 100, was insgesamt 420 Beobachtungspunkte liefert. Die genauen Ergebnisse in Bezug auf die einzelnen Koeffizienten (a und b), deren Standardabweichung und statistische Signifikanz sind dem Anhang H zu entnehmen.

Bei der statistischen Auswertung der Paneldaten lassen sich die ungewichteten von den gewichteten Ergebnissen unterscheiden. Da das verwendete Statistikprogramm bei der ungewichteten Vorgehensweise davon ausgeht, dass die Fehlerterme über die einbezogenen Unternehmen die Annahme der Homoskedastizität erfüllen (also eine konstante Varianz auch über die Unternehmen hinweg aufweisen) scheint die gewichtete Vorgehensweise hier besser geeignet. Dabei wird davon ausgegangen, dass die Fehlerterme über die Unternehmen hinweg heteroskedastisch und gleichzeitig unkorreliert sind.[25] Allerdings unterscheiden sich die Ergebnisse der gewichteten und der ungewichteten Vorgehensweise nur unwesentlich voneinander.[26] Die Regressionsgleichung $g_{\mathrm{NI},t} = a + br_{Mt}$ hat demnach einen Erklärungsgehalt von ca. 17 % (ca. 20 %).

Wird nun das EBIT-Wachstum anstelle des Net Income-Wachstum als abhängige Variable betrachtet, lassen sich 23 Unternehmen finden, für die alle notwendigen Informationen vorliegen. Die Anzahl der Beobachtungen geht damit auf 322 zurück. Das Bestimmtheitsmaß für $g_{\mathrm{E},t} = a + br_{Mt}$ ergibt sich mit ca. 18 % (ca. 10 %).

Wird die Regression mit dem Umsatzwachstum als abhängiger Variable durchgeführt, liegen die notwendigen Informationen sogar für 47 Unternehmen vor, was die Anzahl der einbezogenen Beobachtungen auf 658 erhöht. Auch das Bestimmtheitsmaß verbessert sich bei der Betrachtung von $g_{\mathrm{U},t} = a + br_{Mt}$ und liegt bei ca. 22 % (ca. 19 %).

5.2.2.2 Marktrendite der Vorperiode als Regressor

Preise bilden sich am Kapitalmarkt aufgrund der vorhandenen Informationen und den darauf aufbauenden Erwartungen der Marktteilnehmer für die Zukunft. Aktienkurse nehmen daher die Gewinnentwicklung vorweg und können bei Annahme vollständiger Informationen als Summe aller diskontierten zukünftigen Dividendenansprüche interpretiert werden. Da ein Index wie der DAX 100 ein Aggregat der Aktienkurse aller enthaltenen Unternehmen ist, könnte man auch argumentieren, dass die Indexrendite eine Vorwegnahme der gesamtwirtschaftlichen Entwicklung ist. Trifft dies zu, muss nicht die aktuelle Marktren-

[25] Zu den technischen Details insbesondere zur Art der Gewichtung siehe u.a. Quantitative Microsoftware (Hrsg.) (2001), S. 564.

[26] Im Folgenden werden die Ergebnisse in Bezug auf die gewichtete Vorgehensweise genauer betrachtet. Die entsprechenden Ergebnisse bei ungewichteter Vorgehensweise werden jeweils dahinter in Klammern angegeben.

dite als Einflussfaktor auf die Wachstumsrate des Cash Flows betrachtet werden, sondern die Marktrendite der Vorperiode.

Vor dem Hintergrund dieser Überlegungen sollen die Regressionsanalysen für Net Income, EBIT und Umsatz als abhängige Variable nochmals unter Berücksichtigung der Marktrendite der Vorperiode als Einflussfaktor durchgeführt werden:

$$g_t = a + br_{M,t-1} + \varepsilon \tag{5.34}$$

Für das Net Income-Wachstum als abhängige Variable ergibt sich ein Bestimmtheitsmaß von ca. 13 % (ca. 13 %) für $g_{\mathrm{NI},t} = a + br_{M,t-1}$. Betrachtet man das EBIT-Wachstum als abhängige Variable (also $g_{\mathrm{E},t} = a + br_{M,t-1}$), ist das Bestimmtheitsmaß unter Verwendung der Marktrendite der Vorperiode mit ca. 20 % (ca. 14 %) im Vergleich zur aktuellen Marktrendite höher. Auch bei der Betrachtung des Umsatzwachstums (also $g_{U,t} = a + br_{M,t-1}$) als Abhängige ergibt sich eine Verbesserung des Bestimmheitsmaßes auf ca. 25 % (ca. 12 %). Der größere Einfluss der Marktrendite der Vorperiode im Verhältnis zur aktuellen Marktrendite scheint sich daher zu bestätigen.

5.2.2.3 Ergebnisverbesserung durch multiple Regression

Bisher wurde der Einfluss der aktuellen Marktrendite bzw. der Marktrendite der Vorperiode auf die Wachstumsrate der Cash Flows isoliert betrachtet. Im Folgenden soll überprüft werden, ob die Qualität der Regression dadurch erhöht werden kann, dass beide Variablen als Einflussfaktoren berücksichtigt werden. Dazu wird die multiple Regression genutzt, bei der beliebig viele (unabhängige) Variablen einbezogen werden können:

$$g_t = a + \sum_{i=1}^{n} b_i x_i + \varepsilon \tag{5.35}$$

Dabei steht jedes x_i für eine erklärende Variable, z.B. für die Marktrendite, die Marktrendite der Vorperiode, usw. b_i ist dann der jeweilige Regressionskoeffizient der erklärenden Variable i. Für die Berechnungen soll von folgendem Regressionsmodell ausgegangen werden:[27]

$$g_t = a + b_1 r_{Mt} + b_2 r_{M,t-1} + \varepsilon \tag{5.36}$$

Wird die Regressionsgleichung auf die Paneldaten angewendet, liegt das Bestimmtheitsmaß unter Berücksichtigung des Net Income-Wachstums als abhängige Variable bei

[27] Weitere Modelle wurden getestet, führten aber nicht zu Ergebnisverbesserungen. In einer anderen Untersuchung, bei der ein einzelnes Unternehmen betrachtet wurde, ergab sich ein ähnliches Bild. Siehe hierzu Richter (2002a), S. 120 f. Allerdings wurde dabei der Konstanten a kein Erklärungsgehalt zugeschrieben.

ca. 23 % (ca. 23 %). Der Erklärungsgehalt steigt also bei $g_{\mathrm{NI},t} = a + b_1 r_{Mt} + b_2 r_{M,t-1}$ im Vergleich zu den beiden Einzelbetrachtungen.

Bei der Regression mit dem EBIT-Wachstum als abhängiger Variablen verbessert sich das Bestimmtheitsmaß auf ca. 30 % (ca. 19 %). Hier ist also ebenfalls die multiple Regression $g_{\mathrm{E},t} = a + b_1 r_{Mt} + b_2 r_{M,t-1}$ gegenüber den Einfachregressionen zu bevorzugen.

Auch die multiple Regressionsgleichung für das Umsatzwachstum $g_{\mathrm{U},t} = a + b_1 r_{Mt} + b_2 r_{M,t-1}$ liefert ein höheres Bestimmtheitsmaß als die Einzelbetrachtung von aktueller Marktrendite bzw. Marktrendite der Vorperiode. Der Erklärungsgehalt steigt hier auf ca. 32 % (ca. 20 %).

An dieser Stelle soll darauf hingewiesen werden, dass bei einer multiplen Regression i.d.R. das korrigierte Bestimmtheitsmaß $\overline{R^2}$ als Indikator für den so genannten Fit der Regression zu verwenden ist. Dies liegt daran, dass das herkömmliche Bestimmtheitsmaß mit der Aufnahme neuer zusätzlicher Regressoren immer besser wird. Im Extremfall kann sogar ein R^2 von 1 erreicht werden, wenn soviel Regressoren eingeführt werden, wie die Stichprobe Beobachtungen hat. Deshalb wird beim korrigierten Bestimmtheitsmaß $\overline{R^2}$ das herkömmliche Bestimmtheitsmaß R^2 für jeden zusätzlichen Regressor bestraft, der nicht zur Erklärungskraft des Regressionsmodells beiträgt. Das korrigierte Bestimmheitsmaß berechnet sich wie folgt:

$$\overline{R^2} = (1 - R^2)\frac{n-1}{n-k} \tag{5.37}$$

Dabei ist k die Anzahl der berücksichtigten erklärenden Variablen und n die Anzahl der Beobachtungen innerhalb der Regressionsstichprobe. Bei Regressionen über Paneldaten ist das korrigierte Bestimmtheitsmaß allerdings nicht sinnvoll zu interpretieren und das Vorgehen daher nicht zielführend. Deshalb wurden bisher nur die herkömmlichen Bestimmtheitsmaße betrachtet.

5.2.2.4 Zusammenfassung

Die Ergebnisse liegen zwischen 13 und 32 % für das Bestimmtheitsmaß. Allerdings muss berücksichtigt werden, dass es sich um eine aggregierte Regression (mit bis zu 47 Unternehmen) handelt, die nur grobe Aussagen über die generelle Eignung solcher Modelle zulässt. Eine genauere Ermittlung der Regression bzw. der Koeffizienten ist jedoch nur im Einzelfall, also bei der Betrachtung eines einzelnen Unternehmens, möglich. Dabei könnten auch mögliche weitere Einflußfaktoren berücksichtigt werden. Diesem Ansatz geht der folgende Abschnitt nach. Dennoch kann schon jetzt zusammengefasst werden, dass der maßgebliche Einfluss für die Wachstumsrate sowohl aus der aktuellen Marktrendite als auch aus der Marktrendite der Vorperiode resultiert. Aufgrund der bereits angeführten Argumente ist dies auch intuitiv begründbar. Das Bestimmtheitsmaß für diesen Fall (Tabelle 5.1) ist mit

Werten zwischen 23 % und 32 % vor allem für Finanzmarktdaten als zufriedenstellend zu bezeichnen.

Unabhängige Variable	Abhängige Variable		
	Net Income	EBIT	Umsatz
a_i, $r_{M,t}$	17%	18%	22%
a_i, $r_{M,t-1}$	13%	20%	25%
a_i, $r_{M,t}$ und $r_{M,t-1}$	23%	30%	32%

Tabelle 5.1. Bestimmtheitsmaß bei unternehmensspezifischer Konstanten
Quelle: Eigene Darstellung

Mit Hilfe des Wald-Tests wurde noch überprüft, ob der Koeffizient a für alle Unternehmen gleich ist und die Hypothese H_0 zutrifft.

$$H_0 : a(1) = a(2) = \ldots = a(N) \text{ mit (N=Anzahl der Unternehmen)} \tag{5.38}$$

Intuitiv lässt sich diese Überlegung damit erklären, dass evtl. ein Einflussfaktor existiert, der unabhängig von der Marktrendite ist und alle Unternehmen gleichermaßen betrifft. Die Berechnungen führen unabhängig vom verwendeten Regressionsmodell zu dem Ergebnis, dass die Hypothese zu verwerfen ist. Damit ist in der aggregierten Betrachtungsweise auch ausgeschlossen, dass der Koeffizient Null ist.[28] Abgesehen davon sind die Ergebnisse der Regressionsanalysen bei der Verwendung von $a_i = a_{const.}$ nicht besser als bei unternehmensspezifischen Koeffizienten.

Unabhängige Variable	Abhängige Variable		
	Net Income	EBIT	Umsatz
$r_{M,t}$	7%	9%	8%
$r_{M,t-1}$	3%	11%	14%
$r_{M,t}$ und $r_{M,t-1}$	12%	19%	21%

Tabelle 5.2. Bestimmtheitsmaß bei einheitlicher Konstanten. Quelle: Eigene Darstellung

Unabhängig von der Verwendung einer einheitlichen oder unternehmensindividuellen Konstanten, ist der Erklärungsgehalt am größten, wenn sowohl die aktuelle Marktrendite als auch die Marktrendite der Vorperiode als Regressoren berücksichtigt werden. Dies spiegelt sich in den Bestimmtheitsmaßen der Tabellen 5.1 und 5.2 wider. Zusätzlich kann

[28] Wie in der Regressionsanalyse über ausgewählte Einzelunternehmen zu zeigen sein wird, ist dies nicht immer der Fall. In der unternehmensindividuellen multiplen Regression kann der Koeffizient sehr wohl Null sein.

beobachtet werden, dass sich die höchsten Bestimmtheitsmaße bei der Verwendung des Umsatzwachstums als Approximation des Cash Flow-Wachstums ergeben.

Abschließend soll darauf hingewiesen werden, dass auch eine Betrachtung der logarithmierten Quotienten (z.B. $\log \frac{\text{EBIT}_t}{\text{EBIT}_{t-1}}$) möglich ist. Die Regressionsergebnisse sind in diesem Fall zwar marginal besser als bei der Verwendung von einfachen Wachstumsraten (also z.B. $g_t = \frac{\text{EBIT}_t}{\text{EBIT}_{t-1}} - 1$), allerdings würde man damit die diskrete Betrachtungsweise verlassen und auf ein stetiges Modell übergehen. Aufgrund der Datenverfügbarkeit (Jahres-, Quartals- oder Monatsdaten) ist die stetige Betrachtung im vorliegenden Fall aber nicht geeignet. Daher werden die Ergebnisse der Regression mit logarithmierten Werten in Tabelle 5.3 nur zu Informationszwecken und zur Vollständigkeit abgebildet.

Unabhängige Variable	**Abhängige Variable**		
	Net Income	**EBIT**	**Umsatz**
$r_{M,t}$	17%	17%	15%
$r_{M,t-1}$	11%	15%	20%
$r_{M,t}$ **und** $r_{M,t-1}$	22%	27%	27%
a_i, $r_{M,t}$	23%	25%	28%
a_i, $r_{M,t-1}$	17%	23%	29%
a_i, $r_{M,t}$ **und** $r_{M,t-1}$	29%	37%	37%

Tabelle 5.3. Bestimmtheitsmaße im Rahmen der logarithmierten Regressionsgleichung
Quelle: Eigene Darstellung

Auch hier ändert sich nichts am Ergebnis. Die Berücksichtigung von unternehmensspezifischen Koeffizienten (a_i) ist relevant, den höchsten Erklärungsgehalt haben Regressionen mit aktueller Marktrendite und Marktrendite der Vorperiode als unabhängige Variablen und das Umsatzwachstum scheint die beste Approximation für das Cash Flow-Wachstum zu sein.

5.2.3 Regressionsanalyse über ausgewählte Einzelunternehmen

5.2.3.1 Datenbasis für die Berechnungen

Nachdem auf Basis der Paneldaten das generelle Vorliegen eines Zusammenhangs zwischen Wachstumsrate des Cash Flows und Marktrendite bestätigt wurde, soll die Regressionsgleichung nun an einigen ausgewählten Einzelunternehmen konkretisiert werden. Dazu wurden Unternehmen verschiedener Branchen ausgewählt, für die der Datensatz vollständig vorhanden war. Zu ihnen zählen der Technologiekonzern Leoni AG, der Markenartikler Henkel KGaA, der Baustoffanbieter Dyckerhoff AG, die IKB Deutsche Industriebank AG und als Chemiekonzern die Bayer AG. Von jedem Unternehmen wurden mit Hilfe des Bloomberg Systems die historischen Daten bzgl. EBIT, Net Income und Umsatz für die Jahre 1988 bis 2002 zusammengestellt und die daraus resultierenden Wachstumsraten berechnet. Die zusätzlich benötigte Marktrendite für die Jahre 1988 bis 2002 ergibt sich aus den Indexständen des DAX 100, der hier als Approximation des Gesamtmarktes verwendet wird, und entstammt ebenfalls dem Bloomberg System.[29] Im Folgenden soll die Regressionsanalyse für jedes Unternehmen individuell durchgeführt werden.

5.2.3.2 Durchführung der multiplen Regression

In Anlehnung an die allgemeine multiple Regression aus Formel 5.35 wird eine Regressionsgleichung aufgestellt, die als Ausgangspunkt der individuellen Untersuchungen dient. Dabei wurde die Betrachtung um die Marktrendite in $t-2$ erweitert, so dass sich folgende Regressionsanalyse ergibt:

$$g_t = a + b_1 r_{Mt} + b_2 r_{M,t-1} + b_3 r_{M,t-2} + c\tilde{\varepsilon}_t \tag{5.39}$$

Anschließend werden die einzelnen Koeffizienten a, b_1, b_2 und b_3 auf ihre statistische Signifikanz überprüft und das Regressionsmodell bei Bedarf angepasst. Dieser Prozess wiederholt sich so lange, bis das korrigierte Bestimmheitsmaß und die Signifikanzen der einzelnen Koeffizienten optimiert sind. Die Bedeutung des einfachen und des korrigierten Bestimmtheitsmaßes wurde bereits erläutert. Bei der Regressionsanalyse der Einzelunternehmen kann nun auch im Gegensatz zu den Regressionen mit Paneldaten das korrigierte Bestimmtheitsmaß verwendet werden. Die statistische Signifikanz der Koeffizienten wird bei einer Regressionsgleichung i.d.R. anhand des t-Tests überprüft. Der zu testende Wert ergibt sich als Quotient von Koeffizient und seinem Standardfehler. Bei angenommener Normalverteilung der Fehler, liegt der wahre Koeffizient in zwei von drei Fällen in einer Bandbreite von +/- einer Standardabweichung. Bei einem Intervall von +/- zwei Standardabweichungen beträgt die Wahrscheinlichkeit 95 %. Mit der t-Statistik lässt sich dann die Hypothese überprüfen, ob ein Koeffizient gleich Null ist. Um die Prüfgröße zu interpretieren, muss eine Vertrauenswahrscheinlichkeit vorgegeben und der entsprechende kritische Wert unter Berücksichtigung der Freiheitsgrade aus einer Tabelle zur Student-verteilung herausgesucht werden.[30] In den hier vorliegenden Untersuchungen beträgt der Freiheitsgrad 12 (Anzahl der Beobachtungen - 2) und die Vertrauenwahrscheinlichkeit soll 95 % betragen. Die relevante Prüfgröße χ für den t-Test lautet damit 2,179. Das

[29] Zur Berechnung von diskreter Wachstumsrate und Marktrendite siehe Formel 5.31 und 5.33.

[30] Zu den notwendigen Formeln und den statistischen Tabellen siehe stellvertretend Bleymüller und Gehlert (1994), S. 53 und 127.

verwendete Statistikprogramm liefert direkt die Wahrscheinlichkeit für den Fall, dass der Koeffizient doch Null ist. Liegen mehrere Einflussfaktoren und damit auch mehrere zu testende Koeffizienten vor, lässt sich mit der F-Statistik die Hypothese überprüfen, ob alle Koeffizienten bis auf die Konstante gleich Null sind. Auch hier gibt das verwendete Statistikprogramm direkt die Wahrscheinlichkeit an, mit der die Hypothese nicht verworfen werden kann. Die Vertrauenswahrscheinlichkeit soll erneut 95 % betragen.

Die Berechnungen wurden für die einzelnen Unternehmen und jeweils für die drei approximierten Wachstumsraten (auf Basis von EBIT, Net Income und Umsatz) durchgeführt. Die (bereits optimierten) Ergebnisse für die oben genannten Unternehmen sind in den Tabellen 5.4 bis 5.8 aufgeführt. Dabei steht a für die Konstante, b_1 für den Koeffizienten der aktuellen Marktrendite und b_2 für den Koeffizienten der Marktrendite der Vorperiode. Weiter zurückliegende Marktrenditen (wie z.B. die Marktrendite in $t-2$) hatten keinen signifikanten Einfluss auf die Wachstumsrate. Der Standardfehler der Regression wird später bei der Prognose der risikoadjustierten Wachstumsraten benötigt.

Dependent Variable: LEO S	Sample: 1989 2002
Method: Least Squares	Included observations: 14

Variable	**Coefficient**	**Std. Error**	**t-Statistic**	**Prob.**
C	0.089978	0.036997	2.432038	0.0316
DAX (-1)	0.557942	0.14871	3.751891	0.0028

R-squared	0.539819	Mean dependent var	0.158363
Adjusted R-squared	0.50147	S.D. dependent var	0.170614
S.E. of regression	0.120465	Akaike info criterion	-1.263351
Sum squared resid	0.174142	Schwarz criterion	-1.172057
Log likelihood	10.84346	F-statistic	14.07669
Durbin-Watson stat	1.335905	Prob(F-statistic)	0.002761

Tabelle 5.4. Regressionsanalyse Leoni AG. Quelle: Eigene Darstellung

In Hinblick auf die statistische Aussagekraft wurde die Regressionsgleichung für jedes Unternehmen einzelnen optimiert. Das korrigierte Bestimmtheitsmaß liegt zwischen 34 % bei der Dyckerhoff AG und 50 % bei der Leoni AG. Die Vertrauenswahrscheinlichkeit beträgt für alle Koeffizienten (inklusive der Konstanten) mindestens 95 %. Ein Zusammenhang zwischen der jeweiligen Wachstumsrate und der Marktrendite lässt sich für diese Unternehmen damit empirisch bestätigen.

Dependent Variable: HEN3 S	Sample(adjusted): 1989 2002
Method: Least Squares	Included observations: 14 after adjusting endpoints

Variable	Coefficient	Std. Error	t-Statistic	Prob.
DAX	0.243913	0.088139	2.76737	0.017
DAX (-1)	0.200012	0.092755	2.156354	0.052

R-squared	0.492367	Mean dependent var	0.050818
Adjusted R-squared	0.450064	S.D. dependent var	0.111909
S.E. of regression	0.082989	Akaike info criterion	-2.008643
Sum squared resid	0.082647	Schwarz criterion	-1.917349
Log likelihood	16.0605	Durbin-Watson stat	1.746097

Tabelle 5.5. Regressionsanalyse Henkel KGaA. Quelle: Eigene Darstellung

Dependent Variable: DYK3 S	Sample(adjusted): 1989 2002
Method: Least Squares	Included observations: 14 after adjusting endpoints

Variable	Coefficient	Std. Error	t-Statistic	Prob.
DAX	0.289456	0.127877	2.263544	0.0429
DAX (-1)	0.307256	0.134574	2.28317	0.0414

R-squared	0.389649	Mean dependent var	0.082771
Adjusted R-squared	0.338787	S.D. dependent var	0.148074
S.E. of regression	0.120406	Akaike info criterion	-1.264326
Sum squared resid	0.173972	Schwarz criterion	-1.173032
Log likelihood	10.85028	Durbin-Watson stat	1.565313

Tabelle 5.6. Regressionsanalyse Dyckerhoff AG. Quelle: Eigene Darstellung

Dependent Variable: IKB NI	Sample: 1989 2002
Method: Least Squares	Included observations: 14

Variable	Coefficient	Std. Error	t-Statistic	Prob.
C	0.088071	0.021279	4.13886	0.0014
DAX	0.231122	0.081275	2.843703	0.0148

R-squared	0.402588	Mean dependent var	0.104085
Adjusted R-squared	0.352804	S.D. dependent var	0.095441
S.E. of regression	0.076781	Akaike info criterion	-2.16416
Sum squared resid	0.070744	Schwarz criterion	-2.072866
Log likelihood	17.14912	F-statistic	8.086644
Durbin-Watson stat	1.494848	Prob(F-statistic)	0.014795

Tabelle 5.7. Regressionsanalyse IKB AG. Quelle: Eigene Darstellung

Dependent Variable: BAY E	Sample: 1989 2002
Method: Least Squares	Included observations: 14

Variable	Coefficient	Std. Error	t-Statistic	Prob.
C	-0.177911	0.075047	-2.370668	0.0371
DAX (t)	0.556286	0.25952	2.143522	0.0553
DAX (t-1)	0.686588	0.302652	2.268575	0.0444

R-squared	0.517195	Mean dependent var	-0.055215
Adjusted R-squared	0.429412	S.D. dependent var	0.319643
S.E. of regression	0.24145	Akaike info criterion	0.183097
Sum squared resid	0.641277	Schwarz criterion	0.320038
Log likelihood	1.718322	F-statistic	5.891756
Durbin-Watson stat	1.36731	Prob(F-statistic)	0.018228

Tabelle 5.8. Regressionsanalyse Bayer AG. Quelle: Eigene Darstellung

5.2.4 Der Erklärungsgehalt des Regressionsansatzes

5.2.4.1 Überprüfung der einheitlichen Regressionsgleichung

Obwohl der Regressionsansatz bei seiner Anwendung eine individuelle Betrachtung des einzelnen Unternehmens verlangt, soll zuerst der Erklärungsgehalt des Regressionsansatzes anhand der Paneldaten überprüft werden. Wie bereits gezeigt, kann auf Basis der Regressionsgleichung durch eine Driftverschiebung die risikoadjustierte Wachstumsrate g^* bestimmt werden. Unter Verwendung der risikoadjustierten Wachstumsrate lassen sich dann die Sicherheitsäquivalente der zukünftigen Cash Flows berechnen, die mit dem risikolosen Zins auf ihre Barwerte diskontiert werden. Als Erklärungsgehalt soll der Deckungsgrad zwischen diesen modellbasierten Unternehmenswerten und den am Kapitalmarkt beobachtbaren Werten gelten. Dazu ist in einem ersten Schritt die geeignete Regressionsgleichung für das Gesamtpanel zu suchen, bevor diese zur Berechnung der risikoadjustierten Wachstumsrate und damit zur vereinfachten Berechnung des Unternehmenswertes herangezogen wird.

Um zu einer geeigneten Regressionsgleichung zu gelangen, sollen die einzelnen Parameter a, b und c separat betrachtet werden. Die Konstante a erscheint auf Basis der Einzelergebnisse statistisch nicht signifikant zu sein. Bei den Regressionen, die auf Basis des Net Income-Wachstum ermittelt wurden, liegt das Signifikanzniveau lediglich für ein Achtel der Unternehmen bei 99 %. Für ein Drittel der Unternehmen kann immerhin noch ein Signifikanzniveau von 95 % erreicht werden. Ähnlich sehen die Ergebnisse für die Regressionsanalysen auf Basis des EBIT-Wachstums aus. Das Signifikanzniveau von 99 % wird hier für jedes fünfte Unternehmen erreicht. Bei einem 95 %igen Signifikanzniveau gilt dies für jedes dritte Unternehmen. Allein bei den Regressionen auf Basis des Umsatzwachstums stellt sich die Signifikanz der Konstanten a besser dar. Hier können 40 % der Unternehmen das 99 %-Signifikanzniveau erfüllen und 60 % erfüllen das 95 %-Signifikanzniveau. Damit konnte die Relevanz der Konstanten a im Rahmen der globalen Betrachtung nicht abschließend geklärt werden. Da der Erwartungswert von ε definitionsgemäß Null ist, kann der Fehlerterm c der Regressionsanalyse unberücksichtigt bleiben. Damit scheint es für eine erste Überprüfung des Erklärungsgehalts anhand der einheitlichen Regressionsgleichung auszureichen, wenn der Koeffizient b, also der Einfluss der aktuellen Marktrendite r_{mt}, zur Berechnung herangezogen wird. So ergibt sich die stark vereinfachende Regressionsgleichung:

$$g_t = br_{tm} \tag{5.40}$$

Die aus der Formeln 5.40 und dem Ansatz der risikoneutralen Unternehmensbewertung resultierende Berechnung für die (konstante) risikoadjustierte Wachstumsrate lautet:

$$\bar{g}_t^* = br_f \tag{5.41}$$

Zur Ermittlung der modellbasierten Unternehmenswerte wird lediglich noch der unternehmensindividuelle Koeffizient b benötigt. Der risikolose Zins r_f wird mit 5 % als konstant über den Bewertungszeitraum angenommen. Damit lässt sich die Formel für die ewige Rente mit Wachstum anwenden:

$$V_0 = \frac{CF_0(1+g^*)}{r_f - g^*} \tag{5.42}$$

Der bewertungsrelevante Cash Flow ist nicht beobachtbar bzw. nicht in den gängigen Datenquellen enthalten, daher soll die Dividende je Aktie zum Zeitpunkt $t = 0$ als Approximation herangezogen werden. In Abhängigkeit von der verwendeten Approximation für die Wachstumsrate der Cash Flows (EBIT-, Net Income- und Umsatzwachstum) ergeben sich jeweils unterschiedliche Werte. Der so berechnete modellbasierte Unternehmenswert (je Aktie) wird anschließend mit dem beobachtbaren Aktienkurs zum Bewertungszeitpunkt verglichen.

Innerhalb eines Toleranzbereichs[31] von +/- 15 % können mit dem Regressionsansatz ein Viertel (bei der Regression mit den Earnings) bis zu einem Drittel (bei der Regression mit dem Umsatzwachstum) der beobachtbaren Aktienkurse erklärt werden.

Wird der Toleranzbereich auf eine Bandbreite von +/- 25 % erweitert, steigt der Erklärungsgehalt der modellbasierten Unternehmenswerte weiter auf 31,3 % (bei der Regression mit dem EBIT-Wachstum) und 47,2 % (bei der Regression mit dem Umsatzwachstum).

Die Regression mit dem Net Income-Wachstum ergibt mit 9,1 % Erklärungsgehalt unabhängig vom Toleranzbereich ein deutlich schlechteres Ergebnis. Hier kommen eventuell Einflüsse von Verlustvorträgen zur Geltung, die zu einer verlagerten Besteuerung führen, und so das Net Income für eine zeitpunktbezogene Cash Flow-Approximation unbrauchbar machen können.

5.2.4.2 Überprüfung unternehmensindividueller Regressionen

5.2.4.2.1 Die Regressionsanalyse

Anhand der Bayer AG und der Henkel KGaA, bei denen die multiple Regression gute Ergebnisse erzielte, soll nun die Statistik im Detail ausgewertet und die risikoneutrale

[31] Bei der Festlegung des Toleranzbereichs ist zu berücksichtigen, dass die Regressionsgleichung auf Basis von historischen Daten ermittelt wurde und die zuletzt gezahlte Dividende als Approximation für den Startwert CF_0 gilt. Damit besteht ein relativ statischer Datensatz, der mit einem dynamischen Datum, dem aktuellen Aktienkurs, verglichen wird. Dieser unterliegt nicht unerheblichen Schwankungen. Wie die - in Kapitel IV zitierten - langfristigen Untersuchungen gezeigt haben, liegt die durchschnittliche Aktienkursentwicklung inklusive Dividendenauszahlung bei ca. 10 % p.a. und deren Standardabweichung bei ca. 25 %.

Bewertung durchgeführt werden. Zur Kontrolle wird dann der modellbasierte Wert wieder dem am Kapitalmarkt beobachtbaren Preis gegenübergestellt.

Nach den Ergebnissen der Regressionsanalyse existiert bei der Bayer AG neben einer Konstanten auch ein signifikanter Einfluss der aktuellen Marktrendite und der Marktrendite der Vorperiode, der sich auf die Wachstumsrate des EBIT auswirkt. Dabei sind alle Koeffizienten mit einer Vertrauenswahrscheinlichkeit von ca. 95 % statistisch signifikant (a mit ca. 96 %, b_1 mit ca. 95 % und b_2 mit ca. 96 %.). Das Bestimmtheitsmaß ist mit einem Erklärungsgehalt von annähernd 52 % für Finanzmarktdaten sehr hoch. Auch das korrigierte Bestimmtheitsmaß mit fast 43 % belegt einen empirisch vorhandenen Zusammenhang zwischen den betrachteten Größen. Der Standardfehler der Regression beträgt 0,24. Damit kann der Zusammenhang formal wie folgt beschrieben werden:

$$\tilde{g}_{\text{Bayer EBIT},t} = -0,1779 + 0,5563 \times \tilde{r}_{M,t} + 0,6866 \times r_{M,t-1} + 0,2415 \times \tilde{\varepsilon}_t \qquad (5.43)$$

Dabei bezeichnet $\tilde{\varepsilon}_t$ eine Zufallszahl mit der Verteilung $N(0|1)$, die für jede Periode neu generiert wird und deren Ausprägungen im Zeitablauf unkorreliert sind.

Wenn die Wachstumsrate des EBIT der Wachstumsrate des bewertungsrelevanten Cash Flows entspricht, und für die Zukunft keine Änderungen in dem linearen Zusammenhang zu erwarten sind, kann der zukünftige Cash Flow mit dieser Regressionsgleichung geschätzt werden. Ausgehend vom bekannten Startwert in $t = 0$ muss dann für jede Periode ein Wert für $\tilde{r}_{M,t}$ geschätzt werden. Zusammen mit der Marktrendite der Vorperiode $r_{M,t-1}$ und der gezogenen Zufallszahl lässt sich dann die Wachstumsrate $\tilde{g}_t$ schätzen.

Die zukünftige Marktrendite wird ebenfalls über ein vereinfachendes Modell geschätzt:[32]

$$\hat{r}_{M,t+1} = \bar{r}_M + \sigma_M \tilde{\varepsilon}'_{t+1} \qquad (5.44)$$

Dabei steht $\tilde{\varepsilon}'_{t+1}$ erneut für eine Zufallsvariable, die 0—1-verteilt ist und für jede Periode neu generiert werden muss.

Für die risikoneutrale Bewertung benötigt man allerdings die risikoadjustierte Wachstumsrate (g^*):

$$g^*_{\text{Bayer EBIT},t} = -0,1779 + 0,5563 \times r^*_{M,t} + 0,6866 \times r^*_{M,t-1} + 0,2415 \times \varepsilon_t \qquad (5.45)$$

Dazu nutzt man die bereits vorgestellte Driftverschiebung, bei der die erwartete Marktrendite dem risikolosen Zinssatz gleichgesetzt, die Standardabweichung jedoch beibehalten wird:

$$\tilde{r}^*_{M,t} = r_f + \sigma_M \tilde{\varepsilon}'_t \qquad (5.46)$$

32 Vgl. auch Richter (2002a), S. 109 ff.

Durch diese Driftverschiebung und der damit verbundenen Risikoadjustierung lassen sich sicherheitsäquivalente Cash Flows prognostizieren, die anschließend mit dem risikolosen Zinssatz auf den Barwert diskontiert werden können. Als Startwert wird der im Bloomberg System verfügbare freie Cash Flow je Aktie verwendet. Am Bewertungsstichtag betrug dieser EUR 1,23 für die Bayer AG.

Für die Henkel KGaA wird analog vorgegangen. Allerdings erzielte hier die Approximation mit dem Umsatzwachstum die besten Regressionsergebnisse. Dabei hatte die Konstante keinen signifikanten Einfluss auf die Wachstumsrate, so dass nur die Koeffizienten b_1 und b_2, also die aktuelle Marktrendite und die der Vorperiode für die Regressionsgleichung relevant sind. Die statistische Signifikanz liegt bei ca. 98 % bzw. ca. 95 % und das korrigierte Bestimmtheitsmaß der Regression beträgt 45 %. Die entsprechende Gleichung lautet daher:

$$\tilde{g}_{\text{Henkel Umsatz},t} = 0,2439 \times \tilde{r}_{M,t} + 0,2 \times \tilde{r}_{M,t-1} + 0,083 \times \varepsilon_t \quad (5.47)$$

Auch in diesem Fall wird die Driftanpassung aus 5.46 vorgenommen, um sicherheitsäquivalente Cash Flows zu prognostizieren.

$$\tilde{g}_{\text{Henkel Umsatz}^*,t} = 0,2439 \times \tilde{r}^*_{M,t} + 0,2 \times \tilde{r}^*_{M,t-1} + 0,083 \times \varepsilon_t \quad (5.48)$$

Der freie Cash Flow ja Aktie beträgt für die Henkel KGaA am Bewertungsstichtag laut Bloomberg System EUR 2,75 und soll als Startwert dienen.

5.2.4.2.2 Schätzung der Unternehmenswerte auf Basis der Regressionsgleichung

Um den Unternehmenswert zu schätzen, könnten die Sicherheitsäquivalente der bewertungsrelevanten Cash Flows bzw. deren Barwerte mit Hilfe eines Computers über einen sehr langen Zeitraum hinweg simuliert und anschließend summiert werden. Als zeitlicher Horizont würden 150 bis 200 Jahre ausreichen, da der Wertbeitrag aufgrund der Diskontierung danach so gering wird, dass er zu vernachlässigen ist. So würde der Barwert des Cash Flow aus dem Jahre $t = 150$ nur noch mit ca. 0,066 % und der aus dem Jahre $t = 200$ sogar nur noch mit 0,006 % seines eigentlichen Wertes in den Unternehmensbarwert einfließen. Der Rechenaufwand ist jedoch nicht zu unterschätzen, denn für jedes Jahr muss eine Zufallszahl ($\tilde{\varepsilon}'_t$) gezogen werden, um mit ihr die zu erwartende risikoadjustierte Marktrendite ($\tilde{r}^*_{Mt}$) zu schätzen. Anschließend ist eine zweite Zufallszahl ($\tilde{\varepsilon}_t$) zu ziehen, die dann zusammen mit der geschätzten risikoadjustierten Marktrendite in t und der risikoadjustierten Marktrendite der Vorperiode $t-1$ in die Regressionsgleichung eingeht. Die so ermittelte risikoadjustierte Wachstumsrate wird dann auf das Sicherheitsäquivalent des Cash Flow der Vorperiode angewandt. Nachdem die periodenspezifischen Sicherheitsäquivalente mit dem risikolosen Zins auf den Barwert diskontiert wurden, ergeben sie in Summe den Unternehmenswert zum Zeitpunkt $t = 0$.

Für solche umfangreichen Berechnungen, die in Abhängigkeit von den gezogenen Zufallszahlen zu jeweils unterschiedlichen Ergebnissen führen, eignet sich die so genannte Monte Carlo-Simulation.[33] Dabei wird der Unternehmenswert immer wieder simuliert. Also jedes mal zwei von einander unabhängige Zufallszahlen gezogen, mit der ersten die periodenspezifische risikoadjustierte Marktrendite geschätzt und mit der zweiten die risikoadjustierte Wachstumsrate des Cash Flows ermittelt. Das geht über alle Perioden hinweg, bis die vorgegebene Zeitspanne (z.B. $t = 150$) erreicht ist. Die diskontierten Cash Flows werden dann zum Unternehmensbarwert summiert und als Realisation einer Simulation festgehalten. Als Ergebnisse steht letztlich eine Verteilung der Realisationen, die eine Indikation über den möglichen Unternehmenswert darstellt. Der Erwartungswert dieser Verteilung könnte dann, als wahrscheinlichster Wert, zur Schätzung des wahren Unternehmenswertes verwendet werden. Um mit der Monte Carlo-Simulation eine gute Approximation zu erhalten, wird je nach Anwendungsgebiet eine unterschiedlich große Anzahl von Simulationsläufen als notwendig angesehen.

Alternativ kann, wie in der Unternehmensbewertung generell üblich, eine Aufteilung in zwei Phasen erfolgen. In der ersten (Detailplanungs-)Phase werden dann die einzelnen periodenspezifischen Cash Flows bzw. deren Sicherheitsäquivalente mit der Regressionsgleichung prognostiziert. Dabei ist die Ziehung zweier Zufallszahlen sowie die Schätzung der risikoadjustierten Marktrendite und die darauf aufbauende Berechnung der risikoadjustierten Wachstumsrate (wie in den Formeln 5.46 und 5.45 bzw. 5.48 dargestellt) notwendig. Für die zweite Phase wird ein Fortführungswert auf Basis der ewigen Rente berechnet, wobei die Zufallszahlen ($\tilde{\varepsilon}$ und $\tilde{\varepsilon}'$) durch ihren Erwartungswert (also Null) ersetzt werden. Da nun als risikoadjustierte Marktrendite direkt der risikolose Zinssatz genutzt werden kann, reduziert sich die Formel für die risikoadjustierte Wachstumsrate wie folgt:

$$\bar{g}^*_{\text{Bayer EBIT}} = -0,1779 + (0,5563 + 0,6866) \times r_f \tag{5.49}$$

bzw.

$$\bar{g}^*_{\text{Henkel Umsatz}} = (0,2439 + 0,2) \times r_f \tag{5.50}$$

Allerdings kann diese vereinfachte Berechnung der risikoadjustierten Wachstumsrate erst ab dem Zeitpunkt $t = T + 2$ verwendet werden, da für die Berechnung in $t = T + 1$ noch die konkrete risikoadjustierte Marktrendite der Vorperiode (also aus $t = T$) zu

[33] Für Details zur Monte Carlo-Simulation siehe u.a. Schneeweiß (1969). Eine eher mathematische Darstellung findet sich bei Churchman u. a. (1957), S. 166-175. und ein anschauliche Beispiel mit ökonomischen Bezug bei Brealey und Myers (1996), S. 247 ff.

berücksichtigen ist. Erst danach entspricht auch die risikoadjustierte Marktrendite der Vorperiode immer dem risikolosen Zinssatz.

$$g^*_{\text{Bayer EBIT},T+1} = -0,1779 + 0,5563 \times r_f + 0,6866 \times r_{M,T} \tag{5.51}$$

bzw.

$$g^*_{\text{Henkel Umsatz},T+1} = 0,2439 \times r_f + 0,2 \times r_{M,T} \tag{5.52}$$

Der Fortführungswert, also der Wert der Cash Flows von $t = T + 2$ bis $t = \infty$, kann dann wieder mit der bereits bekannten Formel für die ewige Rente berechnet werden:

$$FFW_T = \frac{CF_T(1 + \bar{g}^*)}{r_f - \bar{g}^*} \tag{5.53}$$

Zu beachten ist, dass auch der Fortführungswert anschließend noch auf den Bewertungsstichtag zu diskontieren ist.

Das Zweiphasenmodell wurde für die beiden betrachteten Unternehmen angewandt. Ausgangsjahr ist jeweils 2001 und die erste (Detailplanungs-)Phase erstreckt sich über 10 Jahre (also bis einschließlich 2011). Für 2012 ist wie oben beschrieben vorzugehen und die konkrete risikoadjustierte Marktrendite der Vorperiode zu berücksichtigen. Die Cash Flows ab 2013 werden dann in Anlehnung an Formel 5.53 als Fortführungswert bestimmt. Die Endergebnisse für einen Simulationslauf sind in den Tabellen 5.9 und 5.10 abgebildet. Der Schätzer für den Unternehmenswert ergibt sich aus dem Mittelwert einer Vielzahl solcher Simulationen.

Der Mittelwert der Simulationsergebnisse beträgt für die Bayer AG bei 2000 Simulationsläufen ca. EUR 6,- und steht einem beobachtbaren Aktienkurs von EUR 20,67 gegenüber. Für die Henkel KGaA ergibt sich (ebenfalls bei 2000 Simulationen) ein Mittelwert von ca. EUR 99,-. Hier liegt der beobachtbare Aktienkurs bei EUR 63,40. Obwohl die Mittelwerte der Modellwerte teilweise deutlich von den beobachtbaren Aktienkurse abweichen, zeigen die beispielhaft abgebildeten Simulationsergebnis in Tabelle 5.9 und 5.10, dass die Marktpreise zumindest in der Bandbreite möglicher Simulationswerte liegen.

5.3 Zusammenfassung

Besteht ein linearer Zusammenhang zwischen Cash Flow-Wachstum und Marktrendite kann der Cash Flow bzw. sein Wachstum auch als diskreter stochastischer Prozess abgebildet werden. Für die Bewertung der Cash Flows, ist der Drift des stochastischen Prozesses in der Form anzupassen, dass die Marktrendite durch den risikolosen Zins ersetzt wird. Die Begründung für dieses Vorgehen liegt im Theorem der Arbitragefreiheit. So ergeben sich

Jahr	ε_t	$r^*_{M,t}$	$r^*_{M,t-1}$	ε'_t	g^*_t	$E_Q[\widetilde{CF}_t]$	BW
2001		-19,7%				1,23	
2002	0,949	28,7%	-19,7%	2,5823	47,0%	1,81	1,72
2003	-2,006	-45,1%	28,7%	0,0491	-22,0%	1,41	1,28
2004	-1,114	-22,8%	-45,1%	1,1925	-32,7%	0,95	0,82
2005	0,813	25,3%	-22,8%	0,2641	-13,0%	0,83	0,68
2006	0,371	14,3%	25,3%	1,7661	50,2%	1,24	0,97
2007	-0,726	-13,1%	14,3%	1,0190	9,3%	1,36	1,01
2008	0,735	23,4%	-13,1%	0,5162	-1,4%	1,34	0,95
2009	0,919	28,0%	23,4%	0,9051	35,7%	1,81	1,23
2010	1,074	31,9%	28,0%	1,2514	49,4%	2,71	1,75
2011	-1,010	-20,2%	31,9%	0,2300	-1,6%	2,67	1,64
2012	0	5,0%	-20,2%	0	-28,9%	1,90	1,11
2012+	0	5,0%	5,0%	0	-11,6%	10,11	5,91
Simulationswert							**19,07**

Tabelle 5.9. Anwendung der risikoneutralen Bewertung am Beispiel der Bayer AG
Quelle: Eigene Darstellung

Jahr	ε_t	$r^*_{M,t}$	$r^*_{M,t-1}$	ε'_t	g^*_t	$E_Q[\widetilde{CF}_t]$	BW
2001		-19,7%				2,75	
2002	-0,831	-15,8%	-19,7%	-1,746	-22,3%	2,14	2,04
2003	-0,231	-0,8%	-15,8%	0,922	4,3%	2,23	2,02
2004	0,171	9,3%	-0,8%	-0,699	-3,7%	2,15	1,85
2005	0,153	8,8%	9,3%	-0,350	1,1%	2,17	1,79
2006	0,659	21,5%	8,8%	0,481	11,0%	2,41	1,89
2007	-1,069	-21,7%	21,5%	-0,080	-1,7%	2,37	1,77
2008	0,926	28,1%	-21,7%	0,426	6,1%	2,51	1,79
2009	-0,459	-6,5%	28,1%	-0,555	-0,6%	2,50	1,69
2010	-1,299	-27,5%	-6,5%	0,837	-1,1%	2,47	1,59
2011	-1,134	-23,4%	-27,5%	0,024	-11,0%	2,20	1,35
2012	0	5,0%	-23,4%	0	-3,5%	2,12	1,24
2012+	0	5,0%	5,0%	0	2,2%	78,12	45,67
						Simulationswert	**64,69**

Tabelle 5.10. Anwendung der risikoneutralen Bewertung am Beispiel der Henkel KGaA
Quelle: Eigene Darstellung

bei Anwendung der risikoadjustierten Regressionsgleichung die prognostizierten Sicherheitsäquivalente der zukünftigen Cash Flows. Anschließend können diese mit dem risikolosen Zins diskontiert werden. Wie der Zusammenhang zwischen Cash Flow-Entwicklung und Marktrendite auf Basis von empirische Kapitalmarktdaten ermittelt werden kann wurde in diesem Kapitel gezeigt. Die Annahme einer perfekten (positiven) Korrelation ist hier nicht notwendig, dafür müssen aber historische Daten vorliegen, auf deren Basis die Regressionsgleichung geschätzt werden kann. Die Betrachtung wurde bewusst auf diskrete Modelle beschränkt, da die benötigten Inputparameter i.d.R. nur diskret (i.S.v. Quartals- oder Jahresdaten) verfügbar sind.[34] Die statistischen Ergebnisse begründen die Annahme, dass der unterstellte lineare Zusammenhang tatsächlich besteht, allerdings zeigte sich auch, dass eine einheitliche Regressionsgleichung für alle Unternehmen weniger geeignet ist als unternehmensindividuelle Regressionsgleichungen.

[34] Einen Überblick zur Verwendung zeitstetiger Modelle bieten u.a. Neftci (1996), Schöbel (1995) oder Oksendal (2000).

6 Anwendung kapitalmarktorientierter Sicherheitsäquivalente

Es handelt sich hier um zwei konstruierte und damit fiktive Fälle. Die Unternehmensnamen und der vorgestellte Sachverhalt sind frei erfunden. Allerdings basieren die Berechnungen auf realen Daten, die anonymisiert wurden.

6.1 Preisfindung im Rahmen eines Börsengangs

6.1.1 Ausgangssituation und Datengrundlage

Die CoPla AG ist ein junges innovatives Unternehmen, dass sich in kurzer Zeit als Systempartner in der Mobilfunkindustrie etabliert hat. Der weltweite Handy-Boom und die Position des Unternehmens als Technologieführer haben dazu beigetragen, dass die CoPla AG ein sehr schnelles Wachstum aufweisen kann. Um den Anforderungen der global agierenden Kunden gerecht zu werden und um ein weiteres Wachstum realisieren zu können, hat sich der Vorstand dazu entschlossen, einen Börsengang voranzutreiben. Mit den daraus resultierenden Finanzmitteln sollen die notwendigen Ressourcen zur Verfügung gestellt und kleinere Akquisitionen ermöglicht werden.

Im Rahmen des Börsengangs beauftragt der Vorstand der CoPla AG die SciCon Beratungsgesellschaft, die sich neben der strategischen Beratung insbesondere auf das Thema Unternehmensbewertung spezialisiert hat. Dabei ist der Vorstand der CoPla AG vor allem vom Einsatz neuer Bewertungsansätze überzeugt, die von der SciCon Beratungsgesellschaft in Zusammenarbeit mit einer renommierten Wirtschaftsuniversität entwickelt wurden. Einer dieser Bewertungsansätze ist die arbitragefreie Unternehmensbewertung i.V.m. dem Binomialmodell. Da aufgrund der Innovationskraft und des weiterhin hohen Wachstums ausschließlich zukunftsgerichtete Daten verwendet werden sollen, bietet sich dieser Bewertungsansatz besonders an. Außerdem steht gerade beim Börsengang der Kapitalmarktbezug im Mittelpunkt. Eine Bewertung mittels DCF-Methode i.V.m. dem CAPM zur Kapitalkostenbestimmung wurde aufgrund der nur ungenau zu bestimmenden bzw.

nicht vorhandenen Inputdaten abgelehnt. Insbesondere die Bestimmung des richtigen Betafaktors galt bei den Vorstandsmitgliedern als unzureichend gelöstes Problem. Historische Daten standen nur sehr begrenzt zur Verfügung und spiegelten nicht die Wachstumspläne des Unternehmens wider. Aufgrund der spezialisierten Produktpalette konnte auch kein vergleichbares börsennotiertes Unternehmen gefunden werden, dessen Betafaktor sich als Approximation geeignet hätte. Dennoch bestand der Vorstand darauf, am Ende periodenspezifische Kapitalkosten auszuweisen. Zum einen sollte dadurch die Kommunikation mit den Altgesellschaftern erleichtert werden und die Unternehmenssteuerung sowie die Managemententlohnung zukünftig auf Basis der erzielten Überrendite erfolgen. Vereinbartes Projektziel war es daher, einen marktgerechten Emmissionspreis für die Aktien zu schätzen und dem Vorstand periodenspezifische Kapitalkosten zu präsentieren.

Das Management der CoPla AG stellte für die Bewertungszwecke die aktuellen Geschäftszahlen (Jahr 2002), den Businessplan, Branchenstudien und Experteneinschätzungen (bspw. von Verbänden) bzgl. der Marktentwicklung zur Verfügung. Um eine möglichst objektive Schätzung für die erwartete Cash Flow-Entwicklung zu erhalten, wurde eine zwölfköpfige Expertengruppe gebildet, die auf Basis der zur Verfügung gestellten Informationen die Erwartungswerte der Cash Flows für die Jahre 2003, 2004 und 2005 prognostizieren sollte. Dabei bestand die Gruppe aus den vier Vorstandsmitgliedern der CoPla AG, vier erfahrenen Beratern der SciCon Beratungsgesellschaft und vier Analysten verschiedener Banken, die sich primär mit der Mobilfunkbranche beschäftigen. Damit lagen für die Jahre 2003 bis 2005 jeweils 12 Schätzungen ($N = 12$) für den Erwartungswert des Cash Flows vor. Außerdem konnte aufgrund der Daten ein Mittelwert (μ) und die Standardabweichung ($\hat{\sigma}$) für die Cash Flow-Schätzungen ermittelt werden. Die Ergebnisse sind in Tabelle 6.1 aufgelistet.

Da es sich bei der angegebenen Standardabweichung ($\hat{\sigma}$) aber nicht um einen Schätzer für die Standardabweichung der Grundgesamtheit (σ) handelt, müssen die Werte entsprechend angepasst werden. Dafür sind die angegebenen Standardabweichungen mit der Wurzel aus der Anzahl der Schätzungen (N) zu multiplizieren:

$$\sigma = \hat{\sigma}\sqrt{N} \tag{6.1}$$

Daraus ergeben sich die Schätzer für die Standardabweichung mit 24,06 für 2003, 27,89 für 2004 und 51,97 für 2005. Ausgehend vom Startwert (den Cash Flow im Jahre 2002 in Höhe von EUR 66 Mio.) ist es möglich, für die ersten drei Jahre das Binomialmodell unter Berücksichtigung der Standardabweichung zu verwenden. Um eine ausreichend gute Abbildung der Risikostruktur zu erzielen, wurde das einfache Sigmaband verwendet. Dabei ergibt sich der *up*-Faktor aus $1 + \mu + \sigma$ und der *down*-Faktor aus $1 + \mu - \sigma$. Dies führt

	Cash Flow-Schätzungen		
	2003	**2004**	**2005**
1	58	62	102
2	70	82	86
3	56	74	84
4	58	82	120
5	60	76	90
6	64	80	76
7	56	66	76
8	58	74	102
9	56	70	90
10	56	76	120
11	66	88	84
12	78	88	86
μ	61,33	76,50	93,00
$\hat{\sigma}$	6,95	8,05	15,00

Tabelle 6.1. Cash Flow Schätzungen für die CoPla AG. Quelle: Eigene Darstellung

statistisch dazu, dass etwa zwei Drittel aller möglichen Cash Flow-Ausprägungen mit dem Binomialmodell abgedeckt werden. Die daraus für die Detailplanungsperiode resultierende Werte für *up* und *down* sowie die erwarteten Wachstumsraten sind in Abbildung 6.1 aufgelistet. Für den Zeitraum 2006 bis 2012, wurde die Annahme getroffen, dass die Wachstumsrate - ausgehend von 20 % - jährlich um 2,5 % abnimmt. Der Fortführungswert wurde unter Berücksichtigung einer konstanten (ewigen) Wachstumsrate von 2,5 % und unter Verwendung des Gordon-Growth-Modell berechnet. Für die Phase 2006 bis 2012 sowie für den Fortführungswert wird das Binomialmodell i.V.m. der vereinfachenden Annahme reziproker Wachstumsfaktoren verwendet. Die sich daraus ergebenden Wachstumsraten und die entsprechenden *up*- und *down*-Faktoren sind in Abbildung 6.1 dargestellt.

6.1.2 Bewertung im Binomialmodell mit risikoadjustierten Wachstumsraten

Die risikoadjustierte Wahrscheinlichkeit wird auf Basis der aktuell beobachtbaren Marktpreise implizit ermittelt und beträgt 0,41. Auf dieser Basis ($q = 0,41$) lassen sich die risikoadjustierten Wachstumsraten (g_t^*) berechnen, die dann zur Prognose von Sicherheitsäquivalenten der zukünftigen Cash Flows genutzt werden können. Dabei geht man immer vom Sicherheitsäquivalent der Vorperiode (bzw. für t=1 vom Startwert, der sicher ist) aus. Für den Zeitraum ab 2013 wird der Fortführungswert über das Gordon-

Detailplanungsphase — **Phase der Konvergenz (Anpassung an den Gesamtmarkt)** — **Fortführungswertphase**

	2003	2004	2005	2006	2007	2008	2009	2010	2011	2012	2013+
Wachstum	-7,1%	24,7%	21,6%	20,0%	17,5%	15,0%	12,5%	10,0%	7,5%	5,0%	2,5%

$$up_t = \frac{E[\tilde{CF}_t] + \hat{\sigma}_{CF_t}}{CF_{t-1}} \qquad down_t = \frac{E[\tilde{CF}_t] - \hat{\sigma}_{CF_t}}{CF_{t-1}}$$

$$up_t = 1 + g + \sqrt{(1+g)^2 - 1} \qquad down_t = \frac{1}{up_t}$$

	2003	2004	2005	2006	2007	2008	2009	2010	2011	2012	2013+
up	1,294	1,702	1,895	1,863	1,792	1,718	1,640	1,558	1,469	1,370	1,250
down	0,565	0,793	0,536	0,537	0,558	0,582	0,610	0,642	0,681	0,730	0,800

Abbildung 6.1. Parameter für die Cash Flow-Struktur der CoPla AG
Quelle: Eigene Darstellung

Growth-Modell mit dem risikolosen Zinssatz (r_f) und der risikoadjustierten langfristigen Wachstumsrate ($\bar{g}_T^*$=2,5 %) ermittelt. Als Ergebnis erhält man den Wert aller Cash Flows, die nach 2012 anfallen. Für die Unternehmensbewertung sind die so ermittelten Sicherheitsäquivalente noch mit dem risikolosen Zinssatz auf den jeweiligen Barwert zu diskontieren. Als geeignete Approximation für den risikolosen Zinssatz wird der Zinssatz für langlaufende Anleihen von Emmittenten mit höchster Bonität verwendet. Aktuell liegt dieser bei ca. 5 %. Zu beachten ist, dass auch der Fortführungswert auf seinen Barwert diskontiert werden muss. Die Summe aller Barwerte ergibt den modellbasierten Unternehmenswert (V_0) und dient als Schätzung für den Emmissionspreis (P_0). Die Vorgehensweise und das Ergebnis ist in Abbildung 6.2 dargestellt.

Das Kapital soll auf insgesamt 200 Mio. Aktien aufgeteilt werden. Somit beträgt der geschätzte Emissionspreis auf Basis des Bewertungsmodells EUR 7,30 je Aktie. Die Emission war mehrfach überzeichnet und am ersten Handelstag stellte sich an der Börse ein Schlußkurs von EUR 8,14 ein, was einer Marktkapitalisierung von EUR 1.628 Mio. entspricht. Damit ergab sich für die Aktionäre ein so genannter Zeichnungsgewinn von 11,5 %. Die Differenz erklärt sich zum Teil daraus, dass der im Binomialmodell ermittelte

Heuristik q=0,41

	2003	2004	2005	2006	2007	2008	2009	2010	2011	2012	2013+
1+g*	0,86	1,17	1,09	1,08	1,06	1,05	1,03	1,02	1,00	0,99	0,98

Startwert $CF_0 = 66$

	2003	2004	2005	2006	2007	2008	2009	2010	2011	2012	2013+
EQ[CF]	57,00	66,43	72,64	78,49	83,51	87,50	90,32	91,90	92,27	91,57	1376,30

$$\textbf{Diskontfaktor} = \frac{1}{(1+r_f)^t} \qquad \textbf{mit} \quad r_f = 5\,\%$$

	2003	2004	2005	2006	2007	2008	2009	2010	2011	2012	2013+
Diskontfaktor	0,95	0,91	0,86	0,82	0,78	0,75	0,71	0,68	0,64	0,61	0,61

Barwert (BW) = Sicherheitsäquivalent des Cash Flows (E_Q[CF]) × Diskontfaktor

	2003	2004	2005	2006	2007	2008	2009	2010	2011	2012	2013+
BW	54,29	60,26	62,75	64,58	65,43	65,30	64,19	62,20	59,48	56,21	844,93
Summe BW	1459,61										

Abbildung 6.2. Arbitragefreie Bewertung der CoPla AG. Quelle: Eigene Darstellung

Unternehmenswert eine untere Grenze darstellt, da das Modell implizit eine perfekte (positive) Korrelation unterstellt. Dies führt folglich zu maximal zulässigen Risikoabschlägen und damit zu einem Mindestwert, der vor allem für den Verkäufer (den Emmitenten) relevant ist.

6.1.3 Überführung der Ergebnisse in periodenspezifische Kapitalkosten

Abschließend sollen die Ergebnisse in periodenspezifische Kapitalkosten überführt werden, um dem Vorstand der CoPla AG die Kommunikation mit den Altgesellschaftern zu erleichtern. Dazu wird folgender Zusammenhang verwendet, der sich daraus ergibt, dass die Risikoabschlagsmethode zum selben Ergebnis führen muss wie die Risikozuschlagsmethode.

$$r_t = (1 + r_f) \times \left(\frac{p \times up_t + (1-p) \times down_t}{q \times up_t + (1-q) \times down_t} \right) - 1 \tag{6.2}$$

bzw.

$$r_t = (1 + r_f) \times \left(\frac{1 + g_t}{1 + g_t^*} \right) - 1 \tag{6.3}$$

Da sowohl die realen Wachstumsraten als auch die risikoadjustierten Wachstumsraten bereits vorliegen, können mit Hilfe von Formel 6.3 und einem risikolosen Zins r_f von 5 %

die impliziten Kapitalkosten einfach ermittelt werden. Im Gegensatz zu der, im Rahmen der DCF-Methode häufig vorzufindenden, vereinfachenden Annahme konstanter Kapitalkosten, lassen sich die Kapitalkosten hier periodenspezifisch und damit risikoadequat bestimmen.

	2003	**2004**	**2005**	**2006**	**2007**	**2008**	**2009**	**2010**	**2011**	**2012**	**2013+**
rt	13,0%	12,4%	16,7%	16,6%	16,0%	15,2%	14,4%	13,5%	12,4%	11,1%	9,3%

	2003	**2004**	**2005**	**2006**	**2007**	**2008**	**2009**	**2010**	**2011**	**2012**	**2013+**
EP[CF]	61,33	76,50	93,00	111,60	131,13	150,80	169,65	186,61	200,61	210,64	3166,05
Diskontfaktor	0,89	0,79	0,67	0,58	0,50	0,43	0,38	0,33	0,30	0,27	0,27
BW	54,29	60,26	62,75	64,58	65,43	65,30	64,19	62,20	59,48	56,21	844,93
Summe BW 1459,61											

Tabelle 6.2. Implizite Kapitalkosten der CoPla AG. Quelle: Eigene Darstellung

Die Kapitalkosten betragen in 2003 und 2004 13 bzw. 12,4 % und liegen damit in der bekannten Bandbreite (8 - 12 %). Auf Grund der hohen Wachstumsraten in den Jahren 2005 bis 2008 und der damit verbundenen Unsicherheit steigen die Kapitalkosten in diesem Zeitraum zeitweise auf über 16 %. Nähern sich die Wachstumsraten in den darauf folgenden Jahren dem Branchendurchschnitt an, kehren auch die Kapitalkosten zu durchschnittlichen Werten um die 12 % zurück. Mit dem langfristigen Wachstum ab 2013 pendeln sich die Kapitalkosten im Gordon-Growth-Modell bei 9,3 % ein.

Damit ist die Entwicklung der Kapitalkosten ein Spiegelbild der erwarteten Cash Flows bzw. der Unternehmensentwicklung. In den Jahren 2003 und 2004 sind die Kosten des Börsengangs zu berücksichtigen. Außerdem führen die geplanten Investitionen in neue Ressourcen sowie Forschung und Entwicklung nicht sofort zu einer entsprechenden Ergebnissteigerung. Im Gegenteil, für 2003 wird ein leichter Ergebnisrückgang erwartet. Ab 2004 können aufgrund der Investitionen erste Verbesserungen erzielt werden. In den Jahren 2005 bis 2008 entscheidet sich der weitere Erfolg des Unternehmens. Kann sich die CoPla AG weiterhin gut positionieren und hält das Wachstum im Mobilfunkmarkt an, können über diese Jahre weiterhin zweistellige Wachstumsraten realisiert werden. In diesen Jahren besteht aber auch die höchste Unsicherheit, weshalb die Kapitalkosten entsprechend hoch sind. Auf Basis des Businessplans ist für die Jahre danach mit einem Reifeprozess zu rechnen, in dem sich das Unternehmen im Wachstum bis 2012 immer mehr dem Gesamtmarkt annähert. Für den Zeitraum ab 2013 wird das erwartete Gesamtmarktwachstum von ca. 2,5 % auch für das Unternehmen angenommen. Dies wirkt sich auf die impliziten Kapitalkosten aus, die mit 9,3 % ebenfalls eine durchschnittliche Größe annehmen.

6.2 Schätzung eines objektivierten Unternehmenswertes im Rahmen der Nachfolgeregelung

6.2.1 Ausgangssituation und Datengrundlage

Seit 30 Jahren besteht das Unternehmen CarEng AG. Gegründet von dem Ingenieur Dr. Meier hat sich das Unternehmen in der Vergangenheit als feste Größe in der Automobilzulieferbranche etabliert. Mit den wichtigsten Kunden, den großen Automobilherstellern, pflegt man sehr gute und langjährige Geschäftsbeziehungen. Dies zeigt sich auch in langfristigen Verträgen, die dem Unternehmen eine gewisse Planungssicherheit einräumen. Der Gründer und Vorstandsvorsitzender der nicht börsennotierten Gesellschaft feierte kürzlich seinen sechzigsten Geburtstag und möchte nun seinen Lebensabend genießen. Da sich Herr Dr. Meier aus dem aktiven Geschäftsleben völlig zurückziehen möchte, und selbst nicht über Nachkommen verfügt, die Interesse an einer Weiterführung der Geschäfte haben, hat er eine M&A-Beratungs-Boutique mit dem Verkauf seines Unternehmens beauftragt.

Da die M&A-Boutique mit einem wissenschaftlichen Institut zum Thema Unternehmensbewertung zusammenarbeitet, schlägt sie vor, dass dieses Institut im Vorfeld einen möglichst objektiven Unternehmenswert ermitteln soll. Das Institut propagiert die Methode der kapitalmarktorientierten Sicherheitsäquivalente und bietet dem Unternehmen Folgendes an. Auf Basis von empirischen Daten soll eine Regressionsgleichung erstellt werden, die zur Prognose kapitalmarktorientierter Sicherheitsäquivalente geeignet ist. Da alle notwendigen Daten (historische Cash Flows des Unternehmens, historische Marktrendite und deren Standardabweichung sowie der risikolose Zins) exogen vorgegeben sind, ist eine zielgerichtete Manipulation der Bewertungsergebnisse weitgehend ausgeschlossen. Allerdings bedingt die Anwendung des Regressionsansatzes, dass sich der Zusammenhang zwischen Cash Flow-Wachstum und Marktrendite in der Zukunft weiter so darstellt, wie er in der Vergangenheit zu beobachten war.

Als Grundlage für die Bewertung stellt die CarEng AG die historischen Geschäftszahlen (EPS=Earnings per Share, EBIT=Earnings before Interest and Tax, EBITDA=Earnings before Interest Tax Depreciation and Amortization, Net Income und Umsatz) der letzten fünf Jahre auf quartalsbasis zur Verfügung. Als Marktrendite wird die jeweilige Veränderung des breit diversifizierten Aktienindex CDAX verwendet. Für die Marktrendite werden zusätzlich die Daten für das Jahr 1999 aufgenommen, um $r_{M,t-1}$ für alle

Datenpaare in den Regressionen berücksichtigen zu können. Die entsprechenden Zahlen ergeben sich aus Tabelle 6.3.

	CDAX	CarEng AG				
Datum	**Index**	**EPS**	**EBIT**	**EBITDA**	**Net Income**	**Umsatz**
31.12.1998	428,66	-	-	-	-	-
31.03.1999	421,39	-	-	-	-	-
30.06.1999	457,72	-	-	-	-	-
30.09.1999	439,07	-	-	-	-	-
31.12.1999	564,44	0,1202	2,7257	5,0833	1,1995	45,0049
31.03.2000	630,99	0,1031	2,0958	5,3742	1,0297	46,3726
30.06.2000	574,76	-0,18	-1,7128	1,1294	-1,7987	46,231
30.09.2000	560,39	-0,0128	0,8723	4,4958	-0,1253	54,9905
31.12.2000	508,49	0,0205	1,5543	4,6957	0,204	50,1271
31.03.2001	462,78	0,0995	2,3545	5,8701	0,9878	54,6868
30.06.2001	480,19	0,002	0,822	4,033	0,016	54,417
30.09.2001	356,25	0,0992	3,249	6,3496	0,9848	58,5224
31.12.2001	417,4	0,08	1,912	5,789	0,557	55,03
31.03.2002	437,57	0,09	2,182	5,947	0,895	55,792
30.06.2002	371,2	0,06	1,333	4,766	0,578	55,276
30.09.2002	241,21	0,09	2,261	5,924	0,93	66,904
31.12.2002	250,69	0,0304	1,377	4,37	0,304	49,028
31.03.2003	213,85	0,03	0,753	3,861	0,262	57,055
30.06.2003	280,9	0,03	1,036	3,967	0,332	51,754
30.09.2003	287,32	0,1	2,084	5,273	1,01	61,1

Tabelle 6.3. Historische Geschäftszahlen der CarEng AG und die CDAX-Entwicklung
Quelle: Eigene Darstellung

6.2.2 Bewertung auf Basis der multiplen Regressionsanalyse

Auf Basis der vorhandenen Daten soll nun mit Hilfe der multiplen Regression eine Gleichung gefunden werden, die sich möglichst gut zur Prognose der Cash Flows eignet. Dabei ist die statistische Signifikanz der betrachteten Koeffizienten ein erster Anhaltspunkt. Nach mehreren Regressionsanalysen stellt sich das Umsatzwachstum als beste Approximation für das Cash Flow-Wachstum dar. Als maßgebliche unabhängige Variablen lassen sich die aktuelle Marktrendite und die Vorjahresrendite bestimmen. Die Ergebnisse für diese Regressionsanalyse sind in Tabelle 6.4 aufgelistet.

Dependent Variable: CarEng SALES Sample(adjusted): 2000:1 2003:3
Method: Least Squares Included observations: 15 after adjusting endpoints

Variable	Coefficient	Std. Error	t-Statistic	Prob.
CDAX	-0.4378	0.1374	-3.1861	0.0072
CDAX (-4)	-0.471	0.143	-3.2942	0.0058

R-squared	0.5766	Mean dependent var	0.0286
Adjusted R-squared	0.5441	S.D. dependent var	0.1293
S.E. of regression	0.0873	Akaike info criterion	-1.9159
Sum squared resid	0.099	Schwarz criterion	-1.8215
Log likelihood	16.3694	Durbin-Watson stat	2.1124

Tabelle 6.4. Regressionsanalyse CarEng AG. Quelle: Eigene Darstellung

Demnach existieren zwei statistisch signifikante Einflussparameter. Zum einen die aktuelle Marktrendite ($C(1)$) und zum anderen die Marktrendite vier Quartale vorher ($C(2)$). Für beide Koeffizienten liegt der Wert des t-Tests deutlich über der kritischen Prüfgröße von 2,179. Die Vertrauenswahrscheinlichkeit erreicht damit einen Wert von über 99 %. Das korrigierte Bestimmheitsmaß weist mit mehr als 54 % ebenso wie das einfache Bestimmheitsmaß mit mehr als 57 % auf einen hohen Erklärungsgehalt der Regressionsgleichung hin. Der Standardfehler der Regression liegt bei ca. 8,7. Eine Autokorrelation kann aufgrund der Durbin-Watson Statistik mit einem Wert von 2,11 ebenfalls ausgeschlossen werden.

Die Ergebnisse der Regressionsanalyse sollen nun genutzt werden, um mit Hilfe der Driftadjustierung Sicherheitsäquivalente der Cash Flows zu prognostizieren. Dazu wird der langfristige Trend, der aus der unabhängigen Variablen „Marktrendite" besteht, durch den risikolosen Zins ersetzt. Auf Basis des statistisch nachgewiesenen Zusammenhangs kann die erwartete risikoadjustierte Wachstumsrate geschätzt werden:

$$\hat{g}_t^* = -0,4378 r_{M,t}^* - 0,471 r_{M,t-4} + 0,0873 \tilde{\varepsilon} \tag{6.4}$$

Für die Bewertung wird eine Detailplanungsperiode von 20 Perioden angenommen. Zusätzlich wird ein Fortführungswert ermittelt. Der dabei unterstellte langfristige Erwartungswert von ε und ε' beträgt Null. Allerdings sind vier weitere Perioden explizit zu berechnen, da hier jeweils die konkreten Ausprägungen für $r_{M,t-4}^*$ vorliegen. Danach ergibt sich die risikoadjustierte Wachstumsrate vereinfachend aus:

$$\bar{g}_{T+4}^* = (-0,4378 - 0,471) r_f \tag{6.5}$$

Zusammenfassend stellt sich die Bewertungsformel wie folgt dar:

$$V_0 = \sum_{t=1}^{T+4} \frac{CF_0 \prod_{j=1}^{t}(1+g_j^*)}{(1+r_f)^t} + \frac{CF_0 \prod_{j=1}^{T+4}(1+g_j^*)(1+\bar{g}^*)}{r_f - \bar{g}^*}(1+r_f)^{-1} \tag{6.6}$$

Der risikolose Zinssatz von 5 % pro Jahr entspricht ca. 1,2 % im Quartal. Der aktuelle Quartals-Cash Flow in Höhe von EUR 3,79 für das dritte Qurtal 2003 dient als Startwert. Tabelle 6.5 gibt die Vorgehensweise beispielhaft für einen Simulationslauf wieder.

Insgesamt wurden 2.000 Simulationen durchgeführt und die entsprechenden Simulationswerte statistisch aufbereitet. Als Ergebnis lässt sich festhalten, dass der Erwartungswert des Schätzers für den Unternehmenswert bei ca. EUR 150 Mio. liegt und die Standardabweichung ca. EUR 70 Mio. beträgt. Dabei handelt es sich um sehr stabile Werte.

Auf Basis dieser Wertbandbreiten wurden potentielle Käufer eingeladen, Gebote abzugeben. Am Ende der Verhandlungen einigten sich die Parteien auf einen Kaufpreis von EUR 180 Mio., welcher innerhalb der (objektivierten) Wertbandbreite und über dem Schätzer für den Unternehmenswert lag. Allerdings ist darauf hinzuweisen, dass gerade in M&A-Transaktionen weitere Faktoren in die Preisfindung einfließen, die hier nicht berücksichtigt wurden. Insbesondere vorhandene Synergien können das Unternehmen für einzelne Investoren wertvoller machen als für andere. Neben dem fundamental begründbaren Unternehmenswert spielen auch Aspekte wie die Verhandlungsposition von Käufer und Verkäufer, Wettbewerbssituation (im Bieterprozess mit mehreren potentiellen Käufern) oder Marktumfeld (aktuelles Preisniveau an der Börse bzw. am Markt für Unternehmen) eine wichtige Rolle. Von daher ist eine Unternehmensbewertung immer relativ und die Bestimmung von objektivierten Wertbandbreiten als Entscheidungshilfe um so wichtiger.

	ε_t	$r^*_{M,t}$	$r^*_{M,t-4}$	ε'_t	g^*_t	$E_Q[CF_t]$	BW
4. Q 2002		3,9%					
1. Q 2003		-14,7%					
2. Q 2003		31,4%					
3. Q 2003		2,5%				3,79	
4. Q 2003	-1,206	-10,9%	3,9%	-0,366	-0,3%	3,78	3,73
1. Q 2004	0,805	9,3%	-14,7%	0,999	11,6%	4,22	4,12
2. Q 2004	1,579	17,0%	31,4%	1,318	-10,7%	3,77	3,63
3. Q 2004	-1,421	-13,0%	2,5%	-0,706	-1,6%	3,70	3,53
4. Q 2004	0,470	5,9%	-10,9%	2,001	20,0%	4,44	4,19
1. Q 2005	0,039	1,6%	9,3%	0,936	3,1%	4,58	4,27
2. Q 2005	1,075	11,9%	17,0%	-0,734	-19,6%	3,68	3,39
3. Q 2005	-0,263	-1,4%	-13,0%	-0,325	3,9%	3,83	3,48
4. Q 2005	-0,038	0,8%	5,9%	0,480	1,1%	3,87	3,47
1. Q 2006	0,132	2,5%	1,6%	0,070	-1,2%	3,82	3,39
2. Q 2006	0,177	3,0%	11,9%	-0,058	-7,4%	3,54	3,10
3. Q 2006	-0,323	-2,0%	-1,4%	0,573	6,6%	3,77	3,26
4. Q 2006	2,095	22,1%	0,8%	-0,176	-11,6%	3,33	2,85
1. Q 2007	1,296	14,2%	2,5%	0,238	-5,3%	3,15	2,67
2. Q 2007	1,644	17,6%	3,0%	0,992	-0,5%	3,14	2,62
3. Q 2007	-1,466	-13,5%	-2,0%	0,680	12,8%	3,54	2,92
4. Q 2007	0,892	10,1%	22,1%	-0,235	-16,9%	2,94	2,40
1. Q 2008	-2,612	-24,9%	14,2%	-0,163	2,8%	3,02	2,44
2. Q 2008	-0,166	-0,5%	17,6%	-0,190	-9,8%	2,73	2,18
3. Q 2008	1,923	20,4%	-13,5%	0,208	-0,8%	2,71	2,13
4. Q 2008	0	1,2%	10,1%	0	-5,3%	2,56	2,00
1. Q 2009	0	1,2%	-24,9%	0	11,2%	2,85	2,19
2. Q 2009	0	1,2%	-0,5%	0	-0,3%	2,84	2,16
3. Q 2009	0	1,2%	20,4%	0	-10,1%	2,55	1,92
4. Q 2009	0	1,2%	1,2%	0	-1,1%	110,28	82,83
Simulationswert							**154,87**

Tabelle 6.5. Ein Simulationslauf zur Prognose der Sicherheitsäquivalente

Quelle: Eigene Darstellung

7 Zusammenfassung

Ausgehend von der hohen Relevanz der Unternehmensbewertung für die unterschiedlichen Bereiche der betriebswirtschaftlichen Forschung und Praxis wurde untersucht, in wieweit die bekannten Bewertungsmodelle wie die DCF-Methode zur Problemlösung geeignet sind. Dabei zeigten sich nicht unerhebliche Schwierigkeiten bei der Anwendung i.V.m. dem CAPM. Dies zu adressieren und neue Lösungsansätze vorzustellen ist das Ziel der vorliegenden Arbeit. Eine schon lange bekannte Bewertungstheorie, die mit äußerst wenigen und intuitiv nachvollziehbaren Annahmen auskommt ist die risikoneutrale Bewertung, die auf dem Theorem der Arbitragefreiheit aufbaut. Zur Anwendung werden Informationen über die Risikostruktur der Cash Flows des Bewertungsobjekts benötigt. Die Projektion solcher Cash Flows wurde anhand von zwei, in ihrer äußeren Form unterschiedlichen, aber auf demselben Bewertungstheorem basierenden, Modellen vorgestellt. Dabei handelt es sich zum einen um die Abbildung von Cash Flow-Entwicklung und Marktrendite in einem gemeinsamen Binomialbaum i.V.m. der Anwendung risikoadjustierter Wahrscheinlichkeiten zur Bestimmung von kapitalmarktorientierten Sicherheitsäquivalenten. Zum anderen wurde im Regressionsansatz auf historisch vorliegende Zusammenhänge zwischen Wachstumsrate der Cash Flows und Marktrendite zurückgegriffen. Die daraus resultierende Regressionsgleichung dient als Beschreibung des stochastischen Prozesses, der der Cash Flow-Entwicklung zugrundeliegt. Hier erfolgt eine Driftanpassung, die die Prognose kapitalmarktorientierter Sicherheitsäquivalente ermöglicht. In Abhängigkeit des verfügbaren Datenmaterials kann jedes einzelne Modell Vorzüge aufweisen. Auf Basis von umfangreichen Kapitalmarktdaten konnte gezeigt werden, wie die benötigten Parameter (insbesondere die risikoadjustierte Wahrscheinlichkeit und die Regressionskoeffizienten) zu bestimmen sind und wie hoch ihre statistische Güte ist. Abschließend vermitteln zwei praxisnahe Beispiele die einfache Anwendung der arbitragefreien Bewertung.

Im Rahmen der Untersuchung wurden folgende Ergebnisse erzielt:

1. Derzeit stellt die Discounted Cash Flow-Methode die wohl am weitesten verbreitete Methode zur Bewertung von Unternehmen dar. Es handelt sich um eine sogenannte Ri-

sikozuschlagsmethode, bei der die Berücksichtigung des Risikos über die Diskontierung mit risikoadjustierten Kapitalkosten erfolgt. Zur Objektivierung bzw. zur Herstellung des Kapitalmarktbezugs wird die Bestimmung der benötigten Kapitalkosten über das Capital Asset Pricing Modell vorgenommen. Der Einfluss der Kapitalkosten auf den Unternehmens(bar)wert ist dabei nicht zu vernachlässigen. Neben der theoretischen Kritik am CAPM lassen sich eine Reihe von Anwendungsproblemen identifizieren. Insbesondere für nicht börsennotierte Unternehmen scheint es nur unter stark vereinfachenden Annahmen möglich zu sein, die Kapitalkosten mit Hilfe des CAPM zu bestimmen. Das eigentliche Ziel der DCF-Methode i.V.m. dem CAPM, namentlich die Herstellung eines Kapitalmarktbezugs, wird durch die vielfälltigen Möglichkeiten der individuellen Einflussnahme, z.B. auf die Bestimmung des Betafaktors als zentralem Risikomaß, konterkariert. Von einer konsistenten Bewertung kann allein wegen der in der Praxis üblichen Verwendung historisch ermittelter Kapitalkosten zur Bewertung zukünftiger Cash Flows nicht gesprochen werden. Damit scheint die Risikozuschlagsmethode sowohl aus theoretischer als auch aus praktischer Sicht vorerst ungeeignet.

2. Die vor allem in der wissenschaftlichen Literatur bevorzugte Risikoabschlagsmethode beruht auf der Ermittlung von Sicherheitsäquivalenten, die mit dem risikolosen Zins diskontiert werden können. Häufig wird zur Ermittlung des Sicherheitsäquivalents auf die Erwartungsnutzentheorie zurückgegriffen. Dabei entsteht die Problematik, dass durch die Diskontierung mit dem risikolosen Zinssatz die subjektive Erwartungsnutzentheorie mit der kapitalmarktorientierten zeitlichen Transformation vermischt wird. Das Ziel einer marktgerechten Bewertung wird aufgrund der Verwendung individueller Nutzenfunktionen ebenfalls nicht erreicht. Bei der Unternehmensbewertung z.B. im Rahmen von M&A-Transaktionen oder im Vorfeld eines Börsenganges stehen aber nicht die individuellen Risiko- bzw. Zeitpräferenz eines einzelnen Investors im Mittelpunkt der Untersuchung, sondern die Bestimmung eines realisierbaren Marktpreises. Vereinfachend kann formuliert werden, dass nicht der Preis gesucht wird, den ein potentieller Käufer zahlen will oder kann, sondern der Preis, der vor dem Hintergrund des Kapitalmarktes als Alternativanlage gezahlt werden muss.

3. Die Arbitragefreiheit als Bewertungstheorem bietet sich zur Lösung dieser Problematik an. Der Grundgedanke ist dabei, dass sich Zahlungsströme, durch am Kapitalmarkt vorhandene Anlagemöglichkeiten, replizieren lassen. Daher kann die arbitragefreie Bewertung auch als relativer Vorteilhaftigkeitsvergleich bezeichnet werden. Wird Arbitragefreiheit vorausgesetzt, ergibt sich der Wert der Zahlungsströme aus dem beobachtbaren Preisen der zur Replikation notwendigen Anlagemöglichkeiten. Andernfalls könnten Investoren Arbitrage betreiben und risikolos Gewinne realisieren. Da

jeder rationale Investor solche Möglichkeiten sofort nutzen würde, dürften in einem funktionierenden Kapitalmarkt (zumindest über einen längeren Zeitraum) keine Arbitragemöglichkeiten existieren. Das strittige CAPM lässt sich als Spezialfall aus der Arbitragefreiheit bzw. der Time-State-Preference-Theorie herleiten. Damit relativiert sich ein Teil der geäußerten Kritik am CAPM, allerdings ist das CAPM bzw. die zugrundeliegenden Annahmen für die arbitragefreie Bewertung nicht notwendig. Daher bietet sich das (auch intuitiv nachvollziehbare) Arbitragefreiheitstheorem gegenüber dem CAPM als grundlegendes Bewertungstheorem an.

4. Für die Durchführung arbitragefreier Bewertungen werden Informationen über die Risikostruktur der bewertungsrelevanten Cash Flows benötigt. Zu diesem Zweck wurden zwei Modelle vorgestellt, die sich je nach Bewertungsanlass bzw. in Abhängigkeit von den verfügbaren Daten einsetzen lassen:

Das Binomialmodell Sind Informationen über die zukünftigen Cash Flows vorhanden, kann in einem gemeinsamen Binomialmodell die Cash Flow-Struktur sowie die Marktrendite abgebildet werden. Als Informationen sind dafür lediglich Erwartungswerte und Standardabweichungen der jeweiligen Größen (Cash Flow und Marktrendite) notwendig. Lassen sich für den Erwartungswert der Cash Flows keine konkreten Standardabweichungen ermitteln (z.B. durch statistische Methoden oder Szenarioanalyse), kann vereinfachend ein reziprokes Verhältnis von *up*- und *down*-Faktor unterstellt werden. In diesem Fall reicht die Wachstumsrate der zukünftig erwarteten Cash Flows zur Spezifizierung des Binomialbaums aus. Vor allem für die Ermittlung des Fortführungswertes auf Basis der ewigen Rente erscheint diese Vereinfachung sinnvoll zu sein. Ersetzt man im Binomialmodell die statistischen Wahrscheinlichkeiten (P) durch risikoadjustierte Wahrscheinlichkeiten (Q), lassen sich die Sicherheitsäquivalente der Cash Flows einfach berechnen. Allerdings unterstellt das Binomialmodell implizit eine perfekte (positive) Korrelation zwischen Cash Flow-Wachstum und Marktrendite. Dies mag als Einschränkung des Modells gesehen werden, führt in der Konsequenz aber zu maximal zulässigen Risikozuschlägen und damit zu einem Mindestwert des Unternehmens. Insgesamt ergibt sich ein Bewertungsmodell, welches mit minimalen Annahmen sowie begrenzten Inputdaten auskommt und nicht auf die Bestimmung von Kapitalkosten mittels historischer Daten angewiesen ist.

Der Regressionsansatz Soll die Annahme der perfekten Korrelation aufgeben werden, bietet sich der diskrete stochastische Prozess als Modell der Unsicherheit an. Dazu muss sich mittels (multipler) Regression ein linearer Zusammenhang zwischen Cash Flow-Wachstum und Marktrendite ermitteln lassen. Wird dieser Zusammenhang auch für die Zukunft unterstellt, können die zukünftigen Cash Flows über die Prognose der zukünftigen Marktrendite geschätzt werden. Die Korrelation zwischen der Wachstumsrate und der Marktrendite kann dabei beliebig sein und spiegelt sich in der Ausprägung des Fehlerterms der Regressionsgleichung wieder. Ersetzt man die erwartete Marktrendite durch den risikolosen Zinssatz, ohne die Standardabweichung zu ändern, erzielt man eine sogenannte Driftverschiebung, die der Bewertung mit risikoadjustierten Wahrscheinlichkeiten entspricht. Auf diesem Wege lassen sich auch im Regressionsansatz kapitalmarktorientierte Sicherheitsäquivalente der Cash Flows einfach prognostizieren.

5. Zur Anwendung müssen für beide Modelle notwendige Parameter bestimmt werden. Für die Anwendung des Binomialmodells steht hier die risikoadjustierte Wahrscheinlichkeit (Q) im Vordergrund. Beim Regressionsansatz sind die Regressionskoeffizienten entscheidend, die den historisch vorliegenden Zusammenhang beschreiben.

Die risikoadjustierte Wahrscheinlichkeit In einem ersten Schritt lassen sich logische Grenzen für die risikoadjustierte Wahrscheinlichkeit aufstellen. So muss q größer Null sein, um ein zu p äquivalentes Wahrscheinlichkeitsmaß darstellen zu können. Werden risikoaverse Investoren vorausgesetzt, stellt p die obere Grenze für q dar. Mit dieser weitgefassten Bandbreite ergibt sich jedoch auch eine große Bandbreite zulässiger Unternehmenswerte. Daher ist Q weiter zu konkretisieren. Dies kann entweder über mehr oder wenig subjektive Punktschätzungen erfolgen, bei denen Q auf Basis der erwarteten Marktrendite und des langfristigen Gesamtmarktwachstums bzw. auf Basis von Marktrendite und deren Standardabweichung ermittelt wird. Außerdem können die in den aktuellen Marktpreisen implizit enthaltenen Größen für q berechnet werden. Die durchgeführten empirischen Untersuchungen lassen den Schluss zu, dass als Heuristik ein q von 0,4 durchaus begründbar ist. Für eine genaue Bestimmung sollte das jeweils zum Bewertungszeitpunkt am Kapitalmarkt vorhandene Q errechnet werden, da intertemporale Schwankungen nicht auszuschließen sind.

Die Regressionskoeffizienten Bei der Anwendung des diskreten stochastischen Prozess kommt es vor allem auf die Bestimmung der Koeffizienten an. Diese lassen sich wie gezeigt mit den bekannten statistischen Methoden (einfache oder multiple Regression) ermitteln. Je nach angestrebter Vertrauenswahrscheinlichkeit sind die Anforderungen im Sinne des t-Test zu erhöhen oder zu lockern. In der Betrachtung des Gesamtpanels lässt sich der Einfluss der aktuellen Marktrendite sowie der Marktrendite der Vorperiode bestätigen. Allerdings sollte die Auswahl des Regressionsmodells und damit auch die Bestimmung der Regressionskoeffizienten vorzugsweise individuell erfolgen. Hierbei ist zu berücksichtigen, dass der Einflussfaktor nicht zwingend die Rendite des DAX 100 sein muss. Existiert ein anderes Portefeuille (sogenanntes Trackingportefeuille), welches zu besseren Ergebnissen führt und dessen Rendite sowie deren Standardabweichung bekannt ist, lässt sich das Modell entsprechend modifizieren.

6. In den beiden Anwendungsbeispielen konnte gezeigt werden, dass die Handhabung der arbitragefreien Bewertung nicht wesentlich aufwendiger ist als die DCF-Methode i.V.m. dem CAPM. Die notwendigen Annahmen beschränken sich fast ausschließlich auf einen arbitragefreien Kapitalmarkt und die benötigten Informationen ergeben sich entweder aus dem Businessplan, der für jede erfolgsorientierte Unternehmensbewertung vorliegen muss oder aus den historischen Jahres-, Quartals- bzw. Monatsberichten des zu bewertenden Unternehmens. Alle anderen Parameter wie der risikolose Zinssatz oder der aktuelle Wert für Q sind am Markt beobachtbar bzw. aus den Marktdaten abzuleiten.
7. Die Ergebnisse der arbitragefreien Unternehmensbewertung können ohne Weiteres in die bekannte DCF-Methode überführt werden. Aus der Differenz zwischen Erwartungswert des Cash Flows und seinem Sicherheitsäquivalent (also dem Risikoabschlag), lassen sich periodenspezifische Kapitalkosten ermitteln, die bei der Anwendung der DCF-Methode zum selben Unternehmenswert führen. Damit kann die Kritik an der Risikozuschlagsmethode relativiert werden. Bestimmt man die Kapitalkosten adequat, ist das Ergebnis unabhängig von der verwendeten Methode. Ein weiterer Vorteil dieser Erkenntnis liegt in der Möglichkeit, die Ergebnisse auf Basis der arbitragefreien Bewertung in verständliche, weil bekannte, Größen wie den Kapitalkostensatz zu überführen. Damit erleichtert sich sowohl Interpretation und Diskussion der Bewertungsergebnisse.
8. Innovative Bewertungsverfahren, wie der Realoptions-Ansatz, lassen sich im Binomialmodell anschaulich integrieren. So kann bspw. eine Liquidationsoption dadurch berücksichtigt werden, dass in jedem Knoten innerhalb des Binomialbaums geprüft wird, ob der Wert der zukünftigen Cash Flows von diesem Zustand aus gesehen höher oder niedriger als der Liquidationserlös ist. Ist die Liquidation vorteilhaft, wird die Option ausgeübt und der entsprechende Betrag geht in die weitere rekursive Berechnung ein. Ähnlich könnte auch die in Deutschland (zumindest für Kapitalgesellschaften) bestehende Haftungsbeschränkung der Eigentümer modelliert werden. Dabei würde jeder Ast, der einen negativen Wert aufweist abgeschnitten, so dass sich im Endeffekt der Erwartungswert des Unternehmenswertes erhöht.

Die Bewertung anhand kapitalmarktorientierter Sicherheitsäquivalente stellt eine attraktive Alternative zu den bisher verwendeten Verfahren, wie der DCF-Methode, dar. Die

Offenlegung der Risikostruktur bewertungsrelevanter Cash Flows ist dabei ein wesentlicher Fortschritt und vermindert das Risiko von Fehlbewertungen, wie sie im Rahmen der DCF-Methode, z.B. bei der Bewertung von Unternehmen mit negativen Cash Flows, vorkommen können. Durch die konsequente Kapitalmarktorientierung trägt die arbitragefreie Bewertung zur Objektivierung der Ergebnisse bei und liefert Bandbreiten für einen marktgerechten Wert. Eine zusammenfassende Gegenüberstellung der DCF-Methode mit den beiden vorgestellten Varianten der risikoneutralen Unternehmensbewertung bietet Abbildung 7.1.

	DCF-Methode i.V.m. CAPM	**risikoneutrale Unternehmensbewertung**	
		Binomialmodell	**Regressionsansatz**
Bewertungs-theorem	Kapitalmarkt-gleichgewicht (CAPM)	Arbitragefreiheit	Arbitragefreiheit
notwendige Annahmen	Annahmen des CAPM (u.a. homogene Erwartungen, ein-periodige Betrachtung)	perfekte (positive) Korrelation zwischen Cash Flow und Marktrendite	Regressionsgleichung ist für die Prognose von Cash Flows geeignet
benötigte Daten	Prognose der Cash Flows, Betafaktor des Unternehmens	Prognose der Cash Flows, Martingal-Wahrscheinlichkeit	historische Daten zur Bestimmung der Regressions-koeffizienten
Anwendungs-felder	Bewertungsanlässe, bei denen (risiko-adequate) Kapital-kosten vorgegeben werden können	insbesondere für Unternehmen ohne Historie (z.B. bei Venture Capital, IPO oder auch bei einem Strategiewechsel)	insbesondere für etablierte Unter-nehmen (z.B. zur Ermittlung des Um-Tauschverhältnisses bei einer Fusion)

Abbildung 7.1. Gegenüberstellung der DCF-Methode mit der risikoneutralen Unternehmensbewertung
Quelle: Eigene Darstellung

Die in dieser Arbeit durchgeführten Untersuchungen basieren auf der Annahme reiner Eigenfinanzierung. Sie können durch die Berücksichtigung des Einflusses einer (teilweisen) Fremdfinanzierung erweitert werden. In diesem Zusammenhang ist auch die Bedeutung der (persönlichen) Steuern für die Bewertungsgleichung zu diskutieren. Hierzu gibt es bereits erste Veröffentlichungen, die ebenfalls auf der risikoneutralen Bewertung aufbauen.[1]

---

[1] Zum Finanzierungseinfluss siehe Richter und Drukarczyk (2001) und Richter (2002b). Für die Steueraspekte siehe Richter (2004).

Unter Berücksichtigung der relativen Bewertung, die aus der Arbitragefreiheit als Bewertungstheorem hervorgeht, lässt sich ein Zusammenhang zwischen der risikoneutralen Unternehmensbewertung und den sogenannten Multiplikatorverfahren herstellen. Sie sind in der Bewertungspraxis weit verbreitet, gelten aber bislang als theoretisch nicht fundiert. Über die risikoneutrale Unternehmensbewertung könnten fundamentale Multiplikatoren entwickelt werden, die einen Bezug zwischen ertragswertorientierten und die vergleichswertorientierten Verfahren innerhalb der Unternehmensbewertung herstellen.[2]

Die große Herausforderung für die Unternehmensbewerter bleibt letztlich mit der Unsicherheit in Bezug auf die zukünftigen bewertungsrelevanten Cash Flows umzugehen. Dieses Problem lässt sich aber nicht abschließend lösen. Das Ziel wissenschaftlicher Anstrengungen sollte daher in der Entwicklung praktikabler Ansätze gesehen werden, die kapitalmarktorientierte Schätzungen bzw. Bandbreiten für den Unternehmenswert liefert. Allgemein sollte die Bewertung auf Basis von Fundamentaldaten, vor dem Hintergrund alternativer Anlagemöglichkeiten am Kapitalmarkt und unter Berücksichtigung der statistischen Zusammenhänge bezüglich der bewertungsrelevanten Zahlungen erfolgen.

„Uncertainty, or corrections for risk make asset pricing interesting and challenging.“

John H. Cochrane

[2] Siehe hierzu Herrmann (2002) und Freiburg und Timmreck (2004).

A

Stochastische Prozesse und ihre Anwendung in der Theorie der Finanzmärkte

Stochastische Prozesse, zu denen auch der Binomialprozess zählt, zeichnen sich - unabhängig davon, ob sie einem zeitstetigen oder einem diskreten Zufallsprozess folgen - durch eine Zufallsvariable aus, deren Zustandsraum sich über die Zeitachse erstreckt.[1] Der wohl bekannteste stochastische Prozess ist der Wiener Prozess, welcher auf den Entdeckungen von Brown basiert und auch als Grundlage für den Itô Prozess dient. Bei der - vom Botaniker Brown entdeckten und nach ihm benannten - Brownschen Bewegung[2] handelt es sich um die Abbildung des Random Walk in stetiger Zeit, worunter ein Zufallsprozess zu verstehen ist, der folgende Bedingungen erfüllt:[3]

1. Normalverteilung der Renditen
2. Stationarität der Verteilungsparameter
3. Unabhängigkeit der Renditen

Einstein war vermutlich der erste, der die Brownsche Bewegung in die mathematische Sprache übersetzte.[4] Später wurde das Phänomen von dem Mathematiker Wiener weiter untersucht, nach dem die standardisierte, normalverteilte Version einer Brownschen Bewegung benannt ist (siehe dz in Abbildung A.3).[5] Wie sich die verschiedenen Varianten eines stochastischen Prozesses (Markov Prozess, Wiener Prozess, verallgemeinerter Wiener Prozess, geometrische Brownsche Bewegung und Itô Prozess) unterscheiden verdeutlicht Abbildung A.1.[6]

---

[1] Vgl. Zimmermann (1998), S. 293 f.

[2] Die Brownsche Bewegung wurde nach ihrem Entdecker, dem Botaniker Brown, benannt, der die zufällige Bewegung von Blütenpollen in einer Flüssigkeit beobachtete. Siehe hierzu auch Spremann (2000), S. 395 und die dort genannten (Internet-)Quellen.

[3] Vgl. Spremann (2000), S. 394.

[4] Vgl. Einstein (1905), S. 891 ff.

[5] Dabei handelt es sich um eine spezielle Brownsche Bewegung, deren Drift 0 und deren Varianz 1 beträgt.

[6] In der Abbildung ebenso wie im weiteren Text wird immer die zeitstetige Version der stochastischen Prozesse diskutiert. Dies erkennt man an der Zeiteinheit dt im Gegensatz zur diskreten Schreibweise Δt. Die zeitstetige Betrachtung ist insbesondere bei der Aktienkurs-

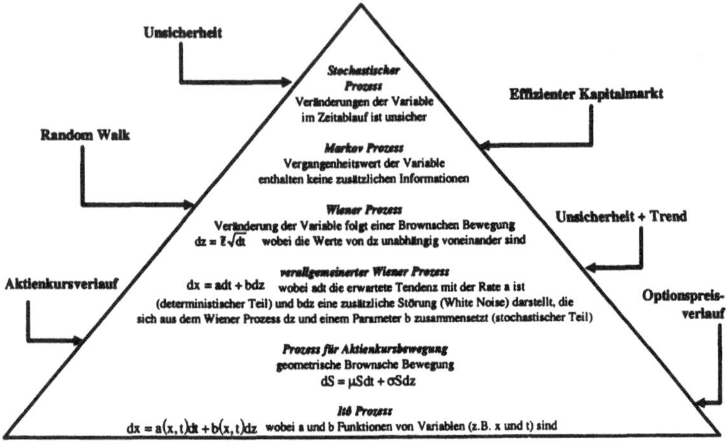

Abbildung A.1. Stochastische Prozesse im Überblick. Quelle: Eigene Darstellung

Der stochastische Prozess i.e.S. drückt lediglich aus, dass die Veränderungen der Zufallsvariablen im Zeitablauf mit Unsicherheit behaftet ist. Bei dem sogenannten Markov Prozess (einem stochastischen Prozess, der der Markov Eigenschaft folgt) geht man neben der zukünftigen Unsicherheit davon aus, dass die Historie der Zufallsvariablen keine Aufschlüsse auf das zukünftige Verhalten zu lässt. Dies ist gleichzeitig die Bedingung effizienter Kapitalmärkte.[7] Folgt die Veränderung der Variablen einer Brownschen Bewegung

entwicklung weit verbreitet. Für die arbitragefreie Unternehmensbewertung mittels stochastischen Prozess, wie sie in der vorliegenden Arbeit erläutert wird, ist allerdings aufgrund der Datenverfügbarkeit die Verwendung von diskreten Prozessen angebracht.

[7] In der Literatur wird die Hypothese effizienter Kapitalmärkte differenzierter betrachtet. Hier unterscheidet man regelmäßig drei verschiedene Varianten mit entsprechenden Informationsannahmen. Die schwache Form der Kapitalmarkteffizienz besagt, dass alle historischen Informationen im aktuellen Aktienpreis reflektiert werden. Daher ist es nicht möglich, auf Basis von technischen Analysen Überrenditen zu erwirtschaften. In der semi-schwachen Kapitalmarkteffizienz werden nicht nur die historischen Kursinformationen im aktuellen Preis widergespiegelt, sondern auch alle öffentlich verfügbaren Informationen, die für das Unternehmen relevant sind. In diesem Fall führt auch die Analyse von Bilanzen, Gewinn- und Verlustrechnungen oder anderen öffentlichen Informationen über das Unternehmen nicht zu abnormalen Renditen. Die starke Form der Kapitalmarkteffizienz geht sogar davon aus, dass alle Informationen über ein Unternehmen, also auch sogenannte Insider-Informationen von den aktuelle Preisen abgebildet werden. Für weitere Details siehe z.B. die Lehrbücher Copeland und Weston (1992), S. 330ff., Franke und Hax (2004), S. 398 ff. und Perridon und Steiner (1999), S. 261 sowie die dort angegebene Literatur.

($dz = \tilde{\varepsilon}\sqrt{dt}$), bezeichnet sie einen Wiener Prozess. In der Kapitalmarkttheorie spricht man in dem Zusammenhang auch vom Random-Walk. Der verallgemeinerte Wiener Prozess bezeichnet einen stochastischen Prozess, der sowohl einem langfristigen Trend folgt (deterministischer Teil adt)und mit Unsicherheit behaftete ist (stochastischer Teil bdz). In der ökonomischen Literatur findet sich dafür auch der Begriff geometrische Brownsche Bewegung. Hiermit wird ein Prozess bezeichnet, der in seinem Verlauf dem eines Aktienindexes gleicht.[8] Ist sowohl der Parameter des deterministischen Teils als auch der des stochastischen Teils eine Funktion von anderen Zufallsvariablen, liegt ein sogenannter Itô Prozess vor. Dieser ist insbesondere in der Preisbestimmung für Finanzoptionen zu finden.

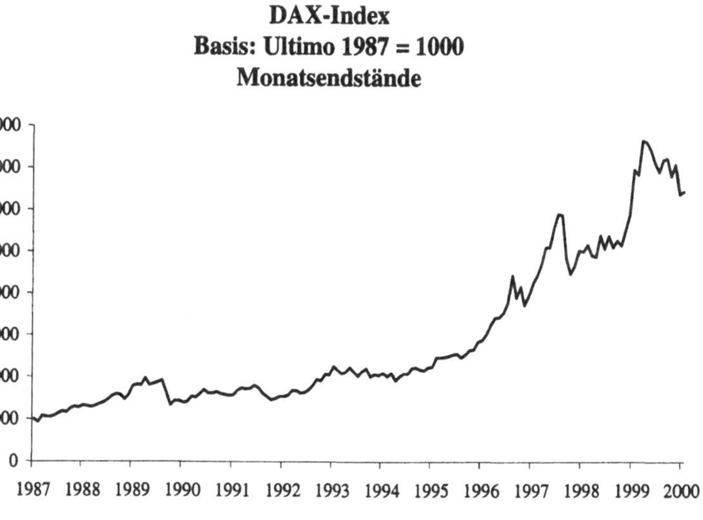

Abbildung A.2. Realer Verlauf des DAX 1987 bis 2000
Quelle: Eigene Darstellung auf Basis der Bundesbankdaten

Zeitstetige stochastische Prozesse sind im Bereich der Finance-Theorie weit verbreitet. Die Optionsbewertung nach Black & Scholes basiert bspw. auf der Annahme, dass der Kursverlauf des zugrundeliegenden Anlageobjektes einer (geometrischen) Brownschen Bewegung folgt. Vergleicht man den realen Verlauf des deutschen Aktienindex (DAX)[9]

[8] Siehe hierzu auch beispielhaft Abbildung ??.
[9] Siehe Abbildung A.2.

mit der allgemeinen Darstellung einer Brownschen Bewegung[10] scheint dies nicht ganz unbegründet.

Dabei ergibt sich die Veränderung eines Aktienkurses (dS) im Verhältnis zum Ausgangskurs aus einer deterministischen Komponente, dem sogenannten Drift (μ) multipliziert mit der Zeit, und einer stochastischen Komponente, der Standardabweichnug (σ) multipliziert mit einem sogenannten Wiener Inkrement (dz). Dieses Wiener Inkrement besteht aus einer Zufallszahl ($\tilde{\varepsilon}$), die in diesem Fall mit der Wurzel der Zeit multipliziert wird. Die Zufallszahl hat dabei einen Erwartungswert von 0 und eine Varianz von 1 ($\tilde{\varepsilon} = N(0,1)$). Insgesamt entsteht ein Zufallsprozess, wie der verallgemeinerte Wiener Prozess in Abbildung A.3. Dabei gibt dz den einfachen Wiener Prozess (also ohne Trend) wieder. Er stellt die Unsicherheit dar, mit der die Realisation um den Ausgangspunkt schwankt. Der allgemeine Wiener Prozess besitzt neben dieser stochastischen Komponente auch eine deterministische, die ebenfalls separat als $dx = adt$ in Abbildung A.3 dargestellt ist. Werden die stochastische und die deterministische Komponente addiert, erhält man den verallgemeinerten Wiener Prozess $dx = adt + bdz$.

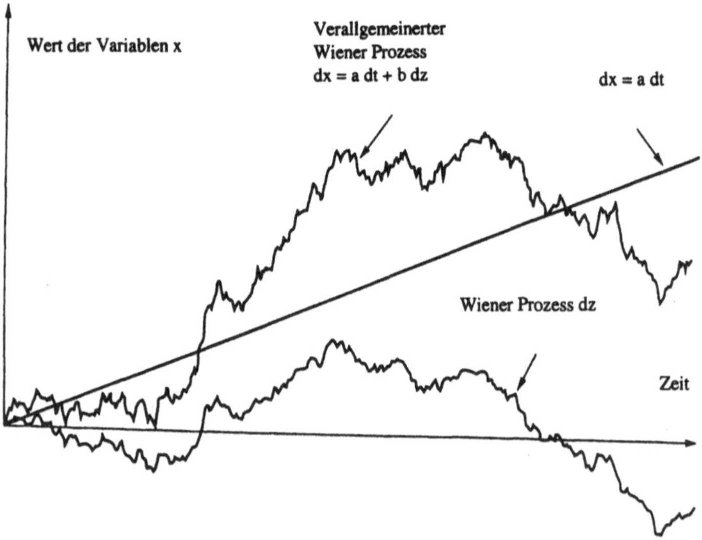

Abbildung A.3. Die Brownsche Bewegung
Quelle: Eigene Darstellung in Anlehnung an Hull (1997), S. 214

[10] Siehe Abbildung A.3.

B

Herleitung der Parameter *a* und *b* aus den *up*- und *down*-Faktoren

$$(1) \qquad up = 1 + a + bE[\tilde{r}_m + \sigma_M]$$

$$(2) \qquad down = 1 + a + bE[\tilde{r}_m - \sigma_M]$$

(1)nach a auflösen

$$a = up - 1 - bE[\tilde{r}_m + \sigma_M]$$

a in (2) einsetzen

$$down = 1 + up - 1 - bE[\tilde{r}_m + \sigma_M] + bE[\tilde{r}_m - \sigma_M]$$

auflösen nach b

$$b = \frac{up - down}{2\sigma_M}$$

b in (1) einsetzen

$$up = 1 + a + \frac{up - down}{2\sigma_M} E[\tilde{r}_m + \sigma_M]$$

auflösen nach a

$$a = \frac{up}{2}(1 - \frac{E[\tilde{r}_M]}{\sigma_M}) + \frac{down}{2}(1 + \frac{E[\tilde{r}_M]}{\sigma_M}) - 1$$

C

I/B/E/S-Daten der DAX-100-Unternehmen

Ticker	DPS 2002	DPS 2003	DPS 2004	Net Income 2002			Net Income 2003			Net Income 2004		
	Mittel	Mittel	Mittel	Mittel	#	Stdabw.	Mittel	#	Stdabw.	Mittel	#	Stdabw.
ARL	0,50	0,58	0,65	82,47	2	20,55	103,59	2	8,51	120,14	2	4,62
ADS	0,95	1,01	1,09	231,11	23	12,32	269,20	23	15,11	304,25	16	32,28
AGV	0,30	0,50	n.v.	n.v.	n.v.	n.v.	n.v.	n.v.	n.v.	n.v.	n.v.	n.v.
ALV	1,60	1,85	2,14	1868,05	25	823,56	2829,46	24	769,60	3429,13	14	811,97
ALT	0,84	0,87	0,94	329,42	19	8,92	361,20	20	18,42	414,83	16	43,17
AMB2	1,43	1,54	1,64	296,60	6	43,74	357,37	5	41,04	408,24	3	4,54
AVA	0,93	1,03	1,27	61,47	5	9,54	75,62	5	10,13	85,67	2	4,73
AWD	0,55	0,63	0,63	37,20	8	8,00	40,74	8	7,33	46,19	5	7,05
BAS	1,34	1,45	1,57	1367,43	26	235,15	1529,14	26	266,56	1840,75	17	266,28
BAY	0,92	1,02	1,18	868,65	22	355,98	878,01	21	249,13	1307,26	12	254,64
HVM	0,77	0,84	0,99	178,63	9	531,04	1038,92	7	352,10	1374,97	3	347,28
BMW	0,56	0,61	0,66	2077,71	31	120,53	2254,31	30	127,47	2572,23	19	187,88
USE	0,28	0,44	n.v.	9,70	1	0,00	11,85	1	0,00	30,51	1	0,00
BEI	1,35	1,52	1,68	283,47	24	12,91	322,52	24	18,31	367,64	16	26,87
BZL	1,14	1,23	1,46	37,58	8	2,64	41,40	7	2,82	46,96	5	3,51
BSK	0,58	0,63	0,80	120,55	7	24,79	138,63	7	27,91	163,80	2	30,55
GBF	0,57	0,63	0,55	62,88	7	7,99	72,02	6	5,66	89,37	1	0,00
BOS3	0,56	0,61	0,60	71,36	14	3,00	87,17	14	11,23	89,65	7	7,58
BUD	0,69	0,76	0,80	106,99	11	7,80	117,25	11	9,49	128,01	7	12,20
CZZ	0,31	0,55	0,73	89,30	14	16,95	118,85	14	34,84	182,24	9	40,18
CBK	0,40	0,49	0,64	580,15	27	256,08	559,47	23	143,10	792,56	9	122,92
CON	0,39	0,51	0,58	251,12	21	49,08	311,31	21	46,79	368,33	11	47,69
DCX	1,43	1,74	2,06	4112,99	32	1071,75	4098,21	31	556,83	5395,38	16	436,25
DGX	1,12	1,18	1,26	336,35	22	115,80	477,01	23	103,36	592,11	15	99,83
DBK	1,35	1,45	1,56	2138,40	25	998,25	3082,78	25	797,97	3456,00	12	566,82

Tabelle C.1. I/B/E/S-Daten für die DAX-100-Unternehmen DPS und NI - Teil 1

Ticker	DPS 2002	DPS 2003	DPS 2004	Net Income 2002			Net Income 2003			Net Income 2004		
	Mittel	Mittel	Mittel	Mittel	#	Stdabw.	Mittel	#	Stdabw.	Mittel	#	Stdabw.
DB1	0,38	0,45	0,52	229,98	11	22,78	309,28	11	36,31	372,27	9	30,57
LHA	0,28	0,45	0,60	317,55	20	221,15	493,85	20	102,64	679,93	14	110,16
DPW	0,32	0,35	0,38	921,72	24	340,20	1161,29	23	132,60	1313,52	12	85,24
DTE	0,37	0,37	0,39	-5268,17	28	823,98	-3264,47	27	1003,34	-1739,48	17	1483,03
DDE	0,26	0,31	0,40	10,71	5	1,62	13,88	5	1,26	18,61	3	2,07
DOU	0,92	0,96	1,01	73,59	20	6,11	80,20	20	6,97	85,67	11	6,55
DRW3	n.v.	n.v.	n.v.	n.v.	n.v.	n.v.	n.v.	n.v.	n.v.	n.v.	n.v.	n.v.
DUE	1,08	1,11	1,15	19,67	7	4,81	32,76	6	5,98	38,02	4	7,59
DYK3	0,66	0,70	0,61	37,61	7	19,92	57,65	7	13,98	90,51	4	10,42
EOA	1,71	1,85	2,01	2432,82	21	450,96	2607,65	28	430,33	2935,28	15	714,96
EPC	0,00	0,11	0,23	-25,35	21	10,24	39,48	21	18,39	112,81	12	53,33
ESC	0,45	0,58	0,60	4,66	6	1,05	14,04	6	2,69	16,34	2	2,48
FIE	1,26	1,34	1,43	45,52	12	4,73	51,77	12	6,28	54,37	6	7,21
FRA	0,42	0,47	0,53	129,80	18	20,81	163,44	18	26,15	192,95	11	34,70
FRE3	1,11	1,30	1,56	167,91	18	75,07	199,27	18	68,88	223,68	12	39,48
FME	0,93	1,03	1,14	296,99	18	34,36	349,82	18	33,92	393,66	12	41,10
GEH	0,88	0,94	1,03	238,69	16	10,04	268,28	15	13,97	307,01	12	30,25
GWI	0,36	0,37	0,41	20,67	5	0,85	21,83	5	1,58	23,94	3	1,38
GFK	0,18	0,21	0,21	26,01	7	2,79	30,33	7	3,85	35,36	4	2,53
GIL	0,22	0,21	0,38	3,20	3	1,60	20,57	4	2,45	26,07	2	3,27
HNR1	0,86	0,96	1,03	298,58	17	40,85	355,64	17	31,99	379,72	9	44,52
HEI	1,19	1,24	1,29	263,13	17	55,72	255,05	15	36,04	300,76	7	37,71
HDD	1,13	1,43	1,89	142,99	15	33,19	232,56	15	51,78	355,60	9	83,51
HEN3	1,13	1,22	1,30	430,07	20	45,26	489,04	20	47,85	549,47	11	44,62
HOT	0,56	0,61	0,69	73,52	8	27,15	91,75	7	38,09	70,59	1	0,00

Tabelle C.2. I/B/E/S-Daten für die DAX-100-Unternehmen DPS und NI - Teil 2

Ticker	DPS 2002	DPS 2003	DPS 2004	Net Income 2002			Net Income 2003			Net Income 2004		
	Mittel	Mittel	Mittel	Mittel	#	Stdabw.	Mittel	#	Stdabw.	Mittel	#	Stdabw.
HBH3	1,08	1,13	1,42	24,59	3	2,41	30,28	2	3,10	36,58	3	5,25
IKB	0,81	n.v.	n.v.	94,28	2	4,64	97,41	2	14,39	95,16	1	0,00
INH	1,22	1,26	1,24	24,94	2	3,49	26,35	2	3,08	25,88	1	0,00
IFX	0,00	0,00	0,00	66,65	28	281,10	458,41	14	453,28	828,27	2	294,58
IVG	0,36	0,38	0,38	71,28	8	4,42	73,01	8	9,20	79,46	5	5,61
IWK	0,66	0,67	0,72	28,20	9	5,98	31,74	8	6,98	37,67	6	6,26
JEN	0,66	0,69	0,74	51,74	9	14,11	53,38	10	15,13	60,47	6	13,12
JUN3	0,43	0,47	0,51	35,73	9	3,45	41,35	9	6,18	44,48	6	3,70
SDF	1,00	1,07	1,20	84,62	6	18,91	93,95	6	19,17	101,75	2	25,80
KAR	0,71	0,76	0,79	174,46	18	41,95	259,95	17	46,42	321,64	10	64,65
KLK	0,60	0,60	0,70	43,63	1	0,00	47,03	1	0,00	57,53	1	0,00
SKB	0,69	0,75	0,83	29,51	8	3,92	28,79	8	9,21	33,91	4	11,82
KPG	0,56	0,62	0,78	25,67	3	5,91	31,66	3	6,64	47,43	1	0,00
KRN3	1,08	1,16	1,30	57,97	5	0,84	63,58	5	5,40	73,11	3	7,92
LEO	1,12	1,17	1,69	29,42	3	1,41	32,67	3	2,38	44,38	2	2,25
LIN	1,15	1,26	1,42	319,03	28	81,46	325,60	27	61,42	381,22	19	69,15
LOE	0,95	1,01	1,24	13,63	9	2,63	15,06	9	3,19	18,86	4	1,51
MAN	0,55	0,77	1,00	137,07	20	20,84	250,50	20	42,59	367,21	13	52,37
MAV	1,50	1,65	2,00	461,64	2	630,02	476,23	2	645,55	23,83	1	0,00
MRK	0,96	1,00	1,07	250,17	18	40,25	302,81	18	35,40	366,80	13	28,20
MEO	1,04	1,07	1,07	451,12	28	55,70	513,46	28	63,46	583,35	17	81,17
MGT	0,25	0,28	0,32	185,58	18	22,39	205,90	18	27,25	233,89	11	23,34
MLP	0,44	0,56	0,62	58,97	10	10,18	81,99	10	19,69	103,81	5	7,84
MUV2	1,40	1,66	1,75	2005,11	21	605,14	2554,37	23	499,04	2760,87	14	528,38
NDA	0,69	0,75	0,90	22,19	6	1,93	35,10	6	2,92	47,08	4	6,87

Tabelle C.3. I/B/E/S-Daten für die DAX-100-Unternehmen DPS und NI - Teil 3

Ticker	DPS 2002	DPS 2003	DPS 2004	Net Income 2002			Net Income 2003			Net Income 2004		
	Mittel	Mittel	Mittel	Mittel	#	Stdabw.	Mittel	#	Stdabw.	Mittel	#	Stdabw.
PHO	0,33	0,41	0,57	5,11	4	2,16	13,83	5	2,59	15,39	2	2,50
PSM	0,12	0,15	0,24	29,16	19	26,32	67,43	18	21,00	97,64	10	17,55
PUM	0,42	0,52	0,60	74,86	16	3,92	90,92	16	5,63	100,50	11	10,20
RHM3	0,48	0,50	0,55	36,51	5	8,88	45,26	5	8,16	60,14	3	4,53
RHK3	0,50	0,55	0,66	67,85	11	2,57	79,97	10	3,91	95,85	7	6,34
RWE	1,08	1,13	1,21	1431,96	30	279,55	1294,63	29	469,35	1401,43	14	497,68
SZG	0,52	0,59	0,43	78,85	6	12,02	115,37	6	14,73	80,50	2	8,17
SAP	0,57	0,70	0,81	400,79	22	61,31	960,61	34	95,84	1173,40	21	145,09
SCH	0,99	1,12	1,26	478,82	31	23,32	545,60	33	31,00	633,03	20	41,05
SRZ	0,38	0,39	0,31	15,52	9	1,84	19,19	9	6,40	24,59	6	7,88
SGL	0,02	0,14	0,27	11,20	10	6,41	31,71	10	7,35	49,00	5	7,96
SIE	1,06	1,20	1,39	2421,58	31	626,54	2599,62	30	665,56	3448,87	17	569,68
SIX2	0,73	0,76	1,05	19,09	3	4,86	23,59	3	6,34	32,70	2	5,79
SOW4	0,38	0,38	0,44	24,76	23	14,37	24,41	22	12,34	31,49	16	16,93
SAZ	0,64	0,72	0,81	37,70	8	1,46	46,22	8	3,47	56,46	6	8,19
SZU	0,50	0,52	0,64	286,98	8	39,91	312,70	6	27,20	297,79	2	67,49
TNH	0,00	0,00	0,00	10,44	7	2,60	16,19	7	3,23	19,01	3	5,29
TKA	0,44	0,56	0,71	339,38	22	125,28	581,10	22	130,65	710,56	14	98,17
TUI	0,79	0,81	0,85	300,18	22	94,32	354,57	21	81,92	402,29	13	89,78
VOW	1,31	1,39	1,54	2544,34	35	155,44	2707,14	35	278,78	3247,40	21	318,98
VOS	0,79	0,80	1,03	43,77	3	6,94	48,42	3	6,47	49,61	1	0,00
WCM	0,01	0,12	0,00	71,43	1	0,00	216,63	1	0,00	275,53	1	0,00
WDO	0,00	0,00	0,00	8,16	8	0,54	10,45	9	0,43	13,64	5	1,13
WAD3	0,58	0,67	0,81	128,37	26	11,09	162,01	25	12,47	193,30	15	16,89
ZPF	0,69	0,75	0,90	19,10	6	0,68	22,28	6	0,91	26,30	2	0,80

Tabelle C.4. I/B/E/S-Daten für die DAX-100-Unternehmen DPS und NI - Teil 4

Ticker	EPS 2002			EPS 2003			EPS 2004			EPS 2005/06
	Mittelwert	#	Stdabw.	Mittelwert	#	Stdabw.	Mittelwert	#	Stdabw.	langfr. Wachstum
ARL	2,42	7	0,30	2,91	6	0,20	3,49	5	0,14	n.v.
ADS	4,96	29	0,10	5,77	29	0,28	6,57	17	0,48	12,23
AGV	0,10	1	0,00	0,40	1	0,00	n.v.	n.v.	n.v.	n.v.
ALV	7,20	40	2,75	11,09	39	2,99	14,28	22	3,04	12,13
ALT	2,38	29	0,07	2,62	30	0,14	2,99	21	0,31	15,32
AMB2	5,49	14	0,79	6,37	13	0,75	7,04	9	0,57	n.v.
AVA	1,74	6	0,33	2,15	6	0,54	2,74	2	0,15	n.v.
AWD	0,97	12	0,18	1,08	13	0,16	1,22	9	0,12	n.v.
BAS	2,39	38	0,41	2,70	38	0,44	3,34	23	0,48	6,54
BAY	0,98	35	0,55	1,41	35	0,47	1,99	21	0,60	14,18
HVM	-0,17	13	0,40	1,37	11	0,39	1,94	5	0,37	n.v.
BMW	3,12	41	0,12	3,37	41	0,21	3,86	22	0,29	7,75
USE	0,16	2	0,05	0,20	2	0,05	0,64	1	0,00	n.v.
BEI	3,37	35	0,13	3,82	34	0,20	4,39	24	0,31	9,14
BZL	3,81	12	0,27	4,15	9	0,38	4,72	5	0,37	10,00
BSK	0,69	14	0,17	0,82	11	0,13	1,08	3	0,19	n.v.
GBF	1,72	10	0,19	1,96	8	0,16	2,47	1	0,00	n.v.
BOS3	1,01	20	0,08	1,16	21	0,13	1,32	11	0,12	10,00
BUD	1,73	19	0,13	1,91	17	0,17	2,08	10	0,19	6,00
CZZ	1,78	23	0,34	2,42	22	0,61	3,33	13	0,84	10,31
CBK	0,84	42	0,51	1,01	40	0,35	1,53	15	0,28	30,36
CON	1,74	31	0,38	2,29	30	0,30	2,79	15	0,37	7,73
DCX	3,42	43	0,62	4,08	43	0,54	5,25	22	0,55	6,01
DGX	1,47	29	0,60	2,26	30	0,37	2,71	15	0,35	13,69
DBK	1,52	22	0,59	3,45	24	0,87	5,21	15	0,95	19,65

Tabelle C.5. I/B/E/S-Daten für die DAX-100-Unternehmen EPS - Teil 1

Ticker	EPS 2002			EPS 2003			EPS 2004			EPS 2005/06
	Mittelwert	#	Stdabw.	Mittelwert	#	Stdabw.	Mittelwert	#	Stdabw.	langfr. Wachstum
DB1	2,08	19	0,27	2,68	18	0,30	3,29	12	0,26	22,82
LHA	0,88	32	0,44	1,19	31	0,31	1,81	17	0,41	9,00
DPW	0,78	33	0,24	1,04	35	0,12	1,21	18	0,15	1,82
DTE	-1,31	33	0,20	-0,81	33	0,30	-0,43	20	0,41	15,08
DDE	0,72	7	0,08	0,87	7	0,15	1,27	4	0,24	10,00
DOU	1,83	25	0,13	1,99	25	0,16	2,19	14	0,17	7,54
DRW3	n.v.	n.v.	n.v.	n.v.	n.v.	n.v.	n.v.	n.v.	n.v.	n.v.
DUE	1,40	8	0,23	2,21	9	0,44	2,66	4	0,53	18,21
DYK3	-2,29	7	0,47	1,23	10	0,49	1,91	5	0,76	-4,70
EOA	3,80	30	0,89	3,87	40	0,71	4,08	24	1,11	2,29
EPC	-0,39	33	0,18	0,46	34	0,40	1,17	14	0,51	15,83
ESC	0,52	11	0,30	1,71	10	0,40	1,86	4	0,27	n.v.
FIE	2,17	13	0,19	2,44	13	0,23	2,68	7	0,34	24,01
FRA	1,45	24	0,22	1,83	24	0,28	2,12	16	0,30	2,08
FRE3	3,32	26	0,46	4,13	26	0,70	5,21	15	1,03	16,25
FME	3,11	26	0,19	3,55	26	0,24	4,04	15	0,32	13,32
GEH	2,87	25	0,14	3,16	24	0,18	3,63	15	0,35	9,91
GWI	0,91	7	0,05	0,97	7	0,08	1,08	4	0,05	n.v.
GFK	1,00	13	0,10	1,13	11	0,12	1,29	5	0,18	19,00
GIL	0,31	6	0,32	0,71	7	0,25	0,82	3	0,34	-14,00
HNR1	3,01	26	0,17	3,55	28	0,41	3,84	13	0,47	5,95
HEI	4,13	25	0,88	4,17	22	0,79	4,92	7	0,49	3,19
HDD	1,53	16	0,48	2,36	21	0,73	3,81	11	1,02	12,87
HEN3	3,06	32	0,34	3,55	32	0,35	4,10	18	0,41	7,53
HOT	1,26	12	0,54	1,47	12	0,76	0,79	2	0,31	n.v.

Tabelle C.6. I/B/E/S-Daten für die DAX-100-Unternehmen EPS - Teil 2

Ticker	EPS 2002			EPS 2003			EPS 2004			EPS 2005/06
	Mittelwert	#	Stdabw.	Mittelwert	#	Stdabw.	Mittelwert	#	Stdabw.	langfr. Wachstum
HBH3	2,98	5	0,55	3,45	4	0,51	4,49	2	0,91	103,00
IKB	0,99	3	0,18	n.v.	n.v.	n.v.	n.v.	n.v.	n.v.	n.v.
INH	3,45	5	0,47	3,67	5	0,43	3,62	2	0,47	n.v.
IFX	0,13	43	0,54	0,64	22	0,65	0,96	3	0,55	29,60
IVG	0,68	15	0,12	0,67	12	0,12	0,71	6	0,12	4,93
IWK	1,13	15	0,32	1,32	13	0,37	1,61	8	0,45	10,21
JEN	1,05	17	0,35	1,18	15	0,28	1,43	8	0,28	0,60
JUN3	1,06	14	0,08	1,24	13	0,20	1,50	8	0,34	11,00
SDF	1,53	8	0,16	1,72	8	0,21	1,82	2	0,14	4,36
KAR	1,35	21	0,28	2,15	20	0,32	2,71	12	0,48	5,33
KLK	0,85	2	0,14	0,87	2	0,23	1,25	1	0,00	n.v.
SKB	1,89	12	0,22	2,03	11	0,39	2,61	5	0,30	n.v.
KPG	0,98	6	0,09	1,28	6	0,09	1,66	2	0,05	n.v.
KRN3	5,41	11	0,24	6,01	10	0,55	6,75	5	0,60	10,65
LEO	4,44	8	0,15	4,97	8	0,30	7,02	4	0,44	n.v.
LIN	2,48	37	0,59	2,83	37	0,50	3,36	23	0,60	10,22
LOE	1,79	12	0,33	2,04	12	0,47	2,11	5	0,55	10,73
MAN	0,95	30	0,16	1,66	29	0,35	2,51	17	0,39	15,81
MAV	1,50	3	0,45	2,16	3	0,41	2,74	1	0,00	n.v.
MRK	1,46	25	0,26	1,75	24	0,25	2,07	17	0,38	12,06
MEO	1,32	32	0,05	1,51	33	0,09	1,70	19	0,08	10,64
MGT	0,99	25	0,14	1,05	22	0,13	1,21	14	0,13	15,52
MLP	0,59	24	0,10	0,77	24	0,20	0,94	11	0,07	6,00
MUV2	9,82	34	2,63	13,95	37	2,68	15,15	19	3,08	7,80
NDA	0,62	7	0,13	0,93	7	0,22	1,19	4	0,32	17,10

Tabelle C.7. I/B/E/S-Daten für die DAX-100-Unternehmen EPS - Teil 3

Ticker	EPS 2002			EPS 2003			EPS 2004			EPS 2005/06
	Mittelwert	#	Stdabw.	Mittelwert	#	Stdabw.	Mittelwert	#	Stdabw.	langfr. Wachstum
PHO	0,52	11	0,12	0,88	11	0,15	1,32	4	0,40	45,53
PSM	0,17	25	0,09	0,32	27	0,12	0,42	13	0,07	15,10
PUM	4,78	20	0,47	5,74	20	0,68	6,56	12	0,67	22,79
RHM3	0,89	3	0,04	1,06	3	0,05	1,56	1	0,00	n.v.
RHK3	2,58	14	0,08	2,99	13	0,17	3,64	9	0,39	9,64
RWE	2,38	40	0,40	2,23	38	0,69	2,47	17	0,78	5,84
SZG	1,27	8	0,18	1,96	8	0,49	1,30	2	0,12	-21,60
SAP	1,26	24	0,21	2,96	44	0,37	3,64	26	0,49	18,25
SCH	2,43	41	0,11	2,75	43	0,15	3,15	26	0,25	14,53
SRZ	0,41	18	0,12	0,49	14	0,21	0,60	9	0,23	8,69
SGL	0,57	17	0,38	1,73	17	0,39	2,74	8	0,64	20,96
SIE	2,18	23	0,21	3,00	41	0,60	3,84	23	0,68	10,44
SIX2	0,84	6	0,14	1,04	4	0,23	1,46	2	0,26	n.v.
SOW4	0,72	32	0,58	1,03	31	0,46	1,34	18	0,50	2,47
SAZ	1,84	13	0,12	2,22	13	0,19	2,67	9	0,24	21,00
SZU	1,69	12	0,15	1,80	8	0,13	1,73	2	0,39	n.v.
TNH	0,42	8	0,09	0,65	8	0,12	1,25	4	0,97	n.v.
TKA	0,58	34	0,26	1,06	34	0,23	1,35	18	0,16	8,80
TUI	1,55	31	0,43	1,84	31	0,43	2,01	15	0,55	7,32
VOW	6,52	46	0,37	6,96	45	0,65	8,43	25	0,73	6,50
VOS	2,83	6	0,54	3,07	5	0,39	3,44	1	0,00	n.v.
WCM	0,43	6	0,13	0,93	5	0,52	0,93	2	0,03	6,00
WDO	0,73	12	0,05	0,93	13	0,05	1,20	8	0,13	26,72
WAD3	1,95	37	0,18	2,46	36	0,24	3,02	22	0,37	9,43
ZPF	2,40	8	0,07	2,70	8	0,22	3,29	2	0,10	8,00

Tabelle C.8. I/B/E/S-Daten für die DAX-100-Unternehmen EPS - Teil 4

D

Bloomberg-Daten für die DAX-100-Unternehmen

Ticker-	Unternehmensname	Beta	Aktienkurs 12.11.2002	Anzahl in Mio.	Marktkap. Mio. EUR	EPS 2001	DPS 2001
ARL	Aareal Bank AG	n.v.	12,25	35,3	432,9	n.v.	n.v.
ADS	Adidas-Salomon AG	0,826	75,56	45,3	3426,6	4,59	0,92
AGV	AGIV Real Estate AG	n.v.	3,80	36,2	137,5	n.v.	n.v.
ALV	Allianz AG	1,104	102,20	243,0	24833,3	6,66	1,50
ALT	Altana AG	0,668	47,78	140,4	6708,3	2,49	0,60
AMB2	AMB Generali Holding AG	0,689	61,52	53,7	3302,4	6,75	1,35
AVA	AVA AG	0,51	30,77	31,2	961,0	2,62	1,18
AWD	AWD Holding AG	0,725	13,75	37,9	521,3	1,14	0,70
BAS	BASF AG	0,975	37,51	583,4	21883,4	9,72	1,30
BAY	Bayer AG	1,018	20,67	730,3	15096,2	1,32	0,90
HVM	Hypo-und Vereinsbank AG	1,138	13,00	536,3	6971,8	1,75	n.v.
BMW	BMW AG	0,924	33,06	672,9	22244,9	2,78	n.v.
USE	Beate Uhse AG	0,486	9,05	47,3	428,3	0,03	0,00
BEI	Beiersdorf AG	0,614	107,25	84,0	9009,0	3,32	1,30
BZL	Beru AG	0,638	41,12	10,0	411,2	4,28	1,10
BSK	BHW Holding AG	0,545	8,89	180,0	1600,2	0,72	0,60
GBF	Bilfinger Berger AG	0,708	17,50	36,3	635,4	1,44	0,55
BOS3	Hugo Boss AG	1,048	9,99	70,4	703,3	1,51	n.v.
BUD	Buderus AG	0,599	21,80	63,0	1373,4	1,85	0,70
CZZ	Celanese AG	0,738	18,85	50,3	949,0	-7,65	0,00
CBK	Commerzbank AG	1,158	6,94	531,6	3689,3	0,19	0,40
CON	Continental AG	0,77	13,85	129,8	1798,3	-2,05	0,00
DCX	DaimlerChrysler AG	1,058	32,18	1012,8	32592,0	-0,66	1,00
DGX	Degussa AG	0,834	24,88	205,6	5115,9	2,05	1,10
DBK	Deutsche Bank AG	1,12	45,19	621,9	28102,5	0,27	1,30
DB1	Deutsche Boerse AG	0,746	40,19	111,8	4493,4	2,04	0,36
LHA	Deutsche Lufthansa AG	1,194	10,96	381,6	4182,3	-1,66	0,86
DPW	Deutsche Post AG	0,735	10,27	1112,8	11428,5	1,42	0,37
DTE	Deutsche Telekom AG	0,923	11,14	4195,1	46733,2	-0,93	0,37
DDE	DIS AG	0,567	15,25	13,0	197,6	0,95	0,30
DOU	Douglas Holding AG	0,699	20,42	38,6	788,2	1,95	0,90
DRW3	Draegerwerk AG	0,485	15,84	12,7	201,2	0,66	n.v.
DUE	Duerr AG	0,64	16,51	14,3	236,1	1,73	1,10
DYK3	Dyckerhoff AG	0,833	6,26	41,3	258,3	2,04	n.v.

Tabelle D.1. Bloomberg-Daten für die DAX-100-Unternehmen A bis D

Ticker	**Unternehmensname**	**Beta**	**Aktienkurs 12.11.2002**	**Anzahl in Mio.**	**Marktkap. Mio. EUR**	**EPS 2001**	**DPS 2001**
EOA	E.ON AG	0,576	45,95	692,0	31797,4	3,04	1,60
EPC	Epcos AG	1,448	9,17	65,3	598,8	2,28	1,18
ESC	Escada AG	0,499	12,00	7,7	92,9	-3,42	n.v.
FIE	Fielmann AG	0,468	35,29	22,0	776,0	1,79	1,07
FRA	Fraport AG	n.v.	21,61	90,2	1949,5	1,28	0,40
FRE3	Fresenius AG	0,783	34,50	41,0	1413,5	2,01	n.v.
FME	Fresenius Medical Care AG	0,846	33,18	96,2	3191,6	0,74	n.v.
GEH	Gehe AG	0,553	36,51	85,1	3105,2	3,59	0,83
GWI	Gerry Weber AG	0,898	6,50	22,5	146,6	0,78	0,31
GFK	GFK AG	0,952	13,22	26,1	345,3	0,45	0,17
GIL	Gildemeister AG	0,628	4,46	28,9	128,8	1,39	0,60
HNR1	Hannover Rueck AG	1,025	22,18	97,2	2155,5	0,11	0,00
HEI	HeidelbergCement AG	0,675	38,54	63,7	2455,0	1,16	n.v.
HDD	Heidelberger Druck	0,573	24,11	85,9	2071,2	2,32	1,40
HEN3	Henkel KGaA	0,549	63,40	144,2	9141,3	3,47	n.v.
HOT	Hochtief AG	0,672	13,42	63,0	846,1	0,38	0,50
HBH3	Hornbach Holding AG	0,388	48,50	8,0	388,0	2,13	n.v.
IKB	IKB AG	0,555	12,18	88,0	1071,8	1,01	0,77
INH	Indus Holding AG	0,579	17,20	18,0	309,6	1,23	1,15
IFX	Infineon Technologies AG	1,32	8,28	720,9	5968,9	-1,47	0,00
IVG	IVG Immobilien AG	0,736	9,13	115,9	1057,9	0,58	0,34
IWK	IWKA AG	0,682	10,90	26,6	289,9	1,16	0,66
JEN	Jenoptik AG	0,98	13,46	39,8	535,9	2,17	0,70
JUN3	Jungheinrich AG	0,6	8,90	33,6	299,4	1,16	n.v.
SDF	K+S AG	0,669	18,40	43,1	793,0	2,75	1,00
KAR	KarstadtQuelle AG	0,774	19,37	117,8	2281,0	2,00	0,71
KLK	Kloeckner-Werke AG	0,586	7,94	45,8	363,8	1,02	0,60
SKB	Koenig und Bauer AG	0,606	15,60	16,1	250,7	4,68	1,00
KPG	Kolbenschmidt Pierburg AG	0,705	9,50	28,0	266,0	1,18	0,50
KRN3	Krones AG	0,735	53,79	10,5	566,5	4,77	n.v.
LEO	Leoni AG	0,533	27,02	6,6	178,3	4,27	1,08
LIN	Linde AG	0,727	36,66	119,3	4372,1	2,39	1,13
LOE	Loewe AG	0,901	12,25	7,2	87,7	1,46	0,85

Tabelle D.2. Bloomberg-Daten für die DAX-100-Unternehmen E bis L

Ticker	Unternehmensname	Beta	Aktienkurs 12.11.2002	Anzahl in Mio.	Marktkap. Mio. EUR	EPS 2001	DPS 2001
MAN	MAN AG	0,931	11,62	147,0	1708,6	1,01	0,60
MAV	Mannheimer AG Holding	0,575	23,50	10,1	236,8	2,31	2,00
MRK	Merck KGaA	0,677	22,39	172,0	3851,1	3,66	0,95
MEO	Metro AG	0,944	22,06	326,8	7208,9	1,23	n.v.
MGT	MG Technologies AG	1,061	6,85	193,3	1324,4	0,69	0,25
MLP	MLP AG	1,719	11,88	108,6	1290,7	1,13	0,50
MUV2	Muenchener Rueck AG	1,023	120,66	178,5	21540,2	1,41	1,25
NDA	Norddeutsche Affinerie AG	0,612	11,14	32,4	360,4	1,26	0,75
PHO	Phoenix AG	0,429	6,36	14,8	94,1	-0,49	0,30
PSM	ProSieben SAT.1 AG	0,725	6,28	194,5	1221,4	0,35	n.v.
PUM	Puma AG	0,712	65,82	15,4	1015,5	2,58	0,30
RHM3	Rheinmetall AG	0,531	12,10	36,0	435,6	0,58	n.v.
RHK3	Rhoen Klinikum AG	0,603	33,00	25,9	855,1	2,55	n.v.
RWE	RWE AG	0,677	31,04	562,4	17457,1	3,47	1,43
SZG	Salzgitter AG	0,552	6,92	61,9	428,2	2,28	0,42
SAP	SAP AG	1,472	76,14	315,2	23999,3	1,85	n.v.
SCH	Schering AG	0,613	46,88	197,0	9235,4	2,11	0,83
SRZ	Schwarz Pharma AG	1,065	29,26	44,0	1287,2	0,92	0,30
SGL	SGL Carbon AG	1,253	8,20	21,9	179,3	-4,42	0,00
SIE	Siemens AG	1,284	43,85	890,3	39040,6	2,36	1,00
SIX2	Sixt AG	1,17	9,36	22,4	209,5	0,55	n.v.
SOW4	Software AG	0,912	12,28	27,3	334,8	1,44	0,43
SAZ	Stada Arzneimittel AG	0,573	35,10	20,0	702,5	1,35	0,59
SZU	Suedzucker AG	0,548	15,03	174,8	2627,1	1,45	0,47
TNH	Techem AG	0,518	8,53	24,7	210,5	0,53	n.v.
TKA	ThyssenKrupp AG	0,974	10,31	514,5	5304,1	1,29	0,60
TUI	TUI AG	1,127	18,40	178,0	3275,9	1,96	0,77
VOW	Volkswagen AG	1,005	37,16	383,8	14262,3	7,69	n.v.
VOS	Vossloh AG	0,626	24,00	13,5	324,0	1,20	0,75
WCM	WCM AG	0,992	2,75	288,8	794,3	1,13	0,00
WDO	Wedeco AG	0,928	13,25	11,0	145,7	0,58	n.v.
WAD3	Wella AG	0,682	52,00	66,2	3443,2	1,76	n.v.
ZPF	Zapf Creation AG	0,697	22,71	7,9	178,3	2,09	0,65

Tabelle D.3. Bloomberg-Daten für die DAX-100-Unternehmen M bis Z

E

Gewinn- und Dividendenrenditen der DAX-100-Unternehmen

Unternehmens-ticker	Aktienkurs 12.11.2002	Gewinn je Aktie	Div. (2001)	Gewinn Rendite	Div. Rendite
ARL	12.25	n.v.	n.v.	n.v.	n.v.
ADS	75.56	4.59	0.92	6.1%	1.2%
AGV	3.8	n.v.	n.v.	n.v.	n.v.
ALV	102.2	6.66	1.50	6.5%	1.5%
ALT	47.78	2.49	0.60	5.2%	1.3%
AMB2	61.52	6.75	1.35	11.0%	2.2%
AVA	30.77	2.62	1.18	8.5%	3.8%
AWD	13.75	1.14	0.70	8.3%	5.1%
BAS	37.51	9.72	1.30	25.9%	3.5%
BAY	20.67	1.32	0.90	6.4%	4.4%
HVM	13	1.75	n.v.	13.5%	n.v.
BMW	33.06	2.78	n.v.	8.4%	n.v.
USE	9.05	0.03	0.00	0.4%	0.0%
BEI	107.25	3.32	1.30	3.1%	1.2%
BZL	41.12	4.28	1.10	10.4%	2.7%
BSK	8.89	0.72	0.60	8.1%	6.7%
GBF	17.5	1.44	0.55	8.3%	3.1%
BOS3	9.99	1.51	n.v.	15.2%	n.v.
BUD	21.8	1.85	0.70	8.5%	3.2%
CZZ	18.85	-7.65	0.00	-40.6%	0.0%
CBK	6.94	0.19	0.40	2.7%	5.8%
CON	13.85	-2.05	0.00	-14.8%	0.0%
DCX	32.18	-0.66	1.00	-2.1%	3.1%
DGX	24.88	2.05	1.10	8.2%	4.4%
DBK	45.19	0.27	1.30	0.6%	2.9%
DB1	40.19	2.04	0.36	5.1%	0.9%
LHA	10.96	-1.66	0.86	-15.2%	7.8%
DPW	10.27	1.42	0.37	13.9%	3.6%
DTE	11.14	-0.93	0.37	-8.4%	3.3%
DDE	15.25	0.95	0.30	6.2%	2.0%
DOU	20.42	1.95	0.90	9.5%	4.4%
DRW3	15.84	0.66	n.v.	4.1%	n.v.
DUE	16.51	1.73	1.10	10.5%	6.7%
DYK3	6.26	2.04	n.v.	32.5%	n.v.

Tabelle E.1. Gewinn- und Dividendenrendite A bis D DAX-100-Unternehmen

Unternehmens-ticker	Aktienkurs 12.11.2002	Gewinn je Aktie	Div. (2001)	Gewinn Rendite	Div. Rendite
EOA	45.95	3.04	1.60	6.6%	3.5%
EPC	9.17	2.28	1.18	24.9%	12.9%
ESC	12	-3.42	n.v.	-28.5%	n.v.
FIE	35.29	1.79	1.07	5.1%	3.0%
FRA	21.61	1.28	0.40	5.9%	1.9%
FRE3	34.5	2.01	n.v.	5.8%	n.v.
FME	33.18	0.74	n.v.	2.2%	n.v.
GEH	36.51	3.59	0.83	9.8%	2.3%
GWI	6.5	0.78	0.31	11.9%	4.8%
GFK	13.22	0.45	0.17	3.4%	1.3%
GIL	4.46	1.39	0.60	31.2%	13.5%
HNR1	22.18	0.11	0.00	0.5%	0.0%
HEI	38.54	1.16	n.v.	3.0%	n.v.
HDD	24.11	2.32	1.40	9.6%	5.8%
HEN3	63.4	3.47	n.v.	5.5%	n.v.
HOT	13.42	0.38	0.50	2.8%	3.7%
HBH3	48.5	2.13	n.v.	4.4%	n.v.
IKB	12.18	1.01	0.77	8.3%	6.3%
INH	17.2	1.23	1.15	7.1%	6.7%
IFX	8.28	-1.47	0	-17.8%	0.0%
IVG	9.13	0.58	0.34	6.3%	3.7%
IWK	10.9	1.16	0.66	10.6%	6.1%
JEN	13.46	2.17	0.70	16.1%	5.2%
JUN3	8.9	1.16	n.v.	13.0%	n.v.
SDF	18.4	2.75	1.00	14.9%	5.4%
KAR	19.37	2.00	0.71	10.3%	3.7%
KLK	7.94	1.02	0.60	12.9%	7.6%
SKB	15.6	4.68	1.00	30.0%	6.4%
KPG	9.5	1.18	0.50	12.4%	5.3%
KRN3	53.79	4.77	n.v.	8.9%	n.v.
LEO	27.02	4.27	1.08	15.8%	4.0%
LIN	36.66	2.39	1.13	6.5%	3.1%
LOE	12.25	1.46	0.85	11.9%	6.9%

Tabelle E.2. Gewinn- und Dividendenrendite E bis L DAX-100-Unternehmen

Unternehmens- **ticker**	**Aktienkurs** **12.11.2002**	**Gewinn** **je Aktie (2001)**	**Div.**	**Gewinn** **Rendite**	**Div.**
MAN	11.62	1.01	0.60	8.7%	5.2%
MAV	23.5	2.31	2.00	9.8%	8.5%
MRK	22.39	3.66	0.95	16.3%	4.2%
MEO	22.06	1.23	n.v.	5.6%	n.v.
MGT	6.85	0.69	0.25	10.0%	3.6%
MLP	11.88	1.13	0.50	9.5%	4.2%
MUV2	120.66	1.41	1.25	1.2%	1.0%
NDA	11.14	1.26	0.75	11.3%	6.7%
PHO	6.36	-0.49	0.30	-7.7%	4.7%
PSM	6.28	0.35	n.v.	5.6%	n.v.
PUM	65.82	2.58	0.30	3.9%	0.5%
RHM3	12.1	0.58	n.v.	4.8%	n.v.
RHK3	33	2.55	n.v.	7.7%	n.v.
RWE	31.04	3.47	1.43	11.2%	4.6%
SZG	6.92	2.28	0.42	33.0%	6.1%
SAP	76.14	1.85	n.v.	2.4%	n.v.
SCH	46.88	2.11	0.83	4.5%	1.8%
SRZ	29.26	0.92	0.30	3.1%	1.0%
SGL	8.2	-4.42	0.00	-53.9%	0.0%
SIE	43.85	2.36	1.00	5.4%	2.3%
SIX2	9.36	0.55	n.v.	5.8%	n.v.
SOW4	12.28	1.44	0.43	11.7%	3.5%
SAZ	35.1	1.35	0.59	3.8%	1.7%
SZU	15.03	1.45	0.47	9.6%	3.1%
TNH	8.53	0.53	n.v.	6.2%	n.v.
TKA	10.31	1.29	0.60	12.5%	5.8%
TUI	18.4	1.96	0.77	10.6%	4.2%
VOW	37.16	7.69	n.v.	20.7%	n.v.
VOS	24	1.20	0.75	5.0%	3.1%
WCM	2.75	1.13	0.00	41.1%	0.0%
WDO	13.25	0.58	n.v.	4.3%	n.v.
WAD3	52	1.76	n.v.	3.4%	n.v.
ZPF	22.71	2.09	0.65	9.2%	2.9%
Mittelwert				**6.9%**	**3.8%**
Median				**7.4%**	**3.6%**
Stdabw.				**12.4%**	**2.0%**

Tabelle E.3. Gewinn- und Dividendenrendite M bis Z DAX-100-Unternehmen

F

Unkorregierte Wachstumsfaktoren auf Basis von Earnings i.V.m. der Standardabweichung

Unter-nehmen	Marktkap. 12.11.2002	2001 Earnings	2002 up	2002 down	2003 up	2003 down	2004 up	2004 down
ADS	3427	208	1.103	1.058	1.220	1.108	1.222	1.056
ALV	24833	1618	1.494	0.669	1.954	1.124	1.562	1.014
ALT	6708	350	0.982	0.930	1.159	1.038	1.260	1.025
AMB2	3302	362	0.930	0.698	1.296	1.025	1.194	1.016
AVA	961	82	0.790	0.539	1.542	0.924	1.345	1.205
AWD	521	43	1.006	0.689	1.283	0.944	1.237	1.022
BAS	21883	5672	0.288	0.203	1.314	0.950	1.412	1.059
BAY	15096	965	1.155	0.322	1.925	0.964	1.833	0.982
BMW	22245	1867	1.167	1.078	1.148	1.016	1.230	1.058
BEI	9009	279	1.055	0.974	1.193	1.073	1.229	1.068
BZL	411	43	0.952	0.828	1.188	0.990	1.226	1.048
BSK	1600	130	1.184	0.720	1.380	1.009	1.539	1.085
BOS3	703	107	0.721	0.617	1.280	1.018	1.241	1.030
BUD	1373	116	1.003	0.866	1.203	1.006	1.191	0.987
CBK	3689	101	7.121	1.711	1.625	0.790	1.793	1.234
DGX	5116	421	1.012	0.428	1.783	1.285	1.356	1.043
DBK	28103	168	7.807	3.430	2.847	1.707	1.784	1.234
DB1	4493	228	1.155	0.893	1.431	1.145	1.323	1.130
DPW	11428	1584	0.713	0.379	1.484	1.180	1.308	1.020
DDE	198	12	0.846	0.671	1.426	1.006	1.723	1.176
DOU	788	75	1.006	0.871	1.174	0.998	1.185	1.015
DUE	236	25	0.943	0.673	1.893	1.268	1.445	0.963
EOA	31797	2103	1.542	0.956	1.207	0.830	1.343	0.768
FIE	776	39	1.320	1.106	1.234	1.022	1.236	0.956
FRA	1949	116	1.298	0.959	1.455	1.071	1.324	0.999
FRE3	1413	82	1.876	1.424	1.453	1.033	1.512	1.012
FME	3192	71	4.475	3.951	1.221	1.067	1.227	1.046
GEH	3105	305	0.836	0.761	1.165	1.037	1.262	1.042
GWI	147	17	1.232	1.114	1.152	0.974	1.173	1.069
GFK	345	12	2.415	1.982	1.255	1.018	1.302	0.981
GIL	129	40	0.455	-0.006	3.071	1.487	1.632	0.675
HNR1	2155	11	28.124	25.080	1.315	1.045	1.215	0.948
HEI	2455	74	4.300	2.790	1.204	0.819	1.298	1.062
HDD	2071	199	0.862	0.453	2.026	1.067	2.043	1.182
HEN3	9141	501	0.978	0.785	1.274	1.047	1.270	1.037
HOT	846	24	4.778	1.910	1.758	0.563	0.750	0.327
HBH3	388	17	1.659	1.141	1.328	0.989	1.565	1.040
INH	310	22	3.198	2.434	1.188	0.937	1.115	0.857
IVG	1058	67	1.390	0.962	1.166	0.814	1.236	0.883
IWK	290	31	1.251	0.696	1.505	0.845	1.558	0.876

Tabelle F.1. Aggregierte Wachstumsrate auf Basis der Earnings mit Standardabweichung A bis I

Unter-nehmen	Marktkap. 12.11.2002	2001 Earnings	2002 up	2002 down	2003 up	2003 down	2004 up	2004 down
JEN	536	86	0.647	0.324	1.382	0.853	1.447	0.975
JUN3	299	39	0.984	0.839	1.364	0.992	1.479	0.926
SDF	793	118	0.614	0.496	1.261	0.988	1.143	0.978
KAR	2281	235	0.817	0.538	1.825	1.351	1.480	1.037
SKB	251	75	0.450	0.357	1.278	0.865	1.435	1.139
KPG	266	33	0.905	0.754	1.395	1.221	1.333	1.257
KRN3	566	50	1.184	1.083	1.213	1.011	1.221	1.023
LEO	178	28	1.074	1.002	1.188	1.052	1.502	1.323
LIN	4372	285	1.284	0.794	1.343	0.939	1.397	0.977
LOE	88	10	1.452	0.999	1.400	0.879	1.302	0.767
MAN	1709	149	1.090	0.774	2.124	1.381	1.751	1.278
MRK	3851	629	0.468	0.328	1.372	1.036	1.398	0.967
MEO	7209	401	1.117	1.037	1.205	1.076	1.181	1.070
MGT	1324	133	1.648	1.235	1.191	0.932	1.267	1.024
MLP	1291	122	0.619	0.436	1.636	0.958	1.308	1.126
MUV2	21540	252	8.830	5.099	1.694	1.148	1.307	0.865
NDA	360	41	0.595	0.394	1.835	1.133	1.636	0.941
PSM	1221	68	0.729	0.222	2.587	1.210	1.552	1.117
PUM	1016	40	2.036	1.670	1.344	1.057	1.259	1.027
RHK3	855	66	1.046	0.980	1.220	1.092	1.350	1.089
RWE	17457	1953	0.803	0.570	1.221	0.646	1.459	0.758
SZG	428	141	0.636	0.477	1.931	1.158	0.722	0.599
SAP	23999	583	0.797	0.568	2.635	2.048	1.399	1.065
SCH	9235	416	1.201	1.101	1.193	1.073	1.235	1.051
SRZ	1287	41	0.574	0.320	1.689	0.675	1.721	0.760
SIE	39041	2099	1.015	0.835	1.645	1.100	1.511	1.056
SIX2	210	12	1.802	1.284	1.514	0.957	1.654	1.160
SOW4	335	39	0.896	0.097	2.073	0.796	1.791	0.825
SAZ	702	27	1.453	1.278	1.307	1.105	1.309	1.091
SZU	2627	253	1.270	1.066	1.138	0.989	1.174	0.742
TNH	211	13	0.968	0.632	1.807	1.241	3.435	0.432
TKA	5304	665	0.648	0.251	2.224	1.435	1.423	1.115
TUI	3276	349	1.009	0.574	1.464	0.906	1.391	0.795
VOW	14262	2950	0.897	0.800	1.167	0.967	1.317	1.107
WCM	794	327	0.494	0.259	3.408	0.977	1.026	0.966
WDO	146	6	1.362	1.188	1.338	1.210	1.418	1.141
WAD3	3443	117	1.208	1.000	1.388	1.144	1.378	1.077
ZPF	178	16	1.182	1.113	1.220	1.037	1.254	1.181
Summe	**400637**	**31057**	**1.043**	**0.704**	**1.493**	**1.045**	**1.410**	**1.009**

Tabelle F.2. Aggregierte Wachstumsrate auf Basis der Earnings mit Standardabweichung J bis Z

G

Überprüfung des Erklärungsgehalts der Heuristik $q = 0,4$

Unternehmen	2001 Dividende	2002 1+g*	2003 1+g*	2004 1+g*	modellbasierter Wert bei 2,5%	modellbasierter Wert bei 10,5%	Marktkapitalisierung
ADS	41,72	0,9809	0,9914	0,9980	600,486	1016,92	3426,57
ALV	364,48	0,9921	1,0406	1,0408	5760,527	9788,15	24833,27
ALT	84,24	1,2005	0,9813	1,0033	1476,476	2500,41	6708,31
AMB2	72,47	0,9882	0,9987	0,9903	1050,921	1779,36	3302,39
BAS	758,42	0,9814	0,9993	0,9996	11017,137	18662,89	21883,37
BAY	657,31	0,9798	1,0160	1,0349	9981,058	16944,71	15096,17
BEI	109,20	0,9819	1,0226	1,0130	1640,758	2782,97	9009,00
BZL	11,00	0,9815	0,9988	1,0571	167,770	285,00	411,20
DCX	1012,80	1,2234	1,0798	1,0579	20733,465	35288,87	32592,00
DGX	226,19	0,9798	0,9859	0,9918	3217,318	5445,94	5115,93
DBK	808,44	0,9833	0,9956	0,9952	11680,137	19779,49	28102,53
DB1	40,25	0,9880	1,0524	1,0431	641,457	1090,37	4493,36
DOU	34,74	0,9800	0,9846	0,9868	491,431	831,59	788,21
EOA	1107,20	0,9936	1,0001	1,0012	16318,796	27646,64	31797,40
FIE	23,53	1,0509	0,9935	0,9926	361,800	612,57	776,03
FRA	36,08	0,9851	1,0241	1,0182	547,198	928,41	1949,46
GEH	70,59	0,9879	0,9968	1,0039	1033,677	1751,30	3105,18
GWI	6,99	1,0336	0,9872	1,0024	105,984	179,50	146,56
GFK	4,44	0,9968	1,0254	0,9803	65,988	111,75	345,33
HOT	31,52	1,0236	1,0017	1,0250	489,359	830,08	846,06
IVG	39,40	0,9916	0,9850	0,9806	561,026	949,06	1057,94
KPG	14,00	1,0214	1,0100	1,1000	232,594	395,99	266,03
LEO	7,13	0,9817	0,9851	1,2320	122,955	210,29	178,33
LIN	134,77	0,9800	1,0048	1,0237	2006,486	3403,58	4372,14
LOE	6,08	1,0152	0,9920	1,0869	97,733	166,22	87,69
MRK	163,40	0,9819	0,9840	0,9913	2323,709	3933,01	3851,08
MGT	48,34	0,9827	1,0142	1,0407	738,574	1254,16	1324,44
MUV2	223,15	1,0174	1,0586	0,9884	3512,269	5955,17	21540,22
PHO	4,44	1,0083	1,0870	1,2069	84,738	145,11	94,08
PUM	4,63	1,1993	1,0944	1,0354	92,310	157,00	1015,54
SCH	163,51	1,0635	1,0260	1,0228	2692,000	4568,63	9235,36
SIE	890,32	0,9913	1,0214	1,0433	13844,269	23515,72	39040,58
SAZ	11,81	1,0007	1,0202	1,0245	182,202	309,20	702,46
SZU	82,15	0,9904	0,9810	1,0952	1282,491	2181,39	2627,06
TUI	137,09	0,9806	0,9800	0,9841	1927,517	3260,84	3275,90
VOS	10,12	0,9881	0,9802	1,1209	160,841	273,87	323,95
ZPF	5,10	0,9885	1,0063	1,0643	79,424	134,99	178,32

Tabelle G.1. Erklärungsgehalt des Ansatzes mit Dividenden

Unternehmen	2001 EPS	2002 1+g*	2003 1+g*	2004 1+g*	2005-2006 1+g*	modellb. Wert	Aktien-kurs
ADS	4,59	0,999	1,045	1,030	1,020	101,04	75,56
ALV	6,66	0,999	1,305	1,126	1,020	197,33	102,20
BMW	2,78	1,021	0,999	1,033	0,997	60,02	33,06
USE	0,03	3,669	1,105	2,657	0,980	7,11	9,05
BEI	3,32	0,980	1,027	1,036	1,004	70,98	107,25
GBF	1,44	1,061	1,031	1,107	0,980	35,64	17,50
CBK	0,19	3,556	1,072	1,286	1,136	18,75	6,94
DBK	0,27	4,513	1,868	1,283	1,065	57,92	45,19
DB1	2,04	0,980	1,126	1,084	1,086	49,53	40,19
EOA	3,04	1,099	0,980	0,988	0,980	66,72	45,95
FIE	1,79	1,076	1,024	1,006	1,093	40,66	35,29
FRA	1,28	1,024	1,109	1,043	0,980	31,02	21,61
FRE3	2,01	1,388	1,095	1,108	1,044	68,93	34,50
FME	0,74	3,395	1,033	1,029	1,027	54,52	33,18
GWI	0,78	1,050	0,991	1,020	0,980	16,91	6,50
GFK	0,45	1,807	1,029	1,031	1,061	17,81	13,22
HNR1	0,11	21,285	1,054	0,999	0,989	52,07	22,18
HEI	1,16	2,865	0,981	1,055	0,981	70,76	38,54
HBH3	2,13	1,204	1,042	1,135	1,677	61,55	48,50
KRN3	4,77	1,027	1,015	1,020	1,012	104,17	53,79
LEO	4,27	0,982	1,019	1,213	0,980	105,12	27,02
LIN	2,39	0,983	1,031	1,059	1,009	52,48	36,66
LOE	1,46	1,084	1,030	0,982	1,012	33,03	12,25
MEO	1,23	0,997	1,031	1,022	1,012	26,45	11,62
MGT	0,69	1,234	0,990	1,034	1,040	17,85	6,85
MUV2	1,41	5,586	1,219	1,001	0,997	196,29	11,88
PUM	2,58	1,541	1,068	1,032	1,085	89,69	65,82
RHM3	0,58	1,300	1,057	1,259	0,980	20,33	12,10
RHK3	2,55	0,981	1,040	1,080	1,006	57,36	33,00
SCH	2,11	1,037	1,026	1,032	1,034	47,59	46,88
SIX2	0,55	1,308	1,090	1,209	0,980	18,99	9,36
SAZ	1,35	1,179	1,071	1,067	1,074	37,16	35,10
VOS	1,20	1,934	1,001	1,019	0,980	48,59	24,00
WAD3	1,76	1,010	1,111	1,085	1,005	43,68	52,00
ZPF	2,09	1,035	1,024	1,078	0,998	48,74	22,71

Tabelle G.2. Erklärungsgehalt des Ansatzes mit Earnings (nur Wachstum)

Unternehmen	2001 EPS	2002 1+g*	2003 1+g*	2004 1+g*	2005-2006 1+g*	modellb. Wert	Aktien-kurs
ADS	4,59	1,056	1,104	1,070	1,020	107,21	75,56
ALV	6,66	0,560	1,021	1,031	1,020	73,93	102,2
ALT	2,49	0,928	1,032	1,035	1,038	46,51	47,78
AMB2	6,75	0,727	1,062	1,052	0,980	102,97	61,52
AVA	2,62	0,603	1,082	1,255	0,980	39,76	30,77
AWD	1,14	0,738	0,991	1,065	0,980	16,75	13,75
BAS	9,72	0,193	0,907	1,066	0,992	34,31	37,51
BAY	1,32	0,246	0,876	1,018	1,032	5,52	20,67
BMW	2,78	1,066	0,997	1,063	0,997	59,05	33,06
BEI	3,32	0,967	1,063	1,070	1,004	68,51	107,25
BZL	4,28	0,847	1,029	1,098	1,008	76,77	41,12
BSK	0,72	0,778	1,071	1,234	0,980	13,79	8,89
BOS3	1,51	0,622	1,029	1,066	1,008	19,41	9,99
BUD	1,85	0,875	1,023	1,025	0,990	31,99	21,8
CBK	0,19	0,909	0,680	1,297	1,136	2,87	6,94
DGX	2,05	0,405	1,261	1,078	1,029	21,00	24,88
DBK	0,27	3,565	1,718	1,296	1,065	39,01	45,19
DB1	2,04	0,910	1,167	1,159	1,086	46,49	40,19
DPW	1,42	0,354	1,152	1,042	0,980	11,33	10,27
DDE	0,95	0,712	1,104	1,340	1,008	18,38	15,25
DOU	1,95	0,871	0,998	1,037	0,996	33,13	20,42
DUE	1,73	0,732	1,393	1,108	1,056	36,15	16,51
EOA	3,04	0,928	0,780	0,773	0,980	33,73	45,95
FIE	1,79	1,136	1,052	1,022	1,093	41,06	35,29
FRA	1,28	0,963	1,075	1,031	0,980	25,74	21,61
FRE3	2,01	1,420	1,028	1,068	1,044	58,99	34,5
FME	0,74	3,946	1,065	1,067	1,027	62,00	33,18
GEH	3,59	0,761	1,039	1,066	1,008	56,79	36,51
GWI	0,78	1,141	1,016	1,100	0,980	18,53	6,5
GFK	0,45	2,043	1,058	1,069	1,061	19,64	13,22
GIL	1,39	0,111	1,860	0,988	0,980	5,26	4,46
HNR1	0,11	25,050	1,037	0,985	0,989	54,72	22,18
HEI	1,16	2,790	0,831	1,117	0,981	57,02	38,54
HDD	2,32	0,494	1,107	1,327	1,024	31,00	24,11
HEN3	3,47	0,772	1,033	1,055	0,996	54,87	63,4
HOT	0,38	2,351	0,747	0,479	0,980	6,87	13,42
HBH3	2,13	1,284	1,091	1,228	1,677	67,71	48,5

Tabelle G.3. Erklärungsgehalt des Ansatzes mit Earnings (unter Berücksichtigung der Stdabw.) A bis H

Unternehmen	**2001**	**2002**	**2003**	**2004**	**2005-2006**	**modellb.**	**Aktien-**
	EPS	**1+g***	**1+g***	**1+g***	**1+g***	**Wert**	**kurs**
INH	1,23	2,645	1,006	0,950	0,980	58,91	17,2
IVG	0,58	1,010	0,868	0,973	0,986	9,38	9,13
IWK	1,16	0,758	0,937	1,024	1,009	15,94	10,9
JEN	2,17	0,353	0,913	1,077	0,984	14,20	13,46
JUN3	1,16	0,857	1,044	1,046	1,014	20,39	8,9
SDF	2,75	0,522	1,047	1,037	0,984	29,32	18,4
KAR	2,00	0,550	1,376	1,105	0,987	30,92	19,37
SKB	4,68	0,372	0,935	1,221	0,980	37,01	15,6
KPG	1,18	0,792	1,265	1,284	0,980	27,85	9,5
KRN3	4,77	1,100	1,048	1,077	1,012	111,15	53,79
LEO	4,27	1,018	1,082	1,377	0,980	118,99	27,02
LIN	2,39	0,741	0,896	0,985	1,009	29,82	36,66
LOE	1,46	1,069	0,959	0,915	1,012	26,28	12,25
MAN	1,01	0,759	1,352	1,319	1,041	25,12	11,62
MRK	3,66	0,328	1,039	1,005	1,019	23,68	22,39
MEO	1,23	1,031	1,067	1,077	1,012	27,25	22,06
MGT	0,69	1,235	0,940	1,054	1,040	15,92	6,85
MLP	1,13	0,437	0,965	1,157	0,990	10,27	11,88
MUV2	1,41	4,788	1,089	0,893	0,997	125,25	120,66
NDA	1,26	0,441	1,298	1,149	1,049	15,37	11,14
PSM	0,35	0,222	1,183	1,177	1,037	2,01	6,28
PUM	2,58	1,690	1,072	1,063	1,085	93,17	65,82
RHK3	2,55	0,988	1,110	1,141	1,006	59,44	33
RWE	3,47	0,539	0,579	0,819	0,989	17,93	31,04
SZG	2,28	0,511	1,326	0,643	0,980	19,51	6,92
SAP	1,85	0,570	1,953	1,062	1,056	40,18	76,14
SCH	2,11	1,087	1,054	1,049	1,034	47,73	46,88
SRZ	0,92	0,340	0,802	0,952	1,002	4,60	29,26
SIE	2,36	0,839	1,023	1,065	1,011	40,54	43,85
SIX2	0,55	1,416	1,124	1,337	0,980	21,33	9,36
SOW4	1,44	0,045	0,724	0,898	0,980	0,82	12,28
SAZ	1,35	1,302	1,133	1,134	1,074	42,07	35,1
SZU	1,45	1,097	1,022	0,897	0,980	27,86	15,03
TNH	0,53	0,705	1,363	1,333	0,980	12,41	8,53
TKA	1,29	0,218	1,370	1,138	1,002	8,10	10,31
TUI	1,96	0,549	0,875	0,862	0,995	15,73	18,4
VOW	7,69	0,783	0,933	1,107	0,992	116,98	37,16
WCM	1,13	0,319	1,649	0,987	0,990	10,91	2,75
WDO	0,58	1,215	1,228	1,201	1,112	19,03	13,25
WAD3	1,76	0,978	1,120	1,086	1,005	39,15	52
ZPF	2,09	1,128	1,077	1,207	0,998	56,76	22,71

Tabelle G.4. Erklärungsgehalt des Ansatzes mit Earnings (unter Berücksichtigung der Stdabw.) I bis Z

Unternehmen	2001 Net Income	2002 1+g*	2003 1+g*	2004 1+g*	modellb. Wert	Marktkapitalisierung
ADS	208,49	1,013	1,045	1,025	3332,74	3426,57
ALV	1623	1,037	1,287	1,075	33743,52	24833,27
BMW	1866	1,016	1,001	1,031	28863,64	22244,95
USE	1,57	4,959	1,081	2,100	244,15	428,28
BEI	279	0,980	1,029	1,030	4273,49	9009,00
BSK	119,8	0,984	1,036	1,056	1894,12	1600,20
GBF	52,4	1,067	1,034	1,094	925,18	635,36
DBK	167	10,252	1,234	1,020	31459,88	28102,53
DB1	203	1,026	1,165	1,070	3783,08	4493,36
EOA	2048	1,060	0,995	1,022	32619,26	31797,40
FIE	37,47	1,077	1,029	0,986	606,54	776,03
FRA	101,1	1,123	1,106	1,055	1938,62	1949,46
FRE3	82	1,690	1,059	1,020	2205,99	1413,47
FME	70,74	3,383	1,053	1,022	3795,06	3191,55
GWI	16,65	1,094	0,988	1,007	268,50	146,56
GFK	11,83	1,807	1,046	1,046	343,76	345,33
HNR1	11,08	21,562	1,062	0,993	3720,78	2155,50
HBH3	17,01	1,237	1,088	1,073	358,81	388,00
IVG	66,63	0,994	0,980	1,002	964,73	1057,94
KRN3	50,26	1,039	1,007	1,036	802,91	566,46
LEO	28,21	0,984	1,014	1,175	480,15	178,33
LIN	285,2	1,018	0,980	1,049	4402,81	4372,14
LOE	10,38	1,143	1,011	1,102	193,39	87,69
MEO	401	1,022	1,029	1,028	6393,81	7208,94
MGT	131,45	1,212	1,013	1,028	2450,03	1324,44
MUV2	250	6,429	1,116	0,999	26373,22	21540,22
PUM	39,7	1,566	1,077	1,011	996,90	1015,54
RHM3	21	1,454	1,093	1,154	558,42	435,60
RHK3	66,08	0,980	1,054	1,066	1066,79	855,06
SCH	418	1,034	1,030	1,043	6829,16	9235,36
SIX2	12,21	1,323	1,091	1,194	303,93	209,50
SAZ	24,71	1,295	1,084	1,081	548,11	702,46
VOS	17,2	2,077	1,012	0,980	525,63	323,95
WDO	6,07	1,165	1,121	1,137	130,69	145,68
WAD3	117,17	1,006	1,108	1,063	2029,86	3443,23
ZPF	16,44	1,043	1,046	1,055	277,98	178,32

Tabelle G.5. Erklärungsgehalt des Ansatzes mit Net Income (nur Wachstum)

Unternehmen	2001 Net Income	2002 1+g*	2003 1+g*	2004 1+g*	modellb. Wert	Marktkapitalisierung
ADS	208,49	1,052	1,102	1,034	3667,08	3426,57
ALV	1623	0,644	1,111	0,997	17041,55	24833,27
ALT	342,47	0,939	1,046	1,053	5203,46	6708,31
AMB2	361,86	0,760	1,143	1,138	5184,97	3302,39
AVA	82,09	0,697	1,157	1,115	1070,47	960,98
AWD	43,3	0,755	0,984	1,056	500,27	521,30
BAS	5858,2	0,192	0,919	1,060	16257,45	21883,37
BAY	965	0,554	0,748	1,288	7546,20	15096,17
BMW	1866	1,042	1,018	1,068	31028,39	22244,95
BEI	279	0,971	1,074	1,073	4568,64	9009,00
BZL	42,82	0,843	1,062	1,096	613,45	411,20
BSK	119,8	0,897	1,028	1,119	1803,30	1600,20
BOS3	106,56	0,649	1,104	0,982	1106,18	703,30
BUD	115,89	0,879	1,037	1,037	1611,07	1373,42
CBK	102	3,079	0,728	1,285	4310,93	3689,30
DGX	421	0,541	1,123	1,079	4026,32	5115,93
DBK	167	6,827	1,068	0,994	17876,17	28102,53
DB1	203	1,058	1,240	1,144	4397,34	4493,36
DPW	1583	0,372	1,122	1,080	10399,17	11428,46
DDE	12,5	0,799	1,244	1,289	228,14	197,59
DOU	75,24	0,905	1,005	1,014	1026,66	788,21
DUE	24,74	0,692	1,517	1,068	399,27	236,06
DYK3	84,07	0,322	1,336	1,498	760,49	258,33
EOA	2048	0,986	0,885	0,913	24685,81	31797,40
FIE	37,47	1,127	1,042	0,982	640,07	776,03
FRA	101,1	1,109	1,088	1,040	1861,52	1949,46
FRE3	82	1,271	0,839	0,985	1294,24	1413,47
FME	70,74	3,786	1,081	1,044	4434,01	3191,55
GEH	267,94	0,861	1,079	1,066	3882,57	3105,18
GWI	16,65	1,219	1,022	1,075	326,86	146,56
GFK	11,83	2,074	1,088	1,132	439,22	345,33
GIL	40,21	0,066	6,117	1,222	273,70	128,80

Tabelle G.6. Erklärungsgehalt des Ansatzes mit Net Income (unter Berücksichtigung der Std-abw.) A bis G

Unternehmen	2001 Net Income	2002 1+g*	2003 1+g*	2004 1+g*	modellb. Wert	Marktkapitalisierung
HNR1	11,08	23,908	1,103	0,993	4274,35	2155,50
HEI	244,03	0,890	0,863	1,101	3051,30	2455,04
HDD	199,47	0,588	1,346	1,314	2941,58	2071,24
HEN3	502	0,776	1,038	1,063	6305,86	9141,33
HBH3	17,01	1,396	1,196	1,148	470,93	388,00
IVG	66,63	1,032	0,951	1,054	1018,29	1057,94
IWK	30,75	0,800	0,986	1,090	388,08	289,94
JEN	83,9	0,516	0,847	1,013	555,15	535,94
JUN3	38,96	0,864	1,054	1,032	538,43	299,40
SDF	118,32	0,637	0,999	1,005	1120,93	793,04
KAR	234,92	0,591	1,271	1,080	2761,48	2280,97
SKB	74,9	0,364	0,799	1,014	332,19	250,72
KRN3	50,26	1,146	1,055	1,107	981,43	566,46
LEO	28,21	1,026	1,082	1,339	599,30	178,33
LIN	285,2	0,816	0,821	0,986	2834,85	4372,14
LOE	10,38	1,161	0,964	1,213	204,65	87,69
MAN	151	0,784	1,550	1,315	3406,73	1708,60
MRK	629,2	0,343	1,090	1,144	3911,36	3851,08
MEO	401	0,978	0,989	1,006	5781,61	7208,94
MGT	131,45	1,267	0,985	1,061	2562,48	1324,44
MLP	89,14	0,589	1,179	1,223	1088,21	1290,66
MUV2	250	5,802	1,035	0,926	20761,22	21540,22
NDA	40,61	0,523	1,517	1,263	577,03	360,41
PSM	68,18	0,091	1,701	1,283	191,41	1221,37
PUM	39,7	1,807	1,154	1,031	1249,34	1015,54
RHM3	21	1,549	1,140	1,294	686,47	435,60
RHK3	66,08	1,001	1,142	1,157	1263,84	855,06
RWE	1885	0,597	0,551	0,795	8023,95	17457,05
SZG	138,62	0,526	1,372	0,678	1039,06	428,15
SAP	581,14	0,591	2,118	1,083	11189,78	23999,33
SCH	418	1,083	1,065	1,093	7699,30	9235,36
SRZ	40,51	0,356	0,989	1,080	226,23	1287,18
SIE	2597	0,664	0,772	1,146	22622,90	39040,58
SIX2	12,21	1,425	1,121	1,317	367,02	209,50
SOW4	38,69	0,284	0,518	0,735	69,83	334,78
SAZ	24,71	1,492	1,174	1,135	710,88	702,46
SZU	231,9	1,140	1,043	0,891	3687,38	2627,06
TNH	13,08	0,693	1,387	1,062	192,88	210,53
TKA	665	0,334	1,351	1,096	4741,55	5304,13
TUI	346,1	0,612	0,931	0,952	2811,80	3275,90
VOW	2915	0,810	0,934	1,092	35442,41	14262,34
WDO	6,07	1,294	1,249	1,256	176,13	145,68
WAD3	117,17	0,999	1,165	1,112	2200,68	3443,23
ZPF	16,44	1,142	1,143	1,170	362,66	178,32

Tabelle G.7. Erklärungsgehalt des Ansatzes mit Net Income (unter Berücksichtigung der Std-abw.) H bis Z

H

Ergebnisse der Panel-Regression

Variable	Coefficient	Std. Error	t-Statistic	Prob.	Variable	Coefficient	Std. Error	t-Statistic	Prob.
ALT C	0.456	0.288	1.584	0.114	ALT DAX	-0.494	1.099	-0.450	0.653
AVA C	0.242	0.208	1.163	0.246	AVA DAX	0.989	0.795	1.245	0.214
BAS C	0.331	0.309	1.072	0.284	BAS DAX	-0.295	1.181	-0.250	0.803
BAY C	0.020	0.063	0.318	0.751	BAY DAX	0.194	0.242	0.801	0.424
BEI C	0.204	0.108	1.880	0.061	BEI DAX	-0.291	0.413	-0.704	0.482
BOS3 C	0.121	0.093	1.299	0.195	BOS3 DAX	0.566	0.355	1.597	0.111
DBK C	0.626	0.389	1.609	0.108	DBK DAX	-0.868	1.486	-0.584	0.560
DOU C	0.076	0.088	0.858	0.392	DOU DAX	0.417	0.338	1.233	0.218
EOA C	0.165	0.132	1.250	0.212	EOA DAX	0.389	0.505	0.770	0.442
FRE3 C	0.872	0.435	2.004	0.046	FRE3 DAX	-3.165	1.662	-1.905	0.058
GEH C	0.271	0.109	2.491	0.013	GEH DAX	0.010	0.416	0.023	0.981
GWI C	0.236	0.136	1.734	0.084	GWI DAX	-0.351	0.520	-0.676	0.500
HEI C	0.162	0.068	2.392	0.017	HEI DAX	0.217	0.259	0.839	0.402
HEN3 C	0.087	0.110	0.791	0.429	HEN3 DAX	0.490	0.420	1.167	0.244
HOT C	0.134	0.141	0.949	0.343	HOT DAX	0.420	0.539	0.779	0.436
IKB C	0.088	0.021	4.139	0.000	IKB DAX	0.231	0.081	2.844	0.005
IWK C	0.040	0.061	0.661	0.509	IWK DAX	0.403	0.232	1.740	0.083
KAR C	0.221	0.210	1.053	0.293	KAR DAX	0.923	0.802	1.151	0.250
SKB C	0.255	0.287	0.888	0.375	SKB DAX	2.446	1.097	2.230	0.026
LIN C	0.122	0.065	1.888	0.060	LIN DAX	0.004	0.248	0.018	0.986
MUV2 C	0.835	0.316	2.640	0.009	MUV2 DAX	-2.011	1.208	-1.665	0.097
RHM3 C	1.896	0.899	2.109	0.036	RHM3 DAX	-5.235	3.432	-1.525	0.128
RHK3 C	0.263	0.067	3.931	0.000	RHK3 DAX	0.242	0.256	0.945	0.345
SAP C	0.308	0.127	2.429	0.016	SAP DAX	0.854	0.484	1.766	0.078
SCH C	0.243	0.080	3.053	0.002	SCH DAX	-0.432	0.304	-1.420	0.157
SIE C	0.519	0.449	1.158	0.248	SIE DAX	0.499	1.714	0.291	0.771
SZU C	0.275	0.146	1.883	0.061	SZU DAX	0.381	0.559	0.682	0.495
TUI C	0.079	0.138	0.577	0.564	TUI DAX	0.807	0.526	1.535	0.126
VOS C	0.680	0.416	1.635	0.103	VOS DAX	0.495	1.589	0.311	0.756
WAD3 C	0.117	0.056	2.084	0.038	WAD3 DAX	0.118	0.215	0.550	0.583

Weighted Statistics			
R-squared	0.168694	Mean dependent var	0.493114
Adjusted R-squared	0.032452	S.D. dependent var	0.985730
S.E. of regression	0.969603	Sum squared resid	338.4468
F-statistic	1.238197	Durbin-Watson stat	2.309987
Prob(F-statistic)	0.125276		

Tabelle H.1. Regressionsanalyse Net Income vs. DAX t

Variable	Coefficient	Std. Error	t-Statistic	Prob.	Variable	Coefficient	Std. Error	t-Statistic	Prob.
ALT C	0.189267	0.070452	2.68647	0.0077	ALT DAX	-0.111329	0.269089	-0.413727	0.6794
AVA C	0.074926	0.128872	0.581402	0.5614	AVA DAX	0.562805	0.492222	1.143398	0.2539
BAS C	0.127096	0.132965	0.95586	0.34	BAS DAX	-0.180072	0.507856	-0.354574	0.7232
BAY C	-0.100836	0.07762	-1.299093	0.195	BAY DAX	0.658446	0.296469	2.220961	0.0272
BEI C	0.112715	0.034196	3.296196	0.0011	BEI DAX	0.006934	0.130609	0.053087	0.9577
BOS3 C	0.045523	0.053208	0.855577	0.393	BOS3 DAX	0.621328	0.203225	3.057338	0.0025
DBK C	0.24326	0.157925	1.540352	0.1246	DBK DAX	-0.214754	0.603189	-0.356031	0.7221
DOU C	0.089297	0.069775	1.279772	0.2017	DOU DAX	-0.102598	0.266505	-0.384975	0.7006
DYK3 C	0.250404	0.243355	1.028965	0.3044	DYK3 DAX	0.663025	0.92949	0.713322	0.4762
EOA C	0.073359	0.098366	0.74577	0.4564	EOA DAX	0.303188	0.375707	0.806982	0.4204
FRE3 C	0.350406	0.125893	2.783363	0.0058	FRE3 DAX	0.323218	0.480845	0.672187	0.502
GEH C	0.191671	0.071362	2.685887	0.0077	GEH DAX	0.121657	0.272566	0.446339	0.6557
GWI C	0.194457	0.083268	2.33532	0.0202	GWI DAX	-0.053627	0.31804	-0.168618	0.8662
HEI C	0.248382	0.17021	1.459274	0.1456	HEI DAX	-0.11109	0.650111	-0.170878	0.8644
HEN3 C	0.043114	0.046367	0.929836	0.3533	HEN3 DAX	0.612473	0.177099	3.458366	0.0006
IKB C	0.066053	0.027913	2.366363	0.0187	IKB DAX	0.158323	0.106613	1.48502	0.1387
IWK C	0.092461	0.090278	1.024174	0.3066	IWK DAX	0.436532	0.344815	1.26599	0.2066
LIN C	0.148696	0.091374	1.627326	0.1048	LIN DAX	0.10241	0.349002	0.293437	0.7694
PHO C	0.247766	0.314198	0.788567	0.431	PHO DAX	-0.214238	1.200069	-0.178522	0.8584
SAP C	0.368012	0.115415	3.188604	0.0016	SAP DAX	0.483597	0.440823	1.097031	0.2736
SCH C	0.096486	0.049508	1.948882	0.0523	SCH DAX	0.341662	0.189096	1.806814	0.0719
SZU C	0.195601	0.128171	1.526091	0.1281	SZU DAX	0.43887	0.489547	0.896482	0.3708
WAD3 C	0.125957	0.052467	2.400712	0.017	WAD3 DAX	-0.081145	0.200395	-0.404926	0.6858

Weighted Statistics

R-squared	0.183104	Mean dependent var	0.223627
Adjusted R-squared	0.049914	S.D. dependent var	0.461798
S.E. of regression	0.450125	Sum squared resid	55.92116
F-statistic	1.374761	Durbin-Watson stat	2.167154
Prob(F-statistic)	0.066153		

Tabelle H.2. Regressionsanalyse EBIT vs. DAX t

Variable	Coefficient	Std. Error	t-Statistic	Prob.	Variable	Coefficient	Std. Error	t-Statistic	Prob.
ALV C	0.214964	0.148769	1.444957	0.149	ALV DAX	0.811534	0.568217	1.428211	0.1538
ALT C	0.080835	0.035169	2.298514	0.0219	ALT DAX	-0.02047	0.134325	-0.15239	0.8789
AMB2 C	0.14387	0.076417	1.882701	0.0603	AMB2 DAX	-0.04355	0.291873	-0.14921	0.8814
AVA C	0.110401	0.04414	2.501185	0.0127	AVA DAX	0.123444	0.16859	0.732215	0.4643
BAS C	0.025358	0.023703	1.069819	0.2852	BAS DAX	0.093528	0.090533	1.033079	0.302
BAY C	0.02398	0.021674	1.10642	0.269	BAY DAX	0.041497	0.082782	0.501277	0.6164
BEI C	0.072374	0.010548	6.861597	0	BEI DAX	0.021787	0.040287	0.540798	0.5889
GBF C	0.107146	0.039303	2.726177	0.0066	GBF DAX	0.052619	0.150115	0.350526	0.7261
BOS3 C	0.094648	0.040126	2.358779	0.0187	BOS3 DAX	0.128823	0.153259	0.840556	0.401
BUD C	0.020455	0.042839	0.477477	0.6332	BUD DAX	0.222626	0.163623	1.3606	0.1742
CBK C	0.07786	0.033048	2.355994	0.0188	CBK DAX	0.254008	0.126224	2.01235	0.0447
CONT C	0.075131	0.026683	2.815741	0.005	CONT DAX	0.076803	0.101913	0.753616	0.4514
DBK C	0.111605	0.053119	2.101046	0.0361	DBK DAX	0.274742	0.202886	1.35417	0.1762
LHA C	0.054325	0.019541	2.780006	0.0056	LHA DAX	-0.028366	0.074638	-0.380045	0.7041
DOU C	0.074049	0.022094	3.351586	0.0009	DOU DAX	-0.006853	0.084387	-0.081209	0.9353
DYK3 C	0.061435	0.035815	1.715342	0.0868	DYK3 DAX	0.30794	0.136795	2.251102	0.0248
EOA C	0.041861	0.059812	0.699864	0.4843	EOA DAX	0.274482	0.228452	1.201488	0.2301
ESC C	0.072382	0.072381	1.000012	0.3177	ESC DAX	0.146526	0.276458	0.530013	0.5963
FRE3 C	0.25588	0.0765	3.344824	0.0009	FRE3 DAX	0.310356	0.292191	1.062169	0.2886
GEH C	0.195414	0.062158	3.143821	0.0018	GEH DAX	0.266827	0.237411	1.123905	0.2615
GWI C	0.20469	0.078455	2.608992	0.0093	GWI DAX	-0.09652	0.299658	-0.3221	0.7475
GIL C	0.161945	0.093571	1.730715	0.084	GIL DAX	-0.258334	0.357393	-0.722828	0.4701
HEI C	0.165436	0.082925	1.995008	0.0465	HEI DAX	0.068854	0.31673	0.217392	0.828
HEN3 C	0.032564	0.025409	1.281629	0.2005	HEN3 DAX	0.263453	0.097048	2.71467	0.0068
HOT C	0.205876	0.081623	2.522291	0.0119	HOT DAX	-0.154983	0.311755	-0.497131	0.6193

Tabelle H.3. Regressionsanalyse Umsatz vs. DAX t A bis H

Variable	Coefficient	Std. Error	t-Statistic	Prob.	Variable	Coefficient	Std. Error	t-Statistic	Prob.
IKB C	0.105239	0.023838	4.414679	0	IKB DAX	-0.096412	0.09105	-1.05889	0.2901
IWK C	0.10481	0.034206	3.064135	0.0023	IWK DAX	0.070688	0.130647	0.541061	0.5887
SDF C	1.244079	2.04389	0.608682	0.543	SDF DAX	10.62676	7.806582	1.361256	0.174
KAR C	0.077461	0.053767	1.440671	0.1502	KAR DAX	0.054557	0.205363	0.265661	0.7906
KLK C	-0.049698	0.055201	-0.900316	0.3683	KLK DAX	0.261182	0.210837	1.238786	0.2159
SKB C	0.098839	0.026696	3.702445	0.0002	SKB DAX	-0.095623	0.101963	-0.937816	0.3487
LEO C	0.162371	0.049021	3.312305	0.001	LEO DAX	-0.057841	0.187233	-0.308926	0.7575
LIN C	0.11889	0.042344	2.807747	0.0052	LIN DAX	0.111101	0.16173	0.686953	0.4924
MGT C	0.017874	0.051197	0.349132	0.7271	MGT DAX	0.063009	0.195544	0.322223	0.7474
MUV2 C	0.158284	0.072282	2.189815	0.0289	MUV2 DAX	0.00822	0.276078	0.029775	0.9763
PHO C	0.082514	0.030256	2.72725	0.0066	PHO DAX	-0.13628	0.11556	-1.179299	0.2388
PUM C	0.112028	0.052695	2.125971	0.0339	PUM DAX	-0.454048	0.201266	-2.255961	0.0245
RHM3 C	0.074245	0.062426	1.189325	0.2348	RHM3 DAX	0.267736	0.238435	1.122888	0.262
RHK3 C	0.250083	0.050469	4.955206	0	RHK3 DAX	-0.161578	0.192764	-0.838218	0.4023
SAP C	0.353673	0.063978	5.527998	0	SAP DAX	0.510302	0.244364	2.088286	0.0372
SCH C	0.047244	0.030013	1.57409	0.116	SCH DAX	0.046477	0.114636	0.405434	0.6853
SIE C	0.071897	0.015001	4.792751	0	SIE DAX	0.069966	0.057297	1.221122	0.2226
SZU C	0.150697	0.098926	1.523327	0.1282	SZU DAX	0.601092	0.377846	1.590837	0.1122
TUI C	0.108222	0.067531	1.602565	0.1096	TUI DAX	0.087487	0.257932	0.339188	0.7346
VOW C	0.080918	0.021258	3.806527	0.0002	VOW DAX	0.036271	0.081193	0.446728	0.6552
VOS C	0.28923	0.271528	1.065196	0.2872	VOS DAX	1.338353	1.037093	1.290485	0.1974
WAD3 C	0.084911	0.015874	5.349104	0	WAD3 DAX	-0.030384	0.06063	-0.501144	0.6165

Weighted Statistics			
R-squared	0.221521	Mean dependent var	0.77831
Adjusted R-squared	0.093155	S.D. dependent var	1.158511
S.E. of regression	1.103232	Sum squared resid	686.4558
F-statistic	1.725698	Durbin-Watson stat	1.842409
Prob(F-statistic)	0.000104		

Tabelle H.4. Regressionsanalyse Umsatz vs. DAX t I bis Z

Variable	Coefficient	Std. Error	t-Statistic	Prob.	Variable	Coefficient	Std. Error	t-Statistic	Prob.
ALT C	0.529	0.315	1.677	0.095	ALT DAX(-1)	-0.875	1.268	-0.691	0.490
AVA C	0.187	0.234	0.799	0.425	AVA DAX(-1)	1.007	0.941	1.070	0.285
BAS C	0.417	0.338	1.236	0.217	BAS DAX(-1)	-0.868	1.358	-0.639	0.523
BAY C	-0.007	0.068	-0.105	0.916	BAY DAX(-1)	0.332	0.273	1.216	0.225
BEI C	0.141	0.120	1.179	0.239	BEI DAX(-1)	0.343	0.482	0.712	0.477
BOS3 C	0.170	0.113	1.507	0.133	BOS3 DAX(-1)	-0.087	0.455	-0.192	0.848
DBK C	0.375	0.423	0.887	0.376	DBK DAX(-1)	1.558	1.699	0.917	0.360
DOU C	0.019	0.091	0.204	0.839	DOU DAX(-1)	0.703	0.366	1.924	0.055
EOA C	0.166	0.149	1.110	0.268	EOA DAX(-1)	0.216	0.600	0.360	0.719
FRE3 C	0.996	0.512	1.945	0.053	FRE3 DAX(-1)	-2.802	2.058	-1.361	0.174
GEH C	0.283	0.121	2.346	0.020	GEH DAX(-1)	-0.088	0.484	-0.182	0.856
GWI C	0.132	0.147	0.904	0.367	GWI DAX(-1)	0.647	0.589	1.098	0.273
HEI C	0.096	0.061	1.577	0.116	HEI DAX(-1)	0.660	0.245	2.697	0.007
HEN3 C	0.073	0.126	0.583	0.560	HEN3 DAX(-1)	0.390	0.505	0.773	0.440
HOT C	0.176	0.160	1.101	0.272	HOT DAX(-1)	-0.108	0.644	-0.168	0.867
IKB C	0.088	0.029	3.028	0.003	IKB DAX(-1)	0.134	0.116	1.152	0.250
IWK C	0.056	0.075	0.752	0.452	IWK DAX(-1)	0.095	0.301	0.315	0.753
KAR C	0.318	0.244	1.300	0.195	KAR DAX(-1)	-0.267	0.983	-0.272	0.786
SKB C	0.501	0.376	1.332	0.184	SKB DAX(-1)	-0.622	1.511	-0.411	0.681
LIN C	0.076	0.067	1.149	0.251	LIN DAX(-1)	0.377	0.267	1.412	0.159
MUV2 C	0.610	0.386	1.582	0.115	MUV2 DAX(-1)	0.697	1.550	0.450	0.653
RHM3 C	1.891	1.068	1.771	0.077	RHM3 DAX(-1)	-2.919	4.292	-0.680	0.497
RHK3 C	0.283	0.077	3.678	0.000	RHK3 DAX(-1)	-0.023	0.309	-0.076	0.940
SAP C	0.273	0.148	1.849	0.065	SAP DAX(-1)	0.766	0.593	1.291	0.198
SCH C	0.244	0.094	2.597	0.010	SCH DAX(-1)	-0.246	0.377	-0.653	0.514
SIE C	0.402	0.491	0.818	0.414	SIE DAX(-1)	1.242	1.973	0.630	0.529
SZU C	0.379	0.159	2.389	0.017	SZU DAX(-1)	-0.633	0.638	-0.992	0.322
TUI C	0.005	0.148	0.037	0.971	TUI DAX(-1)	1.060	0.597	1.776	0.077
VOS C	0.809	0.460	1.761	0.079	VOS DAX(-1)	-0.772	1.847	-0.418	0.676
WAD3 C	0.094	0.060	1.560	0.120	WAD3 DAX(-1)	0.254	0.243	1.047	0.296

Weighted Statistics			
R-squared	0.130308	Mean dependent var	0.502188
Adjusted R-squared	-0.012225	S.D. dependent var	1.004989
S.E. of regression	1.011113	Sum squared resid	368.0459
F-statistic	0.914228	Durbin-Watson stat	2.245243
Prob(F-statistic)	0.654772		

Tabelle H.5. Regressionsanalyse Net Income vs. DAX t-1

Variable	Coefficient	Std. Error	t-Statistic	Prob.	Variable	Coefficient	Std. Error	t-Statistic	Prob.
ALT C	0.158841	0.077493	2.04976	0.0413	ALT DAX(-1)	0.185304	0.311482	0.594911	0.5524
AVA C	0.065283	0.147664	0.442102	0.6588	AVA DAX(-1)	0.396827	0.593536	0.668581	0.5043
BAS C	0.045628	0.142493	0.320211	0.7491	BAS DAX(-1)	0.562887	0.572752	0.982776	0.3266
BAY C	-0.153166	0.084534	-1.811892	0.0711	BAY DAX(-1)	0.799159	0.339783	2.351967	0.0194
BEI C	0.12056	0.037652	3.201918	0.0015	BEI DAX(-1)	-0.06008	0.151344	-0.39698	0.6917
BOS3 C	0.060591	0.076915	0.787771	0.4315	BOS3 DAX(-1)	0.228293	0.309159	0.738432	0.4609
DBK C	0.335906	0.164259	2.044972	0.0418	DBK DAX(-1)	-0.877278	0.660241	-1.328724	0.185
DOU C	0.026067	0.070507	0.369702	0.7119	DOU DAX(-1)	0.457884	0.283402	1.615666	0.1073
DYK3 C	0.117118	0.254522	0.460151	0.6458	DYK3 DAX(-1)	1.462252	1.02305	1.429306	0.154
EOA C	0.158854	0.105353	1.507826	0.1327	EOA DAX(-1)	-0.526148	0.423466	-1.242481	0.2151
FRE3 C	0.39883	0.141291	2.822751	0.0051	FRE3 DAX(-1)	-0.212374	0.567921	-0.373951	0.7087
GEH C	0.250471	0.074071	3.381507	0.0008	GEH DAX(-1)	-0.410968	0.297728	-1.380346	0.1686
GWI C	0.164679	0.091113	1.80742	0.0718	GWI DAX(-1)	0.21264	0.366228	0.580621	0.562
HEI C	0.075618	0.162201	0.466203	0.6414	HEI DAX(-1)	1.346748	0.651966	2.065673	0.0398
HEN3 C	0.033829	0.065979	0.512732	0.6085	HEN3 DAX(-1)	0.421975	0.265201	1.59115	0.1127
IKB C	0.080627	0.033588	2.400434	0.017	IKB DAX(-1)	-0.02941	0.135009	-0.217838	0.8277
IWK C	0.177924	0.101481	1.753271	0.0807	IWK DAX(-1)	-0.450516	0.407905	-1.104464	0.2704
LIN C	0.027353	0.068284	0.400569	0.689	LIN DAX(-1)	1.047907	0.274469	3.817936	0.0002
PHO C	0.307841	0.34587	0.890049	0.3742	PHO DAX(-1)	-0.611246	1.390224	-0.439674	0.6605
SAP C	0.404347	0.134148	3.014177	0.0028	SAP DAX(-1)	-0.023079	0.53921	-0.042802	0.9659
SCH C	0.10576	0.0613	1.725285	0.0856	SCH DAX(-1)	0.117474	0.246395	0.476772	0.6339
SZU C	0.204491	0.146171	1.39898	0.1629	SZU DAX(-1)	0.17556	0.587536	0.298808	0.7653
WAD3 C	0.074146	0.051905	1.428486	0.1543	WAD3 DAX(-1)	0.376851	0.208632	1.806294	0.072

Weighted Statistics

R-squared	0.196477	Mean dependent var	0.219537
Adjusted R-squared	0.065468	S.D. dependent var	0.453182
S.E. of regression	0.438096	Sum squared resid	52.9722
F-statistic	1.499721	Durbin-Watson stat	2.066693
Prob(F-statistic)	0.027407		

Tabelle H.6. Regressionsanalyse EBIT vs. DAX t-1

Variable	Coefficient	Std. Error	t-Statistic	Prob.	Variable	Coefficient	Std. Error	t-Statistic	Prob.
ALV C	0.209675	0.174641	1.200607	0.2304	ALV DAX	0.501904	0.701969	0.714995	0.4749
ALT C	0.067508	0.038381	1.758896	0.0791	ALT DAX	0.097163	0.154273	0.629812	0.5291
AMB2 C	0.131014	0.084565	1.549272	0.1219	AMB2 DAX	0.080276	0.339908	0.236169	0.8134
AVA C	0.102109	0.049011	2.083415	0.0377	AVA DAX	0.137432	0.196998	0.697632	0.4857
BAS C	0.010958	0.024528	0.446761	0.6552	BAS DAX	0.170355	0.09859	1.727911	0.0846
BAY C	0.014593	0.02318	0.629527	0.5293	BAY DAX	0.100051	0.093172	1.073823	0.2834
BEI C	0.07309	0.011821	6.183051	0	BEI DAX	0.006475	0.047515	0.136283	0.8916
GBF C	0.117364	0.043606	2.691434	0.0073	GBF DAX	-0.053621	0.175276	-0.305923	0.7598
BOS3 C	0.072863	0.042069	1.731978	0.0838	BOS3 DAX	0.250561	0.169097	1.481761	0.139
BUD C	0.031969	0.050952	0.627432	0.5306	BUD DAX	0.031906	0.204801	0.155792	0.8763
CBK C	0.080264	0.041407	1.938433	0.0531	CBK DAX	0.123974	0.166434	0.744887	0.4567
CONT C	0.0691	0.02952	2.340774	0.0196	CONT DAX	0.092626	0.118656	0.780628	0.4353
DBK C	0.075952	0.054476	1.39423	0.1638	DBK DAX	0.446196	0.218966	2.037735	0.042
LHA C	0.042529	0.02101	2.024256	0.0434	LHA DAX	0.08021	0.084448	0.949821	0.3426
DOU C	0.078697	0.024306	3.237805	0.0013	DOU DAX	-0.041793	0.097697	-0.427785	0.669
DYK3 C	0.045963	0.042134	1.090883	0.2758	DYK3 DAX	0.30031	0.169357	1.77324	0.0767
EOA C	-0.002728	0.059437	-0.045902	0.9634	EOA DAX	0.518952	0.238906	2.172203	0.0303
ESC C	0.020943	0.072676	0.288171	0.7733	ESC DAX	0.502508	0.292122	1.720199	0.0859
FRE3 C	0.243168	0.086374	2.815284	0.005	FRE3 DAX	0.279156	0.347181	0.804063	0.4217
GEH C	0.236731	0.07117	3.3263	0.0009	GEH DAX	-0.186268	0.286066	-0.651134	0.5152
GWI C	0.132967	0.078562	1.692514	0.0911	GWI DAX	0.530606	0.31578	1.680301	0.0935
GIL C	0.075204	0.097944	0.767829	0.4429	GIL DAX	0.561668	0.393687	1.426687	0.1542
HEI C	0.105088	0.083797	1.254077	0.2103	HEI DAX	0.531291	0.336822	1.577367	0.1153
HEN3 C	0.023267	0.031923	0.72885	0.4664	HEN3 DAX	0.224781	0.128315	1.751793	0.0804
HOT C	0.168737	0.090059	1.873634	0.0615	HOT DAX	0.215395	0.361992	0.595027	0.5521

Tabelle H.7. Regressionsanalyse Umsatz vs. DAX t-1 A bis H

Variable	Coefficient	Std. Error	t-Statistic	Prob.	Variable	Coefficient	Std. Error	t-Statistic	Prob.
IKB C	0.112067	0.026465	4.234506	0	IKB DAX	-0.110209	0.106377	-1.036029	0.3006
IWK C	0.089637	0.036518	2.454613	0.0144	IWK DAX	0.163754	0.146784	1.115613	0.2651
SDF C	1.390971	2.408935	0.577422	0.5639	SDF DAX	4.808706	9.682722	0.496628	0.6196
KAR C	0.074357	0.059622	1.247147	0.2129	KAR DAX	0.056166	0.23965	0.234365	0.8148
KLK C	-0.046617	0.064367	-0.724235	0.4692	KLK DAX	0.122502	0.258722	0.473489	0.636
SKB C	0.09406	0.030629	3.070953	0.0022	SKB DAX	-0.015063	0.123113	-0.122352	0.9027
LEO C	0.089978	0.036997	2.432038	0.0153	LEO DAX	0.557942	0.14871	3.751891	0.0002
LIN C	0.084136	0.040861	2.059052	0.0399	LIN DAX	0.346359	0.164242	2.10883	0.0354
MGT C	0.004671	0.056041	0.083345	0.9336	MGT DAX	0.143344	0.225259	0.636352	0.5248
MUV2 C	0.121278	0.077018	1.574679	0.1159	MUV2 DAX	0.306567	0.309573	0.990292	0.3225
PHO C	0.069731	0.035364	1.971835	0.0491	PHO DAX	0.027259	0.142144	0.191771	0.848
PUM C	0.117545	0.066232	1.77476	0.0765	PUM DAX	-0.301687	0.266219	-1.133231	0.2576
RHM3 C	0.075682	0.072027	1.050736	0.2938	RHM3 DAX	0.139626	0.289514	0.482277	0.6298
RHK3 C	0.281806	0.051755	5.444951	0	RHK3 DAX	-0.350158	0.208031	-1.6832	0.0929
SAP C	0.322429	0.07301	4.416253	0	SAP DAX	0.54338	0.293462	1.851617	0.0646
SCH C	0.044467	0.033302	1.335263	0.1823	SCH DAX	0.04893	0.133857	0.365539	0.7148
SIE C	0.075019	0.017597	4.26306	0	SIE DAX	0.014083	0.070733	0.199101	0.8423
SZU C	0.192067	0.120634	1.59215	0.1119	SZU DAX	0.002261	0.484888	0.004664	0.9963
TUI C	0.059114	0.067889	0.870739	0.3843	TUI DAX	0.450123	0.272881	1.649526	0.0996
VOW C	0.068594	0.022104	3.103263	0.002	VOW DAX	0.121054	0.088846	1.362513	0.1736
VOS C	0.233172	0.309036	0.754513	0.4509	VOS DAX	1.213924	1.242172	0.97726	0.3289
WAD3 C	0.071021	0.016378	4.336438	0	WAD3 DAX	0.096153	0.06583	1.460615	0.1447

Weighted Statistics

R-squared	0.247714	Mean dependent var	0.842803
Adjusted R-squared	0.123667	S.D. dependent var	1.250204
S.E. of regression	1.170349	Sum squared resid	772.5202
F-statistic	1.996938	Durbin-Watson stat	1.848123
Prob(F-statistic)	0.000001		

Tabelle H.8. Regressionsanalyse Umsatz vs. DAX t-1 I bis Z

Variable	Coefficient	t-Statistic	Variable	Coefficient	t-Statistic	Variable	Coefficient	t-Statistic
ALT C	0,545499	1,644291	DAX	-0,375341	-0,327169	DAX(-1)	-0,799437	-0,597527
AVA C	0,14865	0,630605	DAX	0,865668	1,061954	DAX(-1)	0,832021	0,875218
BAS C	0,42497	1,19138	DAX	-0,170767	-0,138438	DAX(-1)	-0,833444	-0,579371
BAY C	-0,013788	-0,194947	DAX	0,148938	0,608955	DAX(-1)	0,30224	1,059639
BEI C	0,157032	1,277176	DAX	-0,352718	-0,829569	DAX(-1)	0,414361	0,835661
BOS3 C	0,1439	1,337271	DAX	0,597288	1,605104	DAX(-1)	-0,208091	-0,479512
DBK C	0,425347	0,976341	DAX	-1,133932	-0,752674	DAX(-1)	1,787804	1,017576
DOU C	0,004217	0,045848	DAX	0,321748	1,011664	DAX(-1)	0,638265	1,720872
EOA C	0,14939	0,966348	DAX	0,367848	0,688084	DAX(-1)	0,141738	0,227346
FRE3 C	1,121841	2,329241	DAX	-2,833226	-1,701085	DAX(-1)	-2,228464	-1,147302
GEH C	0,281714	2,211775	DAX	0,023544	0,053454	DAX(-1)	-0,092855	-0,180769
GWI C	0,152995	1,022764	DAX	-0,461548	-0,892227	DAX(-1)	0,740369	1,227253
HEI C	0,09064	1,427121	DAX	0,122306	0,556863	DAX(-1)	0,635623	2,48158
HEN3 C	0,053402	0,42082	DAX	0,445548	1,015296	DAX(-1)	0,299873	0,585952
HOT C	0,156343	0,949088	DAX	0,449983	0,789926	DAX(-1)	-0,199033	-0,299601
IKB C	0,077968	3,248598	DAX	0,217731	2,62337	DAX(-1)	0,089998	0,929821
IWK C	0,038552	0,542291	DAX	0,401436	1,632894	DAX(-1)	0,013731	0,047892
KAR C	0,273608	1,123635	DAX	0,99312	1,179394	DAX(-1)	-0,468135	-0,476712
SKB C	0,384166	1,181374	DAX	2,617302	2,327472	DAX(-1)	-1,151252	-0,877866
LIN C	0,078803	1,12336	DAX	-0,053294	-0,219693	DAX(-1)	0,388206	1,372236
MUV2 C	0,70721	1,961151	DAX	-2,180425	-1,7485	DAX(-1)	1,138143	0,782615
RHM3 C	2,110808	2,024133	DAX	-4,949507	-1,372505	DAX(-1)	-1,917699	-0,455994
RHK3 C	0,271837	3,471274	DAX	0,253137	0,934754	DAX(-1)	-0,074593	-0,236191
SAP C	0,238959	1,692948	DAX	0,763311	1,56381	DAX(-1)	0,611667	1,074545
SCH C	0,261675	2,827976	DAX	-0,407675	-1,274058	DAX(-1)	-0,163651	-0,438551
SIE C	0,387284	0,747505	DAX	0,323771	0,18071	DAX(-1)	1,176784	0,563209
SZU C	0,357563	2,202755	DAX	0,490196	0,873263	DAX(-1)	-0,732388	-1,118778
TUI C	-0,024296	-0,16682	DAX	0,669559	1,329397	DAX(-1)	0,924337	1,573707
VOS C	0,781233	1,618363	DAX	0,628732	0,376636	DAX(-1)	-0,899032	-0,461806
WAD3 C	0,090544	1,427359	DAX	0,082751	0,377231	DAX(-1)	0,237526	0,928487

Weighted Statistics			
R-squared	0,234175	Mean dependent var	0,502446
Adjusted R-squared	0,027634	S.D. dependent var	1,004812
S.E. of regression	0,990832	Sum squared resid	323,9766
F-statistic	1,133793	Durbin-Watson stat	2,277566
Prob(F-statistic)	0,216642		

Tabelle H.9. Regressionsanalyse Net Income vs. DAX t und DAX t-1

Variable	Coefficient	t-Statistic	Variable	Coefficient	t-Statistic	Variable	Coefficient	t-Statistic
ALT–C	0,165212	2,04076	DAX	-0,143213	-0,51156	DAX(-1)	0,214285	0,656344
AVA–C	0,042178	0,282367	DAX	0,519399	1,005514	DAX(-1)	0,29172	0,484262
BAS–C	0,057728	0,388106	DAX	-0,272017	-0,528836	DAX(-1)	0,617933	1,030134
BAY–C	-0,177911	-2,370668	DAX	0,556286	2,143522	DAX(-1)	0,686588	2,268575
BEI–C	0,119832	3,012762	DAX	0,016366	0,118986	DAX(-1)	-0,063392	-0,395201
BOS3–C	0,033653	0,544339	DAX	0,605594	2,832652	DAX(-1)	0,105744	0,424125
DBK–C	0,339768	1,958718	DAX	-0,086836	-0,14476	DAX(-1)	-0,859706	-1,228931
DOU–C	0,033897	0,464774	DAX	-0,176028	-0,697956	DAX(-1)	0,493505	1,677895
DYK3–C	0,096688	0,36343	DAX	0,459281	0,499213	DAX(-1)	1,369311	1,276253
EOA–C	0,141358	1,334179	DAX	0,393319	1,073496	DAX(-1)	-0,605741	-1,417654
FRE3–C	0,382557	2,621947	DAX	0,365833	0,725057	DAX(-1)	-0,286405	-0,48674
GEH–C	0,242087	3,162373	DAX	0,188482	0,711986	DAX(-1)	-0,44911	-1,45473
GWI–C	0,16859	1,756052	DAX	-0,087914	-0,264804	DAX(-1)	0,23043	0,59516
HEI–C	0,089904	0,531498	DAX	-0,321147	-0,54902	DAX(-1)	1,411736	2,069502
HEN3–C	0,008619	0,175122	DAX	0,566751	3,33004	DAX(-1)	0,307286	1,548203
IKB–C	0,073165	2,261525	DAX	0,16775	1,49942	DAX(-1)	-0,063356	-0,485598
IWK–C	0,154829	1,59206	DAX	0,519199	1,54384	DAX(-1)	-0,555582	-1,41659
LIN–C	0,029807	0,413873	DAX	-0,055173	-0,221532	DAX(-1)	1,059072	3,646405
PHO–C	0,313495	0,857875	DAX	-0,127116	-0,10059	DAX(-1)	-0,585522	-0,397306
SAP–C	0,38201	2,832372	DAX	0,502151	1,076643	DAX(-1)	-0,124695	-0,229253
SCH–C	0,090892	1,570525	DAX	0,334246	1,670126	DAX(-1)	0,049836	0,213525
SZU–C	0,185561	1,237165	DAX	0,425562	0,820476	DAX(-1)	0,089443	0,147869
WAD3–C	0,080439	1,504617	DAX	-0,141478	-0,765262	DAX(-1)	0,405481	1,880699

Weighted Statistics

R-squared	0,298768	Mean dependent var	0,22529
Adjusted R-squared	0,110295	S.D. dependent var	0,473362
S.E. of regression	0,446495	Sum squared resid	50,43755
F-statistic	1,585203	Durbin-Watson stat	2,080825
Prob(F-statistic)	0,005877		

Tabelle H.10. Regressionsanalyse EBIT vs. DAX t und DAX t-1

Variable	Coefficient	t-Statistic	Variable	Coefficient	t-Statistic	Variable	Coefficient	t-Statistic
ALV–C	0,17588	1,020721	DAX	0,75973	1,275003	DAX(-1)	0,348164	0,501029
ALT–C	0,06911	1,70858	DAX	-0,036011	-0,257451	DAX(-1)	0,10445	0,640312
AMB2–C	0,133559	1,496466	DAX	-0,057218	-0,185389	DAX(-1)	0,091855	0,255201
AVA–C	0,097386	1,910557	DAX	0,106192	0,602449	DAX(-1)	0,115943	0,564024
BAS–C	0,007831	0,310854	DAX	0,070297	0,806916	DAX(-1)	0,156129	1,53676
BAY–C	0,013372	0,548364	DAX	0,027436	0,325353	DAX(-1)	0,094499	0,960915
BEI–C	0,072135	5,838826	DAX	0,02147	0,502541	DAX(-1)	0,002131	0,042766
GBF–C	0,114585	2,503432	DAX	0,062479	0,394735	DAX(-1)	-0,066264	-0,358987
BOS3–C	0,068664	1,571233	DAX	0,094383	0,624546	DAX(-1)	0,231461	1,313339
BUD–C	0,021976	0,438026	DAX	0,224642	1,294798	DAX(-1)	-0,013553	-0,066983
CBK–C	0,06946	1,813346	DAX	0,242874	1,833529	DAX(-1)	0,074826	0,484379
CONT–C	0,066209	2,157679	DAX	0,064978	0,612343	DAX(-1)	0,079477	0,642241
DBK–C	0,066396	1,219345	DAX	0,21482	1,140823	DAX(-1)	0,402724	1,833916
LHA–C	0,044377	2,025369	DAX	-0,041552	-0,548397	DAX(-1)	0,088619	1,002909
DOU–C	0,078726	3,064207	DAX	-0,000654	-0,007362	DAX(-1)	-0,041661	-0,402083
DYK3–C	0,033889	0,898216	DAX	0,271429	2,080356	DAX(-1)	0,245383	1,612702
EOA–C	-0,011776	-0,195371	DAX	0,20339	0,975821	DAX(-1)	0,477793	1,965661
ESC–C	0,017652	0,230594	DAX	0,073984	0,279479	DAX(-1)	0,487537	1,579233
FRE3–C	0,230839	2,621817	DAX	0,277165	0,910319	DAX(-1)	0,223068	0,628231
GEH–C	0,223223	3,170063	DAX	0,303687	1,247146	DAX(-1)	-0,247722	-0,872336
GWI–C	0,141015	1,72957	DAX	-0,180918	-0,641677	DAX(-1)	0,567217	1,725086
GIL–C	0,090885	0,919298	DAX	-0,352521	-1,031117	DAX(-1)	0,633005	1,587662
HEI–C	0,105555	1,191741	DAX	-0,010515	-0,034329	DAX(-1)	0,533419	1,493341
HEN3–C	0,012718	0,476923	DAX	0,237147	2,571586	DAX(-1)	0,176792	1,643889
HOT–C	0,177315	1,892375	DAX	-0,192839	-0,595137	DAX(-1)	0,254418	0,673284

Tabelle H.11. Regressionsanalyse Umsatz vs. DAX t und DAX t-1 A bis H

Variable	Coefficient	t-Statistic	Variable	Coefficient	t-Statistic	Variable	Coefficient	t-Statistic
IKB–C	0,115736	4,281089	DAX	-0,082497	-0,882443	DAX(-1)	-0,093515	-0,857737
IWK–C	0,087513	2,280412	DAX	0,047761	0,359894	DAX(-1)	0,154089	0,99564
SDF–C	0,936405	0,392559	DAX	10,21895	1,238822	DAX(-1)	2,740779	0,284907
KAR–C	0,072238	1,148717	DAX	0,047634	0,219042	DAX(-1)	0,046526	0,183456
KLK–C	-0,057759	-0,896359	DAX	0,250497	1,124151	DAX(-1)	0,071811	0,276336
SKB–C	0,098343	3,14506	DAX	-0,096281	-0,890401	DAX(-1)	0,00442	0,035053
LEO–C	0,096438	2,60639	DAX	-0,145232	-1,135046	DAX(-1)	0,587332	3,936057
LIN–C	0,081404	1,899332	DAX	0,061414	0,414369	DAX(-1)	0,333931	1,931978
MGT–C	0,002759	0,04667	DAX	0,042974	0,210202	DAX(-1)	0,134647	0,564747
MUV2–C	0,122993	1,512053	DAX	-0,038556	-0,137068	DAX(-1)	0,31437	0,958331
PHO–C	0,076167	2,1646	DAX	-0,144693	-1,189095	DAX(-1)	0,056539	0,398427
PUM–C	0,136311	2,288279	DAX	-0,421862	-2,047906	DAX(-1)	-0,216318	-0,900452
RHM3–C	0,064355	0,883665	DAX	0,254627	1,011045	DAX(-1)	0,088099	0,299961
RHK3–C	0,286827	5,329826	DAX	-0,112876	-0,606535	DAX(-1)	-0,327316	-1,508167
SAP–C	0,302733	4,53028	DAX	0,442783	1,9161	DAX(-1)	0,453777	1,683827
SCH–C	0,042669	1,218252	DAX	0,040414	0,333666	DAX(-1)	0,040752	0,288509
SIE–C	0,071906	4,092038	DAX	0,069978	1,15159	DAX(-1)	-7,79E-05	-0,001099
SZU–C	0,164514	1,424187	DAX	0,619406	1,550603	DAX(-1)	-0,123083	-0,26421
TUI–C	0,058173	0,810905	DAX	0,021149	0,085251	DAX(-1)	0,445844	1,541063
VOW–C	0,067756	2,907127	DAX	0,018826	0,23358	DAX(-1)	0,117244	1,247368
VOS–C	0,180074	0,581554	DAX	1,193671	1,11477	DAX(-1)	0,972371	0,778681
WAD3–C	0,073071	4,339271	DAX	-0,046079	-0,79129	DAX(-1)	0,105477	1,553179

Weighted Statistics

R-squared	0,314706	Mean dependent var	0,82407
Adjusted R-squared	0,129133	S.D. dependent var	1,227965
S.E. of regression	1,14594	Sum squared resid	678,913
F-statistic	1,695864	Durbin-Watson stat	1,82752
Prob(F-statistic)	0,000018		

Tabelle H.12. Regressionsanalyse Umsatz vs. DAX t und DAX t-1 I bis Z

Literaturverzeichnis

Albrecht und Maurer 2002 ALBRECHT, Peter ; MAURER, Raimond: *Investment- und Risikomanagement.* Stuttgart : Schäffer-Poeschel Verlag, 2002

Alvano 1988 ALVANO, Wolfgang: *Unternehmensbewertung auf der Grundlage der Unternehmensplanung.* Köln : Müller Botermann Verlag, 1988

Arrow 1964 ARROW, Kenneth J.: The Role of Securities in the Optimal Allocation of Risk Bearing. In: *Review of Economic Studies* 31 (1964), S. 91–96

Auge-Dickhut u. a. 2000 AUGE-DICKHUT, Stefanie ; MOSER, Ulrich ; WIDMANN, Bernd: Die geplante Reform der Unternehmensbesteuerung - Einfluss auf die Berechnung und die Höhe des Werts von Unternehmen. In: *Finanzbetrieb* (2000), Nr. 6, S. 362–371

Bachelier 1900 BACHELIER, Louis: *Theorie de la speculation.* Paris : Gabay, 1900

Baetge und Krause 1994 BAETGE, Jörg ; KRAUSE, Clemens: Die Berücksichtigung des Risikos bei der Unternehmensbewertung - Eine empirisch gestützte Betrachtung des Kalkulationszinssatzes. In: *BFuP* (1994), Nr. 5, S. 433–456

Ballwieser 1990 BALLWIESER, Wolfgang: *Unternehmensbewertung und Komplexitätsreduktion.* Bd. 3. überarb. Aufl. Wiesbaden : Gabler Verlag, 1990

Ballwieser 1993 BALLWIESER, Wolfgang: Methoden der Unternehmensbewertung. In: GEBHARDT, GÜNTHER UND GERKE, WOLFGANG UND STEINER, MANFRED (Hrsg.): *Handwörterbuch des Finanzmanagements.* München : C.H. Beck Verlag, 1993, S. 151–176

Ballwieser 1998 BALLWIESER, Wolfgang: Unternehmensbewertung mit Discounted Cash Flow-Verfahren. In: *Die Wirtschaftsprüfung* 51 (1998), Nr. 3, S. 81–92

Ballwieser 2001 BALLWIESER, Wolfgang: Unternehmensbewertung aus Sicht der Betriebswirtschaftslehre. In: BAETGE, Jörg (Hrsg.): *Unternehmensbewertung im Wandel.* Düsseldorf : IDW-Verlag, 2001, S. 1–24

Ballwieser 2002 BALLWIESER, Wolfgang: Unternehmensbewertung und Optionspreistheorie. In: *DBW* 62 (2002), Nr. 2, S. 184–201

Ballwieser 2004 BALLWIESER, Wolfgang: *Unternehmensbewertung - Prozeß, Methoden und Probleme.* Stuttgart : Schäffer-Poeschel Verlag, 2004

Ballwieser und Leuthier 1986a BALLWIESER, Wolfgang ; LEUTHIER, Rainer: Betriebswirtschaftliche Steuerberatung: Grundprinzipien, Verfahren und Probleme der Unternehmensbewertung (Teil I). In: *DStR* (1986), Nr. 16/17, S. 545–551

Ballwieser und Leuthier 1986b BALLWIESER, Wolfgang ; LEUTHIER, Rainer: Betriebswirtschaftliche Steuerberatung: Grundprinzipien, Verfahren und Probleme der Unternehmensbewertung (Teil II). In: *DStR* (1986), Nr. 18, S. 604–610

Bamberg und Baur 1996 BAMBERG, Günter ; BAUR, Franz: *Statistik.* 9. überarb. Aufl. München : Oldenbourg Verlag, 1996

Bamberg und Coenenberg 1996 BAMBERG, Günter ; COENENBERG, Adolf G.: *Betriebswirtschaftliche Entscheidungslehre.* 9. Aufl. München : Vahlen Verlag, 1996

Bausch 2000 BAUSCH, Andreas: Die Multiplikator-Methode. In: *Finanzbetrieb* (2000), Nr. 7-8, S. 448–459

Beck 1995 BECK, Peter: Unternehmensbewertungsverfahren bei Akquisitionen in der Praxis. In: *M&A Review* (1995), Nr. 12, S. 537–547

Beja 1971 BEJA, Avraham: The Structure of the Cost of Capital under Uncertainty. In: *Review of Economic Studies* 38 (1971), S. 359–368

Bellinger 1992 BELLINGER, Bernhard: *Unternehmensbewertung in Theorie und Praxis.* 2. vollst. überarb. Aufl. Wiesbaden : Gabler Verlag, 1992

Bernoulli 1996 BERNOULLI, Daniel: Entwurf einer neuen Theorie zur Bewertung von Lotterien. In: *DBW* 56 (1996), Nr. 6, S. 733–742. – Aus dem Lateinischen übersetzt von Lutz Kruschwitz und Peter Kruschwitz

BGH 1973 BGH: *Urteil vom 17.01.1973.* DB. S. 563-565 1973

Bierman und Smidt 1975 BIERMAN, Harold J. ; SMIDT, Seymour: Application of the Capital Asset Pricing Model to Multi-Period Investments. In: *Journal of Business Finance and Accounting* (1975), S. 327–340

Bingham und Kiesel 2004 BINGHAM, Nicholas H. ; KIESEL, Rüdiger: *Risk-Neutral Valuation - Pricing and Hedging of Financial Derivatives.* 2nd edition. London : Springer Verlag, 2004

Black 1972 BLACK, Fischer: Capital Market Equilibrium with Restricted Borrowing. In: *Journal of Business* (1972), July, S. 79–124

Black 1988 BLACK, Fischer: A Simple Discounting Rule. In: *Financial Management* (1988), S. 7–11

Black u. a. 1972 BLACK, Fischer ; JENSEN, Michael C. ; SCHOLES, Myron: The Capital Asset Pricing Model: Some Empirical Tests. In: JENSEN, Michael C. (Hrsg.):

Studies in the Theory of Capital Markets. New York : Praeger, 1972, S. 79–124

Black und Scholes 1973 BLACK, Fisher ; SCHOLES, Myron: The Pricing of Options and Corporate Liabilities. In: *Journal of Political Economy* 81 (1973), S. 637–654

Bleymüller und Gehlert 1994 BLEYMÜLLER, Josef ; GEHLERT, Günther: *Statistische Formeln, Tabellen und Programme.* 7. überarb. Aufl. München : Vahlen Verlag, 1994

Bleymüller u. a. 1996 BLEYMÜLLER, Josef ; GEHLERT, Günther ; GÜLICHER, Herbert: *Statistik für Wirtschaftswissenschaftler.* 10. überarb. Aufl. München : Vahlen Verlag, 1996

Böcking und Nowak 1999 BÖCKING, Hans-Joachim ; NOWAK, Karsten: Marktorientierte Unternehmensbewertung. In: *Finanzbetrieb* (1999), Nr. 8, S. 169–176

Bogue und Roll 1974 BOGUE, Marcus C. ; ROLL, Richard: Capital Budgeting of Risky Projects with Imperfect Markets for Physical Capital. In: *Journal of Finance* 29 (1974), S. 601–613

Born 2003 BORN, Karl: *Unternehmensanalyse und Unternehmensbewertung.* Stuttgart : Schäffer-Poeschel Verlag, 2003

Brealey und Myers 1996 BREALEY, Richard A. ; MYERS, Stewart C.: *Principles of Corporate Finance.* 5th edition. New York : McGraw-Hill, 1996

Breid 1997 BREID, Volker: Marktorientierte Risikoberücksichtigung in den Ansätzen der neoklassischen Finanzierungstheorie. In: *BFuP* (1997), Nr. 3, S. 308–321

Brennan 1970 BRENNAN, Michael J.: Taxes, Market Valuation and Corporation Financial Policy. In: *National Tax Journal* (1970), December, S. 417–427

Churchman u. a. 1957 CHURCHMAN, C. W. ; ACKOFF, Russel L. ; ARNOFF, E. L.: *Introduction to Operations Research.* New York : Wiley, 1957

CL Deutsche Revision (Hrsg.) 1997 CL DEUTSCHE REVISION (HRSG.): *Wertorientierte Unternehmensführung.* Frankfurt am Main, 1997

Coenenberg und Schultze 2001 COENENBERG, Adolf G. ; SCHULTZE, Wolfgang: Was ist ein Unternehmen wert? - Unternehmensbewertung im Zentrum betriebswirtschaftlichen Denkens. In: *Frankfurter Allgemeine Zeitung* (2001), 16. September 2001

Coenenberg und Schultze 2002 COENENBERG, Adolf G. ; SCHULTZE, Wolfgang: Das Multiplikator-Verfahren in der Unternehmensbewertung: Konzeption und Kritik. In: *Finanzbetrieb* (2002), Nr. 12, S. 697–703

Constantinides 1980 CONSTANTINIDES, George M.: Admissible Uncertainty in the Intertemporal Asset Pricing Model. In: *Journal of Financial Economics* (1980), Nr. 8, S. 71–86

Copeland und Antikarov 2001 COPELAND, Thomas E. ; ANTIKAROV, Vladimir: *Real Options: a practitioner's guide.* New York : Texere, 2001

Copeland u. a. 2000 COPELAND, Thomas E. ; KOLLER, Timothy ; MURRIN, Jack: *Valuation: measuring and managing the value of companies.* 3rd ed. New York : John Wiley & Sons, 2000

Copeland und Weston 1992 COPELAND, Thomas E. ; WESTON, J. F.: *Financial theory and corporate policy.* 3rd Edition. Reading : Addison-Wesley, 1992

Corsten, Hans (Hrsg.) 1995 CORSTEN, HANS (HRSG.): *Lexikon der Betriebswirtschaftslehre.* 3. überarb. u. erw. Aufl. München : Oldenbourg Verlag, 1995

Cox u. a. 1979 COX, John C. ; ROSS, Stephen A. ; RUBINSTEIN, Mark: Option Pricing: A Simplified Approach. In: *Journal of Financial Economics* (1979), Nr. 7, S. 229–263

Crasselt u. a. 2000a CRASSELT, Nils ; PELLENS, Bernhard ; SCHREMPER, Ralf: Konvergenz wertorientierter Erfolgskennzahlen (I). In: *Das Wirtschaftsstudium* (2000), Nr. 1, S. 72–78

Crasselt u. a. 2000b CRASSELT, Nils ; PELLENS, Bernhard ; SCHREMPER, Ralf: Konvergenz wertorientierter Erfolgskennzahlen (II). In: *Das Wirtschaftsstudium* (2000), Nr. 2, S. 205–208

Damodaran 1994 DAMODARAN, Aswath: *Damodaran on valuation: security analysis for investment and corporate finance.* New York : John Wiley & Sons, 1994

Debreu 1959 DEBREU, Gerard: *The Theory of Value.* New York : Wiley, 1959

Deutsche Bundesbank (Hrsg.) 2002 DEUTSCHE BUNDESBANK (HRSG.): *Kapitalmarktstatistik Oktober 2002.* Frankfurt am Main : Deutsche Bundesbank, 2002 (Statistisches Beiheft zum Monatsbericht)

Deutsches Aktieninstitut e.V. (Hrsg.) 1998 DEUTSCHES AKTIENINSTITUT E.V. (HRSG.): *Rendite und Risiko von Aktiendepots aus DAX-Aktien - Empirische Ergebnisse unterschiedlicher Anlagestrategien.* Frankfurt am Main, 1998

Deutsches Aktieninstitut e.V. (Hrsg.) 2002 DEUTSCHES AKTIENINSTITUT E.V. (HRSG.): *DAI-Factbook 2002.* Frankfurt am Main, 2002

Diederich 2003 DIEDERICH, Ralf: Die Sicherheitsäquivalentmethode der Unternehmensbewertung: Ein (auch) entscheidungstheoretisch wohlbegründetes Verfahren. In: *ZfbF* 55 (2003), Mai, S. 281–286

Dinstuhl 2002 DINSTUHL, Volkmar: Discounted-Cash-flow-Methoden im Halbeinkünfteverfahren. In: *Finanzbetrieb* (2002), Nr. 2, S. 79–90

Dixit und Pindyck 1993 DIXIT, Avinash K. ; PINDYCK, Robert S.: *Investment under uncertainty.* Princeton : Princeton University Press, 1993

Drukarczyk 1993 DRUKARCZYK, Jochen: *Theorie und Politik der Finanzierung.* 2. völlig neugestaltete Aufl. München : Vahlen Verlag, 1993

Drukarczyk 2001 DRUKARCZYK, Jochen: *Unternehmensbewertung.* 3. überarb. und erw. Aufl. München : Vahlen Verlag, 2001

Drukarczyk und Honold 1999 DRUKARCZYK, Jochen ; HONOLD, Dirk: Unternehmensbewertung, DCF-Methoden und der Wert steuerlicher Finanzierungsvorteile. In: *Zeitschrift für Bankrecht* 11 (1999), S. 333–349

Drukarczyk und Richter 1995 DRUKARCZYK, Jochen ; RICHTER, Frank: Unternehmensgesamtwert, anteilseignerorientierte Finanzentscheidungen und APV-Ansatz. In: *DBW* 55 (1995), Nr. 5, S. 559–580

Duffie 1996 DUFFIE, Darrell: *Dynamic asset pricing theory.* 2nd edition. Princeton : Princeton University Press, 1996

Dybvig und Ross 1989 DYBVIG, Philip H. ; ROSS, Stephen A.: Arbitrage. In: EATWELL, JOHN UND MILGATE, MURRAY UND NEWMAN, PETER (Hrsg.): *The New Palgrave.* London : Macmillan Press, 1989, S. 57–71

Einstein 1905 EINSTEIN, Albert: Über die von der molekularkinetischen Theorie der Wärme geforderte Bewegung von in ruhenden Flüssigkeiten suspendierten Teilchen. In: *Annalen der Physik* 17 (1905), S. 549–560

Eisenführ und Weber 1999 EISENFÜHR, Franz ; WEBER, Martin: *Rationales Entscheiden.* 3. neub. u. erw. Aufl. Berlin : Springer Verlag, 1999

Elton und Gruber 1995 ELTON, Edwin J. ; GRUBER, Martin J.: *Modern Portfolio Theory and Investment Analysis.* 5th edition. New York : Wiley, 1995

Ernst u. a. 2003 ERNST, Dietmar ; SCHNEIDER, Sonja ; THIELEN, Bjoern: *Unternehmensbewertungen erstellen und verstehen.* München : Vahlen Verlag, 2003

Fama und French 1992 FAMA, Eugene ; FRENCH, Kenneth R.: The Cross Section of Expected Stock Returns. In: *Journal of Finance* 47 (1992), S. 427–465

Fama 1965a FAMA, Eugene F.: The Behavior of Stock Market Prices. In: *Journal of Business* (1965), January, S. 34–105

Fama 1965b FAMA, Eugene F.: Portfolio Analysis in a Stable Paretian Market. In: *Management Science* (1965), January, S. 404–419

Fama 1977 FAMA, Eugene F.: Risk-Adjusted Discount Rates and Capital Budgeting Under Uncertainty. In: *Journal of Financial Economics* 5 (1977), S. 3–24

Fama 1996 FAMA, Eugene F.: Discounting under Uncertainty. In: *Journal of Business* 69 (1996), Nr. 4, S. 415–428

Fama und MacBeth 1973 FAMA, Eugene F. ; MACBETH, James: Risk, Return and Equilibrium: Empirical Test. In: *Journal of Political Economy* (1973), May-June,

S. 607–636

Fama und Schwert 1977 FAMA, Eugene F. ; SCHWERT, G. W.: Human Capital and Capital Market Equilibrium. In: *Journal of Financial Economics* (1977), January, S. 95–125

Farkas 1902 FARKAS, Julius: Theorie der einfachen Ungleichungen. In: *Journal für die reine und angewandte Mathematik* (1902), Nr. 24, S. 1–27

Fischer u. a. 1999 FISCHER, Thomas R. ; HAHNENSTEIN, Lutz ; HEITZER, Bernd: Kapitalmarkttheoretische Ansätze zur Berücksichtigung von Handlungsspielräumen in der Unternehmensbewertung. In: *ZfB* 69 (1999), Nr. 10, S. 1207–1232

Franke 1984 FRANKE, Günter: Conditions for Myopic Valuation and Serial Independence of the Market Excess Return in Discrete Time Models. In: *Journal of Finance* 39 (1984), Nr. 2, S. 425–442

Franke und Hax 2004 FRANKE, Günter ; HAX, Herbert: *Finanzwirtschaft des Unternehmens und Kapitalmarkt.* 5. überarb. Aufl. Berlin : Springer Verlag, 2004

Freiburg und Timmreck 2004 FREIBURG, Markus ; TIMMRECK, Christian: Fundamentalmultiples. In: RICHTER, FRANK UND TIMMRECK, CHRISTIAN (Hrsg.): *Unternehmensbewertung.* Stuttgart : Schäffer-Poeschel Verlag, 2004, S. 381–396

Garman und Ohlson 1981 GARMAN, Mark B. ; OHLSON, James A.: Valuation of Risky Assets in Arbitrage-free Economies with Transaction Costs. In: *Journal of Financial Economics* 9 (1981), S. 271–280

Gerling 1985 GERLING, Claus: *Unternehmensbewertung in den USA.* Bergisch Gladbach : Eul Verlag, 1985

Göppl 1980 GÖPPL, Hermann: Unternehmensbewertung und Capital-Asset-Pricing-Theorie. In: *Die Wirtschaftsprüfung* 33 (1980), Nr. 9, S. 237–245

Gordon 1963 GORDON, Myron J.: Optimal Investment and Financing Policy. In: *Journal of Finance* (1963), S. 264–272

Greene 2000 GREENE, William: *Econometrics Analysis.* 2nd edition. New Jersey : Prentice Hall, 2000

Grossfeld 1988 GROSSFELD, Bernhard: *Unternehmens- und Anteilsbewertung im Gesellschaftsrecht: zur Barabfindung ausscheidender Gesellschafter.* 2. Aufl. Köln : Otto Schmidt Verlag, 1988

Günther 2003 GÜNTHER, Rolf: Unternehmensbewertung nach IDW S 1: Steuerliche Implikationen der im Wirtschaftsprüfer-Handbuch 2002 dargestellten Netto-Ertragswertformel. In: *Finanzbetrieb* (2003), Nr. 6, S. 348–355

Hachmeister 1996 HACHMEISTER, Dirk: Die Abbildung der Finanzierungsprämissen im Rahmen verschiedener Discounted Cash Flow-Verfahren. In: *ZfbF* 48 (1996), S. 251–

277

Hachmeister 1997 HACHMEISTER, Dirk: Shareholder Value. In: *DBW* 57 (1997), Nr. 6, S. 823–839

Hachmeister 2000 HACHMEISTER, Dirk: *Der Discounted Cash Flow als Maß der Unternehmenswertsteigerung.* 4. Aufl. München : Peter Lang Verlag, 2000

Harrison und Kreps 1979 HARRISON, J. M. ; KREPS, David M.: Martingales and Arbitrage in Multiperiod Securities Markets. In: *Journal of Economic Theory* (1979), Nr. 20, S. 381–408

Hax 1993 HAX, Herbert: *Investitionstheorie.* 5. bearb. Aufl. Heidelberg : Physica-Verlag, 1993

Henselmann und Kniest 2001 HENSELMANN, Klaus ; KNIEST, Wolfgang: *Unternehmensbewertung - Praxisfälle mit Lösungen.* Herne and Berlin : Verlag Neue Wirtschafts-Briefe, 2001

Hering 1998 HERING, Thomas: Arbitragefreiheit und Investitionstheorie. In: *DBW* 58 (1998), Nr. 2, S. 166–175

Herrmann 2002 HERRMANN, Volker: *Marktpreisschätzung mit kontrollierten Multiplikatoren.* Lohmar : Eul Verlag, 2002

Hirshleifer 1958 HIRSHLEIFER, Jack: On the Theory of Optimal Decision Making. In: *Journal of Political Economy* (1958), S. 329–352

Hommel, Ulrich und Scholich, Martin und Baecker, Philipp (Hrsg.) 2003 HOMMEL, ULRICH UND SCHOLICH, MARTIN UND BAECKER, PHILIPP (HRSG.): *Reale Optionen: Konzepte, Praxis und Perspektiven strategischer Unternehmensfinanzierung.* Berlin : Springer Verlag, 2003

Hull 1997 HULL, John: *Options, Futures & Other Derivatives.* 3rd edition. Upper Saddle River : Prentice Hall, 1997

Husmann u. a. 2002 HUSMANN, Sven ; KRUSCHWITZ, Lutz ; LÖFFLER, Andreas: Unternehmensbewertung unter deutschen Steuern. In: *DBW* 62 (2002), Nr. 1, S. 24–42

IDW 2002 IDW: *Wirtschaftsprüfer-Handbuch.* 12. Aufl. Düsseldorf : IDW-Verlag, 2002

Inselbag und Kaufold 1997 INSELBAG, Isik ; KAUFOLD, Howard: Two DCF Approaches for Valuing Companies under Alternative Financing Strategies - And how to choose between them. In: *Journal of Applied Corporate Finance* 10 (1997), S. 114–122

Institut der Wirtschaftsprüfer in Deutschland e.V. (Hrsg.) 1998 INSTITUT DER WIRTSCHAFTSPRÜFER IN DEUTSCHLAND E.V. (HRSG.): *Wirtschaftsprüfer-Handbuch 1998, Band II.* Düsseldorf : IDW-Verlag, 1998

Institute for Mergers & Acquisitions (Hrsg.) 2003 INSTITUTE FOR MERGERS & ACQUISITIONS (HRSG.): *M&A-Strategien und Übernahmewellen: Die Zukunft des M&A-Marktes.* Witten, 2003

Jansen 2000 JANSEN, Stephan A.: *Mergers & Acquisitions: Unternehmensakquisitionen und -kooperationen.* 3. Aufl. Wiesbaden : Gabler Verlag, 2000

Jansen 2001 JANSEN, Stephan A.: Pre- und Post Merger-Integration bei grenzüberschreitenden Zusammenschlüssen - Trends, Tools, Thesen und empirische Tests von Old und New Economy. In: JANSEN, STEPHAN A. UND PICOT, GERHARD UND SCHIERECK, DIRK (Hrsg.): *Internationales Fusionsmanagement.* Stuttgart : Schäffer-Poeschel Verlag, 2001, S. 3–33

Jevons 1871 JEVONS, William S.: *The Theory of Political Economy.* London : Macmillan Press, 1871

Johannwille 2000 JOHANNWILLE, Ulrich: *Arbitragefreie Bewertung unternehmerischer Investitionsprojekte.* Lohmar : Josef Eul Verlag, 2000

Kasperzak 2000 KASPERZAK, Rainer: Unternehmensbewertung, Kapitalmarktgleichgewichtstheorie und Komplexitätsreduktion. In: *BFuP* (2000), Nr. 5, S. 466–477

Kelleners 2004 KELLENERS, Andre: *Risikoneutrale Unternehmensbewertung und Multiplikatoren.* Wiesbaden : Deutscher Universitäts-Verlag, 2004

Keynes 1923 KEYNES, John M.: *A Tract on Monetary Reform.* London : Macmillan Press, 1923

Koch 1999 KOCH, Christian: *Optionsbasierte Unternehmensbewertung.* Wiesbaden : Deutscher Universitäts-Verlag, 1999

Kolbe 1959 KOLBE, Kurt: *Ermittlung von Gesamtwert und Geschäftswert der Unternehmung.* Düsseldorf : IDW-Verlag, 1959

KPMG (Hrsg.) 2002 KPMG (HRSG.): *Mittelstand und Finanzplatz Deutschland.* Frankfurt am Main : FAZ-Institut, 2002

KPMG (Hrsg.) 2003 KPMG (HRSG.): *Value Based Management.* Frankfurt am Main : KPMG, 2003

Krag 1993 KRAG, Joachim: Unternehmensbewertung. In: *DBW* 53 (1993), Nr. 5, S. 683–694

Krag und Kasperzak 2000 KRAG, Joachim ; KASPERZAK, Rainer: *Grundzüge der Unternehmensbewertung.* München : Vahlen Verlag, 2000

Kraus-Grünewald 1995 KRAUS-GRÜNEWALD, M.: Gibt es einen objektiven Unternehmenswert? In: *Der Betriebsberater* (1995), S. 1839–1844

Kruschwitz 1999 KRUSCHWITZ, Lutz: *Finanzierung und Investition.* 2. Auflage. München : Oldenbourg Verlag, 1999

Kruschwitz 2001 KRUSCHWITZ, Lutz: Risikoabschläge, Risikozuschläge und Risikoprämien in der Unternehmensbewertung. In: *Der Betrieb* 54 (2001), S. 2409–2413

Kruschwitz 2002 KRUSCHWITZ, Lutz: Aktuelle Fragen der Unternehmensbewertung. In: *Diskussionsbeiträge der Freien Universität Berlin* (2002), Nr. 2002/9

Kruschwitz und Löffler 1998 KRUSCHWITZ, Lutz ; LÖFFLER, Andreas: WACC and APV revisited. In: KRUSCHWITZ, LUTZ UND LÖFFLER, ANDREAS (Hrsg.): *Ergebnisse des Berliner Workshops Unternehmensbewertung vom 7. Februar 1998.* Berlin : Freie Universität Berlin, 1998, S. 35–42

Kürsten 2002 KÜRSTEN, Wolfgang: Unternehmensbewertung unter Unsicherheit, oder: Theoriedefizit einer künstlichen Diskussion über Sicherheitsäquivalent- und Risikozuschlagsmethode. In: *ZfbF* 54 (2002), Nr. 2, S. 128–144

Kürsten 2003 KÜRSTEN, Wolfgang: Grenzen und Reformbedarf der Sicherheitsäquivalentmethode in der (traditionellen) Unternehmensbewertung. In: *ZfbF* 55 (2003), Nr. 5, S. 306–314

Laux 1993 LAUX, Christian: Handlungsspielräume im Leistungsbereich des Unternehmens: Eine Anwendung der Optionspreistheorie. In: *ZfbF* 45 (1993), Nr. 11, S. 933–958

Laux 1999 LAUX, Helmut: Marktwertmaximierung und CAPM im Ein- und Mehrperioden-Fall. In: WAGNER, Gerd (Hrsg.): *Unternehmensführung, Ethik und Umwelt.* Wiesbaden : Gabler Verlag, 1999, S. 226–251

Lewis 1995 LEWIS, Thomas G.: *Steigerung des Unternehmenswertes.* 2. Aufl. Landsberg/Lech : Verlag Moderne Industrie, 1995

Lintner 1965 LINTNER, John: The Valuation of Risk Assets and the selection of Risky Investments in Stock Portfolios and Capital Budgets. In: *Review of Economics and Statistics* 47 (1965), S. 13–37

Lintner 1969 LINTNER, John: The Aggregation of Investor's Diverse Judgments and Preferences in Purely Competitive Security Markets. In: *Journal of Financial and Quantitative Analysis* (1969), December, S. 347–400

Lobe 2001 LOBE, Sebastian: Marktbewertung des Steuervorteils der Fremdfinanzierung und Unternehmensbewertung. In: *Finanzbetrieb* (2001), Nr. 12, S. 645–652

Löhr 1994 LÖHR, Dirk: *Die Grenzen des Ertragswertverfahrens: Kritik und Perspektiven.* Frankfurt am Main : Peter Lang Verlag, 1994

Mandl und Rabel 1997 MANDL, Gerwald ; RABEL, Klaus: *Unternehmensbewertung.* Wien und Frankfurt : Ueberreuter Wirtschaft Verlag, 1997

Markowitz 1952 MARKOWITZ, Harry: Portfolio Selection. In: *Journal of Finance* (1952), March, S. 77–91

Markowitz 1959 MARKOWITZ, Harry: *Portfolio Selection: Eficient Diversification of Investment.* New York : Wiley, 1959

Mayers 1972 MAYERS, David: Non-Marketable Assets and the Capital Market Equilibrium under Uncertainty. In: JENSEN, Michael C. (Hrsg.): *Studies in the Theory of Capital Markets.* New York : Praeger, 1972, S. 223–248

Menges 1974 MENGES, Günter: *Grundmodelle wirtschaftlicher Entscheidungen.* 2. erw. Aufl. Düsseldorf : Westdeutscher Verlag, 1974

Merton 1973a MERTON, Robert C.: An Intertemporal Capital Asset Pricing Model. In: *Econometrica* (1973), September, S. 867–888

Merton 1973b MERTON, Robert C.: Theory of Rational Option Pricing. In: *The Bell Journal of Economics and Management Science* 4 (1973), S. 141–183

Miller und Scholes 1972 MILLER, Merton H. ; SCHOLES, Myron: Rates of Return in Relation to Risk: A Re-examination of Some Recent Findings. In: JENSEN, Michael C. (Hrsg.): *Studies in the Theory of Capital Markets.* New York : Praeger, 1972, S. 47–78

Modigliani und Miller 1958 MODIGLIANI, Franco ; MILLER, Merton H.: The Cost of Capital, Corporation Finance and the Theory of Investment. In: *American Economic Review* 48 (1958), Nr. 3, S. 261–297

Modigliani und Miller 1963 MODIGLIANI, Franco ; MILLER, Merton H.: Corporate Income Taxes and the Cost of Capital: A Correction. In: *The American Economic Review* 83 (1963), S. 433–443

Möller 1988 MÖLLER, Hans-Peter: Die Bewertung risikobehafteter Anlagen an deutschen Wertpapierbörsen. In: *ZfbF* 40 (1988), S. 779–797

Moret Ernst & Young Corporate Finance (Hrsg.) 1997 MORET ERNST & YOUNG CORPORATE FINANCE (HRSG.): *Valuing and pricing businesses.* Amsterdam, 1997

Moser 2004 MOSER, Ulrich: Behandlung von negativen Cash Flows und Verlustvorträgen. In: RICHTER, FRANK UND TIMMRECK, CHRISTIAN (Hrsg.): *Unternehmensbewertung.* Stuttgart : Schäffer-Poeschel Verlag, 2004, S. 41–59

Mossin 1966 MOSSIN, Jan: Equilibrium in a Capital Asset Market. In: *Econometrica* 34 (1966), Nr. 4, S. 768–783

Moxter 1983 MOXTER, Adolf: *Grundsätze ordnungsmäßiger Unternehmensbewertung.* 2. vollst. umgearb. Aufl. Wiesbaden : Gabler Verlag, 1983

Münstermann 1970 MÜNSTERMANN, Hans: *Wert und Bewertung der Unternehmung.* 3. Wiesbaden : Gabler Verlag, 1970

Myers 1968 MYERS, Stewart C.: A Time-State-Preference Model of Security Valuation. In: *Journal of Financial and Quantitative Analysis* 3 (1968), S. 1–33

Myers und Turnbull 1977 MYERS, Stewart C. ; TURNBULL, Stuart M.: Capital Budgeting and the Capital Asset Pricing Model: Good News and Bad News. In: *Journal of Finance* 32 (1977), Nr. 2, S. 321–336

Neftci 1996 NEFTCI, Salih N.: *An Introduction to the Mathematics of Financial Derivatives.* London : Academic Press, 1996

Nietert und Wilhelm 2001 NIETERT, Bernhard ; WILHELM, Jochen: Arbitrage, Pseudowahrscheinlichkeiten und Martingale. In: *WiSt* 30 (2001), S. 203–207

Nippel 1999 NIPPEL, Peter: Zirkularitätsprobleme in der Unternehmensbewertung. In: *BFuP* 51 (1999), S. 333–347

Nowak 2003 NOWAK, Karsten: *Marktorientierte Unternehmensbewertung: Discounted Cash Flow, Realoption, Economic Value Added und der Direct Comparison Approach.* 2. aktualisierte Aufl. Wiesbaden : Deutscher Universitäts-Verlag, 2003

Oksendal 2000 OKSENDAL, Bernt: *Stochastic Differential Equations: An introduction with applications.* 5th edition. Berlin : Springer Verlag, 2000

o.V. 2000 O.V.: IDW Standard: Grundsätze zur Durchführung von Unternehmensbewertungen (IDW S 1). In: *Die Wirtschaftsprüfung* (2000), Nr. 17, S. 825–842

o.V. 2002 O.V.: Die Marke ergründen. In: *Absatzwirtschaft* (2002), S. 98–100

o.V. 2004 O.V.: Chronik einer Übernahmeaffäre. In: *ManagerMagazin* (2004), 18.10.2004

o.V. 2005 O.V.: The Best Global Brands. In: *Business Week* (2005), 01.08.2005

Peemöller u. a. 1999 PEEMÖLLER, Volker H. ; KUNOWSKI, Stefan ; HILLERS, Jens: Ermittlung des Kapitalisierungszinssatzes für internationale Mergers & Acquisitions bei der Anwendung des Discounted-Cashflow-Verfahrens (Entity-Ansatz) - eine empirische Erhebung. In: *Die Wirtschaftsprüfung* (1999), S. 621–630

Peemöller, Volker H. (Hrsg.) 2001 PEEMÖLLER, VOLKER H. (HRSG.): *Praxishandbuch der Unternehmensbewertung.* Herne und Berlin : Verlag Neue Wirtschaftsbriefe, 2001

Perridon und Steiner 1999 PERRIDON, Louis ; STEINER, Manfred: *Finanzwirtschaft der Unternehmung.* 10. überarb. Aufl. München : Vahlen Verlag, 1999

Pliska 1997 PLISKA, Stanley: *Introduction to Mathematical Finance - Discrete Time Models.* Oxford : Blackwell, 1997

Popper 1995 POPPER, Karl: *Lesebuch.* Tübingen : Mohr Verlag, 1995

Quantitative Microsoftware (Hrsg.) 2001 QUANTITATIVE MICROSOFTWARE (HRSG.): *EViews 4.0 User's Guide.* 2001

Rappaport 1998 RAPPAPORT, Alfred: *Creating Shareholder Value.* New York : The Free Press, 1998

Rendleman und Barter 1979 RENDLEMAN, Richard J. ; BARTER, Brit J.: Two-State Option Pricing. In: *Journal of Finance* 34 (1979), S. 1093–1110

Richter 1999 RICHTER, Frank: *Konzeption eines marktwertorientierten Steuerungs- und Monitoringsystems.* 2. überarb. u. erg. Aufl. Frankfurt am Main : Peter Lang Verlag, 1999

Richter 2000 RICHTER, Frank: Unternehmensbewertung. In: PICOT, Gerhard (Hrsg.): *Handbuch Mergers & Acquisitions.* Stuttgart : Schäffer-Poeschel Verlag, 2000, S. 255–287

Richter 2001 RICHTER, Frank: Simplified Discounting Rules in Binomial Models. In: *sbr* 53 (2001), Nr. 3, S. 175–196

Richter 2002a RICHTER, Frank: *Kapitalmarktorientierte Unternehmensbewertung: Konzeption, finanzwirtschaftliche Bewertungsprämissen und Anwendungsbeispiel.* Frankfurt am Main : Peter Lang Verlag, 2002

Richter 2002b RICHTER, Frank: Simplified Discounting Rules, Variable Growth, and Leverage. In: *sbr* 54 (2002), Nr. 2, S. 136–147

Richter 2004 RICHTER, Frank: Valuation With or Without Personal Income Taxes. In: *sbr* 56 (2004), Nr. 1, S. 20–45

Richter 2005 RICHTER, Frank: *Mergers & Acquisitions - Investmentanalyse, Finanzierung und Prozessmanagement.* München : Vahlen Verlag, 2005

Richter und Drukarczyk 2001 RICHTER, Frank ; DRUKARCZYK, Jochen: Wachstum, Kapitalkosten und Finanzierungseffekte. In: *DBW* 61. Jahrgang (2001), Nr. 6, S. 627–639

Richter und Helmis 2001 RICHTER, Frank ; HELMIS, Sven: Pragmatische Risikozuschläge, Sharpe-Ratio und Wertadditivität. In: *Wittener Diskussionspapiere* (2001), Nr. 87

Richter und Timmreck 2000 RICHTER, Frank ; TIMMRECK, Christian: Wachstum, Betafaktoren und kontrollierte Multiples bei der Unternehmensbewertung. In: *M&A Review* (2000), Nr. 7-8, S. 277–279

Richter und Timmreck 2002 RICHTER, Frank ; TIMMRECK, Christian: Valuation with Risk-Neutral Probabilities: Attempts to Quantify Q. In: *Wittener Diskussionspapiere* (2002), Nr. 108

Richter und Timmreck 2003a RICHTER, Frank ; TIMMRECK, Christian: Logische Wertgrenzen und subjektive Punktschätzungen - Zur Anwendung der risikoneutralen (Unternehmens-) Bewertung. In: HEINTZEN, MARKUS UND KRUSCHWITZ, LUTZ (Hrsg.): *Unternehmen bewerten.* Berlin : Duncker & Humblot, 2003 (114), S. 59–73

Richter und Timmreck 2003b RICHTER, Frank ; TIMMRECK, Christian: M&A-Optionen sind Real(e) Optionen - Wirtschaftlichkeitsanalyse von M&A-Transaktionen dargestellt am Beispiel von Vendor Loans. In: HOMMEL, ULRICH UND SCHOLICH, MARTIN UND BAECKER, PHILIPP (Hrsg.): *Reale Optionen*. Berlin : Springer Verlag, 2003, S. 243–255

Richter, Frank und Timmreck, Christian (Hrsg.) 2004 RICHTER, FRANK UND TIMMRECK, CHRISTIAN (HRSG.): *Unternehmensbewertung*. Stuttgart : Schäffer-Poeschel Verlag, 2004

Ring u. a. 2000 RING, Stephan ; CASTEDELLO, Marc ; SCHLUMBERGER, Erik: Auswirkungen des Steuersenkungsgesetzes auf die Unternehmensbewertung. In: *Finanzbetrieb* (2000), Nr. 6, S. 356–360

Röder und Müller 2001 RÖDER, Klaus ; MÜLLER, Sarah: Mehrperiodige Anwendung des CAPM im Rahmen von DCF-Verfahren. In: *Finanzbetrieb* (2001), Nr. 4, S. 225–233

Roll 1977 ROLL, Richard: A Critique of the Asset Pricing Theory's Tests. In: *Journal of Financial Economics* (1977), March, S. 129–176

Ross 1977 ROSS, Stephen A.: The Capital Asset Pricing Model (CAPM), Short Sales Restrictions and Related Issues. In: *Journal of Finance* (1977), March, S. 177–184

Ross 1978 ROSS, Stephen A.: A Simple Approach to the Valuation of Risky Streams. In: *Journal of Business* 51 (1978), Nr. 3, S. 453–475

Ross 1989 ROSS, Stephen A.: Finance. In: EATWELL, JOHN UND MILGATE, MURRAY UND NEWMAN, PETER (Hrsg.): *The New Palgrave: finance*. London : Macmillan Press, 1989, S. 1–34

Schellenberg 2002 SCHELLENBERG, Gerald: Wertorientierte Unternehmenssteuerung. In: BOOZ/ALLEN/HAMILTON (Hrsg.): *Strategic Corporate Finance: Unternehmenswertsteigerung*. Frankfurt : Redline Wirtschaft bei Ueberreuter, 2002, S. 127–175

Schildbach 2000 SCHILDBACH, Thomas: Ein fast problemloses DCF-Verfahren zur Unternehmensbewertung. In: *ZfbF* 52 (2000), S. 707–723

Schmalenbach 1956 SCHMALENBACH, Eugen: *Dynamische Bilanz*. 12. Aufl. Köln : Westdeutscher Verlag, 1956

Schmidt und Terberger 1997 SCHMIDT, Reinhard H. ; TERBERGER, Eva: *Grundzüge der Investitions- und Finanzierungstheorie*. Wiesbaden : Gabler Verlag, 1997

Schneeweiß 1969 SCHNEEWEISS, H.: Monte-Carlo-Methode. In: MAYER, G. (Hrsg.): *Beiträge zur Unternehmensforschung*. Würzburg und Wien, 1969

Schneider 1980 SCHNEIDER, Dieter: *Investition und Finanzierung*. 5. Aufl. Wiesbaden, 1980

Schneider 1998 SCHNEIDER, Dieter: Marktwertorientierte Unternehmensrechnung: Pegasus mit Klumpfuß. In: *Der Betrieb* 51 (1998), Nr. 30, S. 1473–1478

Schöbel 1995 SCHÖBEL, Rainer: *Kapitalmarkt und zeitkontinuierliche Bewertung.* Heidelberg : Physica Verlag, 1995

Schultze 2003 SCHULTZE, Wolfgang: *Methoden der Unternehmensbewertung.* 2. erweiterte und überarbeitete Auflage. Düsseldorf : IDW-Verlag, 2003

Schwarz 1967 SCHWARZ, Horst: *Optimale Investitionentscheidungen.* München : Verlag Moderne Industrie, 1967

Schwetzler 2000a SCHWETZLER, Bernhard: Stochastische Verknüpfung und implizite bzw. maximal zulässige Risikozuschläge bei der Unternehmensbewertung. In: *BFuP* (2000), Nr. 5, S. 478–492

Schwetzler 2000b SCHWETZLER, Bernhard: Unternehmensbewertung unter Unsicherheit - Sicherheitsäquivalent- oder Risikozuschlagsmethode? In: *ZfbF* Jahrgang 52 (2000), Nr. 5, S. 469–486

Schwetzler 2002 SCHWETZLER, Bernhard: Das Ende des Ertragswertverfahrens? In: *ZfbF* 54 (2002), Nr. 2, S. 145–158

Sharpe 1964 SHARPE, William F.: Capital Asset Prices: A Theory of Market Equilibrium under Conditions of Risk. In: *Journal of Finance* 19 (1964), Nr. 3, S. 425–442

Sick 1986 SICK, Gordon A.: A Certainty-Equivalent Approach to Capital Budgeting. In: *Financial Management* (1986), S. 23–32

Siegel 1994 SIEGEL, Theodor: Unternehmensbewertung, Unsicherheit und Komplexitätsreduktion. In: *BFuP* (1994), Nr. 5, S. 457–476

Siepe 1998 SIEPE, Günter: Unternehmensbewertung. In: INSTITUT DER WIRTSCHAFTSPRÜFER IN DEUTSCHLAND E.V. (Hrsg.): *Wirtschaftsprüfer-Handbuch 1998, Band II.* IDW-Verlag, 1998, S. 1–142

Spremann 2000 SPREMANN, Klaus: *Portfoliomanagement.* München : Oldenbourg Verlag, 2000

Spremann 2002 SPREMANN, Klaus: *Finanzanalyse und Unternehmensbewertung.* München : Oldenbourg Verlag, 2002

Spremann 2004 SPREMANN, Klaus: *Valuation: Grundlagen moderner Unternehmensbewertung.* München : Oldenbourg, 2004

Steiner und Bruns 2000 STEINER, Manfred ; BRUNS, Christoph: *Wertpapiermanagement.* 7. überarbeitete und erweiterte Aufl. Stuttgart : Schäffer-Poeschel Verlag, 2000

Stewart 1991 STEWART, G. Bennett I.: *The Quest for Value.* New York : Harper Collins, 1991

Stiemke 1915 STIEMKE, Erich: Über positive Lösungen homogener linearer Gleichungen. In: *Mathematische Annalen* (1915), Nr. 76, S. 340–342

Suckut 1992 SUCKUT, Stefan: *Unternehmensbewertung für internationale Akquisitionen: Verfahren und Einsatz.* Wiesbaden : Deutscher Universitäts-Verlag, 1992

Thomas 1997 THOMAS, R. L.: *Modern Econometrics: an introduction.* Essex : Addison-Wesley, 1997

Thum 2004 THUM, Oliver: Besonderheiten bei der Bewertung von Private Equity-Targets. In: RICHTER, FRANK UND TIMMRECK, CHRISTIAN (Hrsg.): *Unternehmensbewertung.* Stuttgart : Schäffer-Poeschel Verlag, 2004, S. 217–231

Tichy 1992 TICHY, Geiserich E.: *Unternehmensbewertung: Grundlagen, Methoden, Praxis.* 2. unveränderte Aufl. Wien : Linde Verlag, 1992

Timmreck 2002 TIMMRECK, Christian: Betafaktoren - Anwendungsprobleme und Lösungsansätze. In: *Finanzbetrieb* 4 (2002), S. 300–307

Timmreck 2003a TIMMRECK, Christian: Private Equity - Das Beteiligungsgeschäft in Deutschland. In: *M&A Review* (2003), Nr. 5, S. 225–229

Timmreck 2003b TIMMRECK, Christian: Unternehmensbewertung. In: BALZ, ULRICH UND ARLINGHAUS, OLAF (Hrsg.): *Das Praxisbuch Mergers & Acquisitions.* München : Verlag Moderne Industrie, 2003, S. 149–176

Timmreck 2003c TIMMRECK, Christian: Unternehmensbewertung bei Mergers & Acquisitions. In: *edition der Hans Böckler Stiftung* (2003), Nr. 93

Timmreck 2004 TIMMRECK, Christian: Bestimmung der Eigenkapitalkosten. In: RICHTER, FRANK UND TIMMRECK, CHRISTIAN (Hrsg.): *Unternehmensbewertung.* Stuttgart : Schäffer-Poeschel Verlag, 2004, S. 61–76

Tobin 1958 TOBIN, James: Liquidity Preference as Behavior Toward Risk. In: *Review of Economic Studies* 25 (1958), S. 65–86

Tomaszewski 2000 TOMASZEWSKI, Claude: *Bewertung strategischer Flexibilität beim Unternehmenserwerb: der Wertbeitrag von Realoptionen.* Frankfurt am Main : Peter Lang Verlag, 2000

Trigeorgis 1996 TRIGEORGIS, Lenos: *Real options: managerial flexibility and strategy in resource allocation.* Cambridge : MIT Press, 1996

Uzik und Weiser 2003 UZIK, Martin ; WEISER, M. F.: Kapitalkostenbestimmung mittels CAPM oder MCAPM? In: *Finanzbetrieb* (2003), Nr. 11, S. 705–718

Varian 1995 VARIAN, Hal R.: *Grundzüge der Mikroökonomie.* München : Oldenbourg Verlag, 1995

Wallmeier 1999 WALLMEIER, Martin: Kapitalkosten und Finanzierungsprämissen. In: *ZfB* 69. Jg. (1999), Nr. 12, S. 1473–1490

Weber 2000 WEBER, Theo: Methoden der Unternehmensbewertung unter Berücksichtigung von Ertragsteuern und Finanzierungspolitik. In: *Finanzbetrieb* (2000), Nr. 7-8, S. 464–473

Wiese 2003 WIESE, Jörg: Zur theoretischen Fundierung der Sicherheitsäquivalentmethode und des Begriffs der Risikoauflösung. In: *ZfbF* 55 (2003), Mai, S. 287–305

Wilhelm 2002 WILHELM, Jochen: Risikoabschläge, Risikozuschläge und Risikoprämien - Finanzierungstheoretische Anmerkungen zu einem Grundproblem der Unternehmensbewertung. In: *Diskussionsbeiträge der Universität Passau* (2002), Nr. B-9-02

Wosnitza 1995a WOSNITZA, Michael: Der State-Preference-Ansatz in der Finanzierungstheorie: Gleichgewichtstheoretische Grundlagen. In: *WISU* (1995), Nr. 7, S. 593–597

Wosnitza 1995b WOSNITZA, Michael: Der State-Preference-Ansatz in der Finanzierungstheorie: Zur Praxisrelevanz des SPM. In: *WISU* (1995), Nr. 8-9, S. 698–702

Zimmermann 1998 ZIMMERMANN, Heinz: *State-Preference Theorie und Asset Pricing*. Heidelberg : Physica-Verlag, 1998

FSC
www.fsc.org
MIX
Papier | Fördert
gute Waldnutzung
FSC® C083411

Kolibri 360 GmbH
Ferdinand-Jühlke-Straße 7
99095 Erfurt, Deutschland
produktsicherheit@kolibri360.de